Hans Mühlbauer

# Revierführer Ionisches Meer

Zwischen Korfu
und Korinth

pietsch

**Einbandgestaltung:** Luis dos Santos
**Titelbild:** Die Festung von Korfu (Hans Mühlbauer)
**Bildnachweis:** Sämtliche Bilder stammen von Gerlinde Neuhierl und Hans Mühlbauer.



ISBN 978-3-613-50723-4


Ein Unternehmen der Paul Pietsch Verlage GmbH & Co. KG

1. Auflage 2013

Sie finden uns im Internet unter www.pietsch-verlag.de



Lektorat: Steffi Gaede
Innengestaltung: Medienfabrik GmbH, Stuttgart
Druck und Bindung: Conzella, 85609 Aschheim-Dornach
Printed in Germany

# Inhalt



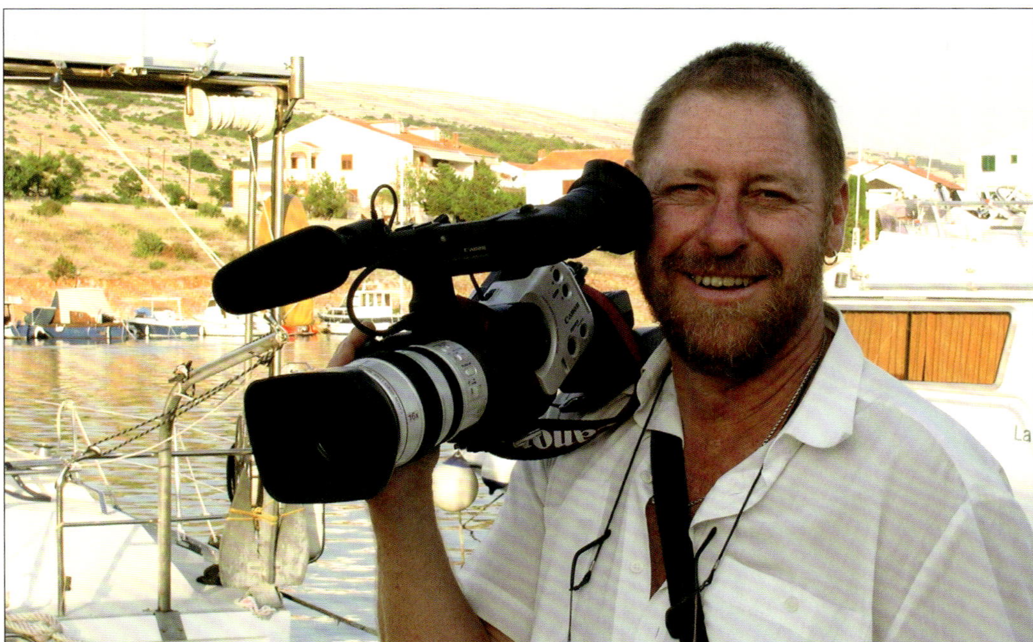

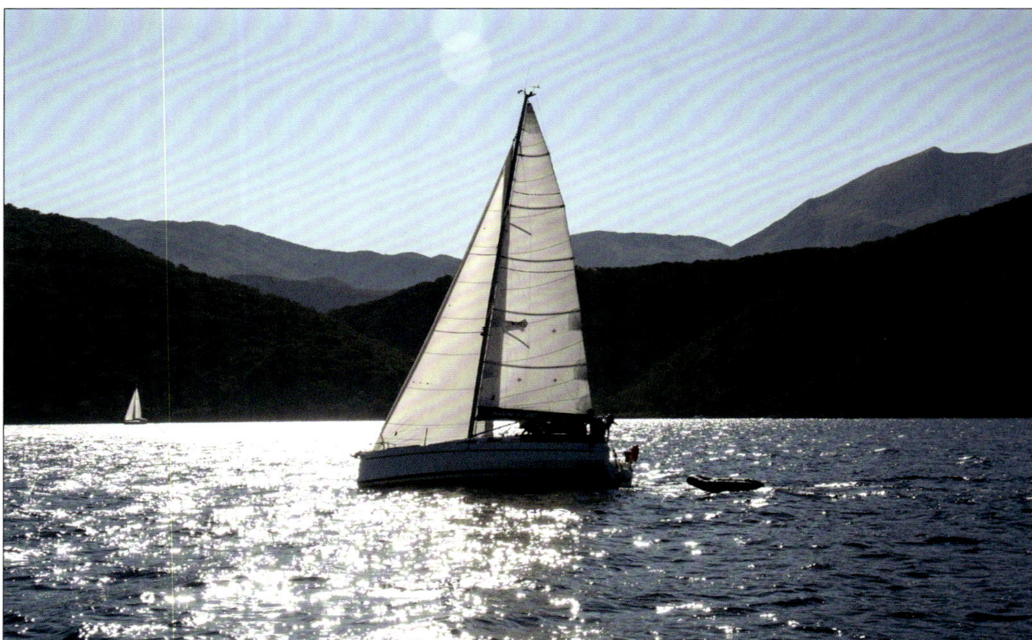

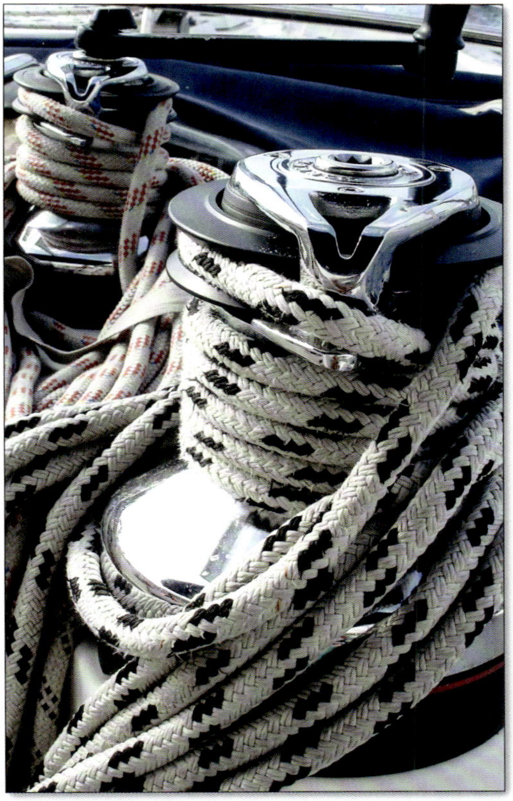

# 1 Vorwort

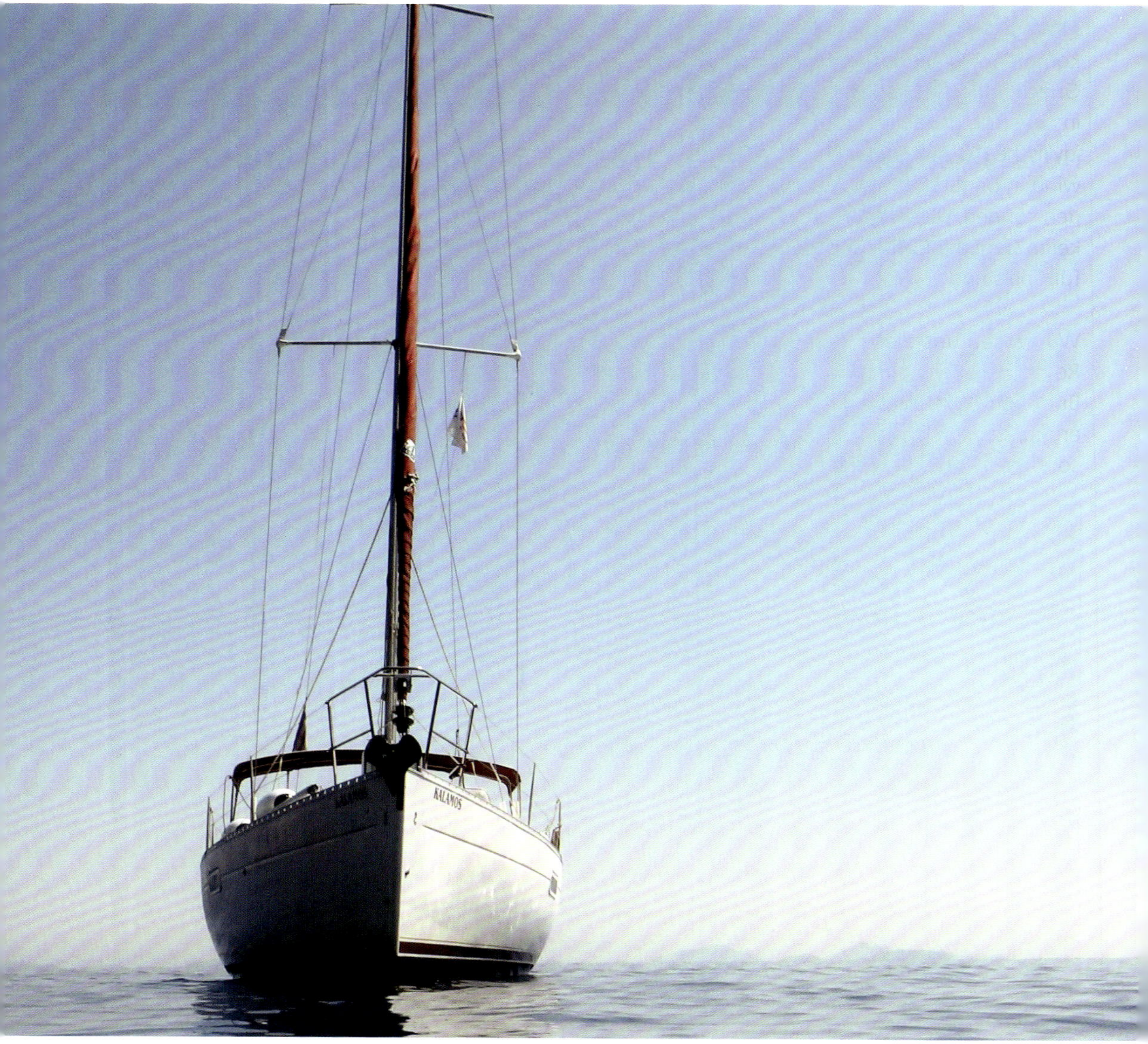

»Kalosorisma kai Kalimera« – »Herzlich willkommen und Guten Tag« – im Ionischen Meer! Griechenlands Westküste als Segelrevier steht in dem Ruf, unzählige traumhafte Buchten und idyllische Häfen zu besitzen, die mit klasse Segelwind in bequemen Tagesetappen erreicht werden können. Dies alles für sehr geringe oder gar keine Liegegebühren und zu günstigen Preisen für Speis und Trank.

Wir wollen uns diesem abwechslungsreichen Revier ganzheitlich und umfassend nähern: Im Buch finden Sie nicht nur Angaben über Ansteuerung, Liegeplätze und die nahen Hafenkneipen, sondern wir gehen weiter: Hinauf auf die Hügel der Umgebung für einen grandiosen Blick über die Inselwelt, in die dritte Reihe hinter der Hafen-Flaniermeile, wo wir wirklich urige Tavernen und die Läden der Einheimischen finden, und mit Motorroller und Mietwagen gelangen wir ins Hinterland zu sehenswerten Plätzen. Kulinarische Exkurse und praktische Tipps zur Versorgung vor Ort und zur Zubereitung lokaler Speisen helfen sogar noch zu Hause, einen zünftigen griechischen Abend zu zaubern.
Viele Links zu verschiedenen Webseiten bieten zusätzliche Infos, weitergehende Informationen oder die Möglichkeit zum Download wichtiger Dokumente, die zur Vorbereitung und Durchführung eines Törns hilfreich sind.

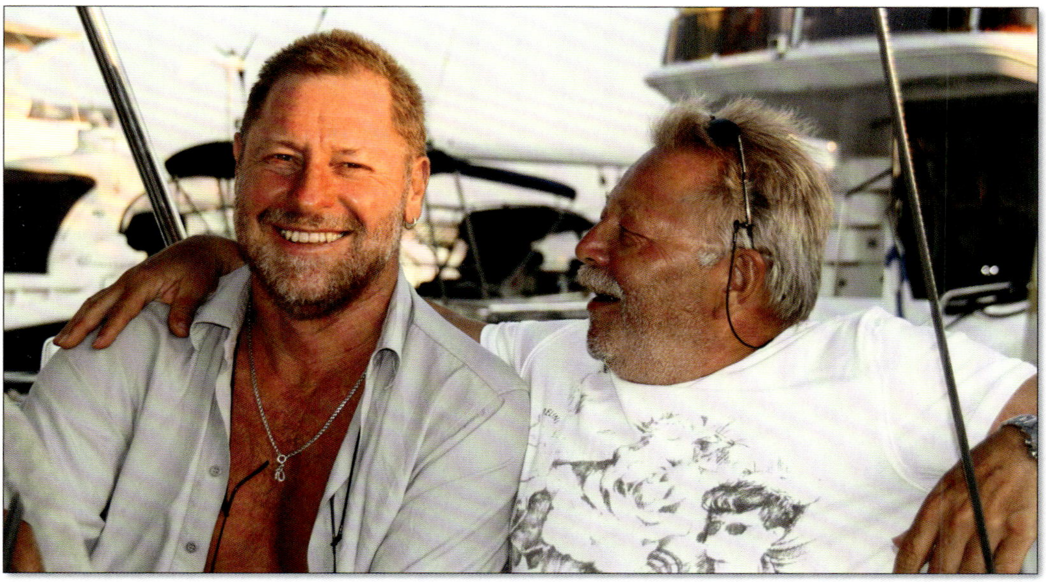

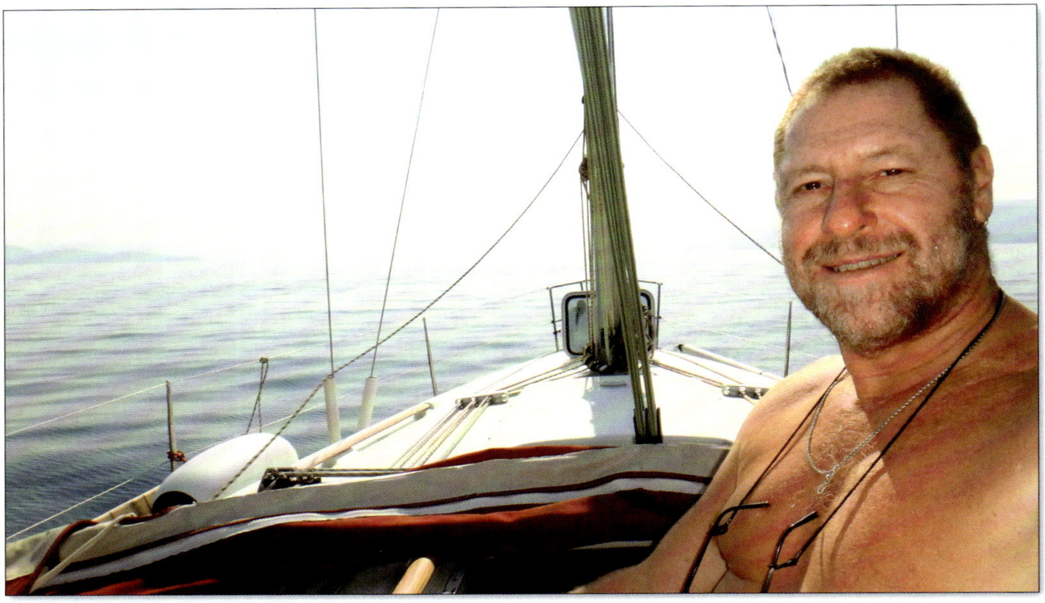

Ich selbst habe die Häfen und Ankerplätze des Ionischen Meeres besucht und hier im Buch insgesamt 79 Häfen und Ankerbuchten beschrieben. So braucht der Leser beim Törn nicht nur die bekannten und oft auch überlaufenen Spots anlaufen, sondern er erfährt ebenso, wie schön es abseits der Wassersport-Tourimeilen sein kann.

Ein Törn in griechischen Gewässern ist immer ein außergewöhnliches Ereignis. Gerade weil die Vermassung der Wassertouristen noch nicht zu weit fortgeschritten ist, behielt das Revier seinen ganz charmanten Reiz. Die Hilfsbereitschaft der Leute, besonders in abgelegenen Gegenden, ist ungebrochen. In vielen kommunalen Häfen ist es immer noch üblich, dass der Wassermann, oft ein Gemeindeangestellter, morgens und/oder am Nachmittag den Wasserhahn entsperrt und den Schlauch zu den Yachten legt, damit sie nacheinander bunkern können. Manchmal kommt auch ein Tanklaster mit dem so wichtigen Nass zur Yacht. Nur selten wird genau nach Verbrauch abgerechnet und eine Quittung ausgestellt. Meist wechseln nur ein paar Euro den Besitzer, und dann ist es gut.
Segler, die gerne noch selbst auf Erkundungstour gehen, um Bäcker, Metzger, Fischhändler oder Supermarkt zu finden, haben ihren Spaß daran, wenn sie auf eigene Faust losziehen, um ihr kleines Shopping-Adventure zu erleben. Wer der Einfachheit halber gleich im nahen und deshalb oft teuren Marina-Supermarkt bunkern gehen will, findet diesen Service nur in den wenigen echten Yachthäfen. Aber genau das macht den charmanten Reiz des Revieres aus.

Das Ionische Meer habe ich oft durchsegelt, somit erzähle ich aus langjähriger eigener Erfahrung – zusammengenommen habe ich etwa zwei ganze Jahre vor Ort verbracht, sodass ich nicht nur die Häfen, sondern auch viel vom Hinterland erfahren durfte. Weg von der Hafenmeile: Zu Fuß, mit dem Bord-Fahrrad, dem Leih-Motorroller oder dem Auto erschließen sich die Geheimnisse der Region erst richtig. In diesem Band nun gebe ich viele meiner Geheimnisse preis, damit auch Sie als Leser und Besucher dieser Region viel »Meer-Info« bekommen und noch viel mehr erleben als Sonne, Strand, Hafen und Meer.

Mast und Schotbruch!
Ihr
Hans Mühlbauer

… und wenn Sie Anmerkungen zu Häfen und Ankerplätzen haben, wenn Sie Lob (oder auch Kritik …) aussprechen wollen: Schreiben Sie mir!
hans.muehlbauer@dmcreisen.de

## Videotipps von Hans Mühlbauer

Zu mehr als 30 der hier im Buch beschriebenen Häfen und Buchten gibt es mein zugehöriges Video, das auf meiner DVD »Ionisches Meer – das Segelrevier« als Kaufvideo veröffentlicht ist, und das hier, zu den Beschreibungen passend, auch online zu finden ist: http://www.dmcreisen.de/ionisches-meer.html
Beim jeweiligen Kapitel weist dieser Button auf das Video hin:

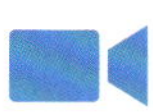

## Die »Meer-Info«

Ich selbst publiziere meinen Newsblog, die »Meer-Info«. Jeweils eine PDF-Seite versende ich kostenlos per E-Mail an die Abonnenten. Meine Meer-Info gibt regelmäßig Revierinfos, zeigt Skippertipps und Praktisches, informiert über Neuigkeiten der Segelei.
Hier nachzulesen und kostenfrei zu abonnieren: http://www.dmcreisen.de/meer-info.html
Lesen und schmökern Sie im Archiv und tragen Sie sich unverbindlich, kostenlos, und jederzeit kündbar für ein Meer-Info-Abo ein.

## Haftungsausschluss

Die Informationen über Häfen, Marinas und Ankerplätze in diesem Buch wurden nach bestem Wissen zusammengetragen und vor Ort selbst recherchiert. Die gezeigten Karten und Pläne dienen lediglich dem Überblick und der Orientierung, nicht zur Navigation. Eventuelle Änderungen und Abweichungen können jederzeit eintreten und liegen nicht in der Verantwortung des Verfassers. Gute Seemannschaft und Studium der amtlichen Seekarten und Veröffentlichungen sind in jedem Fall hilfreich und notwendig.

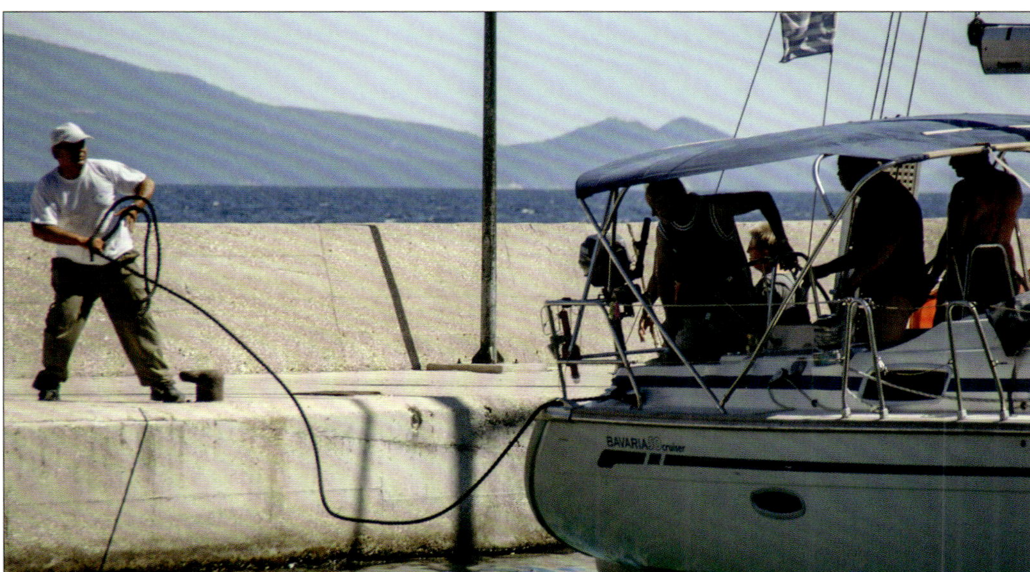

# 2 Revierüberblick

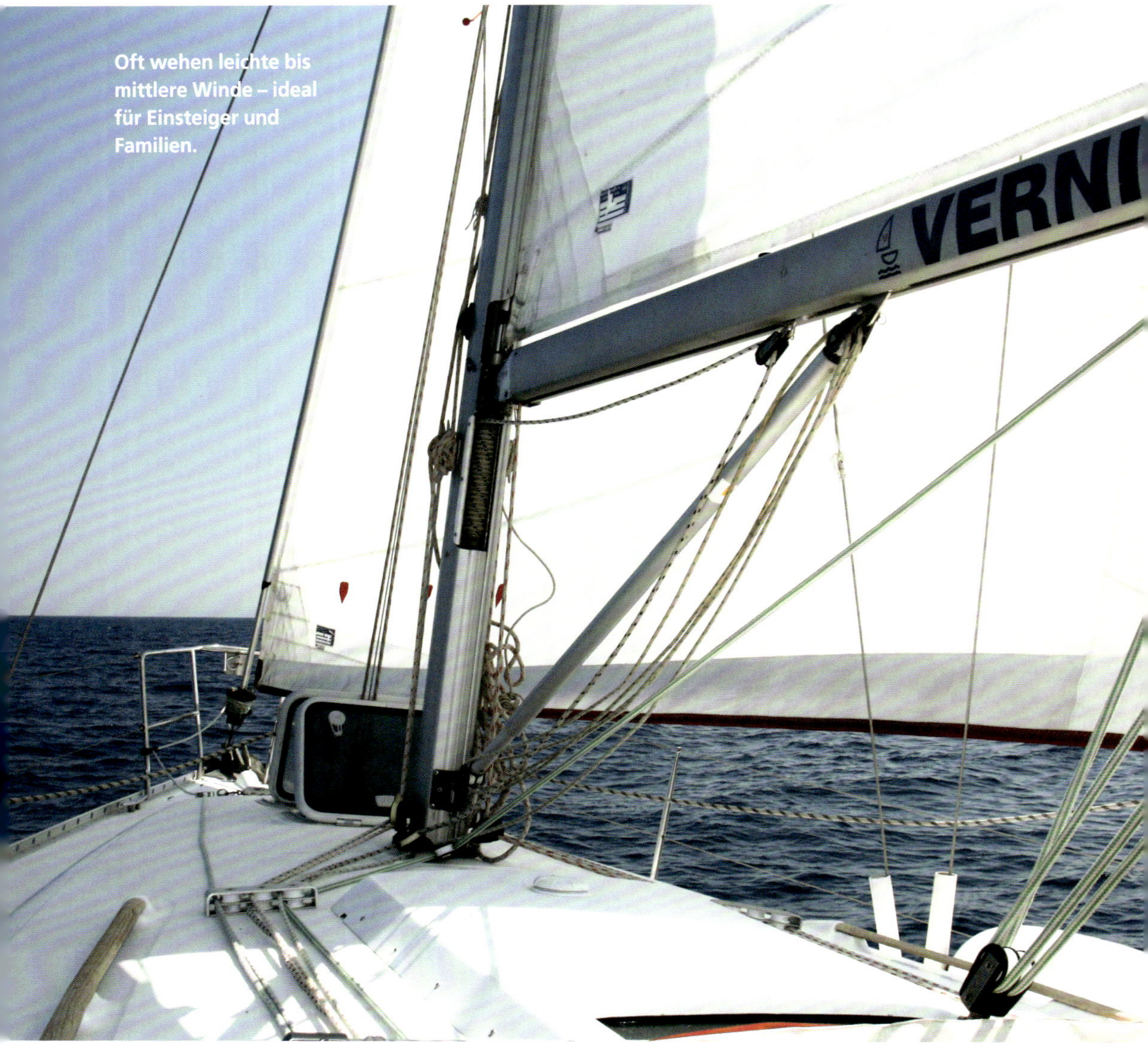


Oft wehen leichte bis mittlere Winde – ideal für Einsteiger und Familien.

Ion. Inseln Einführung

Das Ionische Meer beginnt im Norden an der italienischen Stiefelsohle und bei der Straße von Otranto, die die Engstelle zwischen dem italienischen Stiefelabsatz und dem östlich gelegenen Albanien markiert. Es endet an der Ostküste Siziliens und bei der Straße von Messina als Westgrenze. Im Süden liegt das offene Meer, die Lybische See. Die Südgrenze der Reviers wird zwischen der Linie von der Südspitze von Sizilien und der des Peloponnes markiert. Und im Osten wird das Ionische Meer von Albanien, von der griechischen Festlandsküste und von der Ostküste des Peloponnes begrenzt. Zum Revier gehört ebenfalls noch der Golf von Korinth, der sich 70 Meilen weit ab Patras bis zum berühmten Kanal von Korinth erstreckt, der das Tor zur Ägäis öffnet.

Dieser Küstenstrich innerhalb Griechenlands, samt seiner vielen vorgelagerten Inseln, ist das Segelrevier, das hier in diesem Band mit seinen Marinas, Häfen und Ankerplätzen beschrieben wird.

Als Randmeer gibt es den Ambrakischen Golf, der sich östlich von Prevesa gut 20 Seemeilen in die weite Ebene erstreckt.

Von Korfu im Norden bis zur Südspitze von Zakinthos sind es etwa 150 Seemeilen. Die Marina Gouvia in Korfu ist die größte Marina der Gegend. Der Yachthafen von Kalamata beschließt unseren Revierführer im Süden des Peloponnes. Im Ionischen Becken befindet sich das »Calypsotief« südwestlich des Peloponnes 36° 34′ Nord

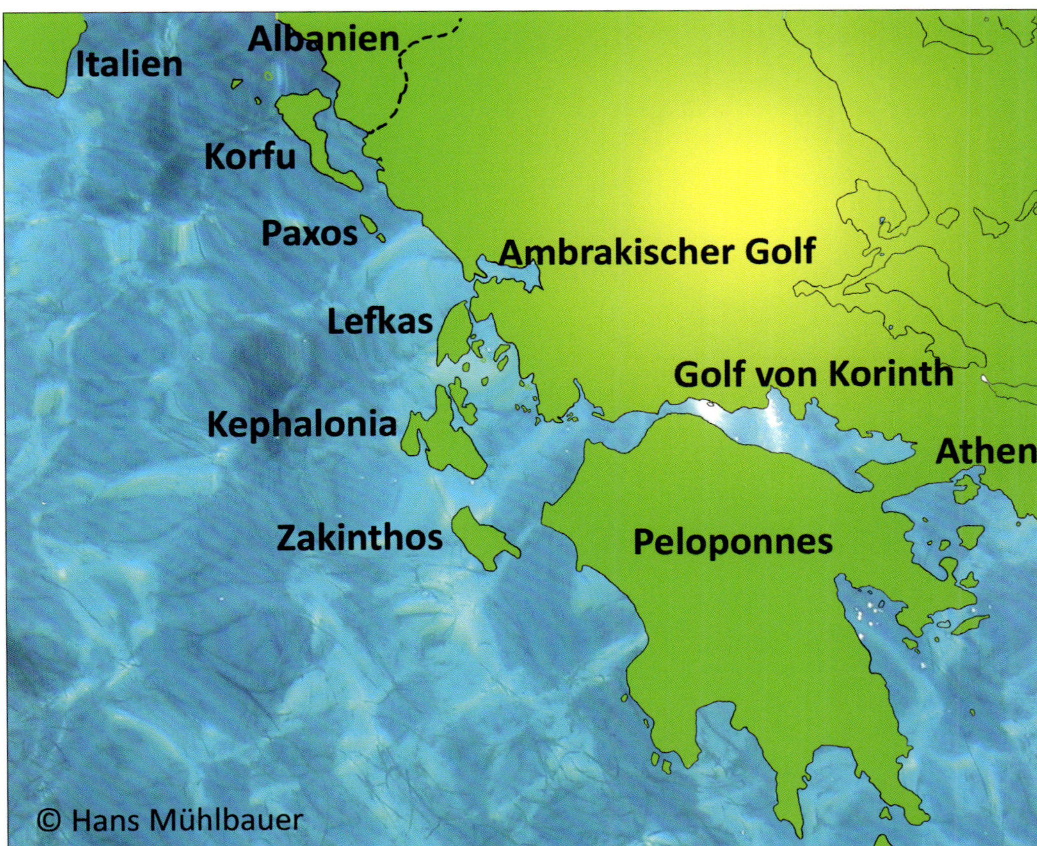

Info: Zur GPS-gestützten Ansteuerung aller hier beschriebenen Häfen und Ankerplätze habe ich die Positionen der Ansteuerungspunkte – jeweils kurz vor der Einfahrt gesetzt – in einer Tabelle zusammengefasst. Sie ist im Kapitel »Checklisten« publiziert. Man kann die Excel-Tabelle auch hier, ganz unten auf der Seite, downloaden: http://www.dmcreisen.de/ionisches-meer.html

und 21° 08' Ost. Mit 5267 Metern stellt es die tiefste Stelle im gesamten Mittelmeer dar.

## Anreise

Nach Korfu, Prevesa, Kephalonia und Zakinthos kommt man problemlos per Charterflugzeug. Oft samstags, also passend zum Charter-Wechsel, sind die Flieger unterwegs. Nach 15–30 Minuten im Taxi ist man auch schon in der Marina. Korfu wird am häufigsten angeflogen. Am Samstag und Dienstag ist in den Hotels der Insel Bettenwechsel. Deshalb sind diese beiden Tage auch die Haupt-Verkehrstage der Airlines, sodass Chartercrews passgenau am Samstag zu ihrer Yacht fliegen können.

Der Flugplatz von Prevesa versorgt auch das nahe gelegene Lefkas. Direktflüge ab Deutschland gibt es einige: Sonst fliegt man nach Athen und steigt dort um in den Flieger zum Flughafen Anzio (wo vor langer Zeit die berühmte Schlacht von Anzio zwischen Rom und Kleopatra stattgefunden hat).

Zu den südlichen Inseln fliegen einige Chartermaschinen.

Alle genannten Flughäfen werden von Athen aus mit Linienfliegern regelmäßig angeflogen, sodass es während des gesamten Jahres ganz gute Verbindungsmöglichkeiten gibt. Die Charterflieger bedienen nur den Sommerflugplan zwischen Mai und Oktober.

Fähren verkehren regelmäßig von Italien aus nach Korfu, weiter dann zum Festlandshafen Igoumenitsa, von wo aus das Taxi noch etwa

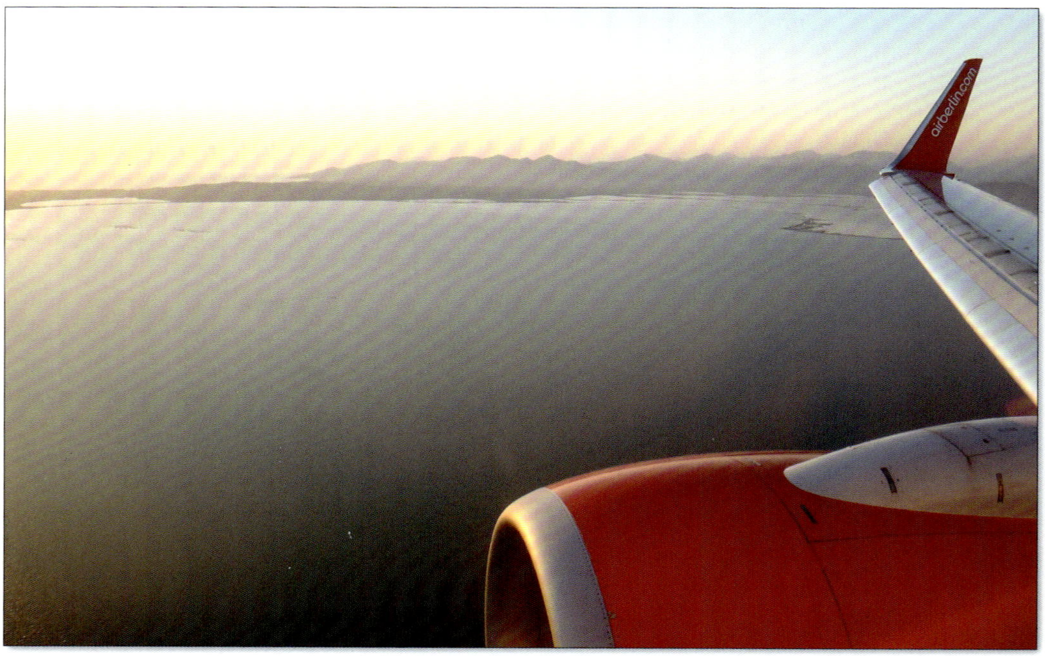


Revierüberblick aus dem Flugzeug

eine Stunde bis zum Yachthafen in Lefkas benötigt. All diese Fährlinien enden schließlich in Patras am Peloponnes. Von dort führen Schnellstraße bzw. Autobahn z. B. via Korinth nach Athen.

## Wetter

Von Ostern bis Oktober kann bei angenehmen Bedingungen gesegelt werden. Auch ein Wintertörn kann spannend und gleichzeitig erholsam sein, wenn Häfen und Buchten leer sind. Die Temperaturen können tagsüber locker auf bis zu 20 Grad ansteigen, dann ist während der Mittagsstunden T-Shirt-Wetter angesagt.

Leichte bis mittlere Winde aus Nordwest herrschen vor, wenn auch bedingt durch Kap- oder Düseneffekte die Winde an manchen Stellen stärker ausfallen können und aus variablen Richtungen wehen. Gegen Mittag beginnt der thermische Schönwetterwind Maistros, abends

Info: Manche Segler behaupten: »Im Ionischen Meer gibt es keinen Wind.«
Ich behaupte: »Sie haben ihn nur nicht getroffen.«
Warum das so ist? Die vorherrschenden thermischen Winde beginnen erst gegen Mittag zu wehen. Im Gegensatz zu z. B. Kroatien, wo Äolus, der Gott der Winde, bereits gegen halb zehn den Wind anmacht. Und wenn nun so manche Segler, um im Hafen einen guten Ankerplatz zu ergattern, bereits gegen Mittag einlaufen, war der Wind einfach noch nicht anzutreffen.

schläft er wieder ein, sodass Ruhe am Ankerplatz herrscht.

Auch in der Saison kann sich ein heftiges Gewitter, oft mit böigen Winden aus südlichen Richtungen, aufbauen und kräftig entladen. Dann sind viele der sonst ruhigen und vor dem

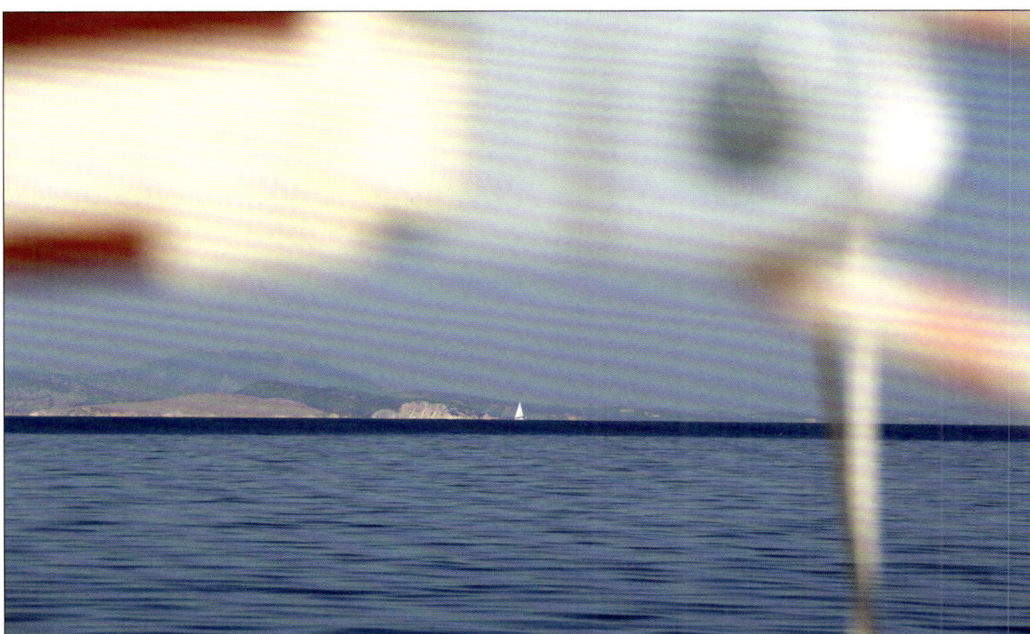

**Es ist Mittag, die dunkle Windkante naht: Gleich kann gesegelt werden.**

Info: Hilfestellung im Revier: Die Firma SBY-Sail the Blue Yachting – mit Sitz in der Marina Gouria – ist Repräsentant in der Kreuzer-Abteilung des Deutschen Segler Verbandes. Herr Argiris Tangalidis spricht prima deutsch und englisch und hilft bei allen (technischen) Problemen im gesamten Revier (http://www.yachtservicecorfu.com – 00306942022527).

Westwind geschützten Ankerplätze und Kaianlagen dem Wind ausgesetzt, und so manches Drama spielt sich dann ab. Ergo: Der Anker muss immer gut eingefahren sein und sicher halten!

Strömungen gibt es auf den offenen Wasserflächen nicht. Bedingt durch den Staudruck von Wind und Tide (wenn sie auch nur mal 30 Zentimeter beträgt) können sich Strömungen an Kaps, engen Passagen und in engen Fahrwassern bilden. Im Kanal von Lefkas und im Zufahrtskanal nach Mesolonghi wechseln sich die Strömungsrichtungen je nach Gezeit und Wind ab.

**Aktuelle Wetterinformationen**

Mehrere Wetteranbieter mit detaillierten Wetterdaten und kostenfreien Vorhersagen sind hier gelistet: http://www.dmcreisen.de/wetter.html.

Ein kostenloses Programm zum ebenfalls kostenlosen Download von weltweiten Grib-Daten ist hier zu haben: http://grib.us/.
Praktische Wetterberichte per SMS aufs Handy gibt es im Internet. Diese Services können kostenpflichtig für nur einen Chartertörn, aber auch im längeren Abonnement bestellt werden.
www.dp07.de
www.seewetterbericht.de
http://www.seewetterbericht.info/

## Yachthäfen und Marinas

Im Gegensatz zu der Fülle von Marinas beispielsweise in Kroatien sind im Ionischen Meer nur wenige Yachthäfen zu finden. Es gibt nur eine Handvoll »echte« Marinas. Die griechische Regierung forciert aber schon seit langen Jahren den Ausbau der Hafenanlagen für die Wasser-

Info: Bei Chartertörns in Griechenland muss zusätzlich zum Skipper, der wenigstens mit Sportboot-Führerschein-See, SKS oder mehr ausgerüstet sein muss, eine zweite Person wenigstens A-Schein-Kenntnisse nachweisen.
Wichtig ist auch zu wissen, dass der Yacht-Versicherungsschutz bei Charteryachten erlischt, wenn die Crew bei Windstärke sechs und mehr ausläuft! Frischt der Wind dagegen über diese Marke auf, wenn man bereits auf See ist, ist der Versicherungsschutz weiterhin gegeben. Besonders in der Ägäis, wenn der sommerliche Meltemi bläst, kann dies öfter mal vorkommen. Manchmal untersagen die Hafenkapitäne den Schiffen – Freizeitschiffern wie auch den großen Fähren – das Auslaufen. Dann ist man eingeweht und kann sich die Liegezeit mit lohnenden Ausflügen zu den Schätzen der Inseln vertreiben. Praktisch überall stößt man auf Zeugen vergangener Zeiten. Dies bedeutet, dass die Törnplanung so aufgebaut sein sollte, dass bereits nach einem Drittel der Törndauer das entfernteste Ziel erreicht ist, und dass somit für den Rückweg zwei Drittel eingeplant sind, denn der Wind weht bei der Rückreise immer von vorne, egal auf welcher Seite der Inseln!
Das kennt der Segler ja ...
Achtung: Im offiziellen griechischen Chartervertrag gibt es eine Klausel, die besagt, dass sich die Yacht 24 Stunden vor Charterende im Umkreis von 25 Seemeilen von der Basis befinden muss. Die Griechen wissen schon warum.

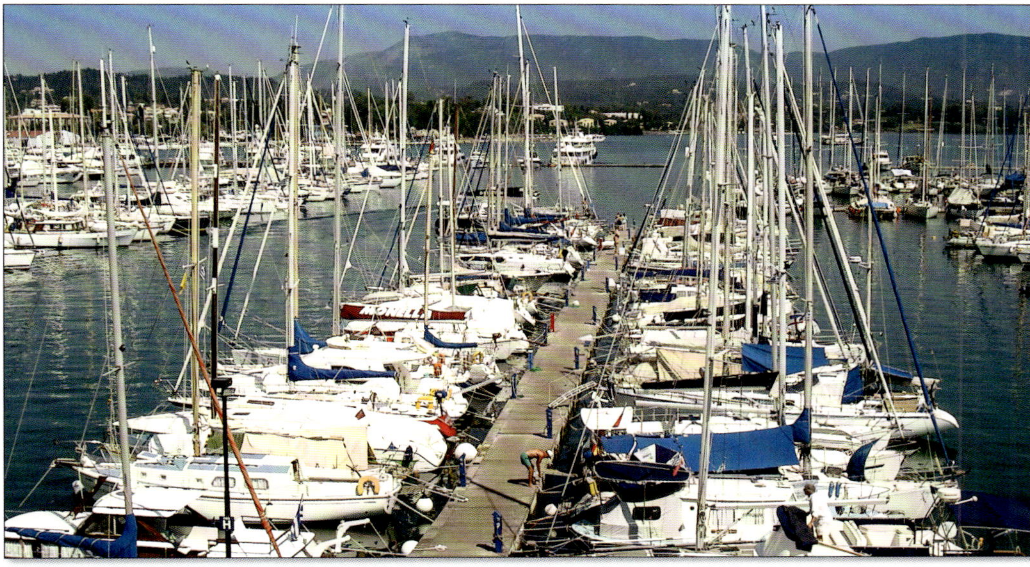

**Bunt gemischt: Charteryachten und Privatboote am Steg.**

sportler. Mithilfe von EU-Mitteln sind in den vergangenen Jahren eine ganze Reihe von Marinaprojekten begonnen worden. Einige davon sind bereits fertiggestellt – andere darben seit Jahren vor sich hin. Nach den Baggerarbeiten und dem Bau der äußeren Hafenmauern geraten leider viele der Projekte ins Stocken. Die teils schon montierten Kästen für Wasser und Strom verrotten unangeschlossen – sanitäre Anlagen sind noch gar nicht gebaut. Immerhin kostet das Liegen dann auch kein Geld.

In den öffentlichen Häfen werden zunehmend Liegegebühren erhoben. Das wäre eigentlich ganz normal, aber je nach Gusto wird dies mehr oder weniger straff angewandt. Dort kommt der Hafenkapitän, der Liminarchion, manchmal zur Yacht und bittet in sein Büro. Das Liegegeld, meist sind es nur ein paar Euro, orientiert sich an den Sätzen der Berufsschifffahrt und wird in einer komplizierten Rechnung auf einem amtlichen Formular ermittelt.

In den Marinas sind die Liegeplatzkosten meist etwas günstiger als in anderen Mittelmeerländern. Mit 30 bis 40 Euro pro Nacht für eine Zwölf-Meter-Yacht sollte man auskommen. Wie überall üblich, ist die Hochsaison auch die teuerste Zeit.

Korfu hatte jahrelang keinen Aufpreis für Mehrrümpfer verlangt – in Lefkas ist das immer noch so!

Mit der Versorgung der Yachten mit Treibstoff und erst recht mit Wasser und Landstrom war es lange Jahre recht schlecht bestellt. Nur wenige Marinas boten den in anderen Ländern gewohnten Standard. Aber: Es tut sich was in griechischen Gewässern. Zwischen Korfu und Korinth sind die verschiedensten Projekte geplant, im Bau, oder gar schon fertig.

Andernteils locken unzählige Buchten zum Ankern und Übernachten – kostenlos. Es gibt in diesem einzigartigen Revier wohl kaum eine Insel oder ein Stück Küstenlinie, wo nicht ein guter Ankerplatz zu finden wäre. Oft kann man ganz alleine liegen und die stille Einsamkeit genießen.

Nur im Juli, und besonders im August, wird Italienisch zur meist gesprochenen Sprache im

Revier! Und oft wird es eng und quirlig in den Häfen. Denn dann segeln die Nachbarn mit ihren eigenen Yachten herüber von Italien – in der Straße von Otranto sind das gerade mal 60 Seemeilen zwischen den Küsten. Viele chartern auch eine Yacht vor Ort. So wird's voll in den Häfen und italienische Lebensart macht die Ortschaften lebendig.

## Versorgung

In den Hauptorten der Inseln gibt es in größeren Supermärkten reichlich Auswahl. Das Sortiment ist ähnlich breit wie in Deutschland.

Wichtig für die weibliche Crew – und für den fürsorglichen Skipper: Prosecco und Sekt sind recht selten zu finden, da sie von den Griechen scheinbar nicht getrunken werden. Dagegen ist die Weinauswahl üppig. Und für die Männer: Bier ist überall zu haben.

Wer in den kleinen Dörfchen einkaufen will, muss sich darüber im Klaren sein, dass manche der kleinen »Mini-Markets« nur das Nötigste anbieten. Die Touristenorte quellen oft über mit Läden für Souvenirs, Klamotten, Schmuck und Hochprozentigem. Erst wer genauer hinguckt, erspäht dazwischen die kleinen Bäcker, Metzger und Lebensmittelläden.

Tipp: Die Crew kann eine Grundausstattung an Gewürzen und Lebensmitteln schon von zu Hause mitbringen, denn in den Supermärkten am Urlaubsort gibt es oft nur größere Gebinde – und wer braucht schon ein ganzes Pfund Salz oder ein Kilogramm Zucker für den Wochentörn? Im Handel für Camping-Zubehör gibt es einen praktischen kleinen Spender, in dem in mehreren getrennten Abteilungen die wichtigsten Gewürze vereint sind. Praktisch sind auch leere Filmdosen. Man bekommt sie automatisch beim Kauf eines Filmes – aber wer knipst heutzutage noch auf Zelluloid? Brühe gibt es bei uns im Supermarkt in kleinen Gläsern. Wer mit dem Flieger anreist, muss allerdings unbedingt die Gepäckbestimmungen der Airline beachten, sonst wird aus dem Billigeinkauf ein teures Vergnügen.

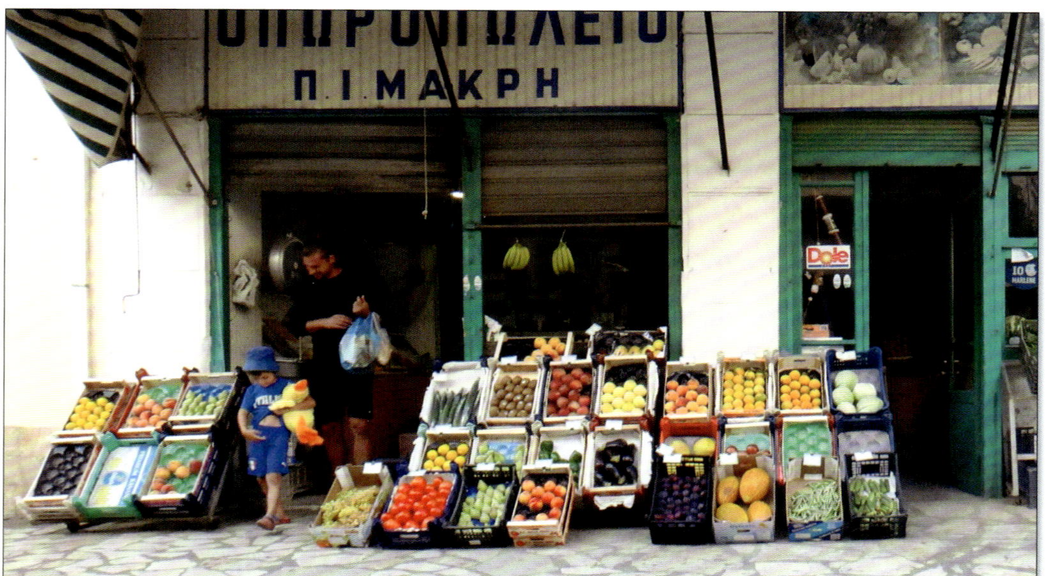


**Der Gemüseladen und sein frisches Angebot.**

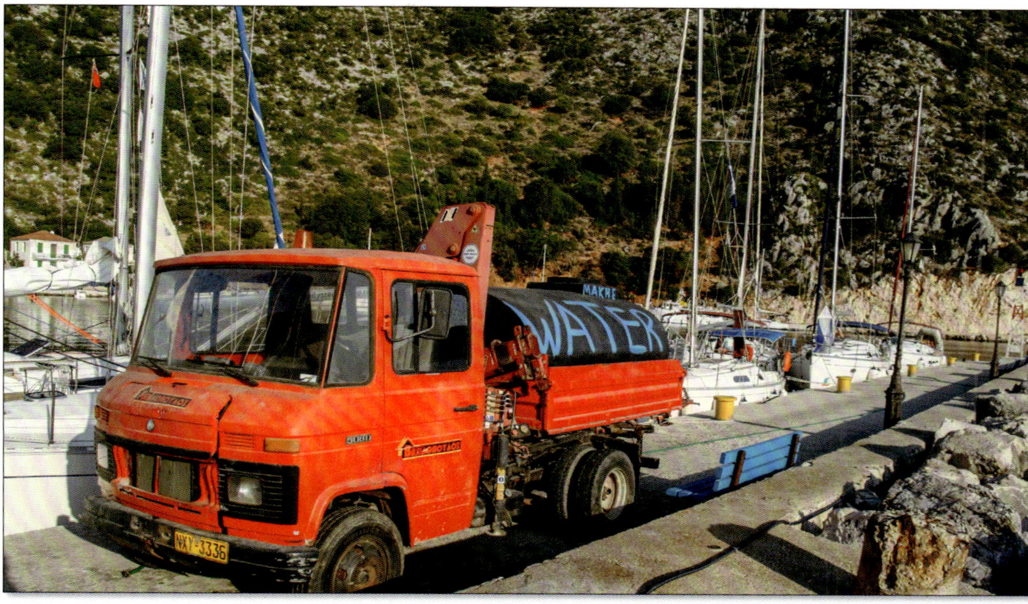


**Tanklaster beliefern Privathäuser und Yachten.**

Tankstellen und Wasserhähne, die direkt an der Wasserfront stehen, sind recht rar. Dafür gibt es in vielen der Häfen Lastwagen, die Diesel oder Wasser direkt bis zur Yacht bringen.

Auch die »Versorgung« mit Internet ist kein großes Problem. In den Handyshops der Region gibt es Prepaid-SIM-Karten nicht nur zum Telefonieren, sondern auch für den Datenver-

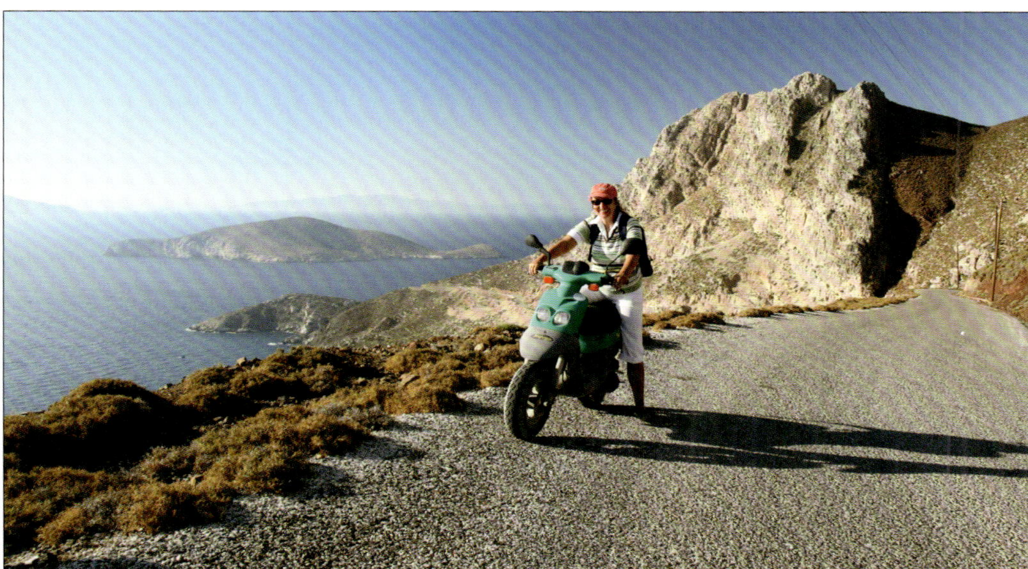

**Mit dem Motorroller zu den schönsten Spots im Hinterland.**

kehr. So werden günstige Flatrate-Tarife angeboten, z. B. für 10 Tage, die dann einfach verlängerbar sind. Dazu gibt es meist noch einen USB-Stick, der sich automatisch auf dem Notebook installiert – alles in allem eine recht günstige Möglichkeit gegenüber den Roaminggebühren.
Oder man geht einfach Kaffeetrinken: Viele der Tavernen und Bars verfügen über ein WLAN, und für die Gäste rückt der Wirt gerne die Zugangsdaten raus. So kann man quasi kostenlos und beliebig surfen. Wer dann noch eine empfindliche Zusatzantenne für das WLAN an sein Notebook ansteckt, kann mit etwas Glück sogar noch von Bord aus den Zugang nutzen.
Von mir getestet und immer mal im Einsatz: WLAN-Adapter von Alfa Network – zu bekommen hier: http://www.wiedemann-is.de.

Fast überall kann man sich praktische Motorroller mieten. Damit kann man herrlich über die Inseln brausen und Hinterland, Bergdörfer, Klöster und abgelegene Strände besuchen. Mittlerweile herrscht auch in Griechenland Helmpflicht – wer »oben ohne« erwischt wird, muss Strafe zahlen.
Generell ist es wirklich ratsam, den Helm aufzusetzen und auch feste Kleidung zu tragen, denn die oft kleinen Sträßchen warten schon mal mit überraschenden Schlaglöchern auf. Ein Sturz kann böse enden.
Wer sich nicht aufs Zweirad traut, bekommt in vielen Orten auch Mietwagen für kleines Geld. Schon für etwa 50 Euro pro Tag ist ein Kleinwagen samt Klimaanlage zu bekommen.

## Duschen und Toiletten unterwegs

Vielerorts liegt man mit seiner Yacht in Buchten oder in den kommunalen Fischerhäfen, die über keinerlei Sanitäreinrichtungen verfügen. Man muss sich also etwas einfallen lassen.
Manche Tavernen und Hotels in unmittelbarer Umgebung des Hafens bieten Duschmöglich-

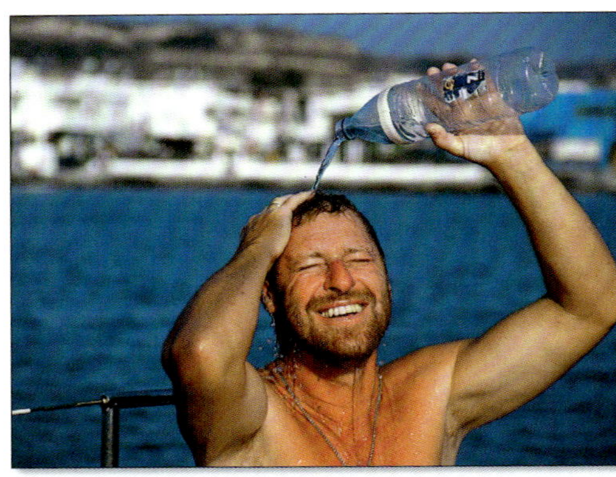

**Mit wenig Süßwasser große Wirkung erzielen.**

Tipp: Zum Einsparen des wertvollen Süßwassers ist die Flaschendusche ideal. Leere Plastikwasserflaschen sind vielfältig verwendbar. Sie können mit Leitungs- oder Tankwasser gefüllt werden und dienen dann als mobile Dusche. Das spart enorm viel Wasser. Gerade auch größere Chartercrews können sich mit diesem Trick ein wenig mehr Komfort an Bord holen. Statt sich nach dem Bad im Meer mit der Heckdusche und mit viel Süßwasser das restliche Salz von der Haut zu spülen, verwendet man einfach die Flaschendusche.
Die Wasserflasche zum Nachduschen ist auch ein unentbehrlicher Ausrüstunggegenstand beim Besuch am einsamen Strand ohne sonstige Duschmöglichkeit. Spätestens nach dem letzten Bad im Meer und vor dem Heimweg genießt man die Befreiung von den Salzkristallen. So können auch die mitreisenden Damen ihre Haare waschen: Die Haare werden nicht spröde vom Salzwasser, sondern seidenweich durch die Flaschendusche!
Um wertvolles Trinkwasser zu sparen, füllt man einfach eine leere Plastikflasche mit Wasser aus dem Tank oder aus dem Wasserhahn auf – zum Duschen ist das prima!

keiten an. Schilder in Hafennähe weisen darauf hin.

Zur Toilettenbenutzung in den Hafencafés bestellt man sich dort einfach ein Getränk und kann dann kostenfrei die sanitären Anlagen benutzen.

Viele Häfen sind nicht groß – so sind es nur wenige Schritte entlang der Wasserfront und aus dem Hafen/Ort hinaus, bis man zu einem öffentlichen Badestrand kommt. Dieser ist ideal, um ein erfrischendes Morgenbad zu nehmen. Auch die Einheimischen sind dort anzutreffen. Allerdings gibt es dort meist keine Süßwasserdusche zum Nachspülen. Abhilfe schafft hier die Flaschendusche!

## Chartermöglichkeiten

Die Marina Gouvia war lange Jahre der einzige Charter-Stützpunkt mit vielen Yachten aller Größen im Ionischen Meer. Inzwischen liegen einige Yachten in Prevesa und ganze Flotten von Charteryachten in der neuen Marina von Lefkas. Das begünstigt den Besuch der südlichen Inseln im Revier.

Von einigen, auch deutschen, Veranstaltern werden Mitsegeltörns durchgeführt.

Ebenso Megayachten, die man mieten kann, stechen von Korfu und Lefkas aus in See. Das Ionische Meer ist das Eldorado für Flottillensegler! In diesem geschützten Revier tummeln sich eine Vielzahl von Anbietern, besonders aus

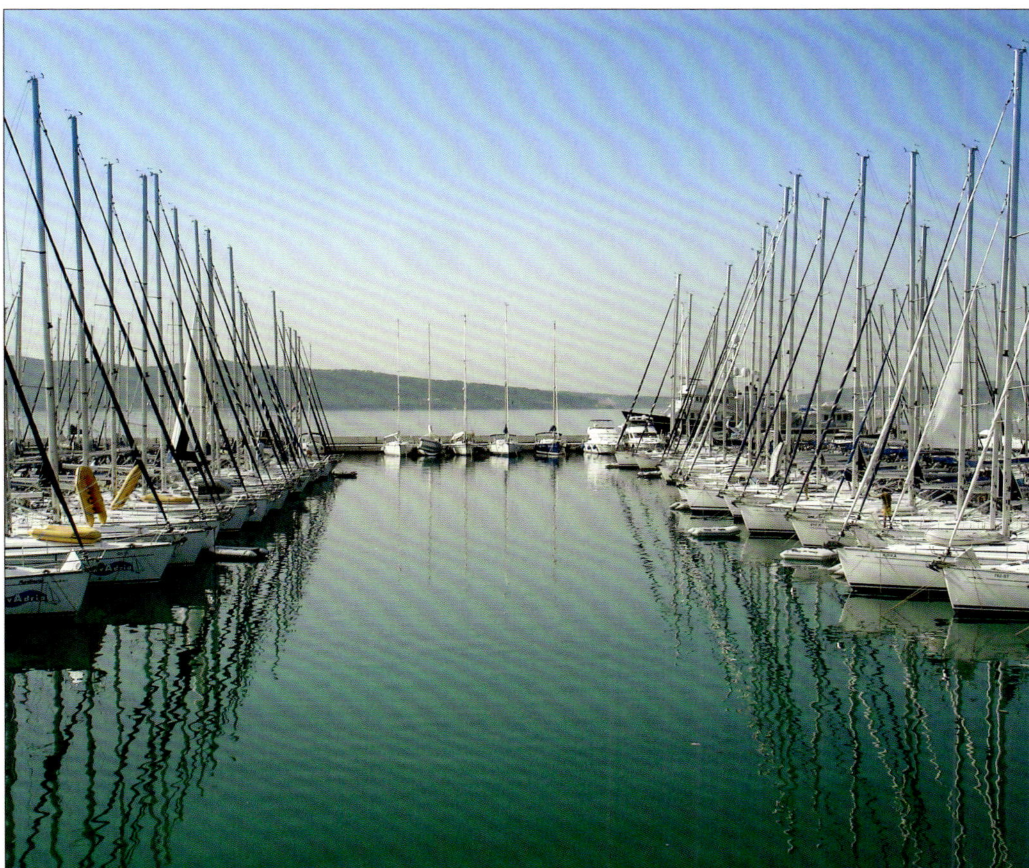

**Ruhe am frühen Sonntag. Erst nach dem Frühstück laufen die Yachten aus.**

England und Holland. Hin und wieder bieten auch deutsche Segelveranstalter hier Flottillensegeln an.
Gut, günstig und online Chartern: www.zentrum-yachtcharter.de.

## Literatur und Karten

### Reiseführer

Acki Agamemnon, Reisebegleiter Ionische Inseln. Auf den Spuren von Odysseus, Books on Demand 2009.
Gerhard Crispin, Claudia Christoffel-Crispin, Konrad Dittrich, Korfu on tour: Ionische Inseln – Lefkada- Kefalonia – Ithaki – Zakinthos, Polyglott 2012.
Eberhard Fohrer, Frank Naundorf, Griechenland. Reisehandbuch, Verlag Michael Müller 2010.
Peter Peter, ADAC-Reiseführer Korfu: Lefkada, Ithaka, Kefalonia, Zakinthos, ADAC-Verlag 2009.

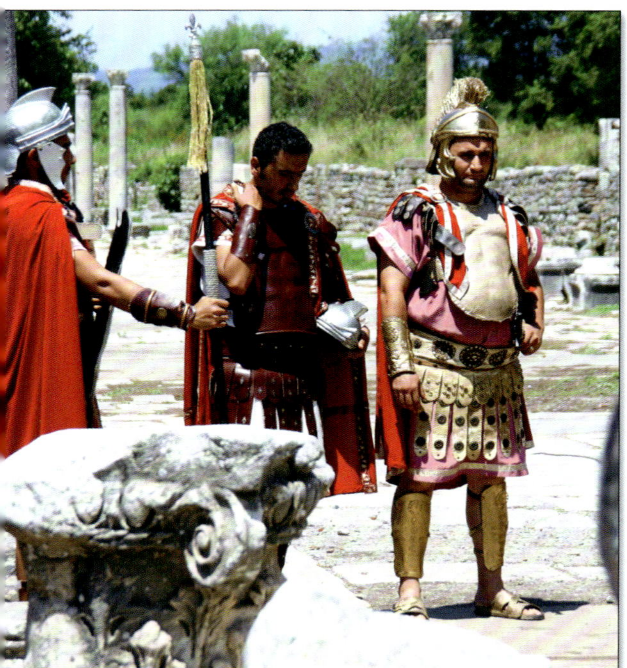

Schauspieler stellen das Bild der Antike nach.

### Weitere Hafenhandbücher

Rod Heikell, Griechische Küsten: Häfen und Ankerplätze, Delius Klasing 2009.
Gerhard Radspieler, Griechenland. Bd. 1: Ionische Inseln, Westgriechisches Festland, Golf von Patras, Golf von Korinth, Peloponnes, Argolischer Golf, Saronischer Golf, Delius Klasing 2011.
Axel Kramer, Hafenführer Ionisches Meer. Griechenland, Korfu bis Korinth und Kythira, See-Verlag 2012.
Weitere Titel: http://www.nautikverlag.de

### Seekarten und Videos

http://www.seekartenverkauf.de http://www.hansenautic.de
Video und DVD von Hans Mühlbauer zum Ionischen Meer als Segelrevier: http://www.dmcreisen.de/buecher.html

## Historie

Die griechische Sagenwelt basiert auf der Geschichte der Familie des Zeus, der mit seinen Brüdern Hades und Poseidon den Familienvater Kronos nach einer Geschäftsreise kurzerhand umbrachte, um sich selbst an die Spitze zu setzen. Um größere Inzucht zu vermeiden, wollte er frisches Blut in die Götterfamilie einbringen, was ihm aber Hera, seine Schwester und eifersüchtige Gattin, verwehrte. Deshalb musste er sich auf seinen Dienstreisen immer mal verkleiden, um nicht erkannt zu werden: als Schwan, Schäfer oder etwas anderes ... Und so bereicherte er seine Familie um viele Halbgötter, männliche wie weibliche, die er mit vielen schönen menschlichen Frauen zeugte. Seine Nachkommen bevölkerten sodann das gesamte Griechenland.

Ein Ausflug mit dem Leih-Motorroller oder einem Mietwagen zu den vielen historischen Stätten im Revier ist preiswert, macht Spaß und führt zu abgelegenen Orten fern des Touristenrummels.

**Ionisches Meer:** Der Name stammt von Io, einer der vielen Geliebten des Göttervaters Zeus. Er entführte die Tochter des Flussgottes Inachos. Damit seine Gattin Hera nichts bemerken sollte, verwandelte Zeus die schöne Io in eine Kuh. Hera aber hat's gemerkt, forderte die Kuh als Geschenk und ließ sie von dem Riesen Argos bewachen, dessen hundert Augen (»Argus-Augen«) nie gleichzeitig schliefen. Argos aber wurde von Hermes eingeschläfert, und Io konnte fliehen, wurde aber durch Hera von einer Bremse verfolgt und floh über das Meer, das später nach ihr *Ionisches Meer* genannt wurde. Erst in Ägypten wurde sie schließlich erlöst und erhielt ihre menschliche Gestalt zurück.

**Hellenen:** Der Stammvater der Griechen war Hellen, ein Sohn von Deukalion und seiner Frau Pyrrha. Diese waren als einzige von der Sintflut, mit der Zeus die ruchlosen Menschen vertilgen wollte, verschont geblieben. Die Söhne von Hellen waren Äolos, Doros und Xuthos, von denen die **Äolier** und **Dorier** abstammen.
Der Volksstamm der **Ionier** geht auf Ion zurück: Dieser war der Sohn des Gottes Apollon und der Kreusa, Königstocher von Athen. Um der Schande zu entgehen, wurde Ion ausgesetzt und wuchs als Tempeldiener Apollons auf. Kreusa heiratete später Xuthos, den Sohn des Hellen und Enkel von Deukalion und Pyrrha.

**Peloponnes:** Pelops war der Sohn von Tantalos und Enkel des Göttervaters Zeus. Nach der Verbannung seines Vaters in die Unterwelt, wo der die sprichwörtlich gewordenen »Tantalusqualen« zu erleiden hatte, kam er schließlich auf die Halbinsel, die später nach ihm Peloponnesos genannt wurde. Jeder Bewerber um die Tochter von König Önomaios, die junge Hippodamia, musste in einem Wagenrennen gegen den König antreten, der Verlierer wurde von ihm getötet. Ziel des Wettlaufs war der Altar des Poseidon in der Meerenge von Korinth. Mithilfe seines Schutzgottes Poseidon konnte Pelops das Wettrennen gewinnen, König Önomaos aber stürzte tödlich, wie es ihm das Orakel prophezeit hatte.
Die Söhne von Pelops zerstreuten sich über den ganzen Peloponnes, er selbst eroberte u. a. Olympia und stiftete die Olympischen Spiele. Seine Enkel waren so berühmte Helden wie Agamemnon, der in Mykene begraben ist, und Menelaos, der Gatte der schönen Helena.

**Kyklopen oder Zyklopen:** In der griechischen Mythologie werden sie meist als riesenhafte Menschen mit nur einem Auge in der Mitte der Stirn dargestellt. Kyklopen tauchen in verschiedenen Mythen auf. Der bekannteste ist wohl Polyphem, der im Kampf mit Odysseus geblendet wird, so beschrieben in Homers »Odyssee«. Kyklopen werden auch als Begleiter des Gottes Dionysos auf seinem Feldzug nach Indien genannt, als Gesellen des Hephaistos, des Gottes der Waffenschmiede, oder als Waffenlieferanten des Zeus. Sie sollen von Göttern abstammen und wurden mit Gewittern oder Vulkanausbrüchen in Zusammenhang gebracht. Auch als Baumeister z. B. in Mykene waren sie berühmt, daher der Ausdruck »Zyklopenmauer«.
Heute nimmt man an, dass Schädel von Zwergelefanten, die in Höhlen auf der ägäischen Insel Tilos gefunden wurden, zu der Vorstellung von einäugigen Riesen geführt hatten. Diese Schädel waren viel größer als menschliche Köpfe, und die Nasenlöcher wurden als Augenhöhlen interpretiert. Nach der Kopfgröße zu schließen, hätten die Kyklopen also mehr als drei Meter groß sein müssen.

Das Ionische Meer und seine Inseln sind Schauplatz großer Teile von Homers »Odyssee«.
Für weitere Informationen zu Historie und Mythologie: http://www.sonnenziele.net/korfu-geschichte.htm.

# 3 Routenvorschläge

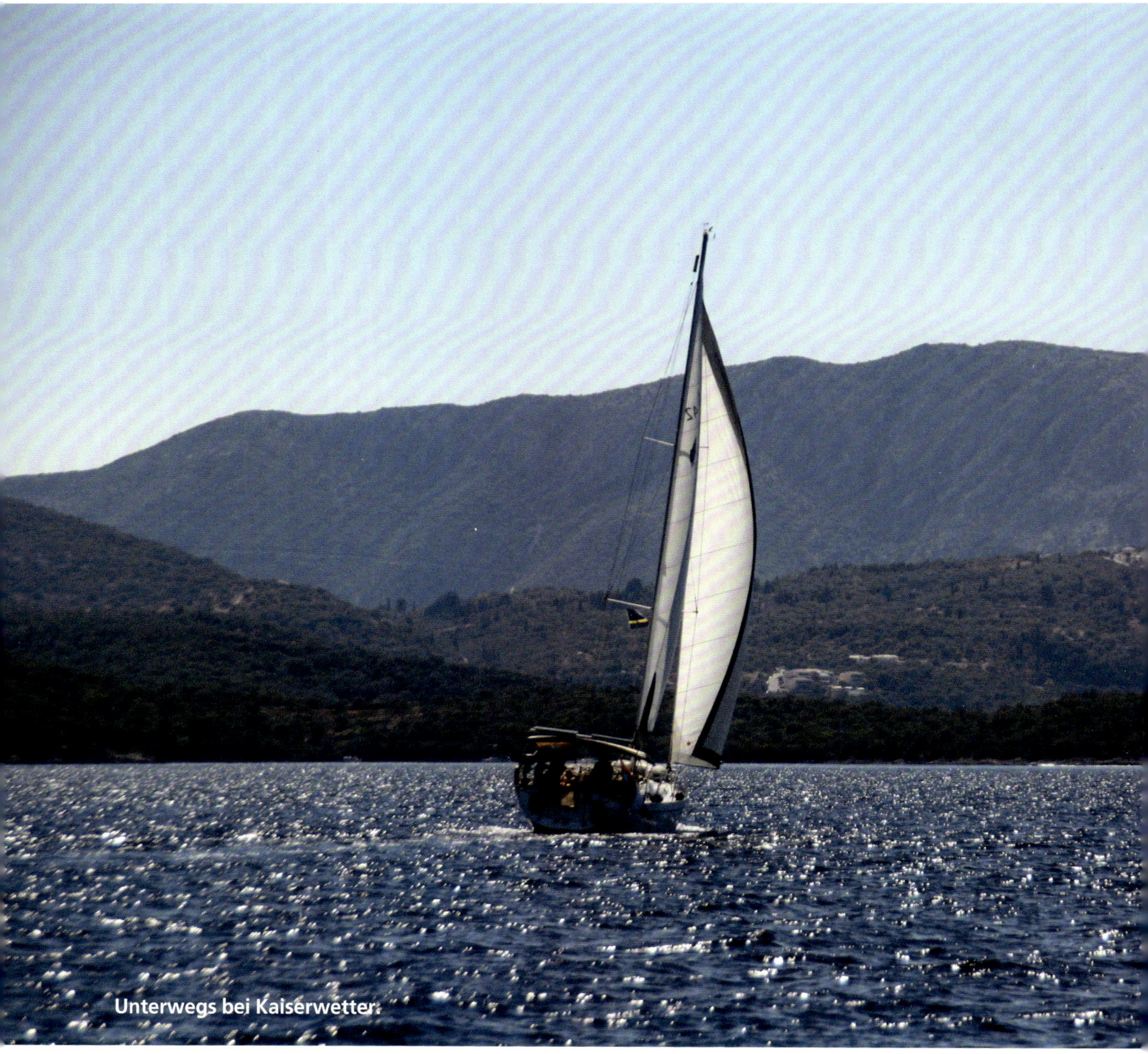

Unterwegs bei Kaiserwetter.

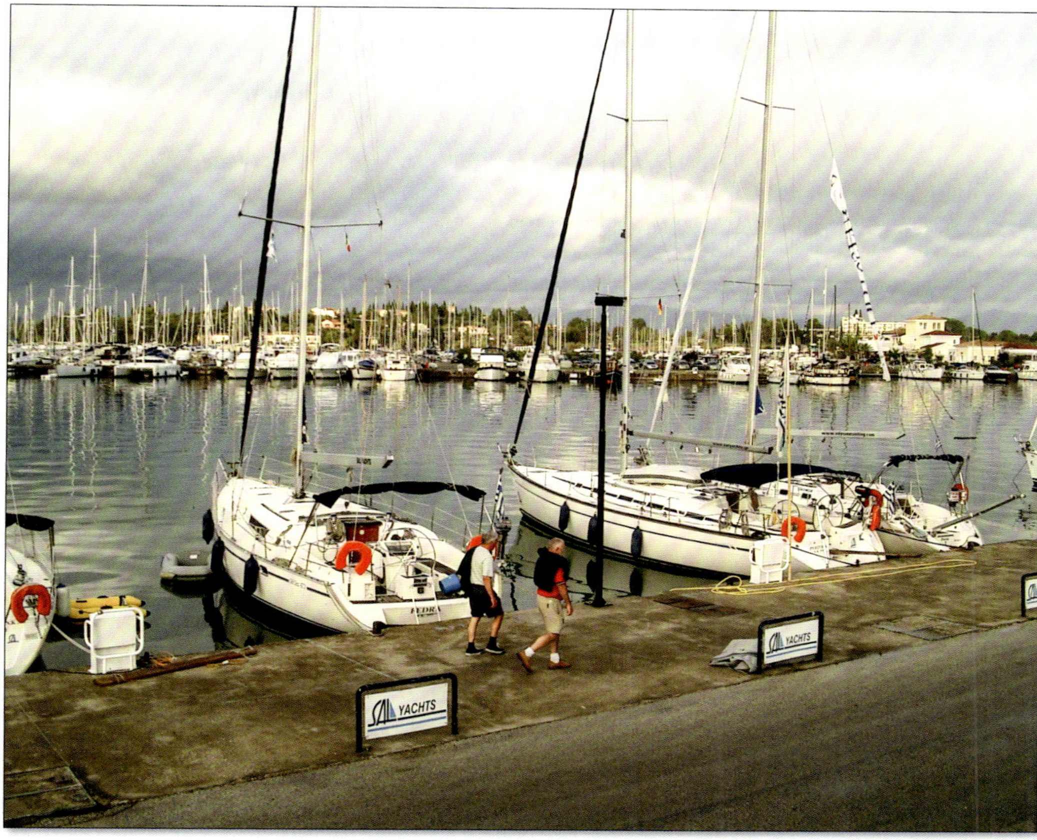

**Der Charterkai der Marina Gouvia in Korfu.**

In diesem Abschnitt habe ich eine ganze Reihe meiner Törnvorschläge aufgelistet, die ich selbst gerne segle, und die pro Segelwoche etwa 150 Meilen auf die Logge bringen – genügend Zeit an Land also, um sich eingehend umsehen zu können.
Die detaillierten Beschreibungen der angelaufenen Häfen und Buchten sind in den folgenden Kapiteln zu finden.

Wer noch speziellere Infos oder gleich eine Törnberatung von mir haben möchte, füllt dieses Formular, dass für meine Charterkunden gedacht ist, so detailliert wie möglich aus: http://www.dmcreisen.de/toernberatung.html. So kann ich Ihnen individuell antworten.

# Törns ab Korfu

## Die Nordrunde

Distanz: 120 sm
Von der Marina Gouvia aus führt der Törn gegen den Uhrzeigersinn um die Insel Korfu herum. So erwischt die Crew beim Segeln entlang der Westküste den Schönwetterwind Maistros aus West bis Nordwest, und kommt in den Genuss eines langen Halbwind- oder Raumschotganges. In östliche Richtung, zur Anker- und Badebucht Ormos Agni wird von Gouvia aus gestartet. Dann geht's durch die nur 3,5 Meilen breite Meerenge zwischen Korfu und Albanien, wo weitere Ankerbuchten angelaufen werden können. Es ist gut möglich, dass nachts Besuch kommt von

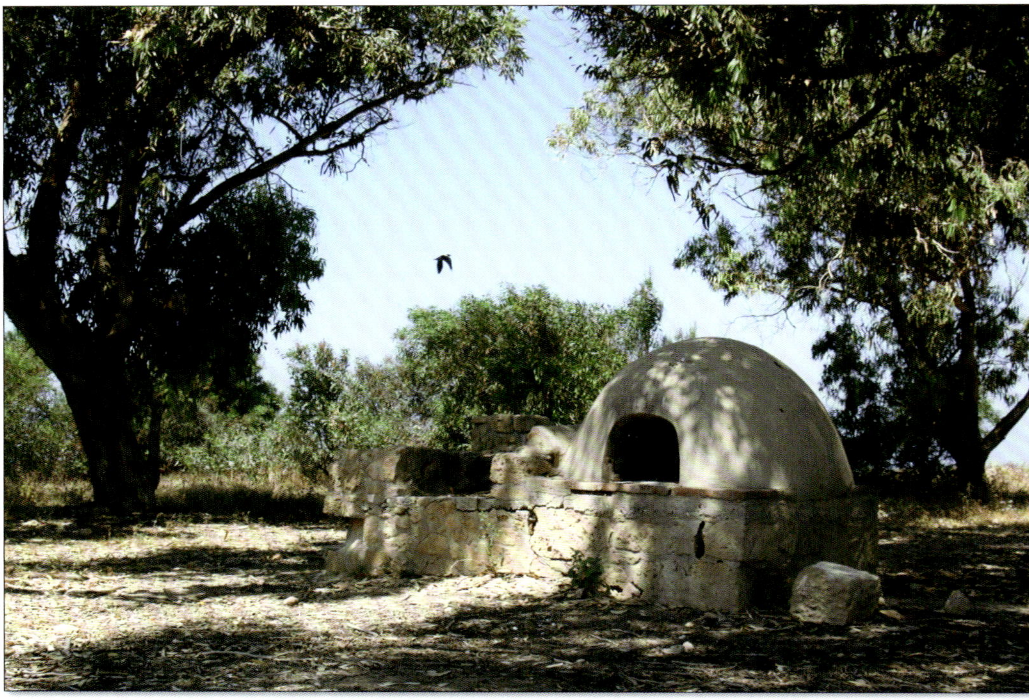

**Brot-Backofen an einer Dorfstraße.**

Tipp: Bleiben Sie während der Passage unbedingt in griechischen Gewässern! Sonst könnte es sein, dass Sie Besuch von den Albanischen Behörden bekommen, was die Urlaubsplanung eventuell durcheinanderbringt. Die imaginäre Grenzlinie verläuft etwa in der Mitte zwischen den Landmassen.
Wenn Sie tatsächlich nach Albanien einlaufen wollen, müssen Sie das vorgeschriebene Procedere einhalten: Ausklarieren in Korfu und Einklarieren in Sarande. Hier eine Broschüre zum Thema: http://nautik-verlag.de/shop2012/product_info.php?info=p103_nautische-basis-informationen-albanien.html.

der Coast Guard, die dieses Gebiet überwacht, oder von Schmugglern …
Kassiopi ist ein netter Hafen an der Nordostküste von Korfu. Weiter führt die Route zu den drei Inselchen: Othonoi, Ericousa und/oder Mandraki, die abseits der üblichen Routen zum Besuch einladen.
Paleocastritsa ist der einzige, aber spektakulär gelegene und geschützte Hafen an der Westküste. Erst nach Runden des Südkaps von Korfu liegen Lefkimmi, Petriti und Benitsai auf der Strecke.
Vor der Rückkehr in die Marina von Gouvia bietet sich ein Stopp in Korfu Stadt zum Shoppen und Flanieren an.

## Die Südtour – 1 Woche

Distanz: 105 sm
Raus aus der Marina Gouvia, vorbei an Korfu Stadt, und als erstes Ziel Benitsai oder Petriti im

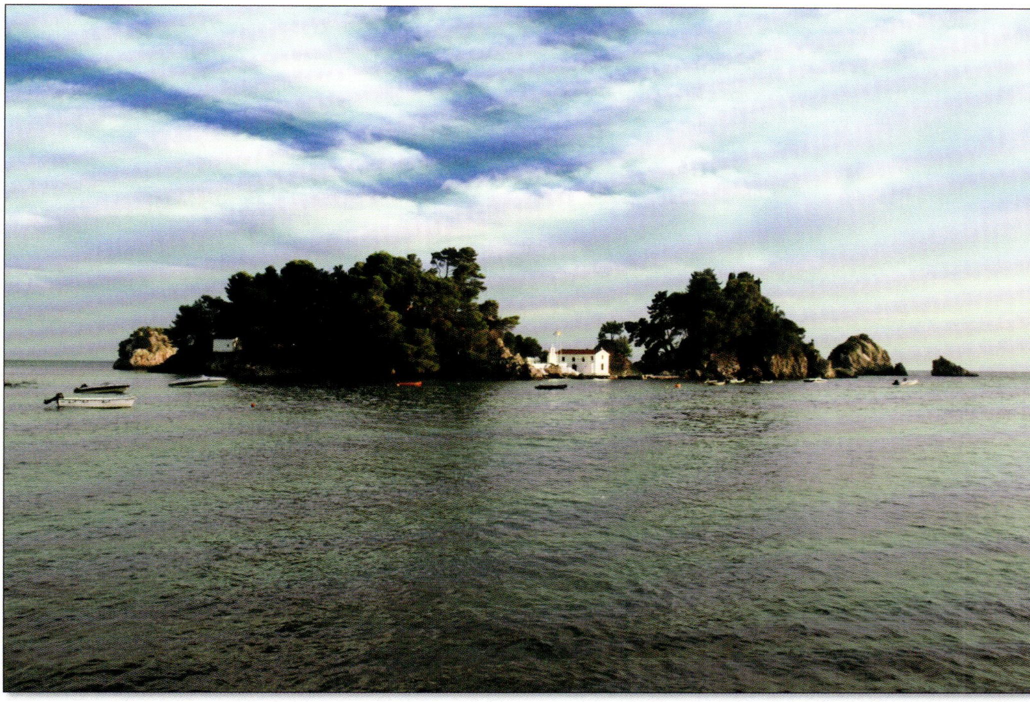

**Das Klosterinselchen bei Parga.**

Süden der Insel Korfu. Dann folgt der Schlag hinüber zur Insel Paxos, nach Lakka, Longos oder Gaios. Man sollte entlang der spektakulären Westküste von Paxos segeln und einen Badestopp in einer der Buchten mit den Höhlen einlegen.

Die folgende Etappe führt nach Parga, in die Nachbarbucht Ormos Valtou zum geschützten Festmachen, oder in den quirligen Ort Sivota, der ebenfalls am Festland liegt.

Für einen Ankerstopp, auch zum Übernachten in einsamer Umgebung, bietet sich Ormos Valtou an (Es stimmt: den Namen gibt's hier zweimal!). Sagiada eignet sich für Yachten bis zu knapp zwei Metern Tiefgang, deren Crews sich an Fisch und Shrimps richtig satt essen wollen.

Vor der Einfahrt in die Marina Gouvia liegt noch ein winziges Inselchen. An dessen Westseite ist das Wasser flach genug zum Ankern für einen Badestopp vor dem finalen Einlaufen in den Ausgangshafen. Dann ist diese Törnwoche vorbei.

## Die große Südtour – 2 Wochen

Distanz: 310 sm

Petriti ist auch hier eine gute Wahl für den ersten Abend. Dann geht's hinüber zur Insel Paxos, vielleicht in die Mongonisi Bay am Südende, denn dann ist der 35-Meilen-Schlag nach Lefkas mit seiner Marina nicht so lange.

Ab hier gibt es reichlich Ziele: Phiscardo ist für viele ein Muss, ebenso Vathy auf Ithaka. Assos an der Westküste von Kephalonia ist ein Geheimtipp, denn die liebliche Ankerbucht ist der einzige Hafen an der sonst ungeschützten Westküste. Zum erneuten Proviantieren bietet sich Argostolion an. Wer noch Meilen sammeln will, kann hinüber nach Zakinthos segeln zur Wreck-Bay, aber dann wird wohl der südliche Umkehrpunkt erreicht sein. In Richtung Norden ist Astakos am Festland eine gute Wahl, dann ein Stopp vor Skorpios und dem Städtchen Nidri. Nach Passage des Kanales von Lefkas bietet sich Prevesa an, gefolgt von Lygia, Parga und Sivota, bevor der letzte Segeltag schließlich im Ausgangshafen Marina Gouvia endet.

# Törns ab Lefkas

## Die Südtour – 1 Woche

Distanz: 150 sm

Wie ein Binnensee erstreckt sich das Revier südlich von Lefkas zwischen Festland und vorgelagerten Inseln, sodass bei leichten Winden und mäßigem Wellengang im Zick-Zack gesegelt werden kann, denn die Distanzen sind nicht groß.

Neben Kioni oder Frikes auf Ithaka können Sami oder Agios Euphimia auf Kephalonia auf dem Törnplan stehen, um von dort aus die Höhlen und den versunkenen See per Motorroller zu besuchen.

Um bis in den Haupthafen von Zakinthos zu kommen, muss der Segler einen längeren Tagestrip einplanen – für den Rückweg natürlich auch. Auch das kleine Eiland von Kastos ist einen Übernachungsstopp wert.

Dann wird eine Segelwoche zu Ende sein.

## Die große Südtour – 2 Wochen

Distanz: 330 sm

Für eine zweiwöchige Segelreise kann sogar der sonst wenig besegelte Golf von Korinth eingeplant werden! Wer bis nach Itea oder Galaxidi kommt, kann mit dem Linienbus in nur 30 Minuten hoch in die Berge fahren und dort das weltberühmte Orakel von Delphi anschauen. Trizonia und Mesolonghi liegen hier auf der Strecke.

Alternativ kann der Törn über das venezianisch anmutende Zakinthos zur Westküste des Pelo-

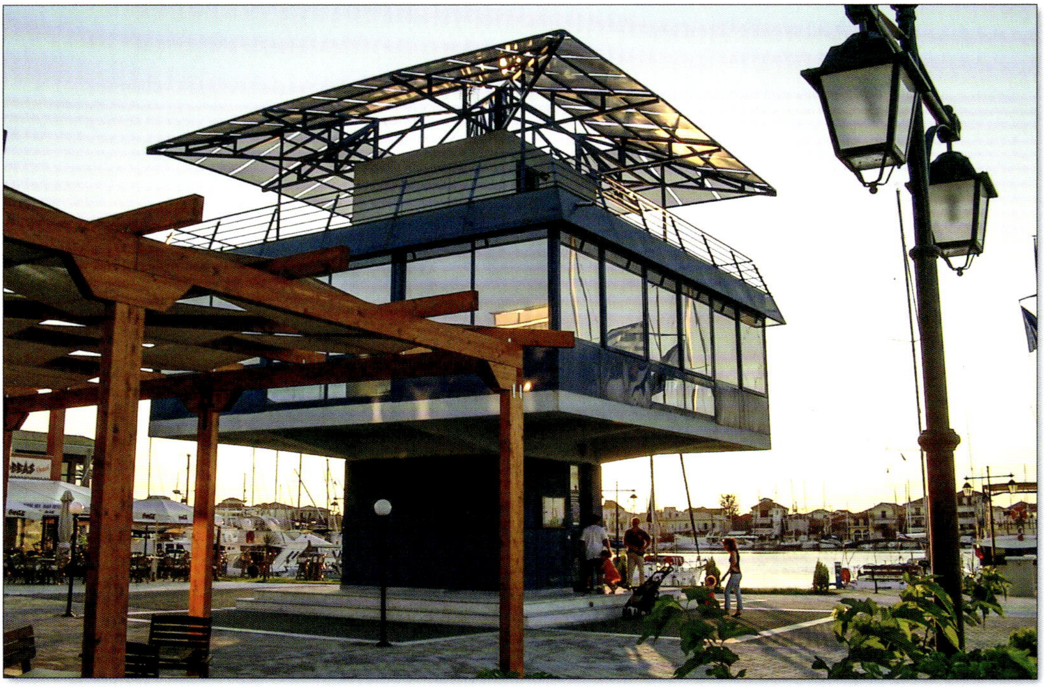

Der Marinatower von Lefkas – hier sitzt die Verwaltung.

ponnes führen, wo die Crew von Katakolon/ Pirgos aus nach Olympia ausschwärmen kann. Für einen entspannten Buchtentag bietet sich Ormos Pera Pigadi an. Vasiliki im Süden von Lefkas ist ein Ziel zum Fischessen. In der Abelike Bay auf Meganision wird regelmäßig mit zwei langen Landleinen festgemacht. Und schließlich endet die Tour in der Marina von Lefkas.

## Die Nordtour

Distanz: 100 sm

Nach Verlassen des Kanals von Lefkas liegt der kleine Hafen von Lygia auf halbem Weg zur Two-Rock-Bay und nach Parga. Über Sivota schwenkt man westwärts zur Insel Paxos mit seinen vier lohnenswerten Anlaufstellen. Raumschots ist dann Prevesa zu erreichen. Und, nach einer kleinen Stippvisite im Ambrakischen Golf, geht's nach einer Woche zurück zur Marina Lefkas.

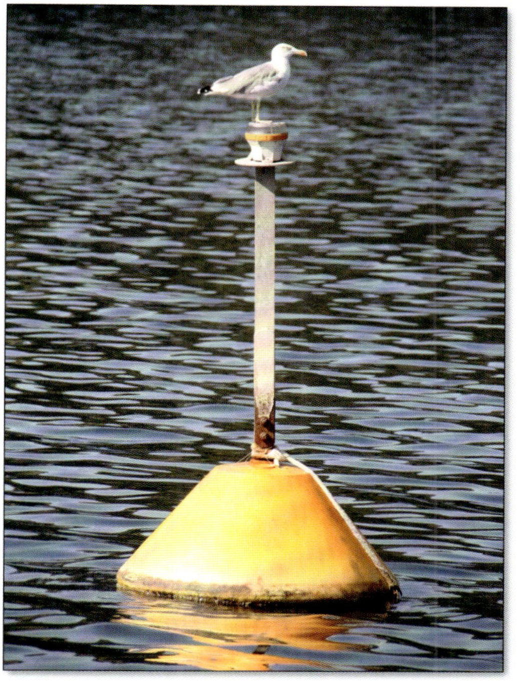

**Begrenzungstonne einer Fischzuchtanlage.**

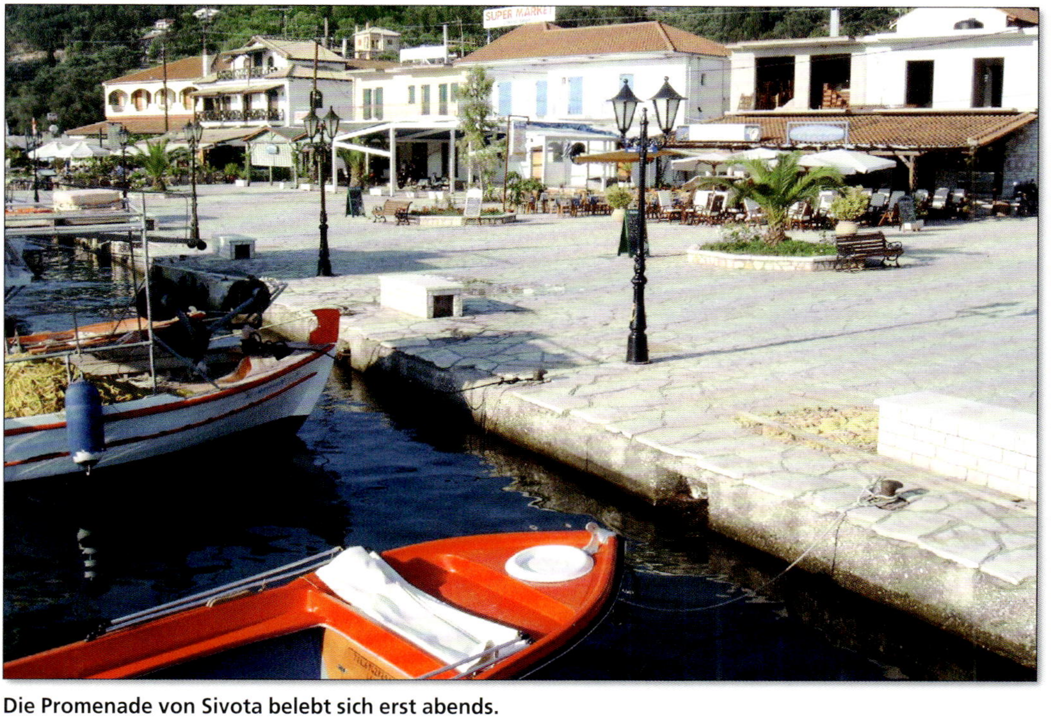


**Die Promenade von Sivota belebt sich erst abends.**

Für einen zweiwöchigen Törn kann die Crew locker bis nach Korfu segeln, dort die Insel erforschen, und mit dem vorherrschenden Wind nach Süden zurückkehren. Auch hier ist der Ambrakische Golf ein Geheimtipp für Segler, die »schon alles« gesehen haben.

### Tour zum Ambrakischen Golf

Distanz: 60 sm

Bei einem längeren Törn im Revier lohnt ein Explorer-Abstecher in diesen sehr wenig besegelten Meeresteil. Nach der Passage des bei Prevesa liegenden Einfahrtskanals in den Ambrakischen Golf zeigt sich ein flaches Binnenmeer mit hohen Wassertemperaturen. Geankert werden kann an vielen Stellen einfach frei, denn die Wassertiefen sind moderat. Rund um dieses Binnenmeer liegen einige wenige, aber recht abgeschiedene Ortschaften, die teils nur eine kleine Kaianlage vor dem Ort haben. Wenn die Mauer nicht von den einheimischen Fischern belegt ist, kann man hier anlegen, sofern es die Wassertiefen erlauben. Vonitsa und Amphilochia sind lohnende Etappenziele – der Nordteil des Golfes ist flaches Naturschutzgebiet – bis auf einige inmitten der Lagune gelegenen Fischerdörfchen nicht zu besegeln.

## Törns ab Korinth

Wer eine Yacht für diesen Törn chartert wird diese am Besten in der Marina Kalamaki bei Athen ordern. Dies ist die größte Chartermarina Griechenlands und leicht mit dem Flieger zu erreichen. Nur eine Tagereise, etwa 35 Seemeilen, beträgt die Distanz vom Starthafen Athen bis zum Kanal von Korinth. Nach der Passage beginnt dann der Törn im Ionischen Meer.

### Nach Westen – 1 Woche

Distanz: 180 sm

Am Ostende des Kanals von Korinth öffnet sich der von Charterern fast gar nicht besegelte Golf von Korinth mit spannenden Zielen. Ab Itea oder Galaxidi ist der Besuch des sagenhaften Orakels und der Ausgrabungen von Delphi ein Muss. Das Inselchen Trizonia mit seiner geschützten Hafenbucht ist ein putziges Kleinod auf dem Weg nach Westen. Dann geht's unter der riesigen Brücke bei Riou hinaus ins offene Meer – nach Mesolonghi oder Patras – wenn dies nicht schon zu weit ist für einen Wochentörn.

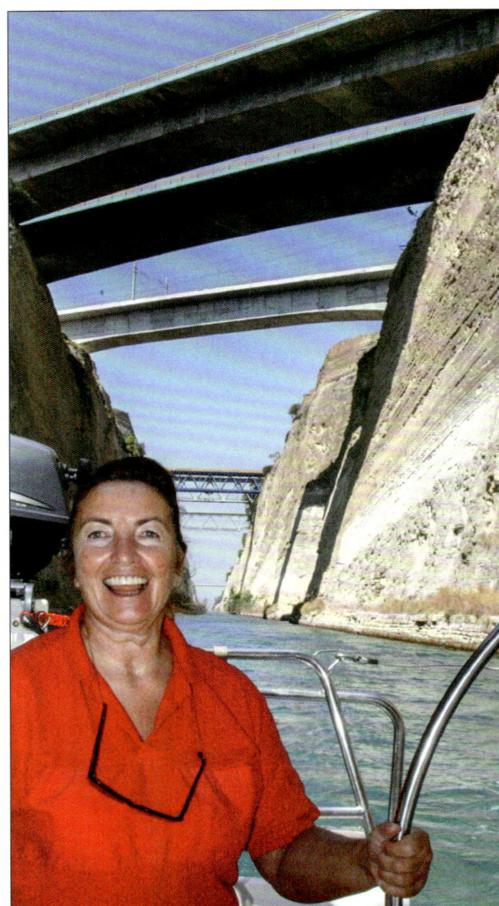

**Imposantes Bauwerk: Der Kanal von Korinth – darüber die Autobahnbrücken.**

Auf dem Rückweg sollte ein eintägiger Stopp in Korinth eingeplant werden für den Besuch der antiken Stätten von Mykene, Epidaurus, Nauplia, und um den Kanal von oben, von der Autobrücke, erleben zu können.

## Nach Westen – 2 Wochen

Distanz: 310 sm

Im Golf von Korinth geht's westwärts. Vorbei an Itea und Delphi, nach Trizonia und Mesolonghi. Dann ist zu entscheiden, ob die Westküste des Peloponnes besegelt wird, nach Kyllini beispielsweise, und/oder ob es zu den Inseln Zakinthos, Kephalonia und Ithaka gehen soll.

Ganz ambitionierte Meilenliebhaber mögen erwägen, den Peloponnes komplett zu umrunden – dafür sind aber gut 400 Seemeilen einzurechnen. Das ist in nur zwei Segelwochen kaum zu schaffen, denn viele der interessanten Häfen und Ankerplätze müssen dann aus Zeitmangel ausgelassen werden. Auch die Landausflüge würden sich auf kurze Stippvisiten minimieren.

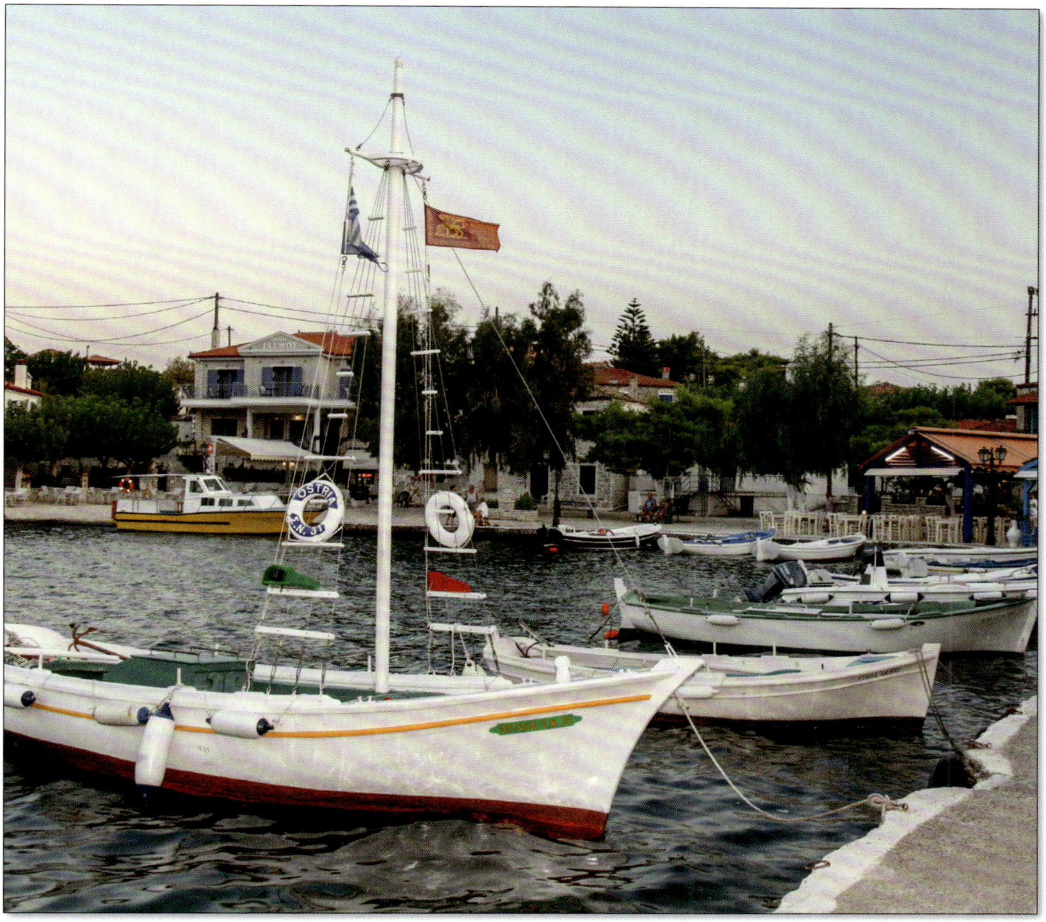

**Trizonia – ein Inselchen ohne Autos.**

# 4 Nördliche Inseln

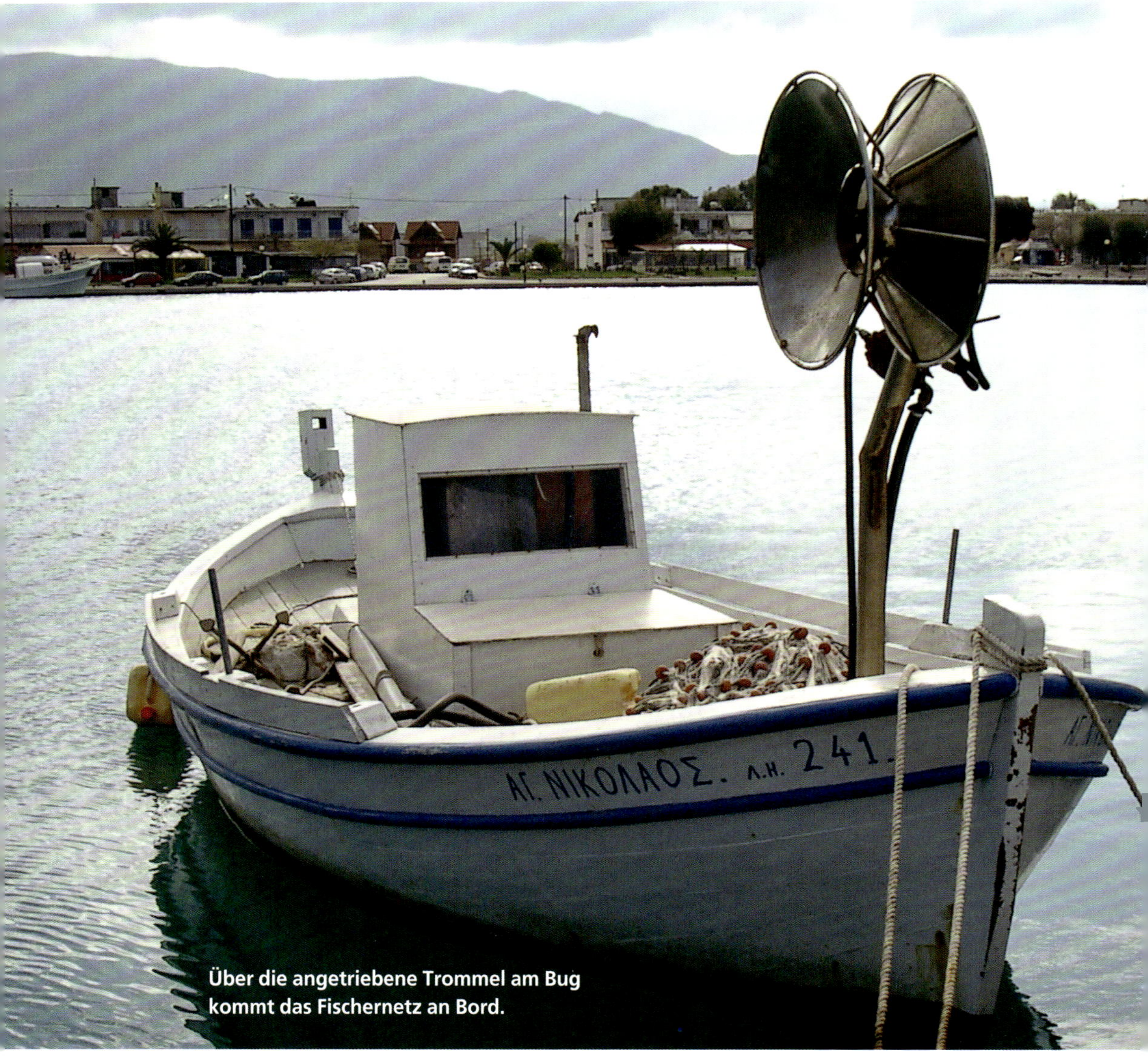


Über die angetriebene Trommel am Bug kommt das Fischernetz an Bord.

# Korfu

**Wissenswertes**

Die Venezianer fühlten sich in Korfu sehr wohl – ebenso Sissi, die österreichische Kaiserin. Ihre Residenz, das Achilleion, ist heute teils Museum, teils Spielcasino. Man kann sie hoch über dem Meer beim Dorf Gastouri besichtigen.

Die Engländer brachten das Cricket-Spiel auf die Insel. Die Korfioten spielen es regelmäßig am Platz auf der Esplanade mitten in Korfu Stadt und am Cricketplatz in der Marina Gouvia – meist am Sonntagvormittag.

Pantokrator heißt der mit gut 900 Metern höchste Berg der Insel. Man kann ihn natürlich erwandern, aber es führt auch eine befahrbare Straße bis zum Gipfel. Dort erwarten den Ausflügler

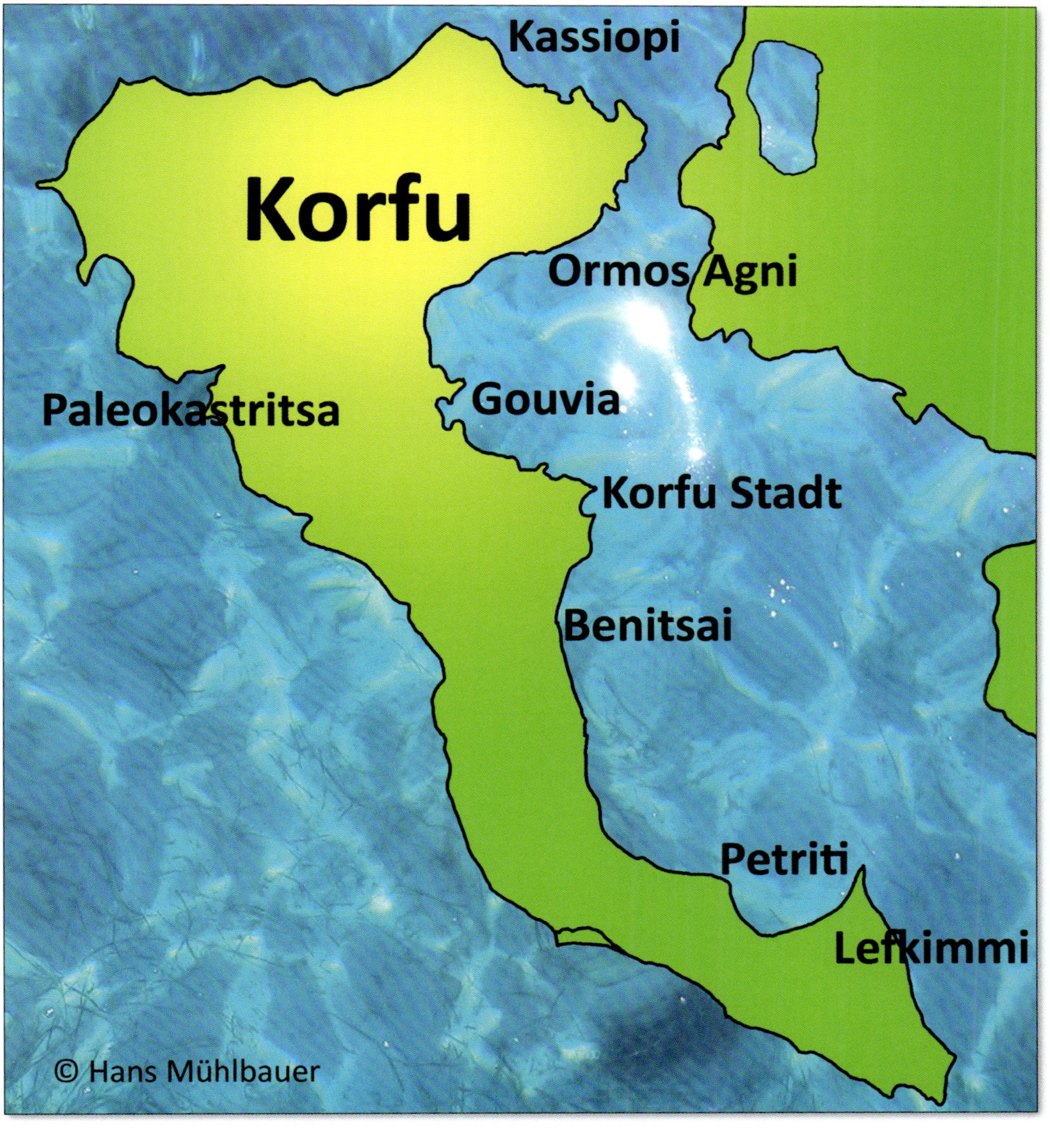

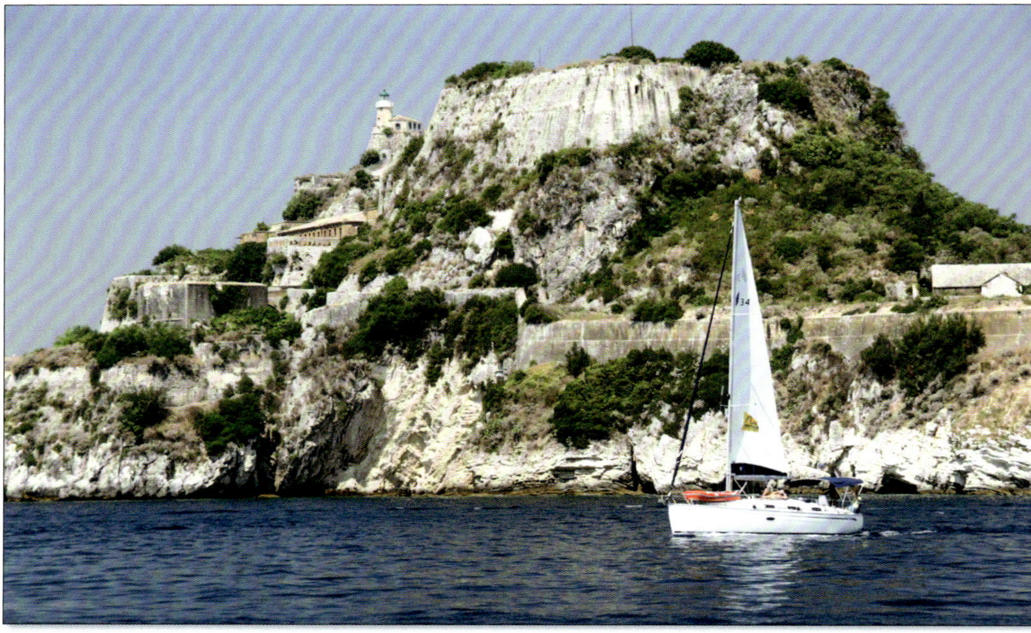

Die mächtige Festung vor der Stadt Korfu.

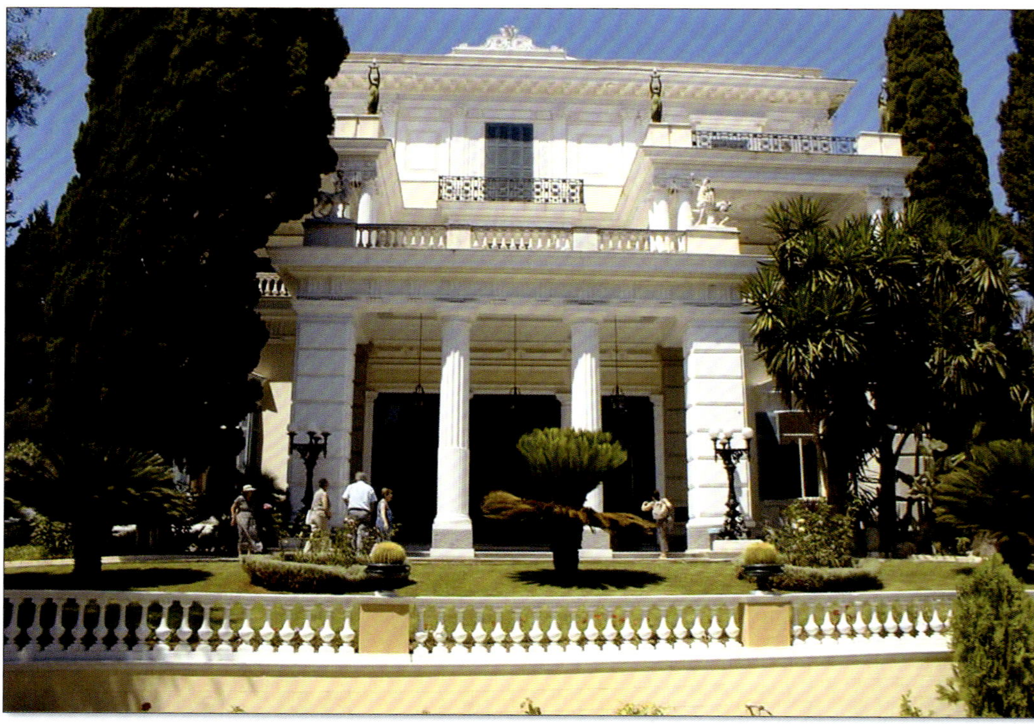

Vom Sissi-Schloss hat man Weitblick bis zum Festland.

ein Antennenwald für die Kommunikation, eine Kirche, ein wunderschöner Rundumblick über Korfu, das Festland, Sarande in Albanien sowie über das Meer und eine Taverne.

Schutzpatron der Insel ist der heilige Spyridon, dessen Reliquien in der Hauptstadt Kerkyra aufbewahrt werden. Von seiner Kirche Agios Spyridonas finden jährlich Prozessionen statt. Kinder werden gerne nach seinem Namen Spyros getauft. In der Mythologie hieß die Insel Scheria. Nach dem Raub des goldenen Vlieses und der Flucht aus Kolchis wurde Iason und Medea hier Gastfreundschaft geboten.

**Historie**

Der Name Kerkyra stammt von der Nymphe Gorgyra, die mit dem Meeresgott Poseidon den Sohn Phaiax bekam, welcher der Ahnherr der Phäaken wurde. Vor diesem Volk wurde Odysseus von der Königstochter Nausikaa gerettet, aber auch ihre Liebe konnte ihn nicht von der Heimreise nach Ithaka abhalten.

Korfu wurde bereits im 8. Jh. v. Chr. besiedelt und aufgrund seiner strategischen Lage zu einer einflussreichen Seemacht. Im Laufe der Jahrhunderte gelangte Korfu unter wechselnden Einfluss des Oströmischen Reiches, der Sarazenen, des Königs von Neapel und der Republik Venedig. Diese unterstützte Korfu ab dem 16. Jh. in den Kriegen gegen die Türken. 1797 gingen Korfu und die Ionischen Inseln in den Besitz Frankreichs, ab 1815 gehörten sie zum britischen Protektoratsgebiet. Im 2. Weltkrieg wurde Korfu bombardiert und teilweise zerstört. Mit dem Tourismus begann der wirtschaftliche Wiederaufstieg.

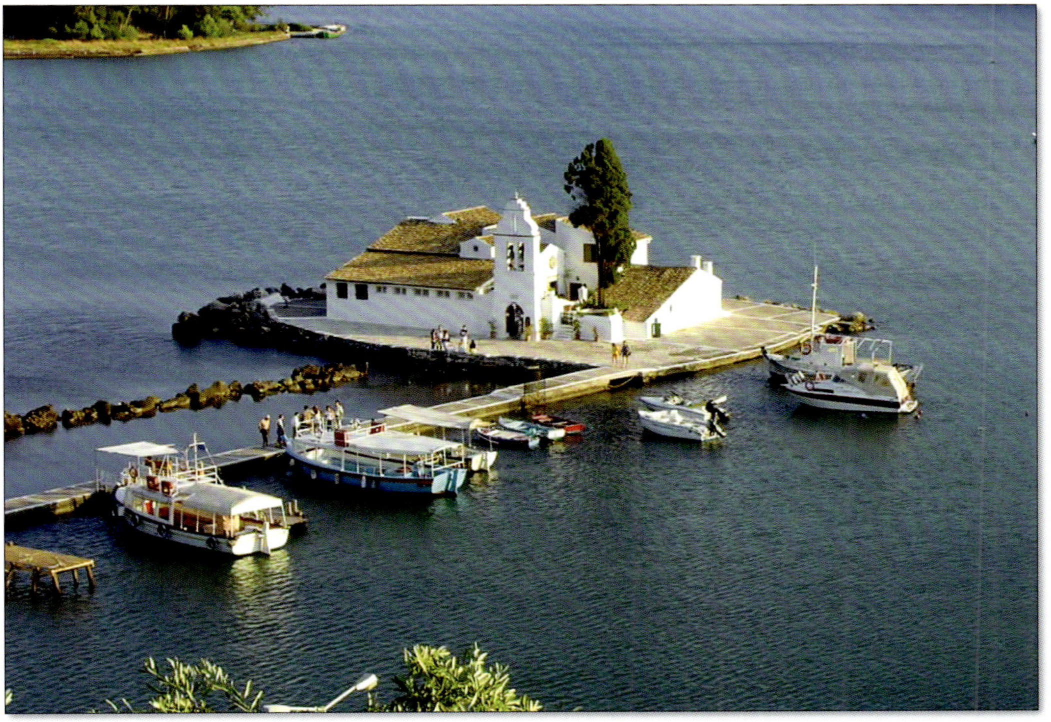

**Die »Mäuseinsel« – Das bekannte Fotomotiv von Korfu.**

## Marina Gouvia

39° 39,7′ N, 19° 51,4′ E

Marina Gouvia

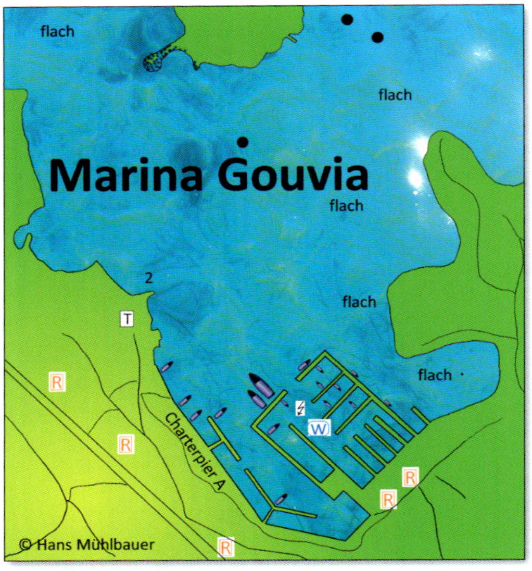


### Ansteuerung, Liegeplätze, Ausstattung

Von See kommend sind die Felsen der Steilküste mit den daraufstehenden schicken Villen und dem Hotelklotz des 5-Sterne-Grecotel deutlich und von Weitem zu sehen. Ebenfalls gut sichtbar sind die großen und nachts befeuerten Tonnen, die das Fahrwasser markieren. Dies sollte auch tunlichst genommen werden, denn trotz der Breite der Wasserfläche in der Zufahrt können schon dicht südlich des Fahrwassers sogar die Möwen stehen! So manche Charteryacht stellt dies beim ersten Auslaufen fest, wenn sie neben der Baggerrinne im dicken Schlick festfährt.

In der weiten Bucht liegt die Marina mit Schwimmstegen und insgesamt 1235 Liegeplätzen für Yachten bis zu 80 Metern Länge. Überall sind Muringleinen zum Festmachen – auch Strom und Wasseranschlüsse gibt es überall. Zum Winterlager stehen Travellift, Autokran und viele Landliegeplätze zur Verfügung. Es gibt sämtliche Reparaturmöglichkeiten, denn

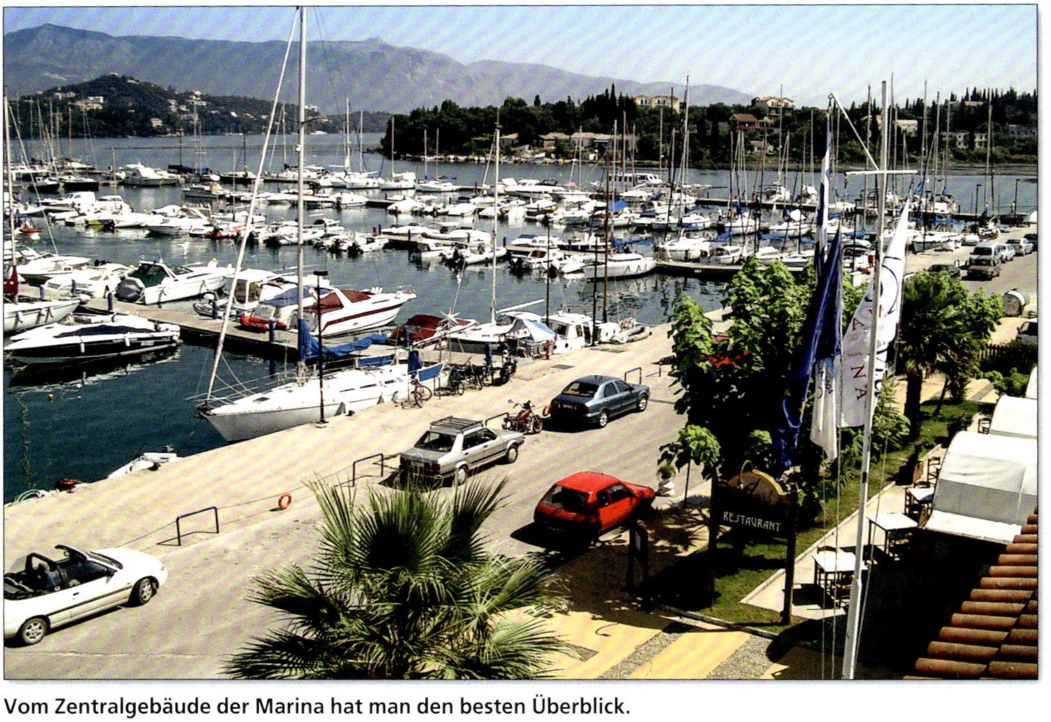


**Vom Zentralgebäude der Marina hat man den besten Überblick.**

viele spezialisierte Betriebe haben sich auf dem Marinagelände angesiedelt.
Eine Tankstelle liegt am nördlichen Ende des Yachthafens – am Ende von Pier »A«.
Rund um die Marinagebäude scharen sich Autoverleiher, Café, Restaurants, der Swimming-Pool, Supermarkt und weitere Geschäfte.
Eine ganze Reihe von Dauerseglern haben den Yachthafen zu ihrem Quasi-Wohnsitz erkoren und leben auf dem Boot.

**Rund um den Hafen**

Wöchentlich starten die Flieger gen Korfu und jede Menge Yachtcharterer atmen auf, wenn sie mit dem Taxi in die große Marina Gouvia einbiegen und die ersten Masten sehen.
Gleich nach dem bewachten Einfahrtstor teilt sich die Straße: Nach rechts führt sie vorbei am Pool zu den Liegeplätzen der Privatyachten – nach links passiert man das als ganztägiger Crew-Treffpunkt beliebte Cafe Maistro. Dann beginnt der etwa 1 Kilometer lange Charterkai. Er ist unterteilt in die Abschnitte A, B und C. Am Boden vor den Yachten ist die Nummerierung mit Betonfarbe aufgemalt, sodass die Charterer ihre Urlaubsyacht leicht aufspüren können. Die Büros der verschiedenen Charterfirmen sind ebenfalls in diesem Hafenteil zu finden.
Ein wenig versteckt befindet sich Christos' Tauchbasis samt Füllstation – einfach fragen, jedermann kennt ihn hier, hat. Man kann hier Tauchequipment leihen, Flaschen füllen lassen oder mit Christos und seinem Tauchboot zu seinen speziellen Tauchplätzen hinausfahren.

Im höchsten Gebäude des Yachthafens ist das Marinabüro untergebracht. Dahinter liegt der teure Marina-Supermarkt. Der Einkauf kann sogar mit dem Auto zur Yacht geliefert werden. Viel günstiger und mit ungleich vielseitigerer Auswahl ist der große Supermarkt in etwa 400 Metern Entfernung an der Küstenstraße.

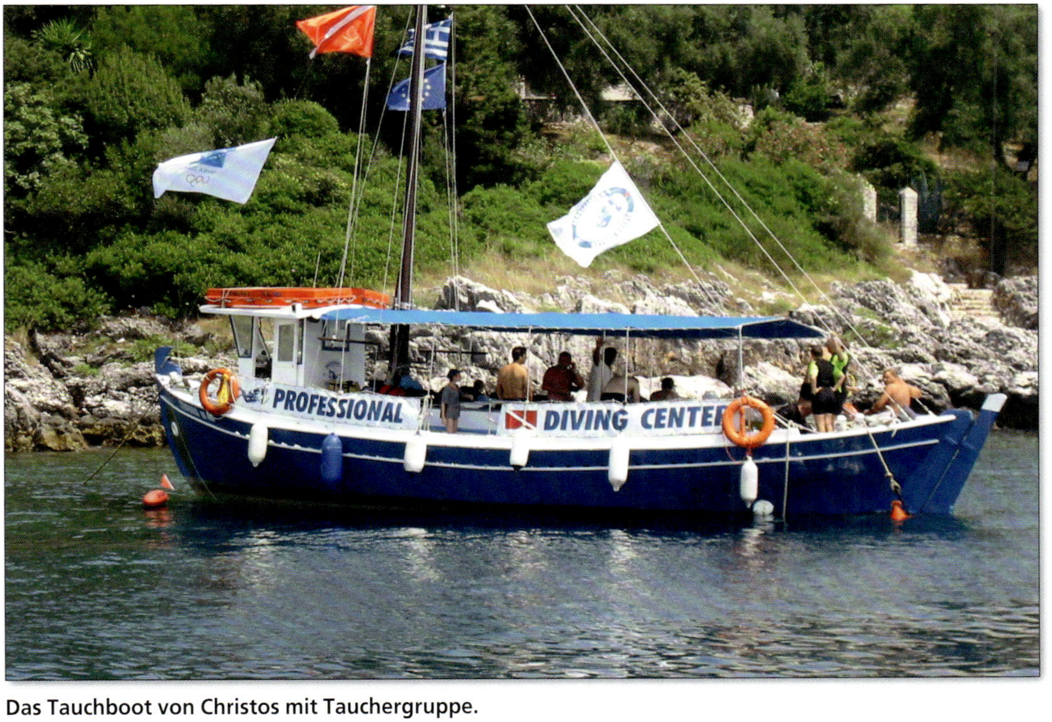


**Das Tauchboot von Christos mit Tauchergruppe.**

Auf dem Weg zum Supermarkt entlang der Hauptstraße passiert man noch viele wichtige Einrichtungen: Geht man durch das Haupttor bis zur etwa 200 Meter entfernten Kreuzung, trifft man auf die Hauptader des Dorfes Kontokali. Alle wichtigen Geschäfte und Tavernen liegen hier. Das Eckhaus auf der linken Seite beherbergt einen Getränkeshop. Die Spezialität ist hier der offene und sehr günstige Wein. Er wird aus großen Fässern in die zahlreichen 1,5 Liter Wasserflaschen abgefüllt und lagert in den Sorten rot und weiß im Kühlschrank in der rechten hinteren Ladenecke.

Gleich die nächste Türe führt in den Pub Navigators. Hier treffen sich nicht nur die englischen Yachties, sondern auch internationales Publikum auf einen Drink und zum Abendessen. Folgt man der Hauptstraße noch etwa 100 Meter in südlicher Richtung, hat man schon den Duft gegrillter Hähnchen und anderer Köstlichkeiten aus Harry's Taverna in die Nase. Harry heißt eigentlich Spiros und Maria, seine Frau, führt den Kochlöffel in der Küche.

Wer sich eine Yacht kaufen möchte wird im Yacht-Büro auf der gegenüberliegenden Straßenseite gut bedient.

Doch nun zurück zur zentralen Kreuzung des Ortes – wo der Getränkeladen steht. Kommt man von der Marina und biegt nach rechts, passiert man nach knapp 100 Metern Boatman's World, einen wohlsortierten Ship-Chandler. Der Inhaber Mike spricht gutes Deutsch.

Gleich darauf stößt man auf eine Ampelkreuzung – hier berühren sich die Küstenstraße und die Hauptstraße von Kontokali. Auf der gegenüberliegenden Straßenseite thront das zweistöckige Gebäude des großen Supermarktes. Die Auswahl ist hier etwa so wie von zu Hause gewohnt.

Folgt man der Dorfstraße in nördlicher Richtung, sind auch hier Restaurants, Tavernen und Bars zu finden. Als typischer Pub entpuppt sich Beer Bucket, ein Stück weiter ist G&M's Bar ein Muss. Ich nenne diese Bar »Erlebniskneipe«, denn Miltos, der athletische Wirt, animiert seine Gäste allabendlich zum Mittanzen. Pool-Tisch, Großbildleinwand mit Sailing-Channel und Tanzeinlagen der einheimischen Stammgäste lassen keinerlei Langeweile aufkommen.

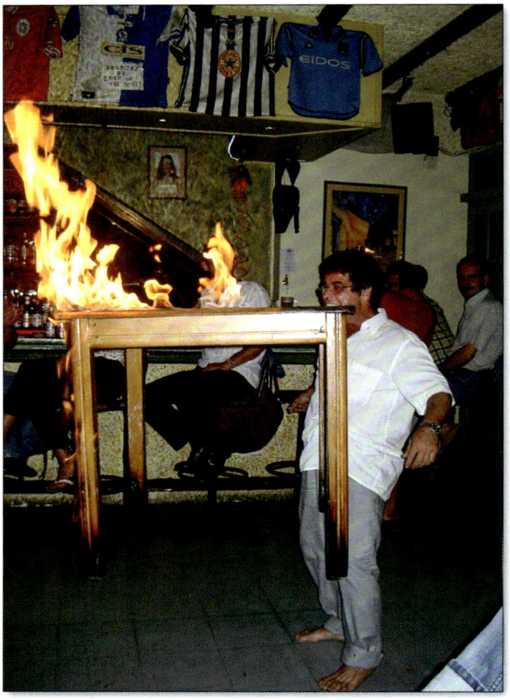


**Der besondere Feuertanz in G&M's Kneipe.**

Gerekos, ein ausgezeichnetes Fischrestaurant, liegt ebenfalls direkt an der Straße. Gegenüber der kleinen Dorfkirche versteckt sich der schattige Garten von Georges Taverna. Lamm, Hühnchen und Rollbraten vom Grill sowie allerlei leckere Vorspeisen kommen hier zu guten Preisen auf den Tisch im schattigen Wirtsgarten. Diese Adresse ist auch die dem Charterkai nächste Taverne, denn hinter dem Kirchlein verbirgt sich der Fußgängerzugang zur Marina, sodass man einen lockeren abendlichen Rundgang unternehmen kann – alles liegt direkt an der Dorfstraße.

**Sehenswertes und Besonderes**

Besonders an den Tagen der Chartercrew-Wechsel, also freitags und samstags, ist eine Tischreservierung in allen Tavernen nötig.

Innerhalb des Yachthafens gibt es ein Restaurant und eine Konditorei beim Gebäude der Marinaleitung.

Sonntagvormittag spielt die lokale Cricket-Mannschaft am Sportplatz gegenüber des Swimming-Pools. Der Pool ist für die Crew kostenlos benutzbar, wenn die gecharterte Yacht noch nicht fertig ist.

Und schräg hinter der Tankstelle, die sich am nördlichen Ende des Yachthafens befindet, können die recht gut erhaltenen Überreste der gemauerten Bootshäuser aus venezianischer Zeit bewundert werden. Gleich daneben kann man am Strand baden gehen, wenn auch die Wasserqualität in dieser recht geschlossenen Hafenbucht fraglich ist.

Eine Meile östlich der Einfahrt der Bucht von Gouvia liegt das kleine Inselchen Lazaretto, an dessen Westseite eine flache und mit Seegras bewachsene Sandbank die bessere Wahl für einen Badeausflug ist. Hier kann man auch den letzten Nachmittag entspannt verbringen, bevor es am Ende des Törns zurück in die Marina geht. Nach Korfu Stadt sind es nur sechs, zum Airport nur sieben Straßenkilometer.

Die Marina Gouvia im Web ist hier zu finden: http://medmarinas.com/MarinaDisplay.asp?ITMID=27.

## Korfu Stadt

Korfu Stadt Nord,
Mandraki: 39° 37,5′ N, 19°, 55,6′ E
Korfu Stadt Süd,
Yachtclub: 39° 37,3′ N, 19°, 55,6′ E

Korfu Stadt

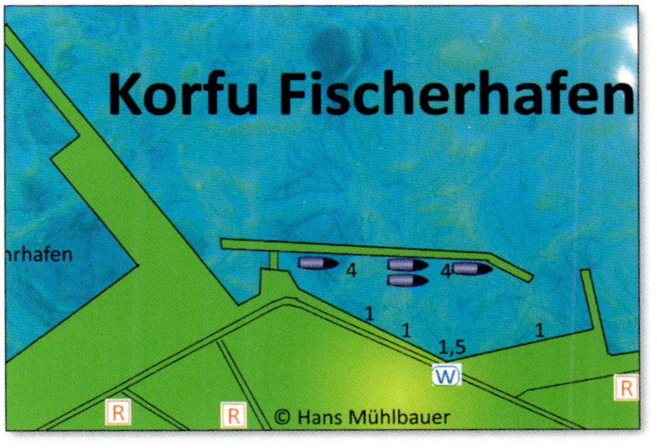


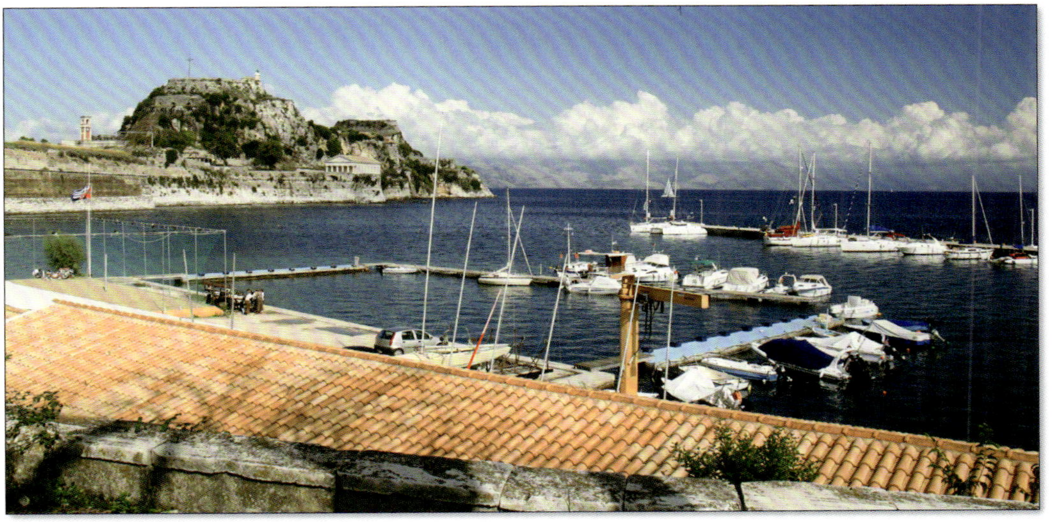

**Der Yachtclub vor der Esplanade.**

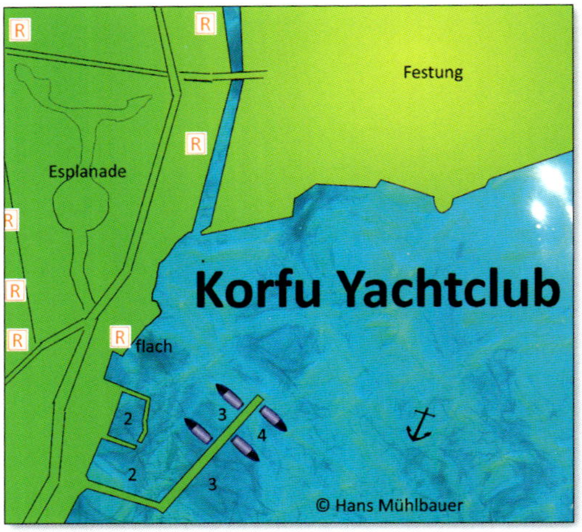


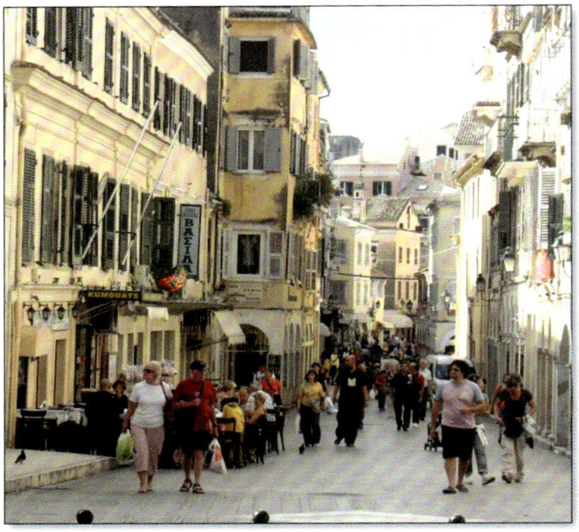
Straßenszene in der Altstadt.

### Ansteuerung, Liegeplätze, Ausstattung

Es gibt zwei Yachtclubs vor der Stadt: nördlich und südlich der imposanten Festungsanlage. Im ersten, in Mandraki, findet sich selten ein freies Plätzchen, während im zweiten der Hafenmeister meist einen freien, kostenpflichtigen Liegeplatz am Ende der Mole zuweisen kann. Sollte es komplett voll sein, ankert man südlich der Festung am eigenen Eisen.

Es gibt Duschen und Toiletten am Gelände. Zur Stadtbesichtigung steigt man lediglich die Treppen hinauf auf das Plateau, auf dem die Altstadt gebaut ist.

Manchmal findet sich ein Plätzchen im Fischereihafen, der sich östlich des großen Fährhafens erstreckt. Man kann – und dies bitte immer nach Absprache mit dem Kapitän des jeweiligen Fischer- oder Ausflugsbootes – dort längsseits gehen. Direkt an der Mauer ist auf einen etwa 40 Zentimeter breiten Mauervorsprung auf Wasserlevel zu achten!

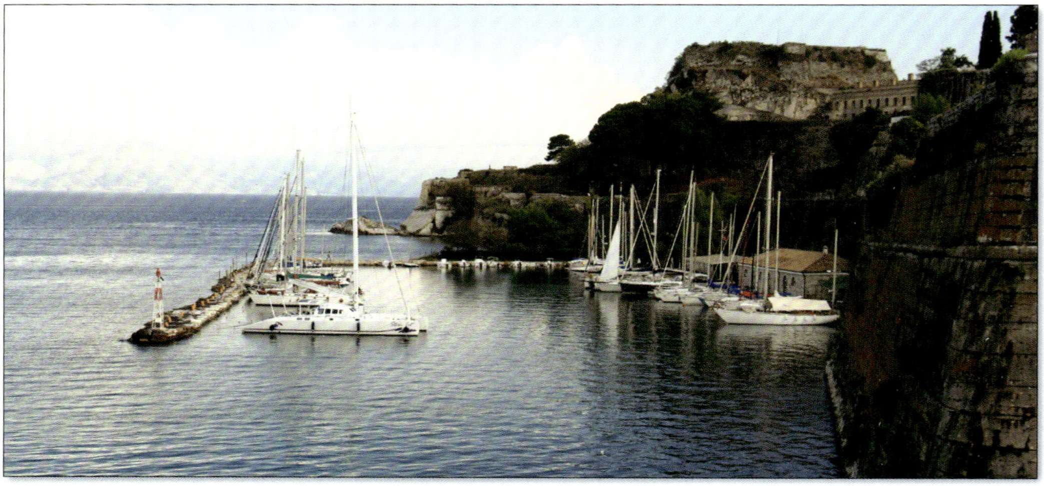
Yachthafen Mandraki unterhalb der Festung.

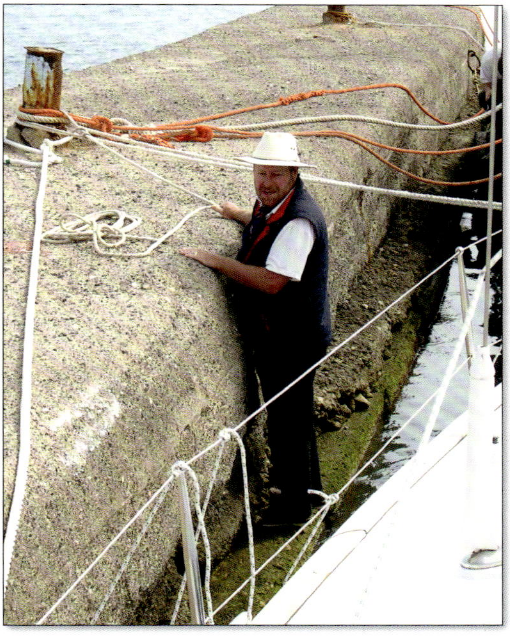

Bei Niedrigwasser fällt der Betonvorsprung trocken – ein Fenderbrett hilft.

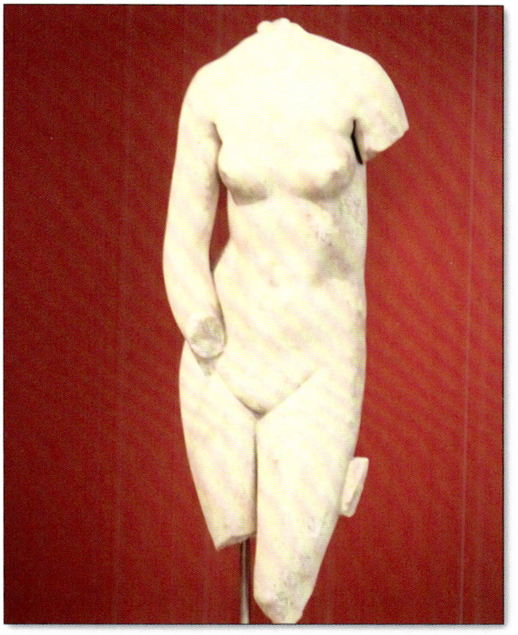

Exponat im Archäologischen Museum.

### Rund um den Hafen

Im Fischereihafen direkt in Korfu Stadt ist immerhin ein Toiletten- und Duschcontainer aufgestellt worden. Wer sich zwischen den vielen Fischereifahrzeugen oder Ausflugsdampfern einen Liegeplatz ergattern konnte, liegt hier kostenlos und nahe der Altstadt, wenn auch in einer schmierigen Hafenbrühe.
Die Absprache mit den Skippern der Schiffe, die hier regelmäßig liegen, vermeidet Ärger. Wer nett fragt, darf oft auch längsseits ins Päckchen gehen.

### Sehenswertes und Besonderes

Die Altstadt soll die schönste ihrer Art im gesamten Mittelmeer sein. Ihr venezianisches Flair verzaubert die Besucher bei ihrem Bummel durch die Gassen. Auf der Esplanade trifft sich abends scheinbar ganz Korfu zum Flanieren und Leute-Treffen. Die Festung, das Marine- und das Archäologische Museum sind sehenswert und fußläufig vom Liegeplatz zu erreichen.

## Benitsai

39° 32,8′ N, 19°, 54,8′ E

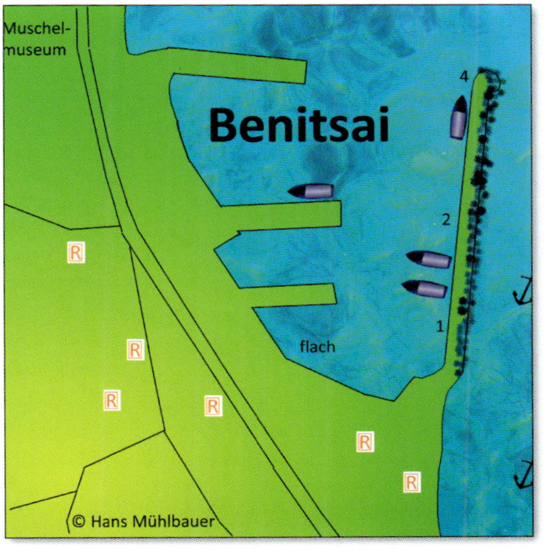

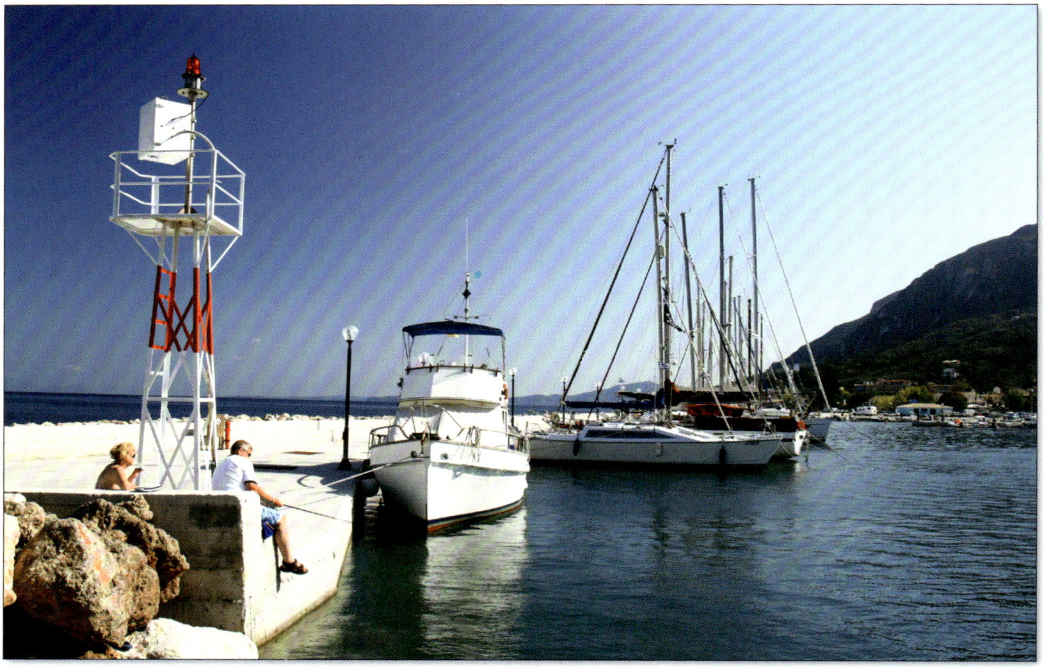

Neu betonierter Wellenbrecher und Yacht-Liegeplätze.

## Ansteuerung, Liegeplätze, Ausstattung

Einige Kilometer südlich von Korfu Stadt ist in Benitsai ein Yachthafen im Bau. Er liegt verkehrsgünstig nahe am Flughafen und wird einmal Platz für etwa 200 Yachten haben.

Das Hafenbecken mit der nach Norden offenen Hafeneinfahrt wird durch einen betonierten, verlängerten Wellenbrecher geschützt. Dahinter liegt man längsseits entlang der Mole oder, wenn die Marina fertiggestellt ist, auch an Muringleinen vor den Stegen. Beim letzten Besuch wurde an den Marinagebäuden und dem ganzen Marinagelände fleißig gearbeitet. Nach Fertigstellung wird es Strom und Wasser an den Liegeplätzen sowie sanitäre Einrichtungen an Land geben.

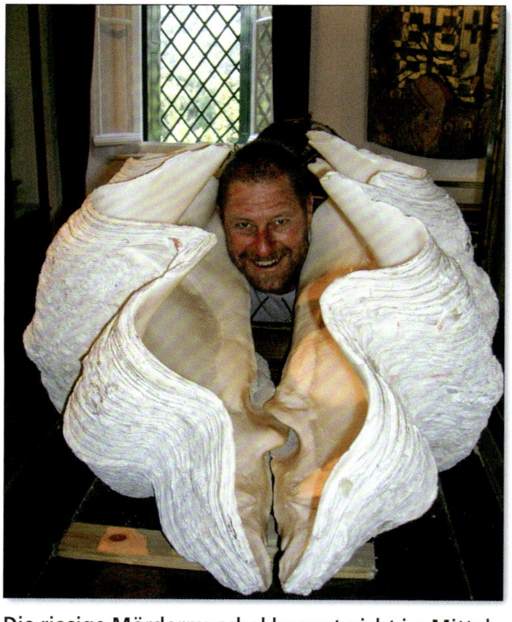

Die riesige Mördermuschel kommt nicht im Mittelmeer vor – nur im Museum.

## Rund um den Hafen

Gleich auf der anderen Seite der Uferstraße erstrecken sich schmale Gässchen zwischen den

Häusern des Ortes. Benitsai ist ein Touristenort, der besonders gern von englischen Urlaubern besucht wird. Deshalb prägen viele Pubs und Bars das Bild der unmittelbaren Umgebung. Natürlich sind auch Supermarkt und Restaurants nicht weit.

**Sehenswertes und Besonderes**

Direkt oberhalb der Hafeneinfahrt liegt das Muschelmuseum von Korfu – es ist auf jeden Fall einen Besuch wert. Gezeigt werden Tausende von Exponaten: Muscheln und Schnecken aus allen Ozeanen in den bizarrsten Formen und Farben, die die Natur hervorbringt.

## Petriti

39° 27,3′ N, 20° 20,4′ E

Petriti

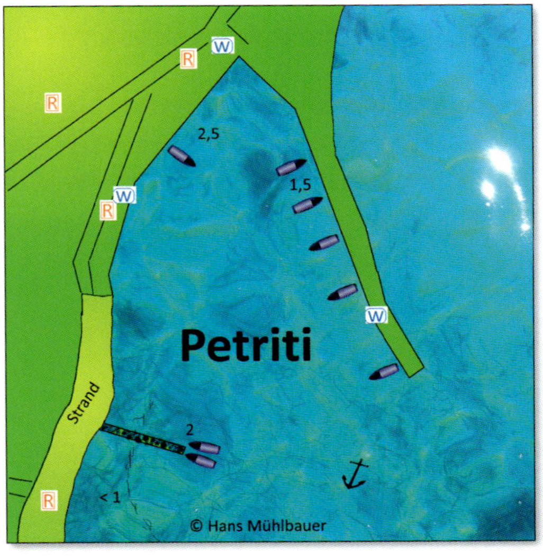


**Ansteuerung, Liegeplätze, Ausstattung**

Am Südende der Insel liegt der kleine Hafen Petriti. Ursprünglich wurde die Mole verlängert, um mehr Liegeplätze für Yachten anbieten zu können. Allerdings beanspruchen die Ringwadenfischer mit ihren großen Fischkuttern den

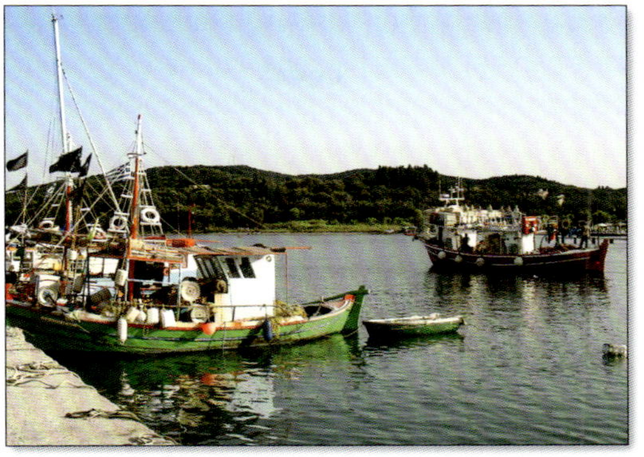

**Fischerboote beanspruchen einen Teil der Liegeplätze.**

meisten Platz, sodass freies Ankern vor dem Hafen oft die bessere und auch ruhigere Wahl ist. Meist schläft der Maistros, der tagsüber wehende Schönwetterwind, gegen Abend ein. Dann kann über teils nur zögerlich haltendem Seegrasgrund frei geankert werden.

Aber Achtung: Petriti ist in manchen Karten nicht verzeichnet, und die einschlägigen Hafenhandbücher verweisen noch auf eine Mole mit Steinschüttung etc., an der praktisch nicht festgemacht werden kann. Es gibt immer noch einige Felsen unmittelbar an der Kaimauer, die im trüben Wasser schlecht auszumachen sind und die dem Ruderblatt gefährlich werden können.

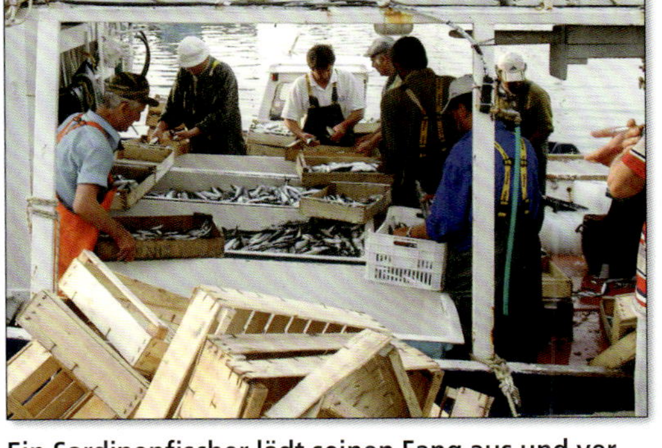

**Ein Sardinenfischer lädt seinen Fang aus und verkauft direkt vom Kutter.**

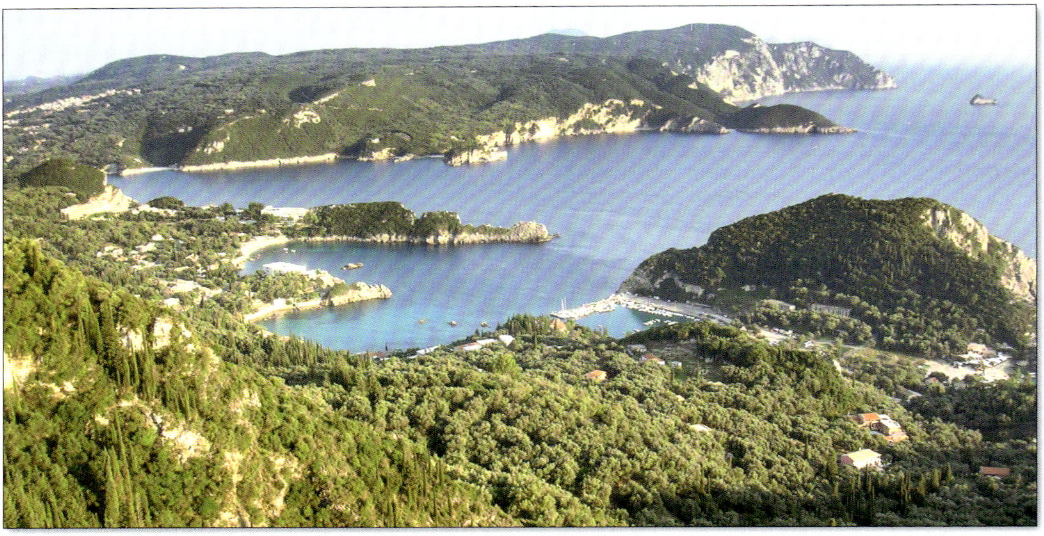

Wildromantischer Küstenstreifen im Nordwesten von Korfu.

### Ansteuerung, Liegeplätze, Ausstattung

Der geschützte Naturhafen liegt an der Westküste der großen Insel Korfu. Er ist rundum von hohen Bergen umgeben, die sich fast senkrecht aus dem Meer erheben. Im linken, dem westlichen Teil der Bucht, befindet sich der Hafen hinter einer massiven Kaimauer.

Mit nördlichen Kursen steuert man die Bucht Limin Alipa an. Die östliche Einfahrt ist befeuert. Hinter der nordwärts gerichteten und gefeuerten Mole kann man einen Liegeplatz bekommen. Man liegt nicht an Murings, sondern am eigenen Anker zwischen den einheimischen Fischerbooten. Marina-ähnliche Einrichtungen gibt es nicht.

### Rund um den Hafen

Rund um die große Bucht stehen viele Hotels, Läden und Restaurants, sodass die Versorgung sichergestellt ist.

Info: Gleich neben dem Hafenbecken befindet sich ein NATO-Stützpunkt. Es ist daher strengstens verboten, zu fotografieren! Schilder weisen darauf hin.

### Sehenswertes und Besonderes

Das byzantinische Kloster aus dem 16. Jahrhundert, das auf der nächsten, westlich gelegenen Halbinsel steht, ist noch bewirtschaftet und sehr

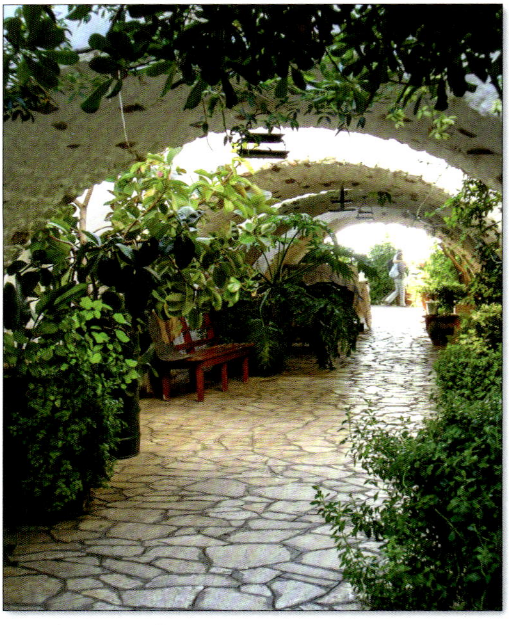

Das Kloster wird von seinen Bewohnern liebevoll gepflegt.

sehenswert. Zu Fuß sind es bis dorthin etwa 10 Minuten. Die schmal geteerte Zufahrtsstraße wird mit Ampeln geregelt, denn nur jeweils ein Auto kann diesen Weg befahren.
Einige Kilometer nördlich erhebt sich die imposante Festung Angelocastro majestätisch über der Steilküste. Man fährt entlang der Küstenstraße bis zum Parkplatz und klettert dann die steilen Stufen hinauf zum Burgberg, von dem man eine 360-Grad-Rundsicht auf Korfu und das Ionische Meer hat.
Schon im 11. Jahrhundert war die Burg von großer strategischer Bedeutung. Heute ist sie einer der interessantesten befestigten Komplexe in ganz Griechenland. Seit 1999 wird das Bauwerk restauriert.

## Kassiopi

39° 47,6′ N, 19° 55,4 E

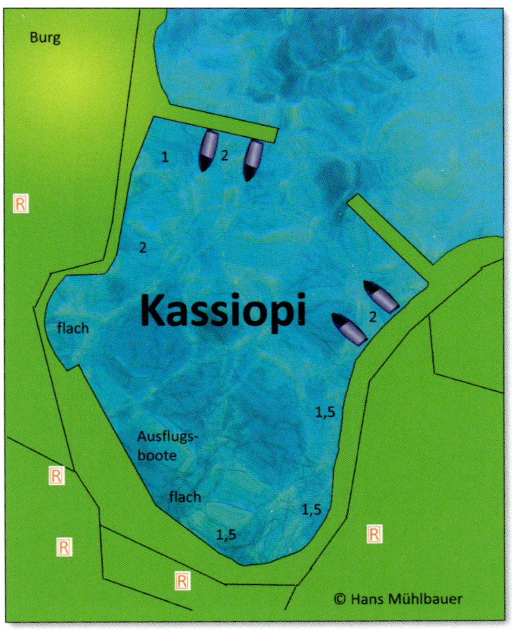


### Ansteuerung, Liegeplätze, Ausstattung

Der kleine Hafen liegt im Nordosten der Insel Korfu. Bei nördlichen Winden steht allerdings Schwell im Hafenbecken, das nach Norden

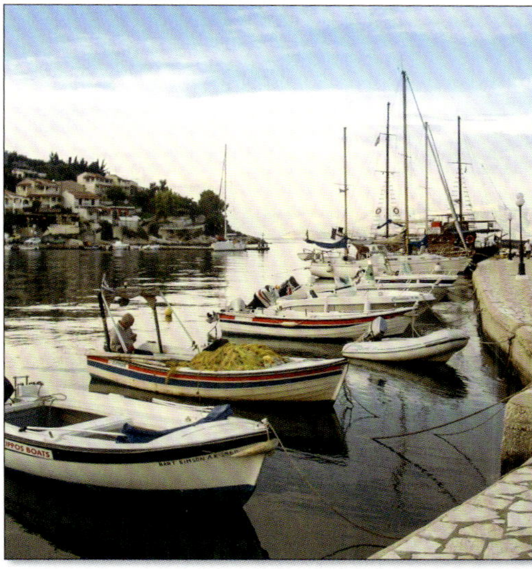

**Im Hintergrund der Yachtanleger hinter dem Wellenbrecher.**

hin geöffnet ist. Er ist oft die erste Anlaufstelle für Yachten, die von Italien nach Griechenland einklarieren, und die sich nach der Nachtfahrt ausschlafen wollen. Allerdings kann hier nicht einklariert werden, aber das Liegen für eine Nacht, auch ohne einklarieren, wurde in der Vergangenheit zumindest geduldet.
Der östliche Wellenbrecher ist lediglich als Steinschüttung ausgeführt. Die westliche Hafenbegrenzung besteht aus einer betonierten Mole, hinter der einige Yachten auf 2–3 Meter Wassertiefe vor Buganker gehen können. Ansteuerungsfeuer existieren nicht. Im inneren Teil des Hafenbeckens nehmen die Wassertiefen ab, sodass nur noch flach gehende Boote dort einen Liegeplatz finden können. Kassiopi ist ein einfacher Fischerhafen ohne besondere Einrichtungen.

### Rund um den Hafen

Während der Saison besuchen viele Touristen das Örtchen, daher sind die Restaurants und Tavernen im Ort und rund um das Hafenbecken gut besucht. Ein Supermarkt liegt etwas oberhalb an der Hauptstraße.

**Sehenswertes und Besonderes**

Direkt westlich und oberhalb des Hafens ist eine sehenswerte Burg schon von Weitem sichtbar, was die Ansteuerung erleichtert.

Westlich des Ortes kann man bei ruhigem Wetter in der Bucht Ormos Imerolia auf gut haltendem Schlick frei ankern und eine der Tavernen am Ufer zum Essen besuchen.

## Ormos Agni

39° 44,2′ N, 19° 55,9′ E

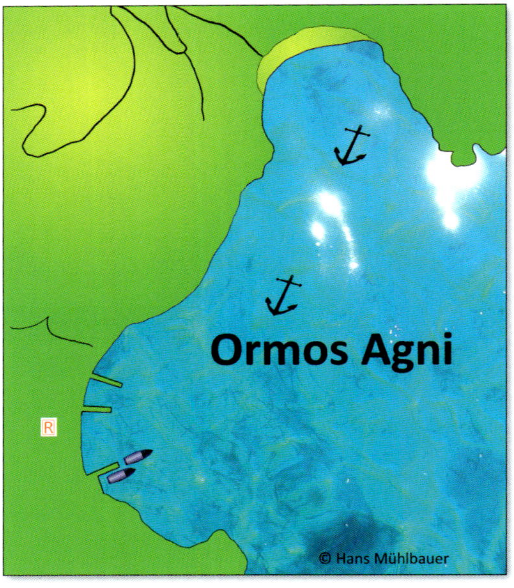


**Ansteuerung, Liegeplätze, Ausstattung**

Am südlichen Ausgang des Kanals zwischen Albanien und Korfu liegt diese Ankerbucht. Die Ansteuerung ist nicht befeuert. Im Inneren kann man einen weißen Kiesstrand zwischen steilen Felsen erkennen, auf dem einige wenige Badegäste ihre Handtücher tagsüber ausbreiten.

Man ankert auf knapp 10 Meter Wassertiefe über teils nicht gut haltendem, aber dicht bewachsenem Schlick. Im Westteil der Bucht gibt es eine Taverne mit einem netten Wirt, der einige Gastyachten an seinem kleinen Steg festmachen lässt, wenn sie dann abends zum Dinner zu ihm kommen. An seinem Strandabschnitt stellt er auch einige Liegestühle am Wasser zur Verfügung.

**Rund um den Hafen**

Es gibt außer der Taverne keine weitere Bebauung rund um diese schön bewachsene Bucht. Die Straße endet an der Taverne, der andere Buchtteil mit dem größeren Strand ist nur durch einen steilen Fußweg zu erreichen.

**Sehenswertes und Besonderes**

Wer gern schnorchelt, kann an den steilen Begrenzungswänden der Bucht schöne Schwämme sehen.

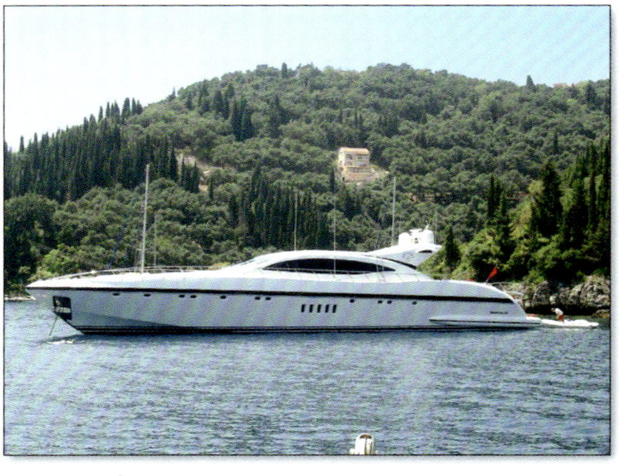

**Auch große Yachten haben hier Platz, wenn Sie Landleinen legen.**

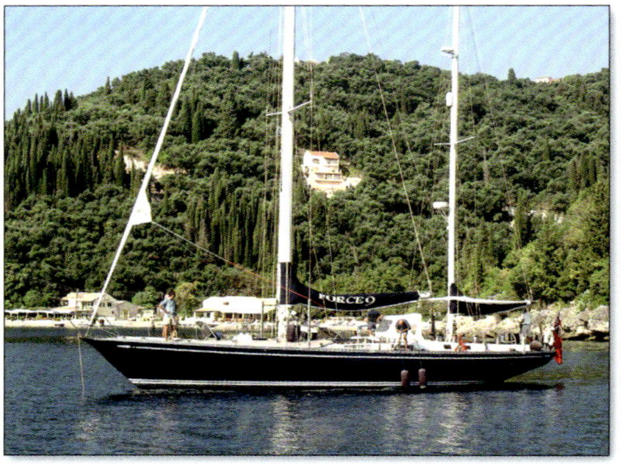

**Nur wenige hundert Meter sind es bis zur Taverne am Ufer.**

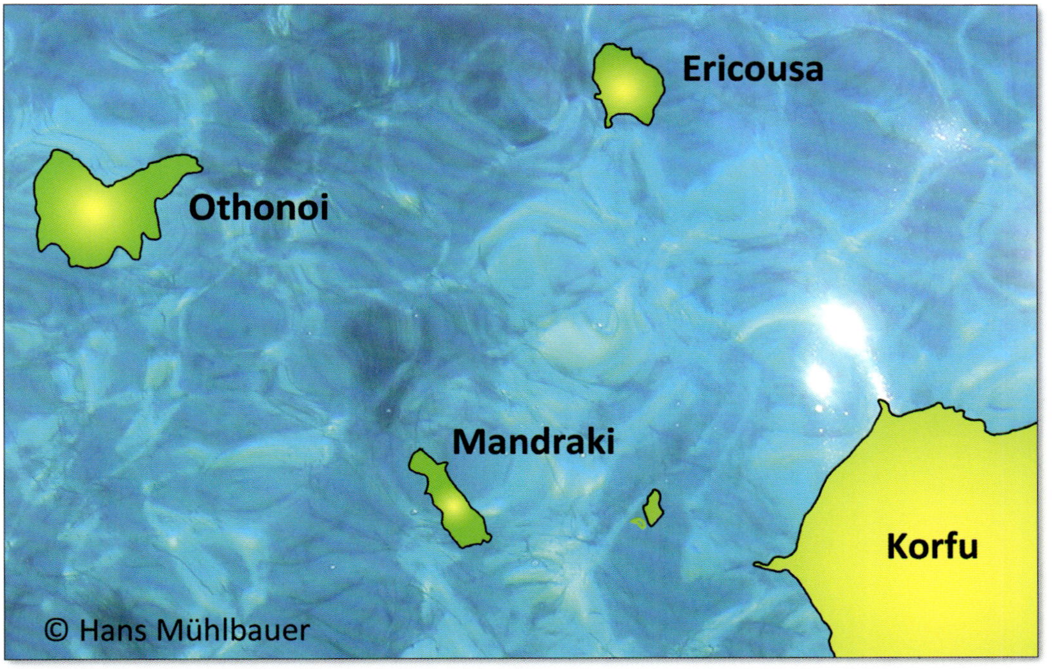


# Diapontinische Inseln

Diese Dreier-Inselgruppe stellt den westlichsten Ausläufer Griechenlands dar. Italien mit seinem Stiefelabsatz ist hier nicht mehr weit entfernt. Deshalb werden die kleinen Häfen und Ankerplätze gerne von Fahrtenseglern vor bzw. nach ihrem Sprung über die Straße von Otranto benutzt.

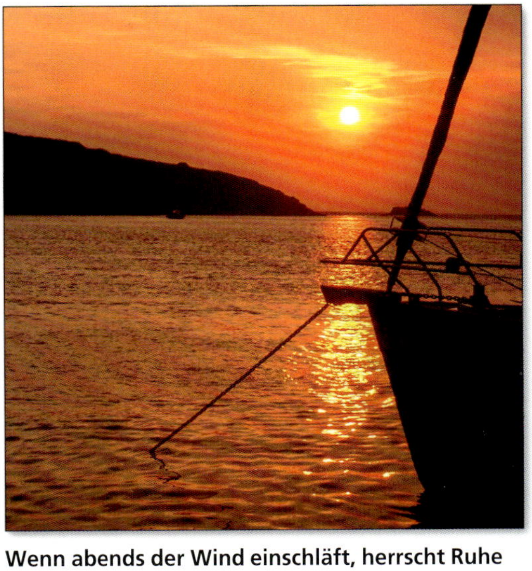

**Wenn abends der Wind einschläft, herrscht Ruhe am Ankerplatz.**

## Inselchen Ericousa

39° 52,2′ N, 19° 35,2′ E

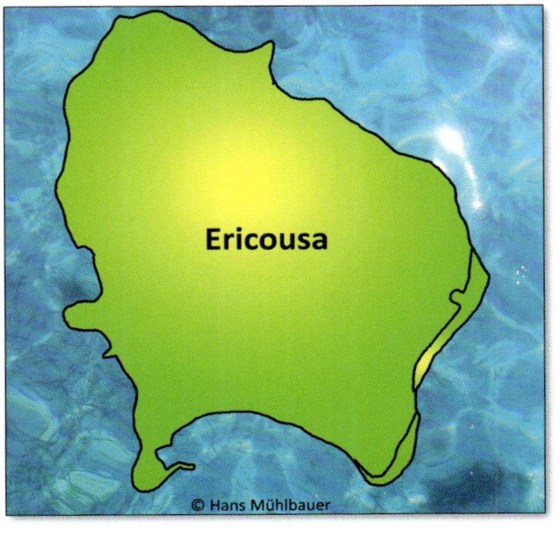

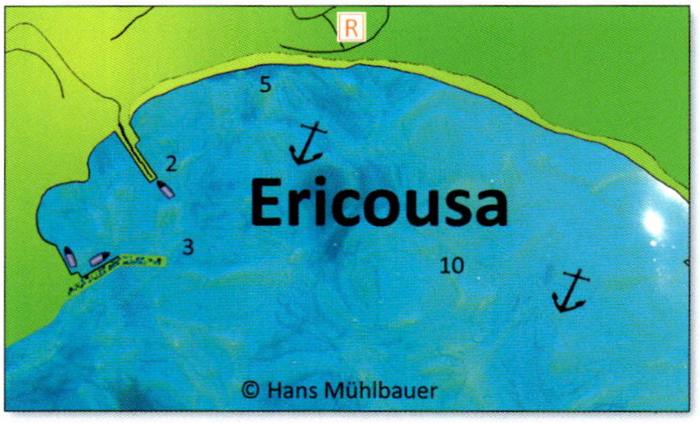


**Ansteuerung, Liegeplätze, Ausstattung**

Wer von Korfu nach Italien hinübersegeln möchte, macht hier oft noch einen Stopp für eine letzte Nacht in Griechenland.
Schon aus der Ferne ist der lange Sandstrand zu sehen, vor dem sich ein gegen nördliche und westliche Winde geschützter, guter Ankerplatz befindet.

In der westlichen Ecke der weitläufigen Bucht befindet sich das recht kleine Hafenbecken. Dort findet sich meist ein Liegeplatz. Oft kann man längsseits liegen, wenn auch während der Saison einige Tagesausflugsboote Touristen auf die Insel bringen. Versorgungseinrichtungen gibt es keine.

**Rund um den Hafen**

Wer einige 100 Meter weit der Uferstraße folgt, kommt zu einer kleinen Taverne am Strand.

**Sehenswertes und Besonderes**

Ein Spaziergang über die kleine Insel lohnt sich: Die Vorgärten der Häuschen sind üppig mit Blumen und Gemüse bepflanzt. Und der lange Sandstrand ist spätestens dann, wenn die Tagesausflügler das Eiland verlassen haben, wieder menschenleer.

## Inselchen Othonoi

39° 50,4′ N, 19° 24,3 E

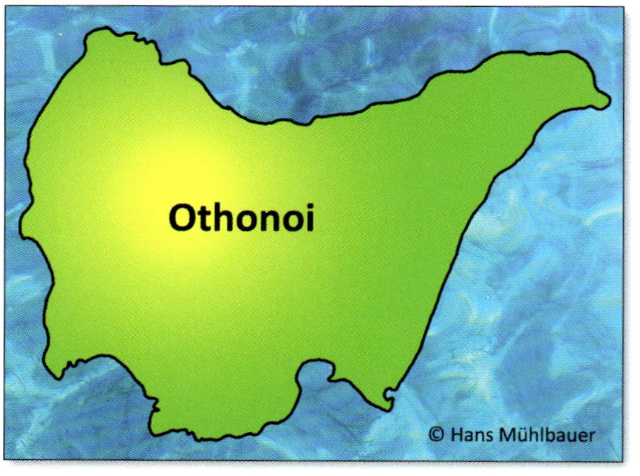


Info: Segler sind nicht hilfsbereit. Das durfte ich an dieser Stelle vor einigen Jahren am eigenen Leibe erfahren, als ich Einhand mit meinem Kat Orion hier ankam, und beim Einrollen der Fock der Mast von oben ... Das Vorstag war aufgedröselt, die Drähte unter dem Profil der Rollanlage gebrochen, und so kam das Rigg. Zum Glück ist nichts passiert. Aber ich hatte Arbeit, um Mast, Stagen, Segel etc., also das nun nicht mehr stehende und laufende Gut, aus dem Wasser zu zerren, Segel abzuschlagen, und schließlich den sperrigen und schweren Mast auf dem Kajütdach zu zurren, denn ich war ja auf dem Weg via Brindisi hinauf nach Dubrovnik.
Es lagen auch eine ganze Reihe von Fahrtenseglern und mich herum vor Anker. Aber nicht einer der Herrschaften kam zu mir rübergepaddelt, um seine Hilfe anzubieten. Dafür saßen sie ausnahmslos mit Cocktail bzw. Bier und mit dem Fernglas bewaffnet in ihren Cockpits und beobachteten meine Mühen. Nach fünf Stunden hatte ich es auch alleine geschafft – und war dementsprechend kaputt. Mein Dank geht an alle Zuschauer!

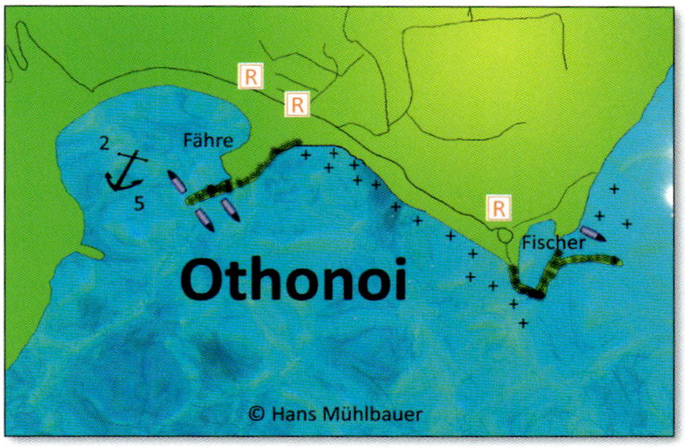


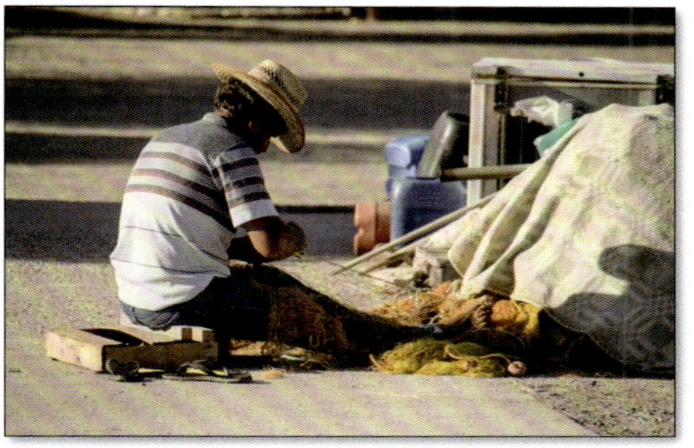
Tägliches Brot: Fischer beim Netzeflicken.

### Ansteuerung, Liegeplätze, Ausstattung

Sie stellt die westlichste der drei vorgelagerten Inselchen dar und ist gleichzeitig die größte sowie mit über 300 Meter die höchste der drei.

An der Südostecke gibt es einen kleinen Fischerhafen, der auch für Yachten geeignet ist. Dieser ist wirklich sehr klein, aber mit etwas Glück kann man drinnen einen Liegeplatz erhaschen. Bei ruhigem Wetter liegt man an der Außenseite des Kais vor Buganker. Gleich beim Hafenbecken gibt es Tavernen und einen Supermarkt. Die montierten Strom- und Wasserkästen sind noch nicht in Betrieb.
Ein Stück westlich begrenzen zwei Steinschüttungen eine Ankerbucht, Ormos Ammos, in der sich auch ein Frachterkai befindet, an dem Fähren festmachen. Hier kann man anlegen, wenn nicht die Berufsschifffahrt den Platz benötigt. Dann kann man auch innen oder außen an den beiden Wellenbrechern vor Buganker festmachen.

Info: Achtung: Etwa 500 Meter südlich der Einfahrt liegt die gefährliche Klippe Aspri Petra, mit weniger als 2 Meter Wasser über den Felsen, auf der jedes Jahr mehrere Yachten stranden.

### Rund um den Hafen

Am Fuß der Fährpier hat der Hafenkapitän seinen Dienstsitz. Gleich daneben gibt es eine Taverne und einen kleinen Supermarkt.

### Sehenswertes und Besonderes

Die kleine byzantinische Kirche auf der anderen Straßenseite ist immer einen Besuch wert. Und wer eine Wanderung hinauf zum Bergdorf Chorio unternehmen will, wird mit einem grandiosen Ausblick über das Meer und hinüber zur Insel Korfu belohnt.

## Inselchen Mandraki

39° 46,8′ N, 19° 31,8′ E

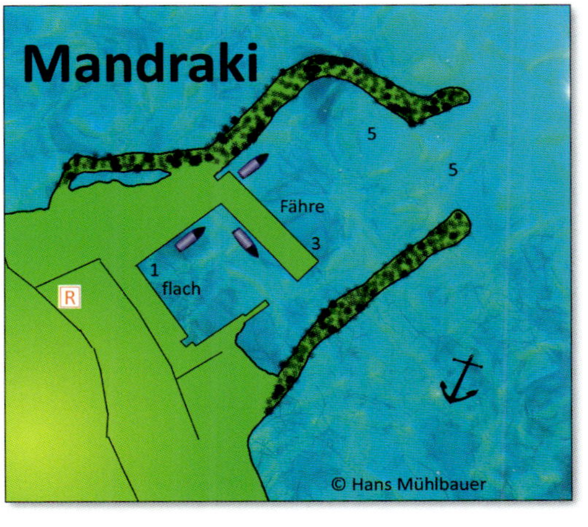

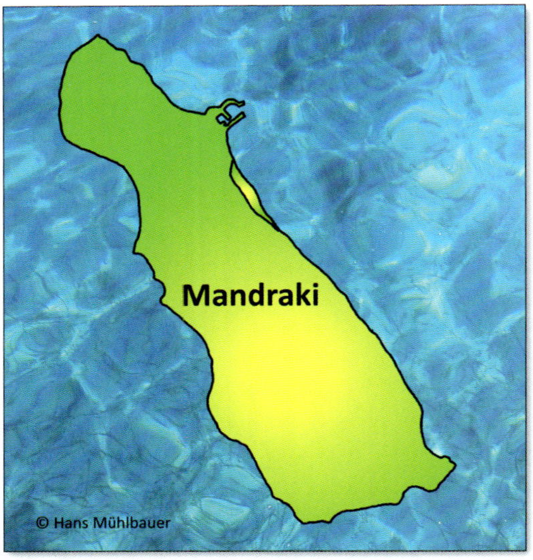


Der einzige Hafen der Insel liegt an der Ostküste. Die Einfahrt ist nach Osten geöffnet. Am nördlichen Wellenbrecher gibt es eine Pier, an der Gastyachten über etwa 3 Meter Wassertiefe festmachen können. Hin und wieder kommt ein Fährschiff oder ein Versorgungsdampfer, der dann den Platz beansprucht. Das innere Hafenbecken läuft flach aus und ist mit Fischerbooten belegt.

### Ansteuerung, Liegeplätze, Ausstattung

Sie ist die kleinste der drei Schwestern und wird am wenigsten besucht. Somit gehen die Uhren hier auch etwas anders.

### Rund um den Hafen

Am Hafen gibt es eine einfache Taverne. Danach säumen Ferienhäuser die schmale Straße hinauf zum Dorf. Dort gibt es eine weitere Taverne und beschränkte Versorgungsmöglichkeiten.

### Sehenswertes und Besonderes

Wer Ruhe und Abgeschiedenheit sucht, ist auf dem nur knapp eine Seemeile langen Eiland bestens aufgehoben.

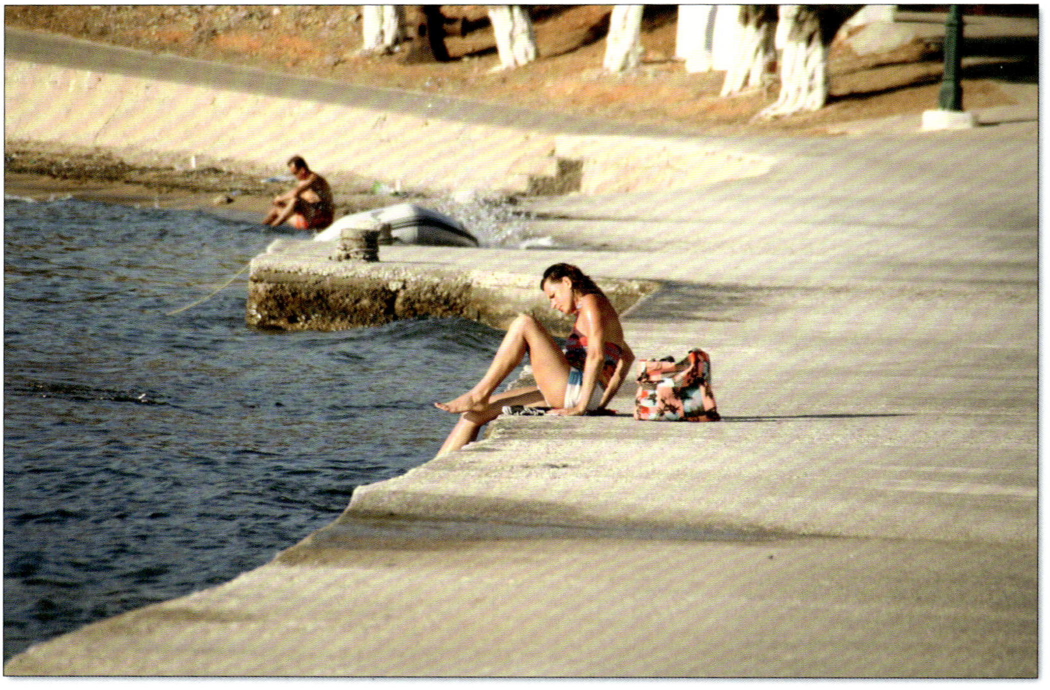

**Nur wenige Leute verlaufen sich zu dieser Ruheoase.**

# Paxos und Antipaxos

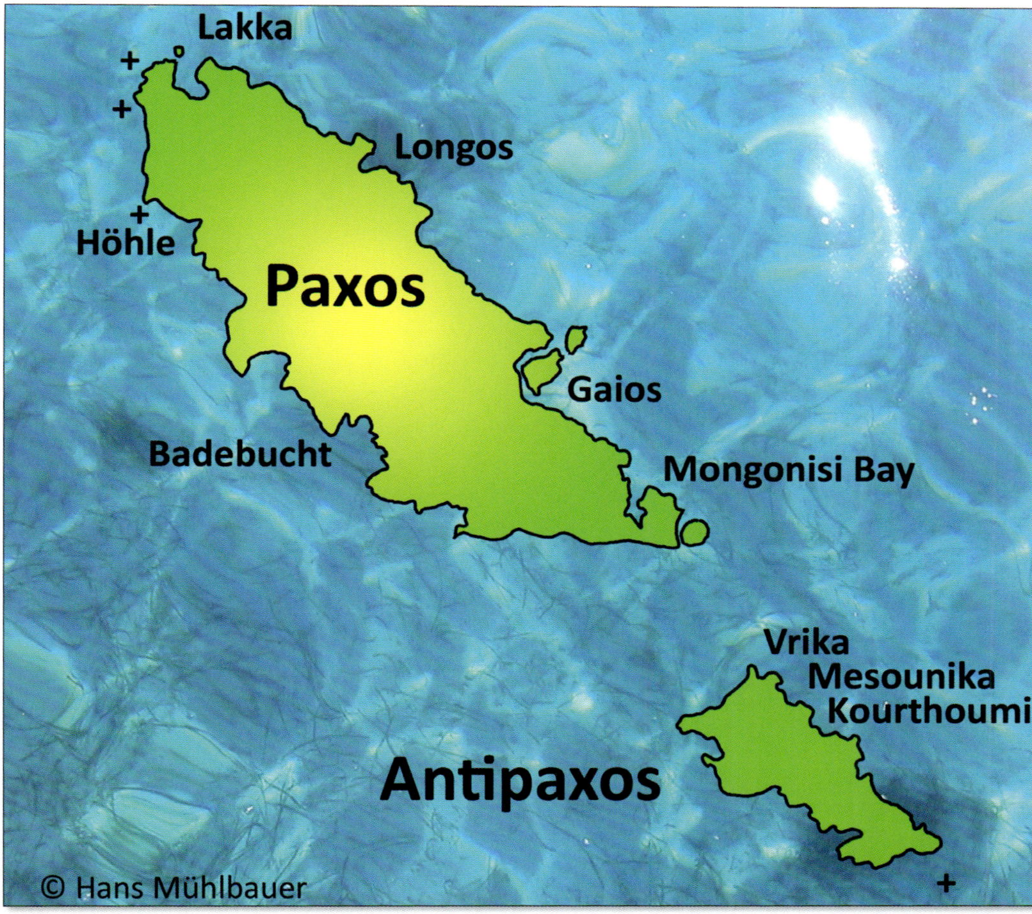


**Wissenswertes**

Die Insel Paxos ist eine abgeschiedene Genießerinsel für Individualisten. Es gibt herrliche Strände, die man allerdings meist zu Fuß erobern muss. Eine spezielle Wanderkarte kann man kaufen. Sie zeigt detailliert die vielen Kilometer der ausgewiesenen Wanderwege, die von Bucht über Berg zu Bucht, und zu den Ortschaften führen. Natürlich können in den Dörfern auch Motorroller und Mietwagen gemietet werden.

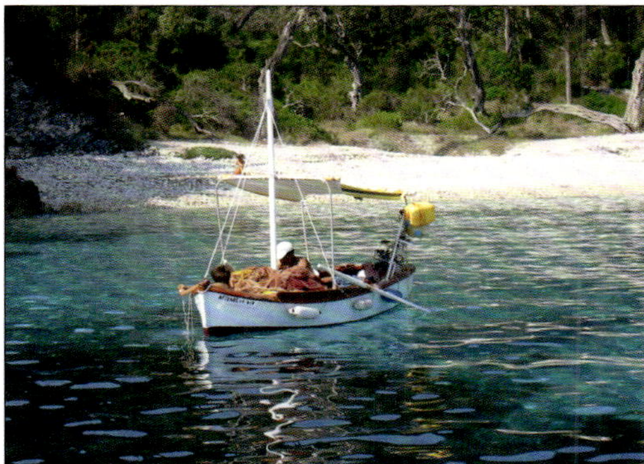

Warten, bis die Fische beißen.

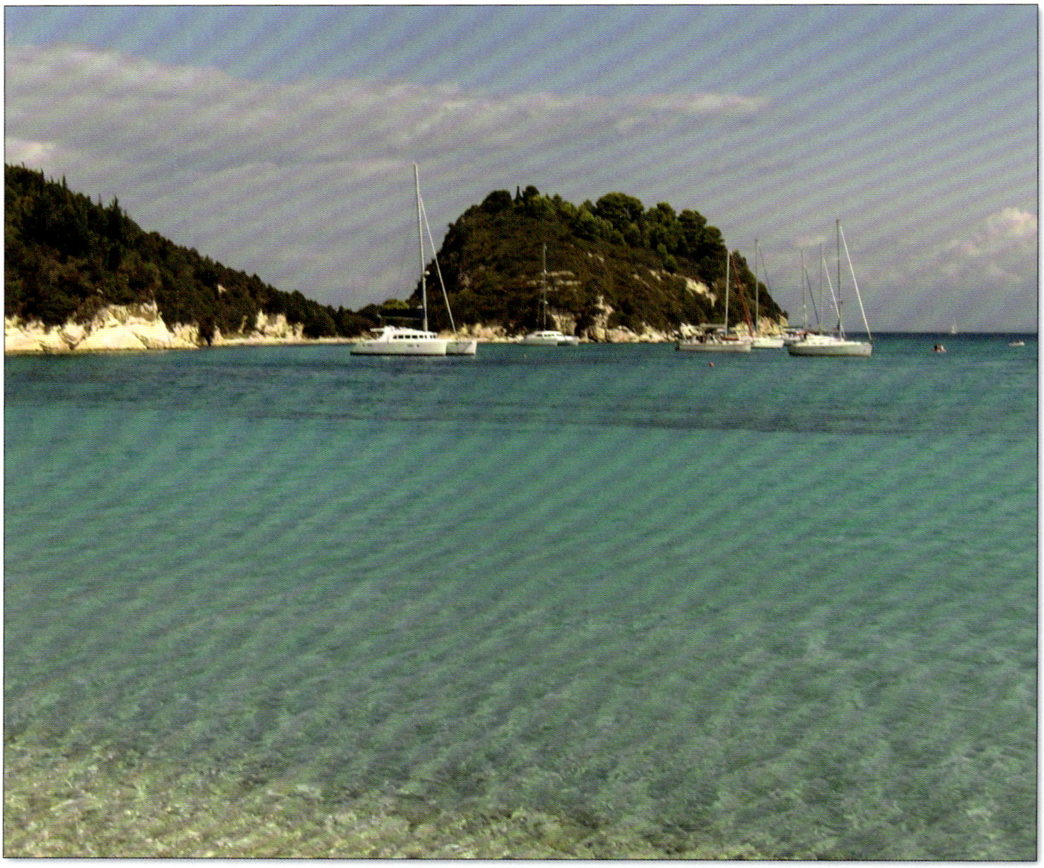

**Badebucht zwischen Lakka und Longos.**

Die bergige Insel ist üppig mit vielen Tausend Olivenbäumen und Zypressen bewaldet, sodass sie stark an die Toskana erinnert. Schon Cäsar, so sagt man, ließ sich sein Olivenöl von der Insel Paxos anliefern, so gut war dessen Ruf schon im Altertum. Und auch heute ist das flüssige Gold heiß begehrt bei den Spitzenköchen der Welt.

Es gibt viele Ferienhäuser und private Appartements, die von ruheliebenden Touristen gerne gebucht werden. Große Hotelklötze findet man hier glücklicherweise nicht.

Die Westküste von Paxos ist spektakulär! Besonders die nördliche Hälfte der Insel bricht hier

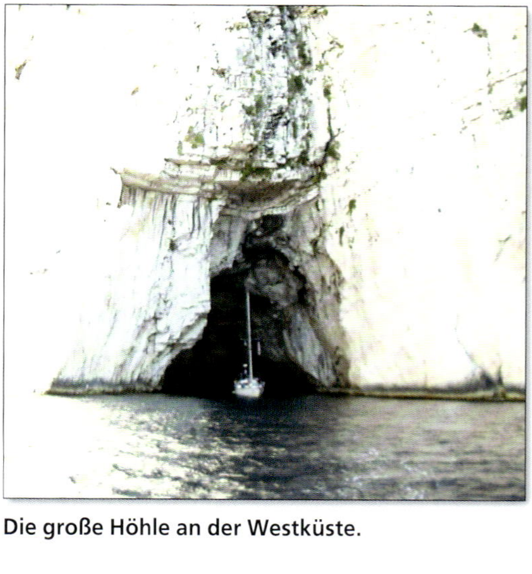

**Die große Höhle an der Westküste.**

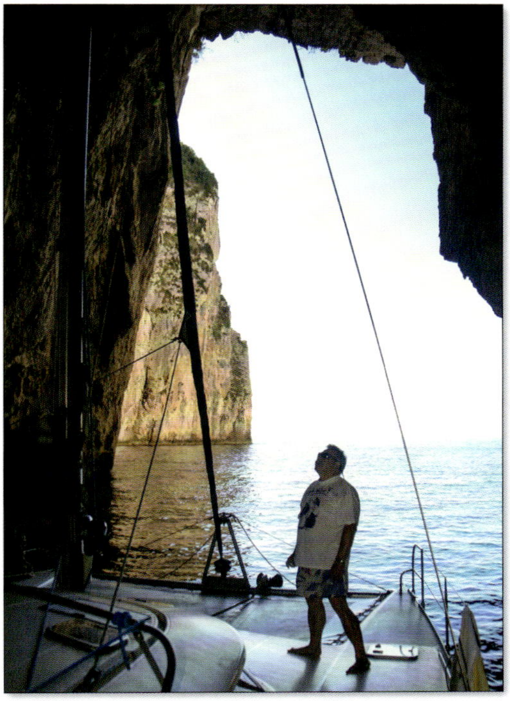

**Nur für Geübte: Die ganze Yacht wurde in die Höhle manövriert.**

in 100 Meter hohen Felswänden senkrecht ab ins tiefblaue Meer. Es gibt eine große Höhle, in der sich angeblich mal ein U-Boot versteckt gehalten hatte. Am Vormittag, wenn Meer und Wind noch ruhig sind, ist diese Exkursion zu empfehlen. Wer sich traut, kann mit der kompletten Segelyacht ein Stück weit in diese Höhle hineinmanövrieren – das ist aber nur etwas für wirklich gute Rudergänger, die immer den Blick zum Masttop haben, um dort oben nicht hängenzubleiben!

Weiter im Süden der Westküste liegt eine Bucht, die sich als Badestopp eignet. In Lee eines quer unter Wasser liegenden Felsrückens kann man knapp vor der Felswand ankern. Es macht Spaß, dort schwimmend und schnorchelnd die imposanten Höhlen zu erforschen und zu durchqueren.

**Historie**

Das Wappen von Paxos ist der Dreizack des Poseidon mit zwei Delphinen. Poseidon ist der Gott des Meeres und ein Bruder des Göttervaters Zeus. Für seine Geliebte und spätere Ehefrau Amphitrite trennte er die Insel von Korfu ab. Ihr Sohn ist Triton, der auf einer gewundenen Seemuschel bläst.

Auch Paxos wurde im Lauf der Geschichte von wechselnden Eroberern besetzt. Nach der Herrschaft Venedigs eroberten im 16. Jh. türkische Truppen die Insel, im 18. Jh. fiel sie an Frankreich, kurz danach an Russland und Anfang des 19. Jh. wieder an Frankreich und danach an die Briten. Erst 1964 stimmte die Bevölkerung für die Zugehörigkeit mit den anderen Ionischen Inseln zum Königreich Griechenland.

## Lakka

39° 14,3′ N, 20° 8,1′ E

Lakka

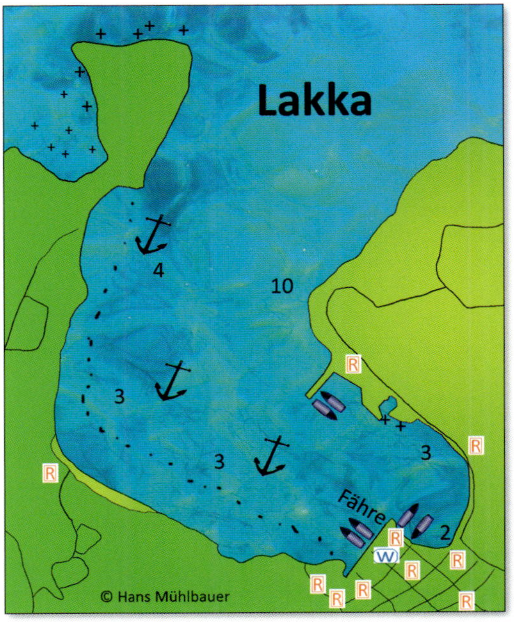

**Ansteuerung, Liegeplätze, Ausstattung**

Hier liegt der nördlichste Hafen der nur etwa fünf Seemeilen langen Insel, die sich gut eine Segelstunde südlich der Südspitze von Korfu befindet. Der Anleger verbirgt sich in einer gut geschützten Ankerbucht, die lediglich bei kräftigen nördlichen Winden – und die gibt es zuweilen – ungeschützt und sogar gefährlich wird. Meist allerdings liegt man hier wie im sprichwörtlichen Abrahams Wurstkessel, also sehr ruhig und geschützt, denn rundum erheben sich hohe Hügel, die Wind und Wellen abhalten. Sofort ist es vorbei mit den Wellen, wenn man die befeuerte Einfahrt passiert hat und über dem kitschig-türkisen Wasser zu schweben scheint.

Es gibt nur eine relativ kurze und sehr niedrige Kaianlage für etwa 15 Yachten vor dem Ort. Die Übrigen können aber in der weltläufigen Bucht über Sandgrund auf 3–5 Metern Wassertiefe frei ankern und mit dem Dingi an Land fahren. Wassertiefen über zwei Meter gibt es nur bis zu einem kleinen Absatz der in nordöstlicher Richtung verlaufenden Kaimauer. Weiter südlich, da wo die kleinen Motorboote vermietet werden, wird es schnell flach. Auch am nördlichen Kai kann man im vorderen Teil gut festmachen. Weiter östlich werden die Wassertiefen zu gering und die Plätze sind mit einheimischen Booten belegt.

Man liegt am eigenen Ankergeschirr, das man wegen des manchmal unvermittelt und recht plötzlich auftretenden Nordwindes sehr fest eingraben sollte.

Ein schwacher Trost: Auch die Ankerlieger in der Bucht werden tüchtig durchgeschüttelt. Besser ist es dann, gleich auszulaufen und einen der südlicher liegenden Häfen der Insel Paxos anzulaufen. Der Haupthafen Gaios bietet in nur drei Meilen Entfernung rundum geschützte Liegeplätze.

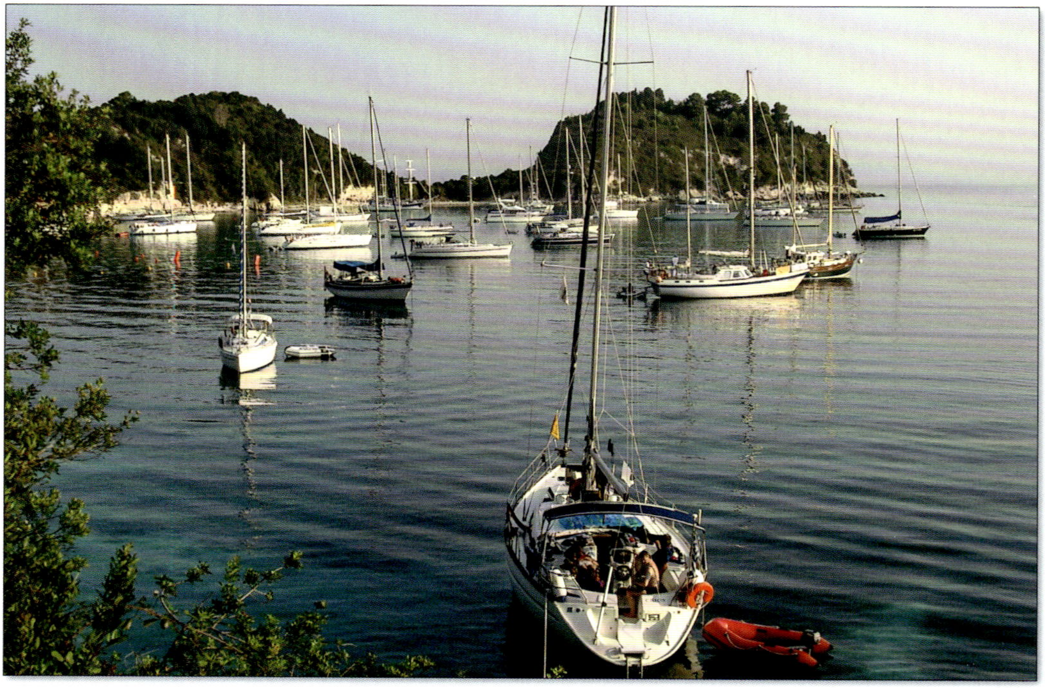

**In der Saison ist der Ankerplatz ziemlich voll.**

### Rund um den Hafen

Das Dorf Lakka ist autofreie Zone, denn am Dorfeingang versperrt ein Gatter den Brummern die Zufahrt. Hier steht auch ein Schild mit den Abfahrtszeiten des Inselbusses, der hier auch seine Endstation hat und die Dörfer der Insel miteinander verbindet.

50 Meter weiter und direkt an der Hauptstraße ist die Müllsammelstelle. Hierher bringen auch die Yachties ihre Müllsäcke – die lassen sie nicht einfach am Kai stehen, weil der etwa 200 Meter lange Weg zu weit wäre.

Der schnuckelige Ort besteht aus eng aneinandergebauten Häuschen, in denen Menschen wohnen, einen Laden betreiben oder eine Taverne bewirtschaften. Quer durch das ganze Dorf findet man schattige Orte der Ruhe und Entspannung bei einem Glas Rotwein.

### Sehenswertes und Besonderes

Die Lighthouse-Bar steht direkt an der nördlichen Ecke des Kais und ist ein idealer Ort, um bei einem Kaltgetränk die Anlegemanöver der ankommenden Yachten zu beobachten oder um die untergehende Sonne hinter den westlichen Hügeln zu bewundern. Abends wird auch mal Livemusik gespielt oder etwas für die einheimische und internationale Jugend.

50 Meter weiter die Pier entlang, direkt gegenüber der Liegeplätze, öffnet am Abend die Romanticabar. Der schick umgebaute Schuppen beherbergt eine lange Bar mit einer ebenso langen Cocktailkarte. Maria, die Wirtin, mixt gekonnt die Drinks, ihr Gatte oder auch der Schwiegersohn mixt geschmackvoll die Musik am DJ-Pult, und die hübsche Tochter serviert die schön gekühlten Getränke auch gerne an die Tische, die vor dem Haus stehen.

Hier kann man noch einen Absacker zu sich nehmen, wenn man vom Abendessen in der Nionios-Taverna zurückkommt. Sie liegt nur einen Steinwurf vom Hauptplatz des Dorfes entfernt. Und hier wird noch nach traditioneller griechischer Art beim Kochen in die Töpfe geguckt und dabei bestellt.

Wer lieber vorne an der Wasserfront sitzen möchte, kann das 100 Meter nördlich des Ortes liegende Nautilus-Restaurant besuchen, mit dem Dingi bis direkt zum Tisch fahren und die herumschwimmenden Enten vom Sitzplatz aus füttern.

Es gibt noch jede Menge anderer Lokale, Bars, Tavernen und Restaurants im Ort – zu viele, um sie alle auszuprobieren.

Rund um den Hauptplatz liegen einige Geschäfte mit hübschem Kunsthandwerk und Klamotten.

Info: Man kann hier eine etwas andere Form des Hafenkinos erleben: Der Norder bläst fast von vorne auf die Boote am Kai. Da hält zwar der Anker der Leeyacht, aber die Eisen der luvwärtigen Boote slippen. Dies hat zur Folge, dass die Rümpfe sich mehr und mehr schräg und auf die Leeyacht legen und deren Kette zusätzlich belasten. Aber alle Skipper sind felsenfest der Meinung, dass ihr Anker supergut hält – eine fatale Fehleinschätzung! Wenn es dann dem Skipper der Leeyacht zu viel Druck wird, sein Heck an die Pier gedrückt wird und er, entnervt von der Ignoranz seiner Bootsnachbarn, in einem Alarmstart-Ablegemanöver ankerauf geht, dann kann man sehen, wie große Yachten von Wind und Welle schier längsseits auf (!) den niedrigen Betonkai gedrückt werden!

Dann herrscht kopflose Hektik am Anleger, denn ohne haltendes Ankergeschirr lassen sich die schweren Rümpfe nicht so einfach wieder vom Beton runterholen und es knirscht jämmerlich. Dieser Schaden ist dann »kautionsrelevant«.

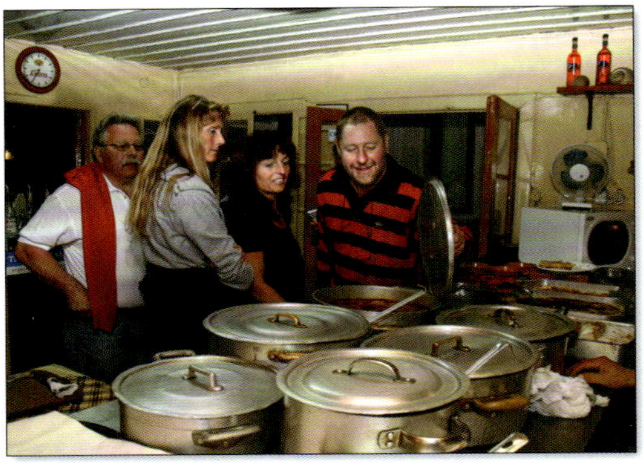

**Topfgucken erlaubt und gewünscht.**

Hier im Supermarkt kann man auch Eisblöcke für den Kühlschrank bekommen.

Im westlichen Buchtteil ist der kiesige Badestrand mit einer Beach-Bar zu Fuß in zwei Minuten zu erreichen. Der Weg führt an einer kleinen Kirche vorbei. Hier ist es ideal für das Morgenbad.

Ein weiterer und wildromantischer Strand liegt unterhalb des Leuchtturmes auf der Westküste. Ein schmaler Weg führt dorthin.

## Longos

39° 13,7′ N, 20° 9,9′ E

Longos

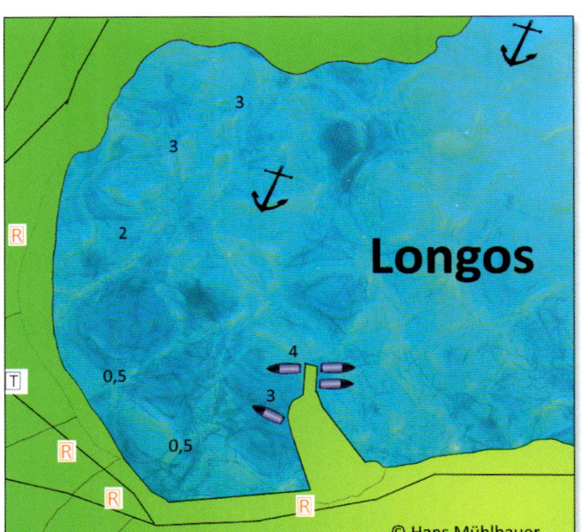


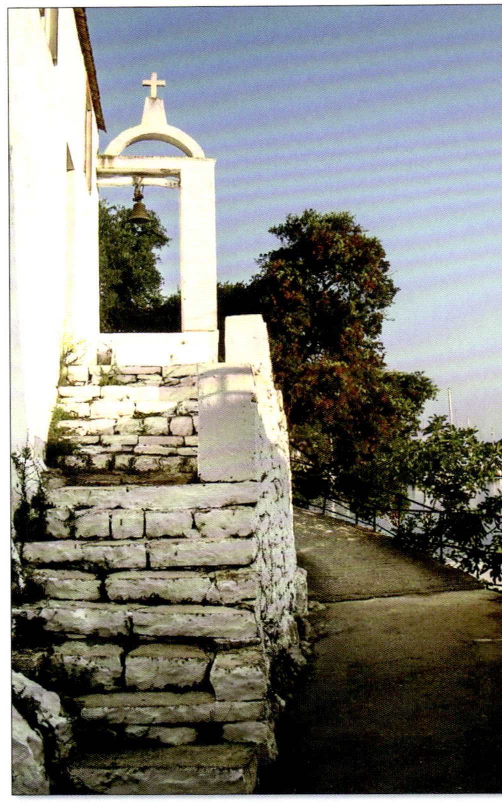

**Die Kapelle liegt am Weg zum Badestrand.**

### Ansteuerung, Liegeplätze, Ausstattung

Aus der Distanz ist der Schornstein der ehemaligen Fabrik zu erkennen. Wie im gesamten Küstenbereich liegen auch hier einige Felsen, die nur teilweise über die Wasseroberfläche hinausragen. Vorsicht ist bei der Ansteuerung geboten.

Vor dem kleinen Ort können an einem kurzen Wellenbrecher einige wenige Yachten anlegen. Weiter innen schaukeln die Boote der Einheimischen. Der Anleger für Ausflugsschiffe muss frei bleiben.

Außer bei Winden aus dem ersten Quadranten kann man sich auch römisch-katholisch an die Außenseite der Pier legen. Ringe zum Festmachen sind vorhanden.

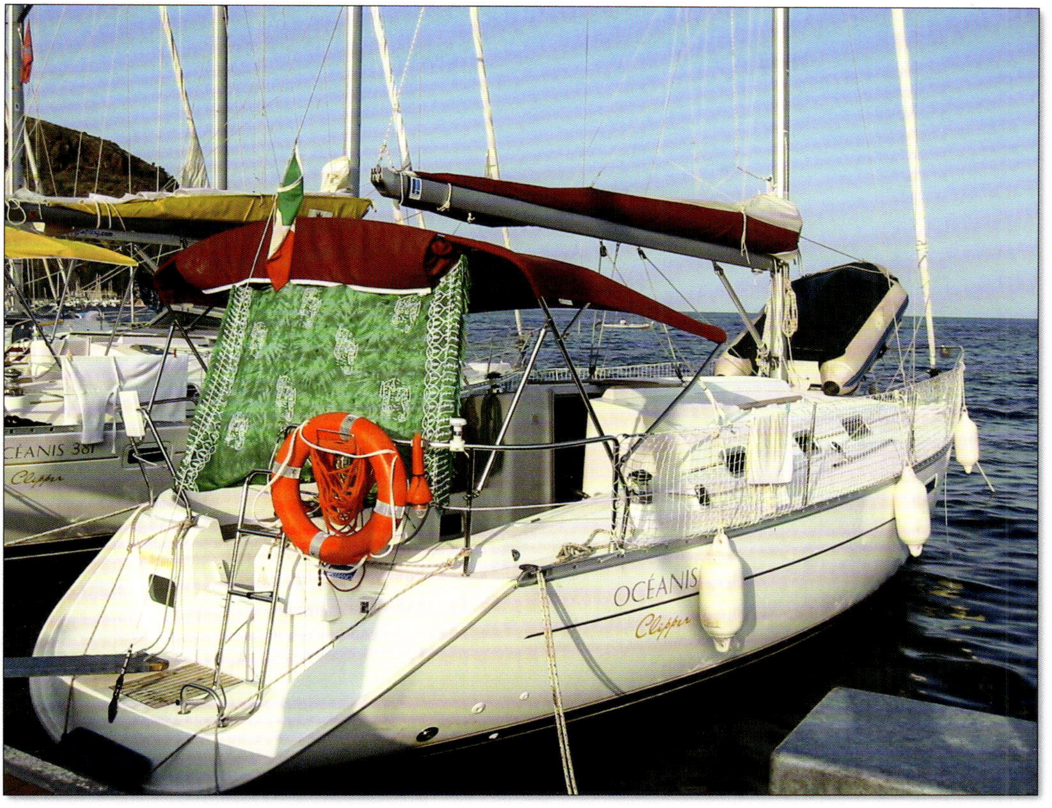


**Nachmittags an der Außenseite der Pier.**

Das Innere der Bucht läuft flach aus und wird als Badestrand und von einem Bootsverleiher genutzt.

Direkt vor der Einfahrt in die Bucht von Longos befindet sich vor dem nördlichen Ufer eine kleine und runde Bucht, die sich zum Ankern mit langen Landleinen eignet.

Auch im nördlichen Teil der Bucht, vor dem Ort, kann man frei über recht dicht bewachsenem Ankergrund ankern.

### Rund um den Hafen

Noch in der Hafenbucht eignet sich ein Kiesstrand zum Baden. Dort kann man auch kleine Motorboote mieten, um auf eigene Faust die wirklich sehenswerte Ostküste mit ihren kleinen Badebuchten und Felsformationen zu erkunden, wenn die eigene Yacht zu groß und das eigene Dingi nicht für weitere Distanzen geeignet ist.

Einige nette Tavernen, Bars, und auch einige Läden sind entweder direkt am Wasser gelegen oder in kurzer Fußmarschdistanz im Dorf zu finden.

### Sehenswertes und Besonderes

Longos ist der ruhigste Hafenort der Insel Paxos. Am Nordufer führen Treppen die Felswand hinauf zu einigen Ferienhäusern. Dann geht der Wanderweg weiter entlang der Küste durch Olivenhaine und zu abgeschiedenen kleinen Badebuchten.

Der Inselbus macht auch hier an der Wasserfront Halt und verbindet Longos mit den übrigen Orten.

## Gaios

Südeinfahrt: 39° 11,7′ N, 20° 11,4′ E
Nordeinfahrt: 39° 12,1′ N, 20° 11,7′ E

Gaios

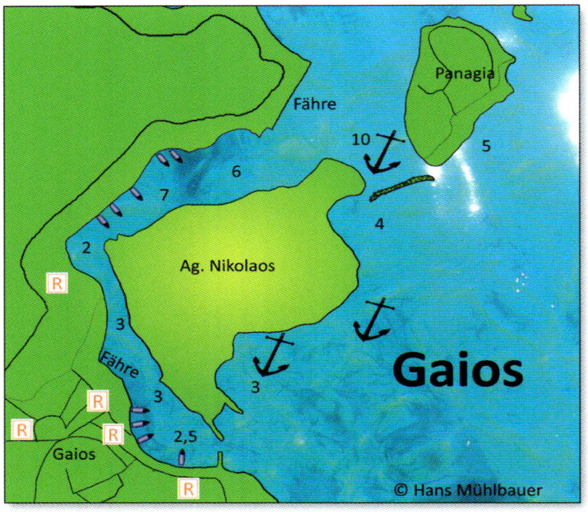


**Ansteuerung, Liegeplätze, Ausstattung**

Auf der Insel Paxos, im Haupthafen Gaios, hat sich nur wenig getan – zum Glück! Der Charme des Ortes macht ihn zu einem »Must-Have« – schier jeder Yachtie wird diesen schnuckeligen Ort auf seiner Reiseoute haben.

Der Naturhafen wird geschützt von der nur 50 Meter vorgelagerten Insel Agios Nicolaos. Zwischen Inselchen und dem »Festland« von Paxos ergibt der schmale Kanal den geschützten Hafen.

Die nördliche Zufahrt ist tief. Man passiert den betonierten Fähranleger, hinter dem die Yacht-Liegeplätze beginnen.

Die Anlegepier im Vorhafen ist zwar inzwischen betoniert, aber Strom gibt es trotzdem noch nicht und Wasser wie Diesel werden noch immer per Tankwagen geliefert. In der Saison wird auch mal die Liegegebühr kassiert.

Nach einer Fast-90-Grad-Biegung nach Süden – Achtung vor Gegenverkehr an der schmalen und unübersichtlichen Biegung – öffnet sich das Haupt-Hafenbecken vor dem Ort Gaios.

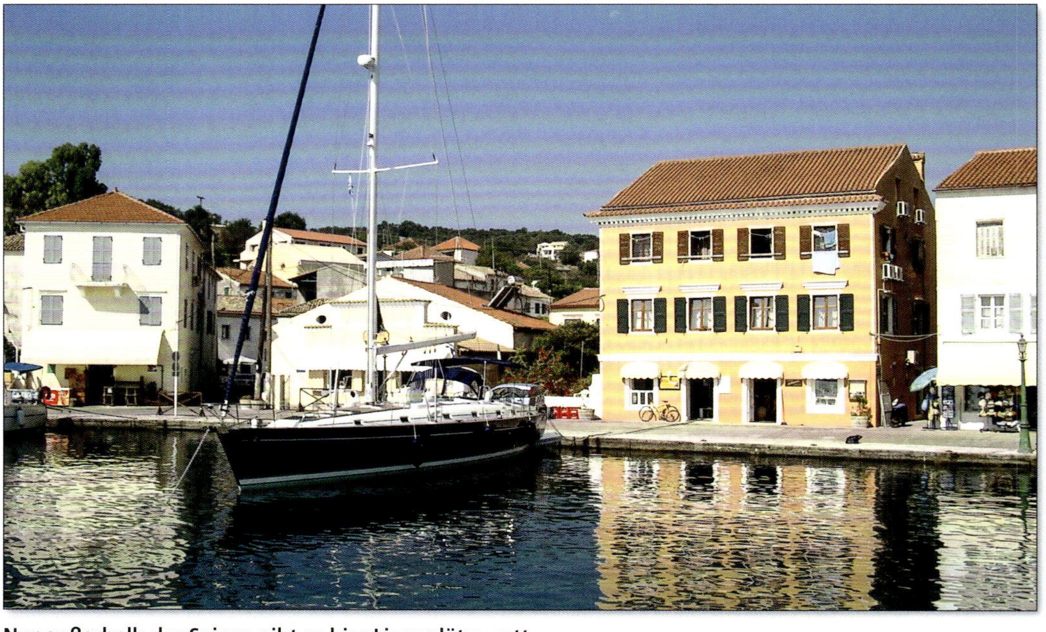

**Nur außerhalb der Saison gibt es hier Liegeplätze satt.**

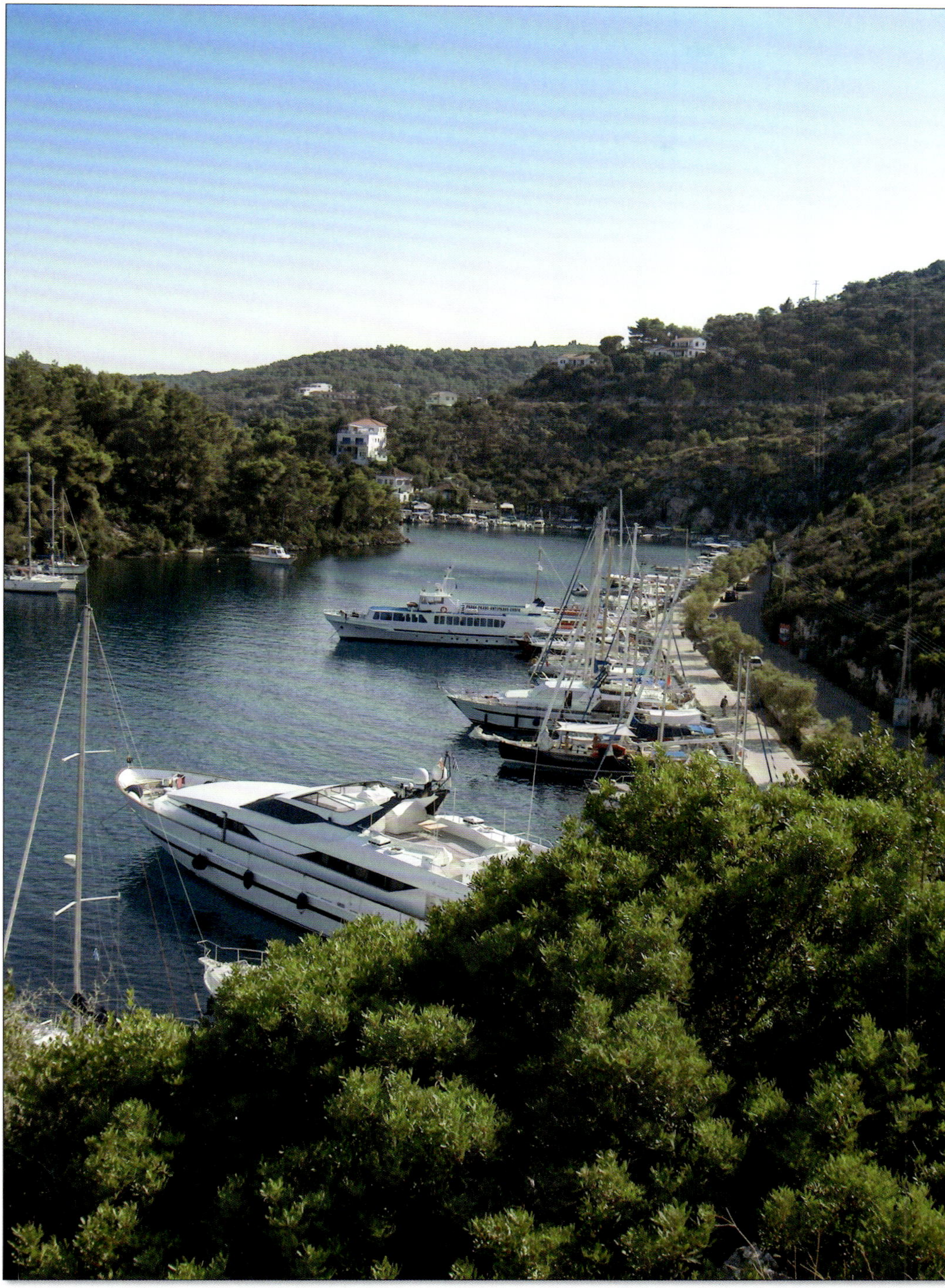

Die Liegeplätze bei der nördlichen Einfahrt.

Info: Wer gegen 17:00 Uhr einläuft, kann Glück haben und in eine der entstehenden Lücken schlüpfen, wenn solch ein Schiff Ankerauf geht und wegfährt.

Auch durch die nur zwei Meter flache Südeinfahrt kommt man hierher. Vor dem gesamten Ort sind Liegeplätze vorhanden, die man sich mit Ausflugsschiffen, die von Korfu und vom Festland herüberkommen, teilen muss.
Bei Südwind steht unangenehmer Schwell an den Liegeplätzen, die nahe an der Südeinfahrt liegen.
Vor dem Dorfplatz fahren Taxiboote ab, die die Tagesgäste zu den Stränden der Nachbarinsel Antipaxos bringen.

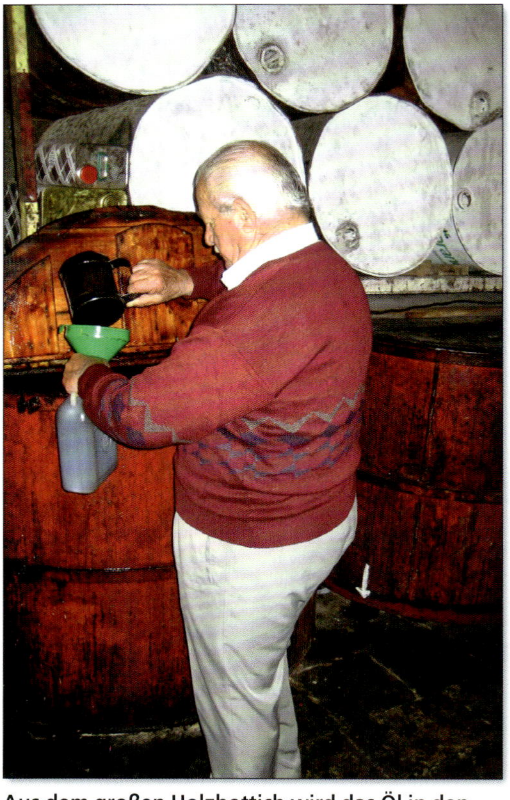

**Aus dem großen Holzbottich wird das Öl in den Mitnehm-Kanister gefüllt.**

Weitere Liegeplätze vor Anker befinden sich hinter dem Verbindungsdamm zwischen den beiden vorgelagerten Inselchen gegenüber des Fähranlegers und an den Südufern von Agios Nicolaos. Dort bringt man dann besser noch zusätzliche Landfesten aus.

**Rund um den Hafen**

Rund um den Hauptplatz tobt ab dem späten Nachmittag quirliges Leben. In den Cafés am Platz kann man wunderbar entspannen. Entlang der gesamten Wasserfront reihen sich Bars und Tavernen – die Auswahl ist groß.
In der Parallelstraße zum Ufer gibt es Supermarkt, Metzger, Friseur und weitere Tavernen. Vom zentralen Dorfplatz führt eine Geschäftsstraße weg vom Wasser. Sie endet an einer Kreuzung, an der sich die Bushaltestelle für den Inselbus befindet.

**Sehenswertes und Besonderes**

Wer Glück hat und direkt vor dem Restaurant »Pan & Theo« einen Liegeplatz ergattert, kann sich von Pan, dem Wirt, das Einlaufbier in geeisten Gläsern direkt an Bord servieren lassen. Abends zum Dinner ist eine Reservierung sinnvoll.
Knapp 50 Meter südlich zeigt das Folkloremuseum, untergebracht in einem prächtigen klassizistischen Haus, wie die Leute auf der Insel gelebt haben: Werkzeuge, Haushaltsgeräte, Trachten und Möbel zeugen davon.

Die kurze Überfahrt mit dem Dingi zum Inselchen Agios Nicolaos lohnt sich, denn hinter den Bäumen versteckt sich ein recht gut erhaltenes venezianisches Kastell.
Nordwestlich dieses Eilandes erhebt sich Nisis Panagia Mantona, das man bei der Einfahrt von Norden an seiner Backbordseite lässt. Darauf steht außer dem Leuchtfeuer eine kleine Kapelle. Zu den hohen kirchlichen Feiertagen wird dort ordentlich gebetet und gefeiert – dann beleben Tausende von Leuten das Eiland.

Tipp: Schon Cäsar liebte das Olivenöl von Paxos, die Venezianer importierten es nach Venedig, und auch heute wird es noch bei Harrod´s in London als Delikatesse verkauft. Es gibt einen kleinen Ölladen in der hinteren Hafenecke von Gaios auf Paxos (Ölfässer stehen vor dem unscheinbaren Gebäude) – da können die Segler ihren Wintervorrat an Olivenöl mitnehmen.

## Mongonisi Bay

39° 11,3′ N, 20° 12,4′ E

Mongonisi Bay

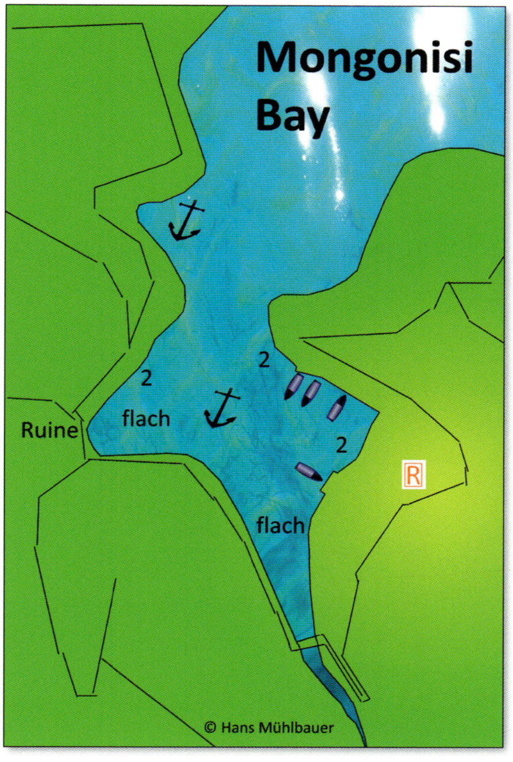


### Ansteuerung, Liegeplätze, Ausstattung

Wenn nicht das große Schild »Mongonisi Bay« an der Backbordseite der Einfahrt zur Bucht stehen würde, wäre der Einschnitt, besonders entgegen der tief stehenden Nachmittagssonne, nur schwer auszumachen. Nach der Passage der Einfahrt öffnet sich eine große und geschützte Ankerbucht. Auf etwa 5–10 Metern Wassertiefe wird über Seegras, das nicht sehr gut hält, geankert. Nur in Ufernähe kann und sollte man Landfesten ausbringen.

Ganz im Innern der Bucht gibt es einen Anleger mit etwa zwei Meter Wasser davor. Dieser gehört zur Taverne von Theo, dem langjährigen Geschäftspartner von Pan, dem Wirt der Taverne in Gaios. Der große Blonde hilft beim Anlegen und übernimmt gerne die Leinen. Die Toiletten und Duschen dürfen von den Yachties benutzt werden.

### Rund um den Hafen

Nach dem Yachtanleger läuft die Kaimauer flach in den Dingianleger und in einen schmalen Badestrand aus, der direkt vor der einzigen Taverne liegt.

Die schmale Straße von Paxos endet hier.

Am Ufer des westlichen Zipfels der Bucht haben einige Fischer kleine Hütten errichtet. Dahinter lugen die Überreste einer Kirche aus dem Gebüsch.

### Sehenswertes und Besonderes

Wer den James-Bond-Thriller »In tödlicher Mission« mit Roger Moore gesehen hat, kann Theo dort als Skipper eines der Motorboottaxis bewundern, der den Star im Boot herumschippert. Denn Teile des Films wurden rund um Paxos gedreht.

Schon tagsüber kann man in der Taverne bei Theo relaxen und essen, aber abends, wenn die Tagesgäste weg sind, erwacht das Gasthaus erst richtig für die Segler. Es gibt leckeres Essen und anschließend meist Sirtaki – unter Beteiligung der Gäste.

Eigentlich ist der Platz, an dem die Taverne steht, eine Insel mit dem Namen Nisis Mongonisi. Denn ein nur wenige Meter breiter Wasserarm trennt das Eiland samt Taverne von Paxos. Wer an diesem Wasserlauf nach Süden wandert bis zum offenen Meer, hat einen tollen Blick hinüber zur Nachbarinsel Antipaxos.

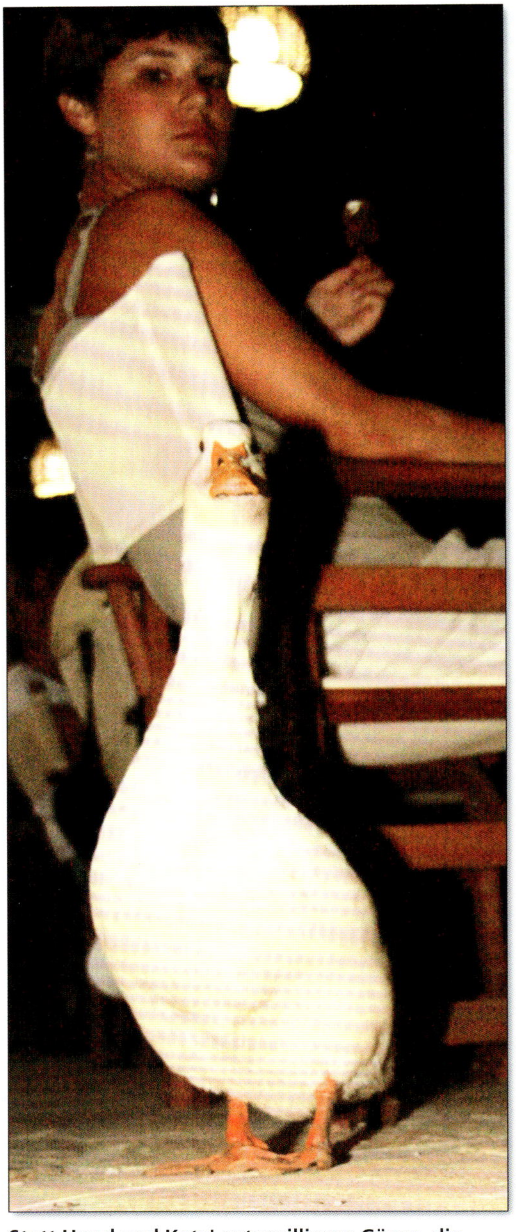

Statt Hund und Katz' patrouillieren Gänse, die nach Speiseresten gucken.

## Antipaxos

Vor den Badebuchten:
39° 9,6′ N, 20° 13,8′ E

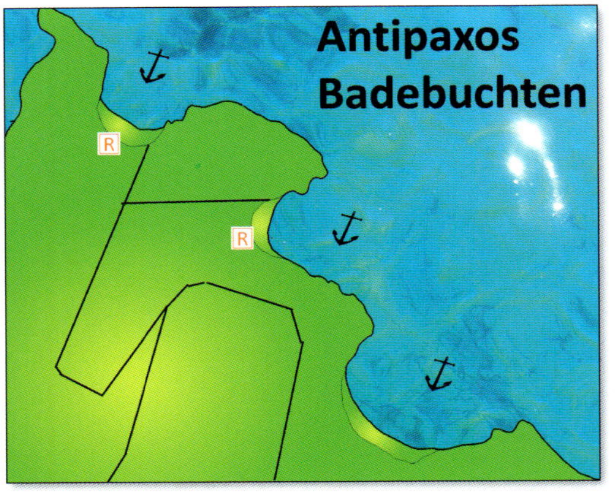


### Ansteuerung, Liegeplätze, Ausstattung

An der Nordostküste der Insel sind die drei Buchten südöstlich des Kap Kedhros lohnende Tagesankerplätze: Vrika, Mesounika und Kourtoumi. Man ankert im glasklaren und dank rei-

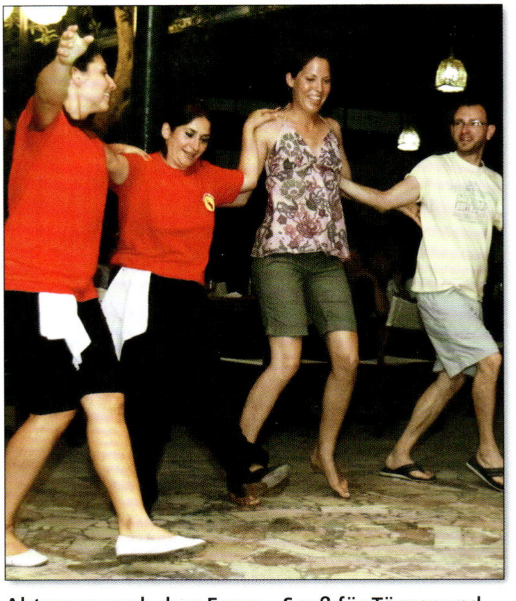

Abtanzen nach dem Essen – Spaß für Tänzer und Zuschauer.

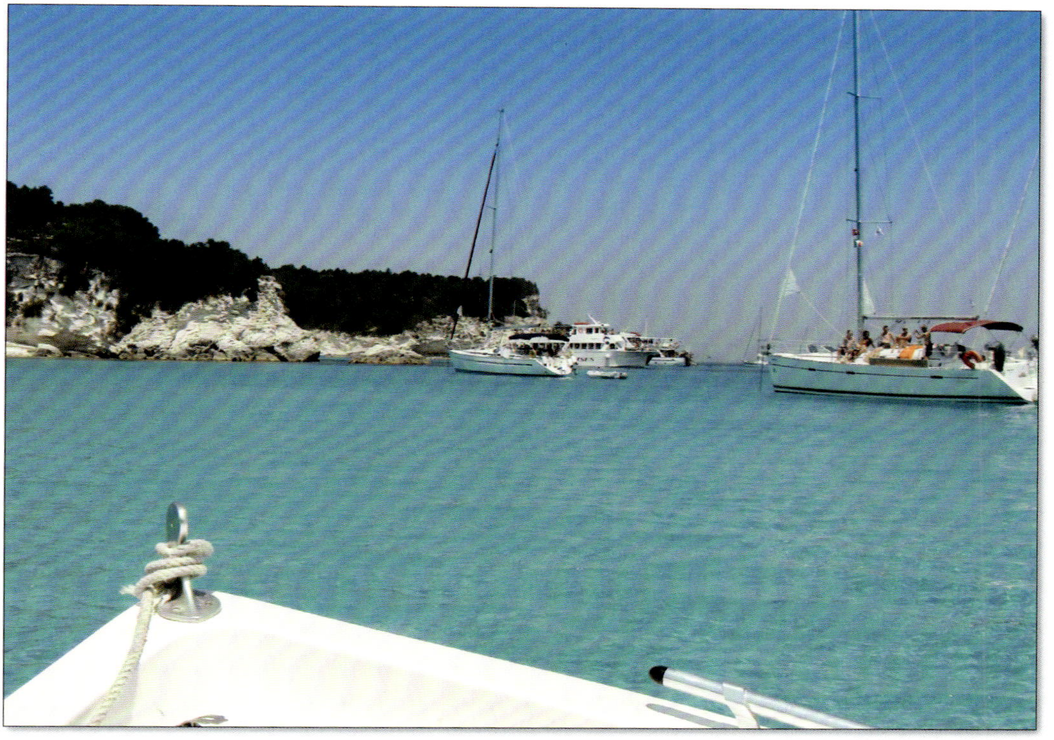

**Hier trifft man sich tagsüber zum Baden.**

nem Sandgrund auch türkisen Wasser vor den Stränden und teilt sich den Platz oft mit anderen Yachten.

Dazwischen bringen die wuselnden Taxiboote Urlauber an den Strand.

In der sich südlich anschließenden Agrapidia-Bucht gibt es sogar einen kurzen Wellenbrecher, hinter dem einige Boote der Einheimischen Schutz finden.

An der Westküste kann man bei ruhiger Wetterlage, denn Wind und Wellen kommen meist von West, die Bucht von Roda als zauberhaften Badeplatz besuchen.

**Rund um den Hafen**

Die einfachen Tavernen schließen, wenn die Tagesgäste weg sind. Die wenigen Menschen, die heute noch auf der Insel wohnen, pflegen ihre Weingärten und leben überwiegend von den Tagesgästen. Diese bevölkern die Kiesstrände im Nordosten.

**Sehenswertes und Besonderes**

Das nur drei Quadratkilometer große Eiland ist quasi der Badestrand von Paxos. Täglich transportieren die Sea-Taxis die Tagestouristen hierher. Abends verfällt das Eiland wieder in seine Lethargie.

An der Südspitze warnt der Leuchtturm mit seinem roten Sektor vor den weit ins offene Wasser ragenden Klippen und Unterwasserhindernissen. Wer hier das Kap mit der Yacht rundet, sollte eine Seemeile Abstand halten. Wer aber in einer der geschützten Buchten vor Anker liegt, kann einen nachmittäglichen Spaziergang zum Leuchtturm unternehmen.

# 5 Nördliche Festlandsküste

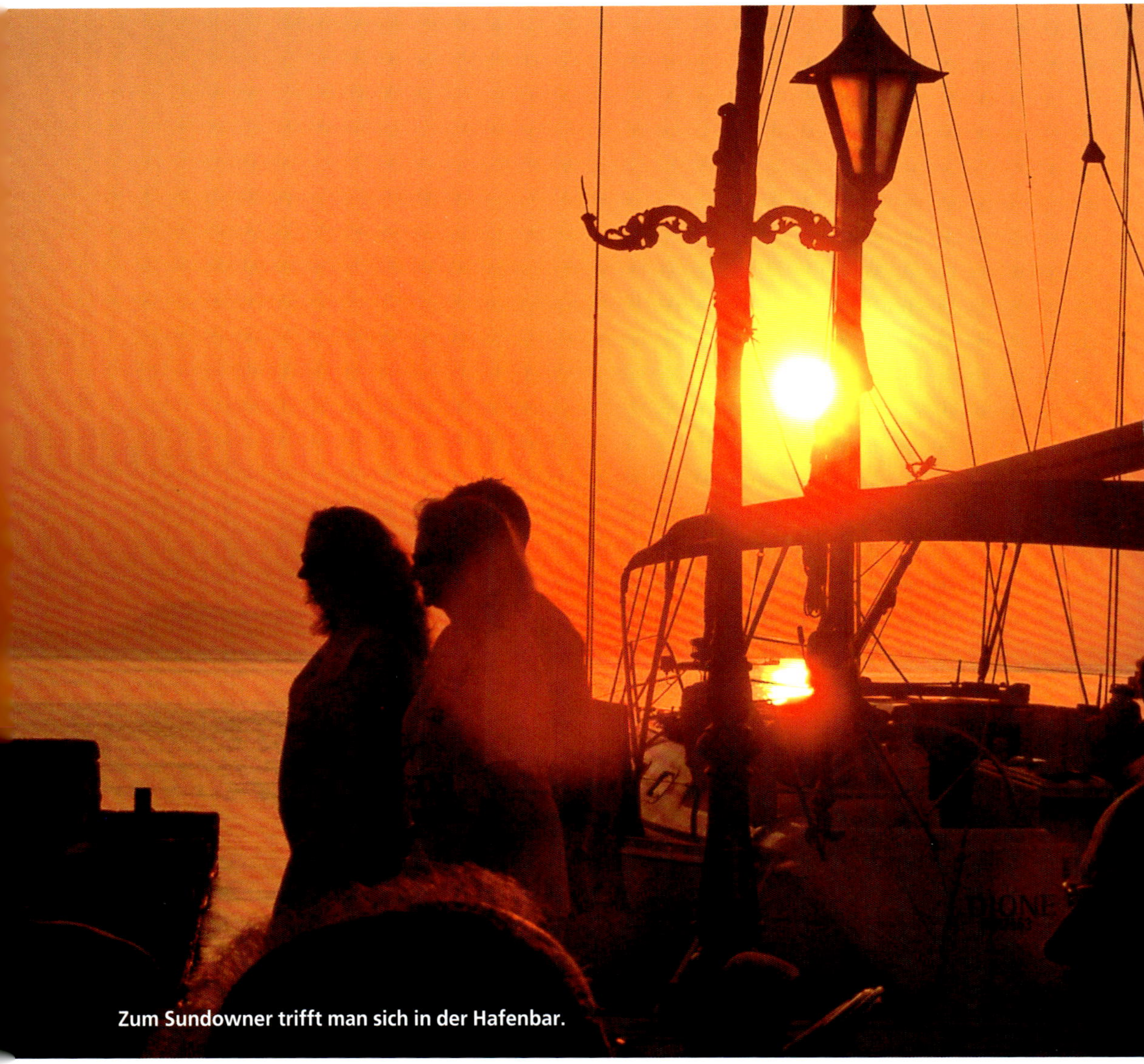

Zum Sundowner trifft man sich in der Hafenbar.

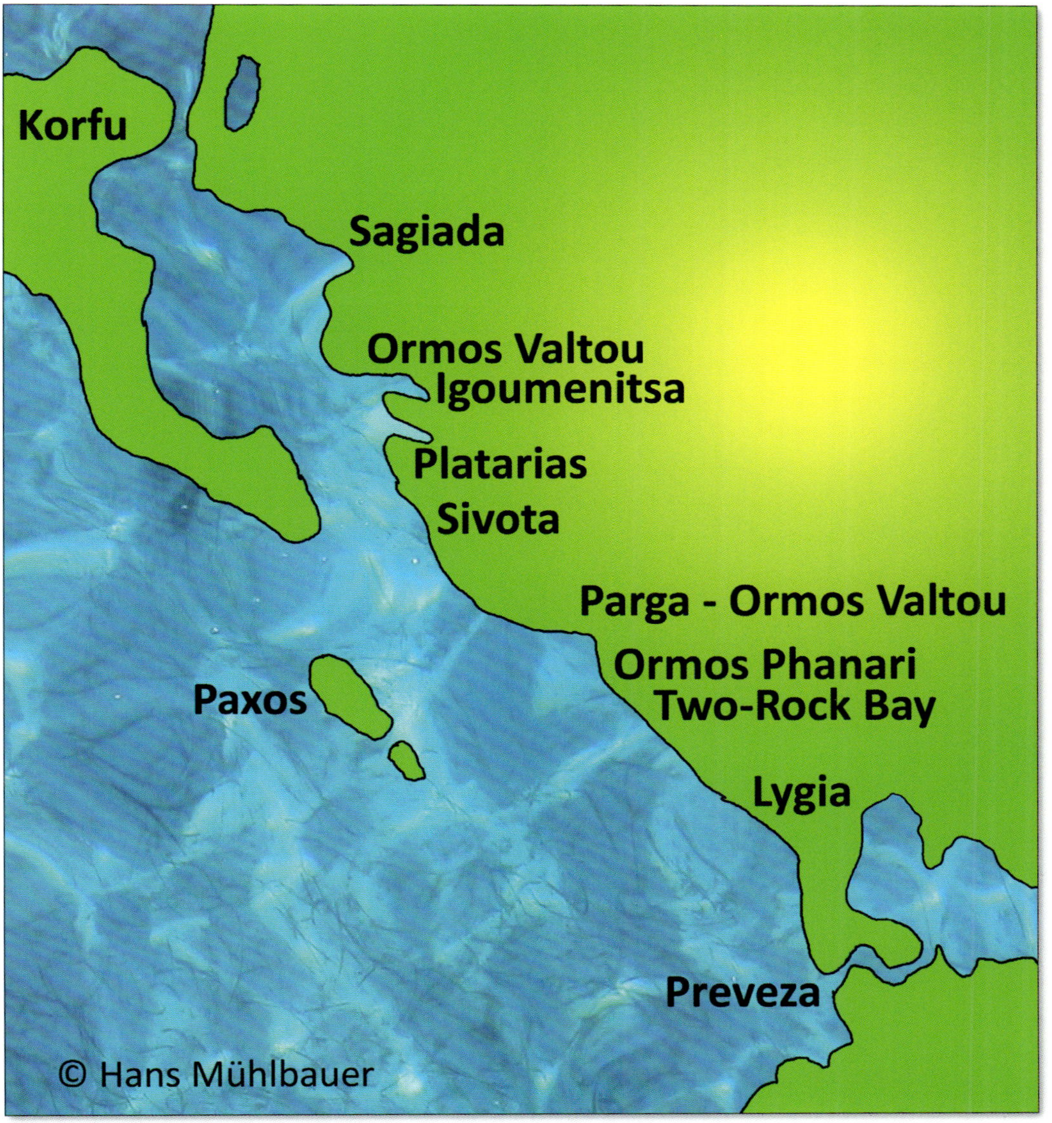
Korfu
Sagiada
Ormos Valtou
Igoumenitsa
Platarias
Sivota
Parga - Ormos Valtou
Ormos Phanari
Two-Rock Bay
Paxos
Lygia
Preveza
© Hans Mühlbauer

## Sagiada

39° 36,8′ N, 20° 10,5′ E

Sagiada

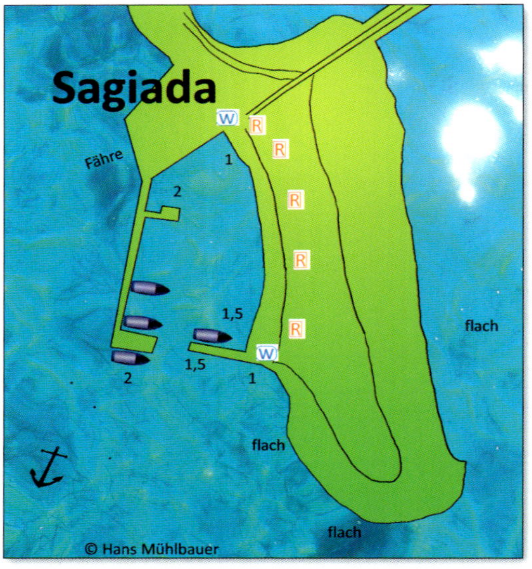


### Ansteuerung, Liegeplätze, Ausstattung

Etwa 15 Seemeilen östlich von Korfu liegt der winzige Hafen von Sagiada. Ihn laufen nur wenige Yachten an, denn er liegt unmittelbar an der albanischen Grenze und die Hafenhandbücher weisen vermeintlich unzureichende Wassertiefen auf. Das Becken wurde inzwischen allerdings im östlichen Teil und in der Einfahrt gebaggert, sodass auch Yachten mit knapp zwei Meter Tiefgang in den Hafen fahren können. Für Katamarane ist die Einfahrt mit nur gut sechs Metern Breite zu schmal – sie legen außerhalb des Beckens an der südlichen Kaimauer an.

### Rund um den Hafen

Der nur flache Wellenbrecher verspricht mäßigen Seegang, wenn denn Wind weht. Stimmt auch: Die Wellen bleiben niedrig, aber der Wind bläst ungehindert über den Hafen, sodass der Anker im schlammigen Grund gut halten muss.

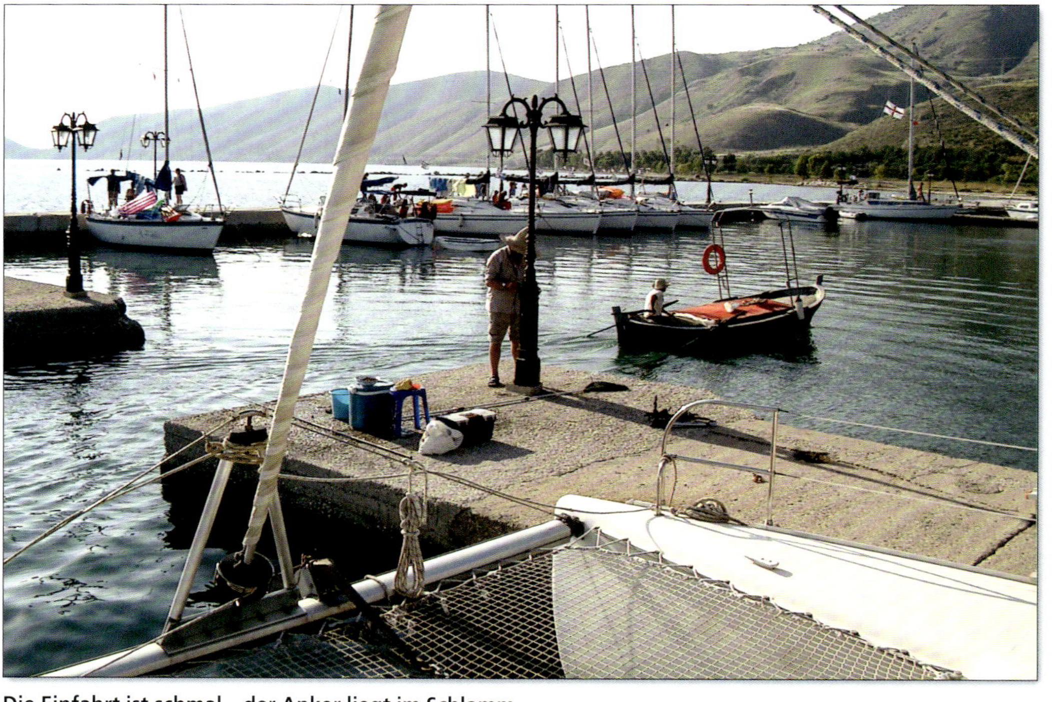

**Die Einfahrt ist schmal – der Anker liegt im Schlamm.**

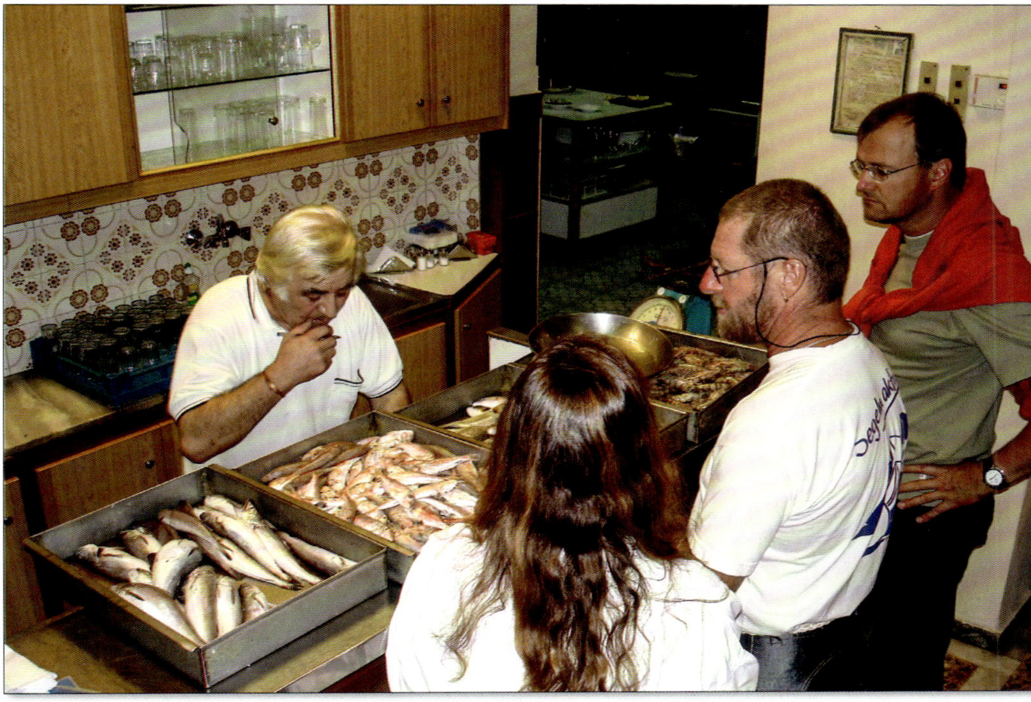

**Frischfisch und Shrimps – Fang aus der Region.**

Ein Wasserhahn steht am Fuß der südlichen Mole zur Verfügung.

Entlang der kurzen »Hafenmeile« reihen sich Fischtavernen aneinander. Dazwischen befindet sich eine Cocktailbar, die erst gegen Abend öffnet. Bei guter Musik treffen sich hier die jungen Einheimischen – und die Yachties, wenn auch ich die Caipirinhas für meine Crew immer selber machen darf/muss ... Der Wirt kennt das und sagt nur immer: »Du weißt ja, wo alles steht.«

### Sehenswertes und Besonderes

Wer sich nach Sagiaga traut – nicht nur wegen der nahen albanischen Grenze, sondern auch wegen des flachen und modderigen Wassers – kann dort fangfrische Shrimps bis zum Abwinken verzehren. Bestellt wird direkt an der Kühltheke, gegessen und berechnet wird nach Gewicht. Viele Griechen kommen von weit her, um hier zu schlemmen.

## Ormos Valtou

39° 31,4′ N, 20° 8,9′ E

Ormos Valtou

### Ansteuerung, Liegeplätze, Ausstattung

Dicht westlich der Zufahrt zum Fährhafen von Igoumenitsa mündet an der Spitze einer weit ins Meer reichenden Lagune der Fluss Thyamis ins Meer. Das ganze Gelände ist nicht nur an Land sehr flach und sandig, sondern die angeschwemmten Sandmassen lagern sich noch fast eine halbe Meile weiter südwestlich als flache Sandbank im Meer ab. Hierum sollte man einen großen Bogen machen.

Dann aber kann man mit östlichen Kursen in die weitläufige Bucht eindrehen. Wer nur einen Badestopp machen will, kann diesen gleich im westlichen Teil in Lee des Nordufers genießen: Man ankert auf 2–4 Metern Wassertiefe über

Sandgrund, schwimmt zum Strandspaziergang an Land und teilt sich den kilometerlangen Strand mit ein paar neugierigen Kühen.

Eine halbe Meile weiter östlich hat sich eine Disco-Beachbar mit Wasserskibooten und Jetski-Verleih etabliert, zu der tagsüber Touristen mit Ausflugsbooten geschippert werden, um abzufeiern. Wer will, ankert hier und feiert mit. Wer aber noch weiter nach Osten in den Ormos Valtou hineinfährt, findet im südlichen Zipfel, und schließlich in der östlichsten Ausbuchtung, dem Ormos Liyia, rundum geschützte Ankerplätze – mehr als zehn Meter Wassertiefe weist der erste Platz auf, am letzteren ankert man auf 4–6 Metern, im Osten der Bucht wird es immer flacher.

**Rund um den Hafen**
Wohl durch die Flussmündung und auch durch die Fischzuchten bedingt ist das Wasser hier relativ trübe. Dafür ist man meist alleine an diesem lauschigen Platz. Nur ein paar kleine Fischerboote liegen am Ufer.

**Sehenswertes und Besonderes**
Seegang kann sich wegen der rundum geschlossenen Bucht nicht aufbauen, wenn auch der Wind über das Land fegen kann.
Wer einen einsamen Platz sucht, hat ihn hier gefunden – nur manchmal kommt auch eine Flottille hierher. Dann kann man sich ja eine andere Ecke innerhalb dieser weitläufigen Buchten suchen.

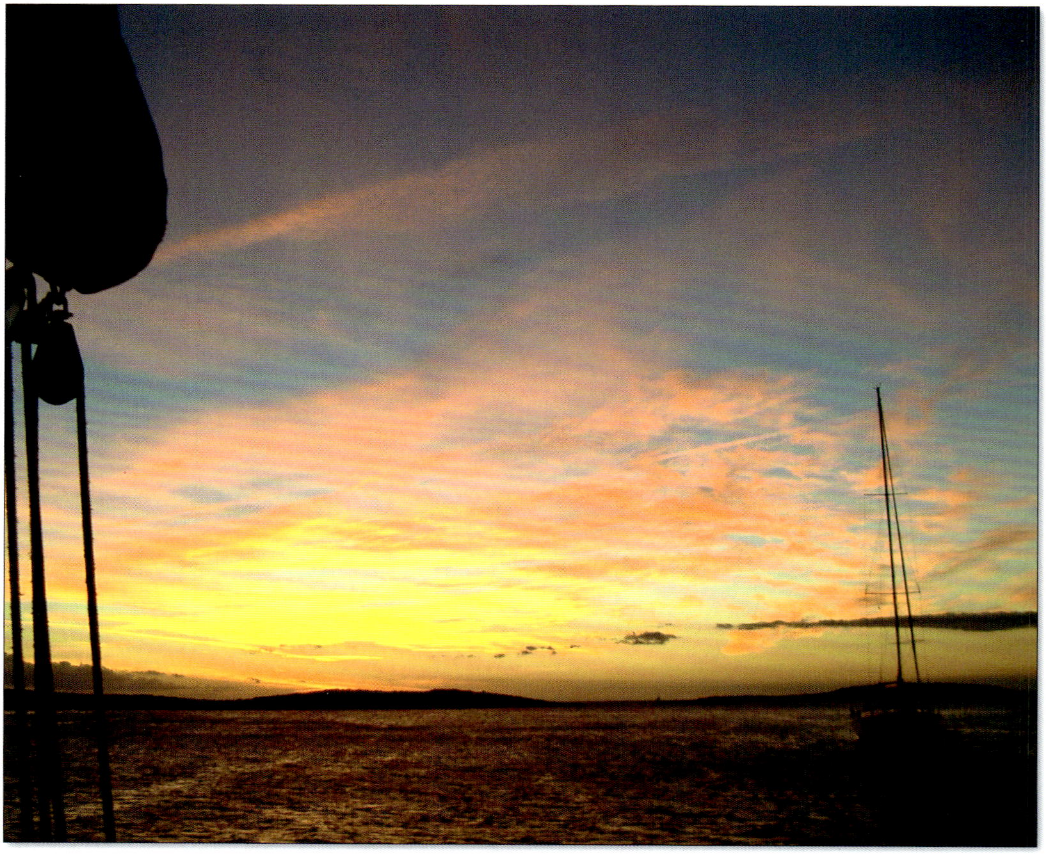

**Ins Cockpit setzen und das Himmelsschauspiel genießen ...**

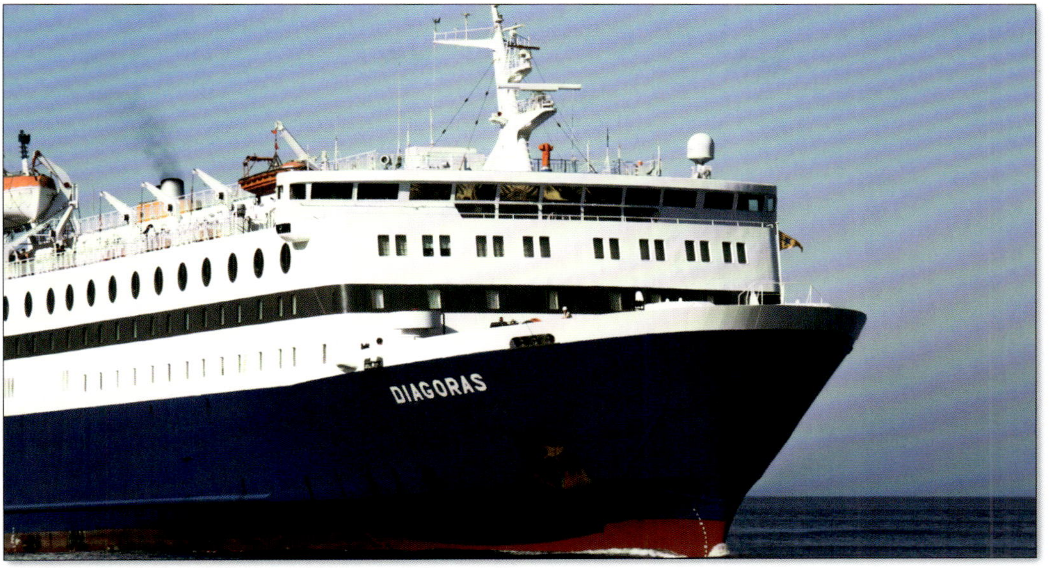


**Enge Begegnungen mit Fähren sind hier ganz normal.**

## Igoumenitsa

39° 30,2′ N, 20° 11,9′ E

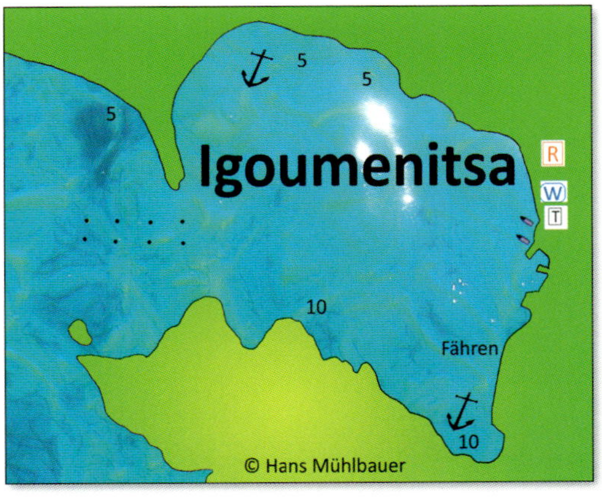


### Ansteuerung, Liegeplätze, Ausstattung

Das gebaggerte Fahrwasser durch die sonst relativ flache Zufahrt in die Bucht Ormos Igoumenitsa ist mit vier Paaren von befeuerten Tonnen Tag und Nacht gekennzeichnet. Alle Fährschiffe, die zwischen Italien und Griechenland verkehren, machen hier einen Stopp – 24 Stunden täglich ist hier Betrieb, sodass man sich schon vor der Passage mal umgucken sollte, ob nicht eines der großen Schiffe das Fahrwasser nutzt.

Im Innern der riesigen Bucht ist es wieder über 20 Meter tief. Im nördlichen Teil der Bucht sowie im Südzipfel kann man weit weg vom Fährbetrieb auf 2–4 Metern Wassertiefe frei ankern.

Am Ostufer liegt die Stadt und davor die Fährpier. An deren nördlichem Teil kann man anlegen. Der Hafenkapitän, den man bei der Annäherung auf UKW-Kanal 16 anrufen sollte, weist den Platz an.

### Rund um den Hafen

Beim nördlichen Teil der Fährpier gibt es eine Tankstelle und auch einen Wasserhahn. In der Stadt sind alle Versorgungsmöglichkeiten vorhanden.

Wie auch in anderen Fährhäfen ist der Hafen rund um die Uhr in Betrieb. Im Stundentakt laufen die größen Fähren ein und aus, laden und entladen Autos, Lkws und Reisende.

Info: Nahe der Bezirkshauptstadt Ioannina, etwa 80 Kilometer im Landesinnern, wurde 1940 die wohl eindrucksvollste Tropfsteinhöhle des Balkans (wieder-) entdeckt. Früher diente sie als Zufluchtsort für die Leute der Umgebung – heute kann man etwa 1000 Höhlenmeter mit einem Führer besichtigen.

### Sehenswertes und Besonderes

Der Busbahnhof befindet sich etwa einen Kilometer vom Fährhafen entfernt. Von dort fahren die Busse regelmäßig in alle Himmelsrichtungen. Hier wird derjenige ein- oder aussteigen, der in Lefkas sein Boot liegen oder gechartert und der keinen passenden Flug nach Prevesa bekommen hat.

Man kann ja auch zum gut frequentierten Flughafen von Korfu fliegen, dann mit der Fähre nach Igoumenitsa übersetzen und schließlich mit dem Linienbus bis nach Lefkas fahren. Der Bus braucht etwa vier Stunden, die Fähre eine weitere – so kommt man doch relativ zügig voran.

## Platarias

39° 27,1′ N, 20° 16,2′ E

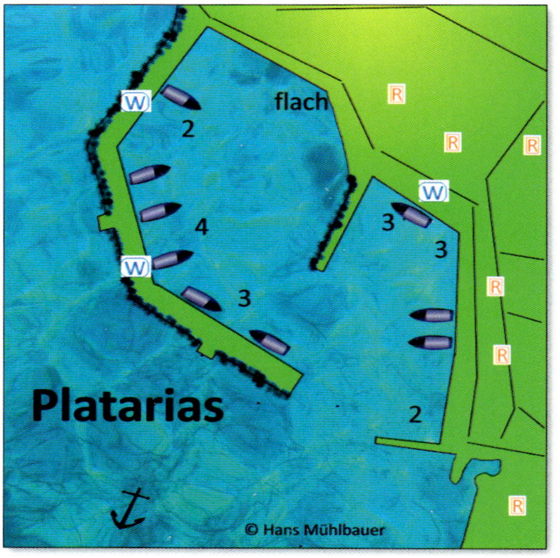


### Ansteuerung, Liegeplätze, Ausstattung

Spärlich bewachsene, aber im Abendlicht herrlich leuchtende Berge aus Kalkstein geben die nördliche Begrenzung der breiten Bucht und

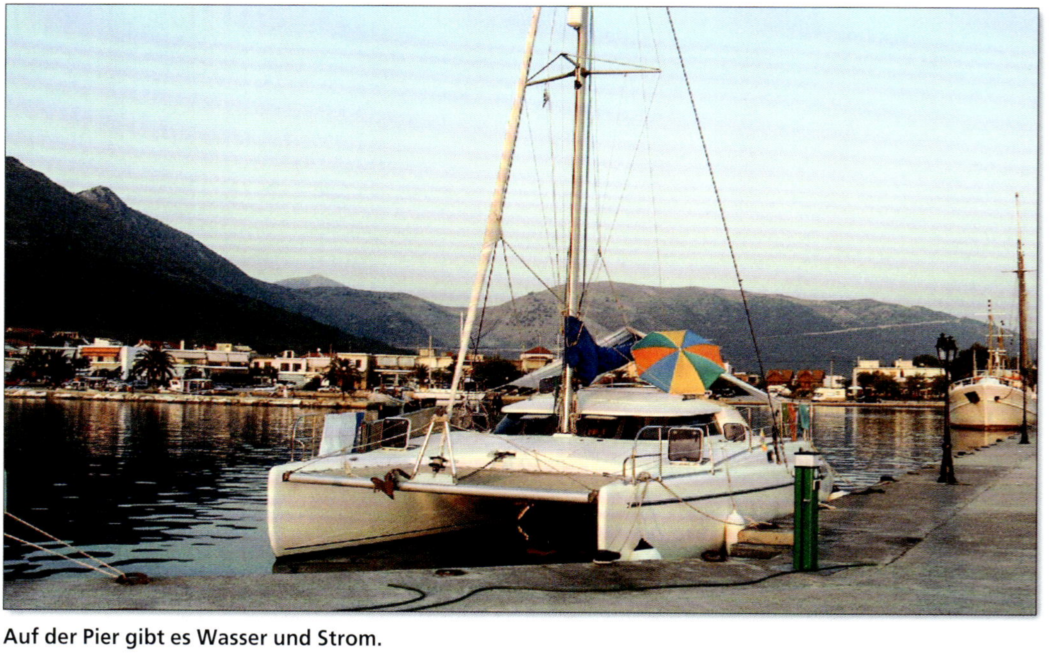

Auf der Pier gibt es Wasser und Strom.

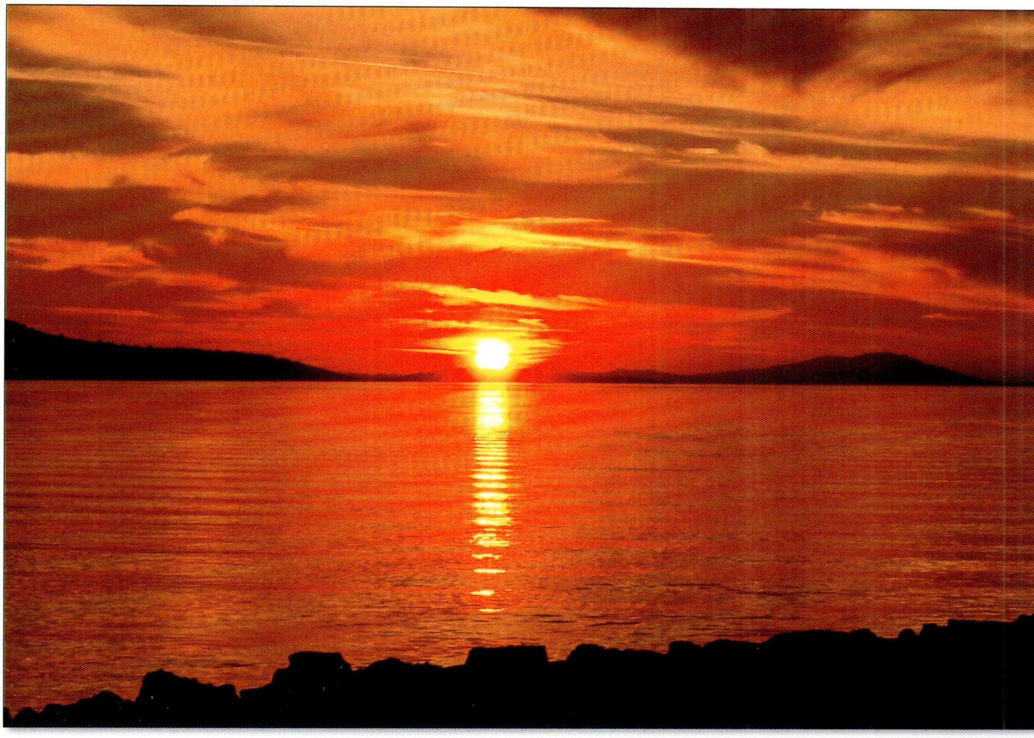

**Freier Blick zur untergehenden Sonne von der Pier.**

somit die Richtung zum Hafen an. Die Bucht läuft zu einem flachen Sandstrand aus. In der nordöstlichen Ecke allerdings liegt der saubere Ort Platarias, und davor der Hafen.
Man umrundet das Ende des abgewinkelten neuen Wellenbrechers und sucht sich im Hafeninnern einen Liegeplatz – wie immer vor Buganker.

### Rund um den Hafen

Das recht neue Hafenbecken von Platarias verspricht sichere Liegeplätze am Festland und den Tavernen an der Wasserfront zusätzliche Gäste. Am bereits fertiggestellten Wellenbrecher können Yachten mit dem Buganker oder manchmal, wenn außerhalb der Saison genug Platz vorhanden ist, auch längsseits festmachen. Liegegebühren werden noch nicht kassiert. Strom und Wasser zu beziehen ist möglich. Noch ein weiterer Wasserhahn ist verfügbar: Er befindet sich in der Nordostecke des inneren Beckens und man kann dort an der Kaimauer längsseits festmachen, um die Tanks zu füllen. Oft liegen dort einheimische Fischkutter, die den Platz zum Entladen nutzen, sodass man mit seiner Yacht diesen Kaiabschnitt bald wieder räumen sollte. Entlang der Hauptstraße, die vom Hafen wegführt, befinden sich die wichtigsten Geschäfte. Am Hauptplatz direkt am Hafen ist ein Supermarkt, der sich hinter Bäumen und zwischen den Tavernen versteckt. Frischer Fisch wird hier zu guten Preisen angeboten – teilweise gehen die Wirte selbst noch nach der Sperrstunde fischen, um am nächsten Tag mit ihrem Fang nach Haus zu kommen.

### Sehenswertes und Besonderes

Überraschend viele der Einheimischen sprechen sehr gutes Deutsch, denn sie haben mehrere Jahre in Deutschland gearbeitet.

## Sivota

39° 24,5′ N, 20° 14,1′ E

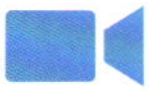 Nea Sivota

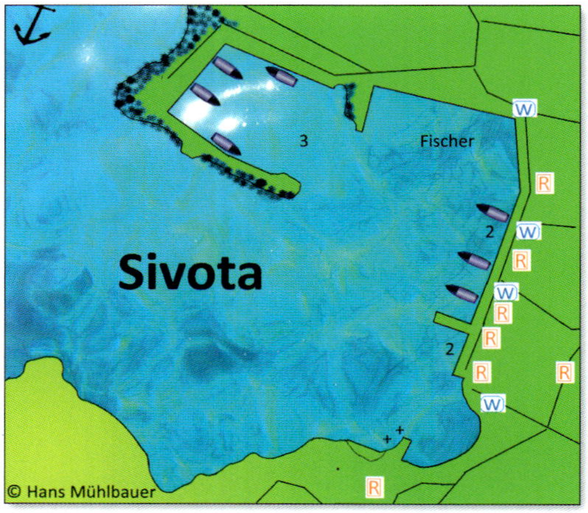


### Ansteuerung, Liegeplätze, Ausstattung

Ein kleiner Yachthafen ist seit Jahren im Bau. Das fertige Hafenbecken wird allerdings nur wenige Liegeplätze bieten. Die Marinagebäude sind fast fertig und warten auf die Eröffnung.

Im neuen Hafenbecken liegt man sicher vor dem Schwell der Fährschiffe. Allerdings bietet es nicht allzu viel Platz für Yachten. Neben den Fischern kann man im Scheitel des Hafenbeckens vor Buganker gehen. An den Seitenkais liegt man längsseits – auch im Päckchen, denn zum römisch-katholischen Anlegen ist das Becken und der verfügbare Platz für das Ankergeschirr einfach zu klein.

Weitere Liegeplätze gibt es direkt vor dem Ort, wenn auch der plötzlich auftretende Schwell schon so mancher Yacht gefährlich geworden ist.

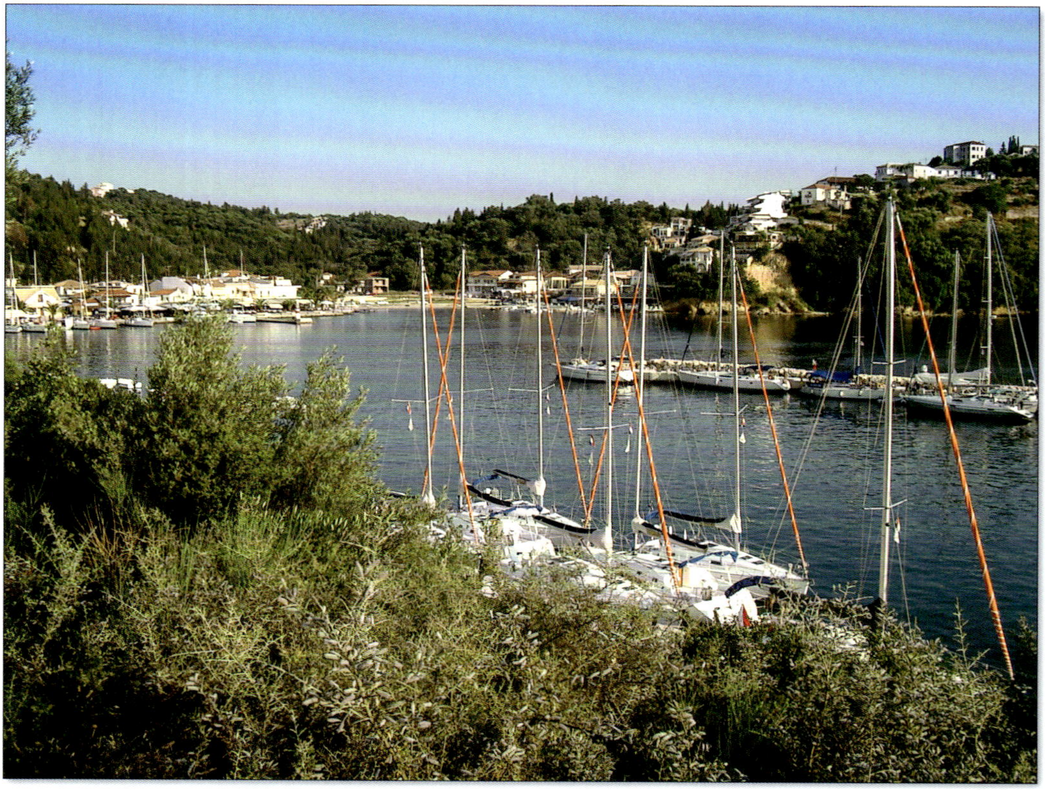

**Im neuen Hafenbecken liegt man längsseits.**

Sicher liegt man dagegen in einer der sich südlich anschließenden Buchten, wo man mit langen Landleinen festmachen kann. Das Fahrwasser dort ist an der flachsten Stelle kaum drei Meter tief.

In einem Einschnitt an der Ostseite von Agios Nikolaos liegt ein Bojenfeld – hier machen Dauerlieger fest, die ihre Yachten dort längerfristig lagern.

**Rund um den Hafen**

Eine deutsche Segelmacherin – Tina – hat im Marinagebäude ihre Werkstatt. Wenn sie nicht dort gerade arbeitet, kann man in den Cafés nach ihr fragen – alle kennen die rührige Frau.

Sivota ist bekannt für seine schöne Wasserfront, gutes Essen, klasse Cocktails, und den benachbarten Club Robinson. Aber auch dafür, dass die großen Fähren, die den nahen Hafen Igoumenitsa ansteuern, zum Teil so beachtlichen Schwell an der ungeschützten Hafenmauer erzeugt haben, dass regelmäßig nicht gut verankerte Yachten mit ihrem Heck den Beton geküsst haben! Es ist nicht falsch, abends zum Schlafen, wenn alle an Bord sind, die Achterleinen um einige Meter zu fieren und den Anker ein wenig dichter zu nehmen, um von der Kaimauer wegzubleiben.

Zum Sundowner trifft sich das Seglervolk an der Wasserfront in der Bar Bambou-Palace zu leckeren Cocktails, die Andreas, der emsig und flink sausende Wirt, seinen Gästen kredenzt.

Zum Dinner wechselt man nur 100 Meter weiter entlang des Kais zu George´s Family-Taverna, wo echte griechische Hausmannskost zu Normalpreisen auf den Tisch kommt.

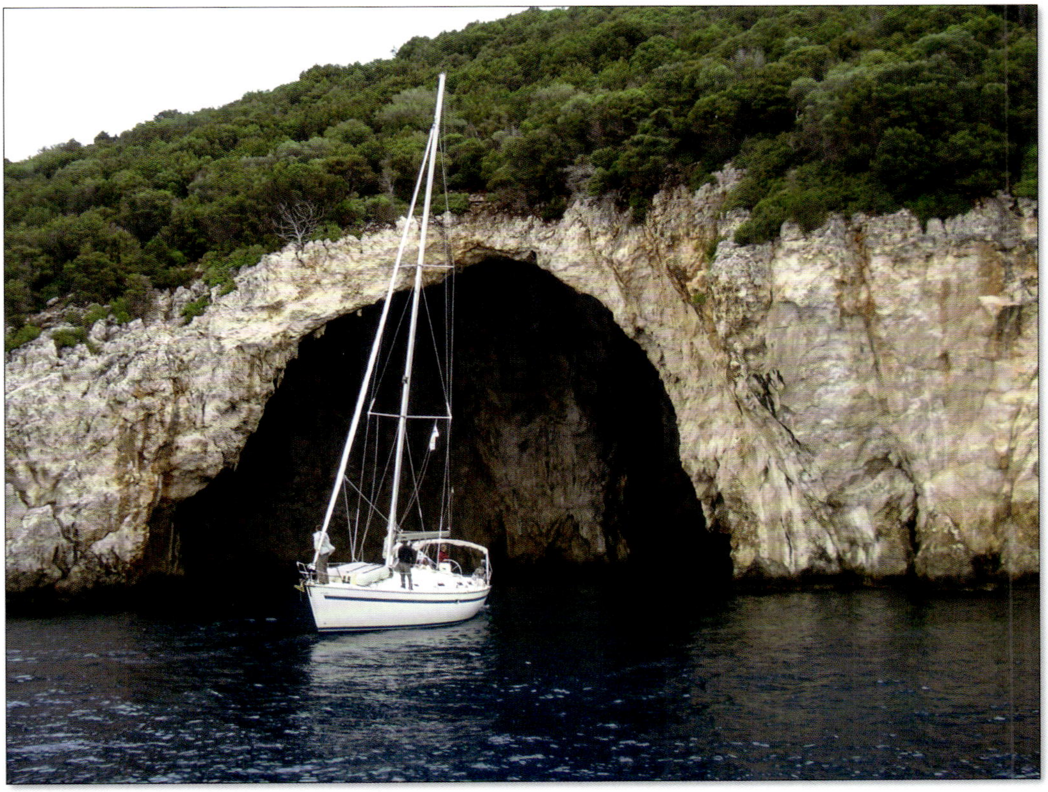

**Nur bei wenig Seegang kann man die Höhle von Mourtos ansteuern.**

Der Abend kann dann oft erst spät erst ausklingen, wiederum bei Andreas, der auch mit einem Muntermacher-Frühstück ab etwa 8 Uhr aufwarten kann, mit dem man den neuen Tag begrüßt.

Aus ihren bequemen Korbsesseln sind schon oft die Skipper aufgesprungen und zu ihren Yachten gerannt, wenn die berühmt-berüchtigten Wellen, einem Mini-Tsunami gleich, für Hektik im Hafen sorgen. Dann heißt es: Motor an und mit Vollgas vorwärts das Yachtheck von der Kaimauer wegdrücken. Nach nicht mal 5 Minuten ist der Spuk vorbei.

**Sehenswertes und Besonderes**

Die Hafenbucht wird geschützt durch Mourtos, eine vorgelagerte Insel, die Bucht und Hafen auch ihren ursprünglichen Namen gegeben hat. An ihrer dem Meer zugewandten Westküste gibt es eine Höhle, in die eine kleinere Segelyacht samt Mast hineinpasst! Bitte nur bei ruhigem Wetter versuchen – oder besser gar nicht, wenn man sein Masttop liebt.

Man kann auch seine Crew vor der Höhle hinüber schwimmen lassen. Auch Ausflugsboote frequentieren diesen Platz.

Tipp: Wer sich traut, kann durch eine kleine Seitenhöhle schwimmen oder tauchen. Nur bei Niedrigwasser kann man den Eingang sehen, sonst liegt dieser unter der Wasserlinie. Belohnt wird die Schwimmexkursion durch unwirklich anmutende Farbenspiele im Innern der Höhlenkuppeln.

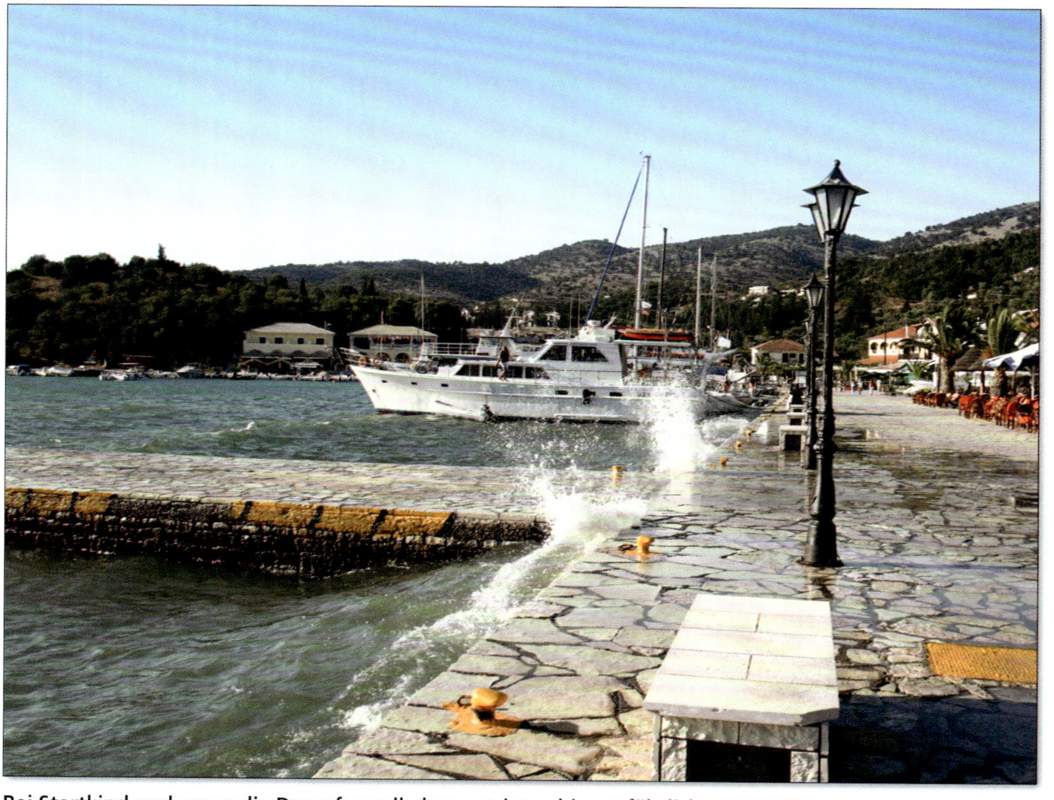

**Bei Startkind und wenn die Dampferwelle kommt, ist es hier gefährlich.**

## Parga und Ormos Valtou

Parga Hafen: 39° 16,9'N, 20° 23,9'E
Ormos Valtou: 39° 16,9'N, 20° 23,4'E

Parga

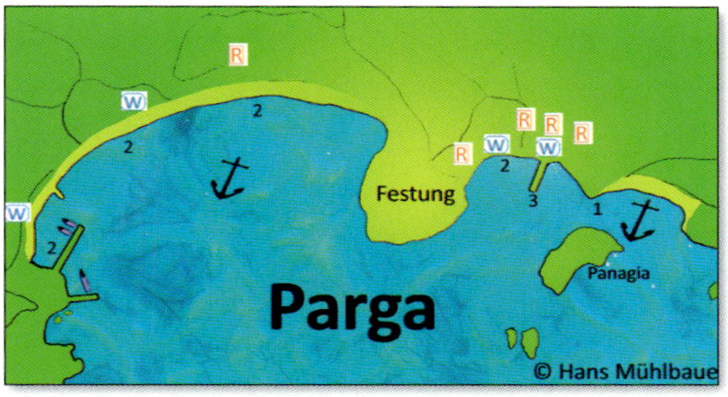


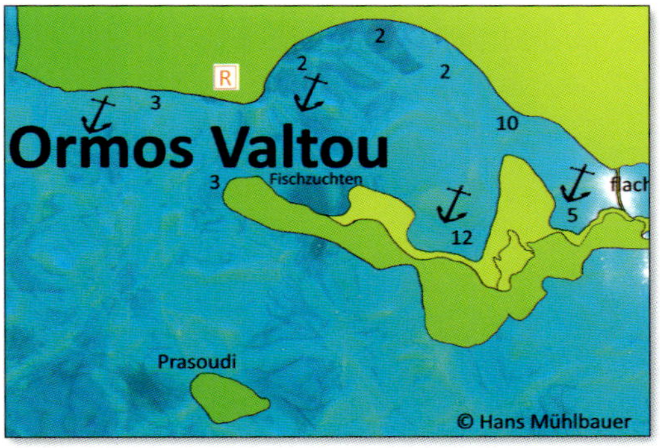


### Ansteuerung, Liegeplätze, Ausstattung

Der malerisch am Berghang liegende, quirlige Touristenort ist von Weitem bereits durch seine auf einer Halbinsel gebauten, mächtigen Festungsruine erkennbar.

Direkt vor dem Ort wurde der alte baufällige Gerüststeg abgerissen und ein etwa 50 Meter langer neuer Betonsteg erbaut. Er steht auf etwa zwei Meter hohen Betonpfeilern und ist somit für Yachten viel zu hoch zum Anlegen. Außerdem wird der gesamte Anleger von unzähligen Ausflugsschiffen aller Größen beansprucht. Die rigorosen Skipper dieser Dampfer lassen ein Anlegen von Yachten hier nicht zu. Das Liegen wäre auch wegen der ständig an- und ablegenden Schiffe und dem damit verbundenen Schwell und Musiklärm aus den Bordlautsprechern der Partydampfer nicht komfortabel. An Nachtruhe wäre dementsprechend sowieso erst spät in der Nacht zu denken.

Als gute Alternative bietet sich die etwa ½ Seemeile nordwestlich gelegene Bucht Ormos Valtou an. Hier kann man hinter einem knapp 100 Meter langen und sehr hohen Wellenbrecher Schutz finden.

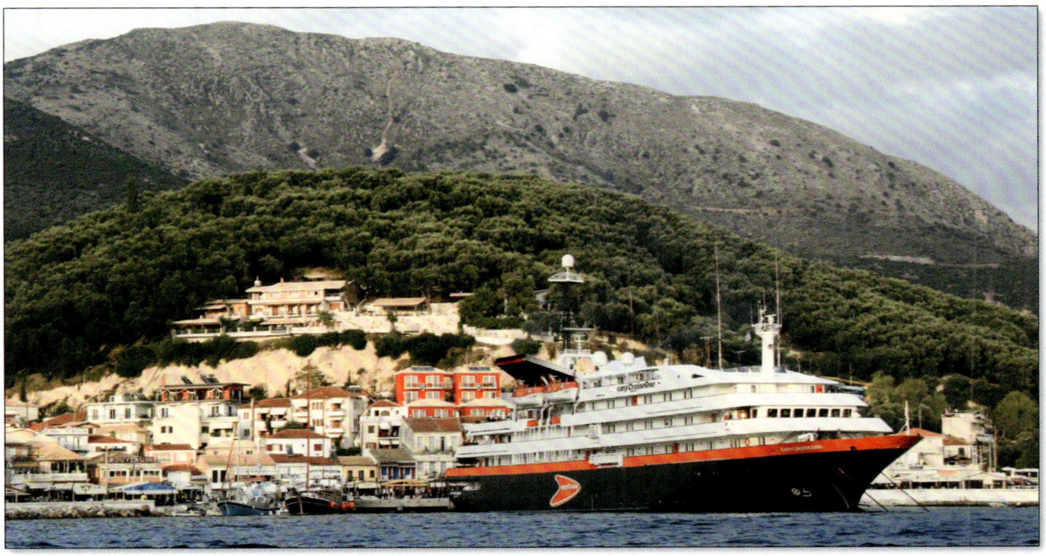

**Kleiner Kreuzfahrer an der Pier von Parga.**

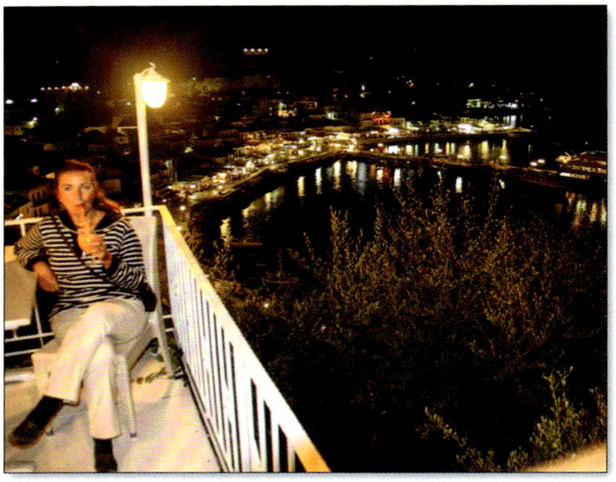

Klasse Blick von der Bar am Festungshügel.

Man benötigt den eigenen Anker, der hier recht gut hält. Der hintere Teil des Hafenbeckens läuft sehr flach aus. Am sandigen Nordufer gibt es einen Wasserhahn, der aber nur nutzbar ist, wenn man sein Boot mit dem Bug voraus quasi auf den Sand setzt – dann kann man mit einem langen Wasserschlauch hier bunkern – sonst ist man auf Kanister angewiesen.
Beim römisch-katholischen Anlegen hinter den mächtigen Felsblöcken muss man ein wenig klettern, um vom Yachtheck hinauf auf diese Felsentürme zu gelangen, und um die Achterleinen zwischen den Felsbrocken festzuknoten. Dafür liegt man hier auch bei heftigem Südwind sehr geschützt.

### Rund um den Hafen

Wenn die Liegeplätze an der Mauer alle belegt sind, kann bei ruhiger Wetterlage auch frei in der großen Bucht geankert werden. Tagsüber sausen Motorboote mit Wasserskifahrern, mit Bananen und Ringos zwischen den Ankerliegern durch, aber abends, wenn die Tagesgäste weg sind, wird es ruhig.

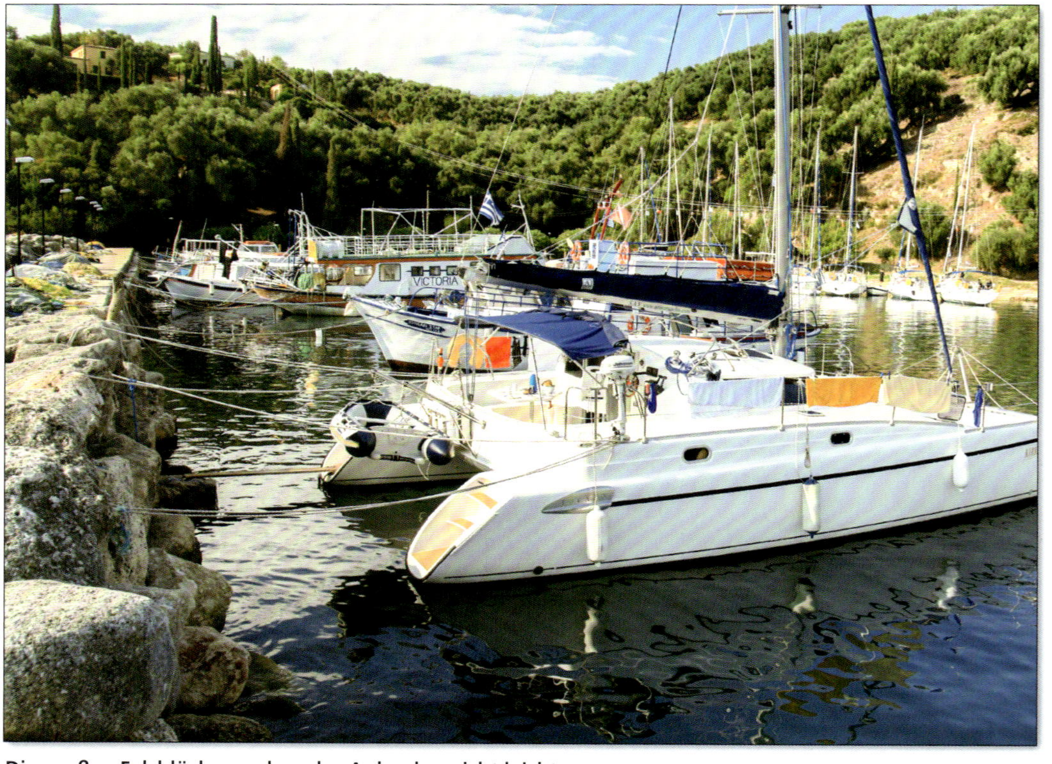


Die großen Felsblöcke machen das Anlanden nicht leicht.

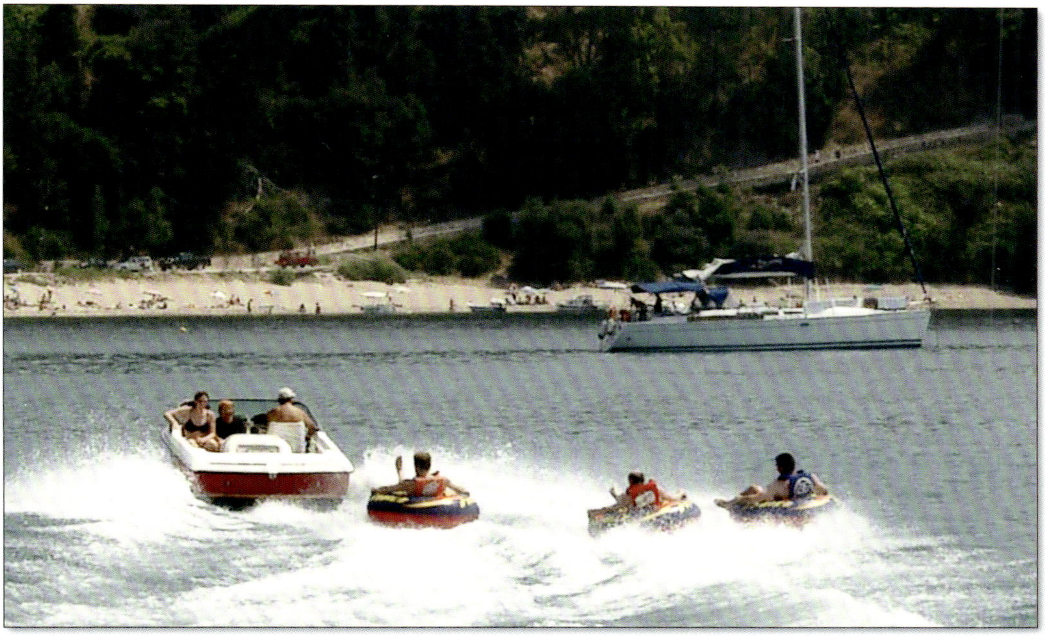

**Motorisierte Wassersport-Aktivitäten verbreiten Unruhe und Schwell am Ankerplatz.**

Der nahe Sandstrand ist etwa ein Kilometer lang. Hier tummeln sich tagsüber viele Badegäste. Einige Tavernen und Bars liegen direkt hinter dem Strand.

### Sehenswertes und Besonderes

Von Ormos Valtou aus verkehren kostengünstige kleine Taxiboote zum Ortszentrum von Parga. Die Fahrgäste werden nach Zuruf direkt von Bord abgeholt und zurückgebracht. Der Fußweg zur Stadt entlang der weitläufigen Bucht dauert ca. 20 Minuten.

Pargas Geschichte beginnt bereits im 14. Jh. Wie der gesamte Peloponnes stand auch Parga unter wechselnden Einflüssen und Herrschern – den Venezianern, die durch die Überlegenheit ihrer Flotte Einfluss und Macht besaßen; Osmanen, die durch ihre Landstreitkräfte überlegen waren und natürlich den Engländern. Auch eine kurze Herrschaft eines albanischen Paschas gehört zu seiner Geschichte. Anfang des 20. Jh. gehörte Parga zum griechischen Königreich und war im 2. Weltkrieg von Italienern besetzt.

## Ormos Phanari – Ammoudia

39° 14,2'N, 20° 28,5'E

Ormos Phanari

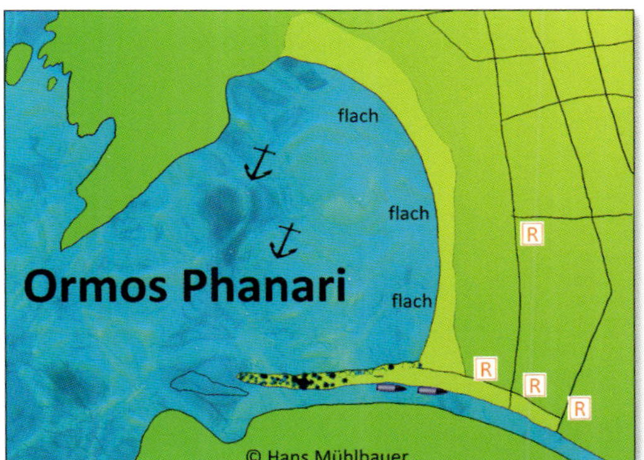

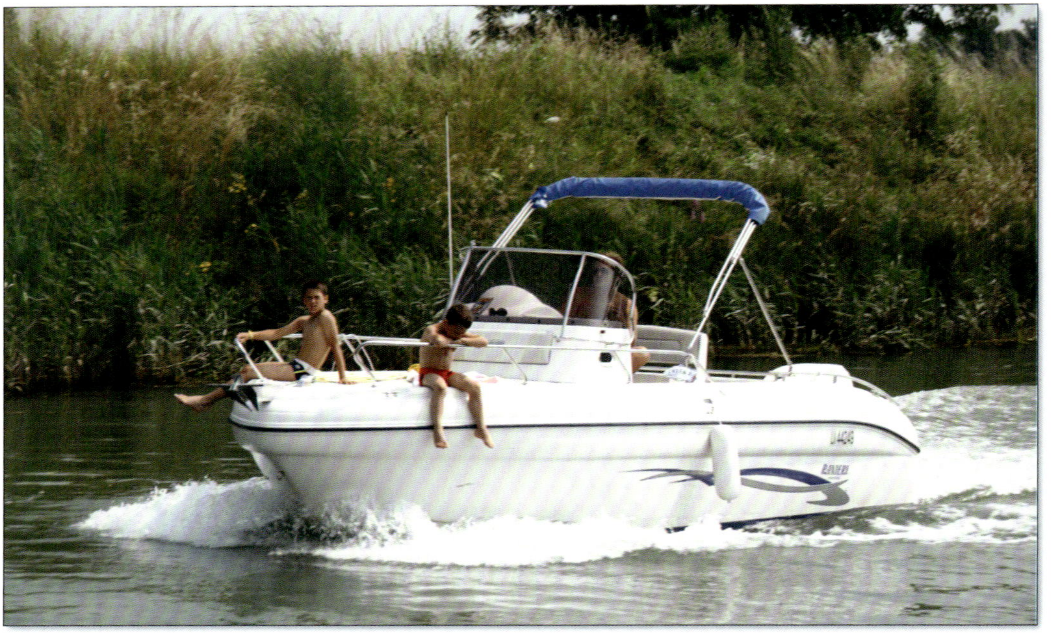

Ein Stück weit ist der Fluss sogar schiffbar.

### Ansteuerung, Liegeplätze, Ausstattung

Bei der Ansteuerung fährt man durch ein hohes Felsentor in die Bucht. Das Hinterland ist eine flache Ebene.

Die annähernd kreisförmige Ankerbucht ohne Anlegemöglichkeit ist nach Südost offen, sodass ein Teil des nachmittäglichen Seegangs in den Südteil der Bucht rollt. Der nördliche Teil der Bucht ist geschützter, aber die Wassertiefen sind dort geringer. Man ankert auf gut haltendem, reinen Sand mit dem Bug zum Meer.

Innen breitet sich ein breiter Sandstrand aus, an dem man mit dem Beiboot anlanden kann. Im Nordteil der Bucht mündet ein Bach mit frischem Wasser, das mancher Fahrtensegler in seinen Bordtanks bunkert.

Der Südteil der Bucht wird von einer Steinschüttung begrenzt, hinter der sich der Fluss Acheron ins Meer ergießt. Der Fluss ist schiffbar!

In der Zufahrt steht manchmal eine stehende Welle über der Barre in der Einfahrt, aber sogar Yachten mit knapp zwei Metern Tiefgang haben die Barre schon gemeistert und sind mehrere hundert Meter den Fluss hinaufgefahren. Dort sind mehrere Anlegestellen, von denen die meisten von den Fischkuttern genutzt werden, aber hin und wieder ist ein Plätzchen frei am Nordufer. Das Südufer des etwa 20 Meter breiten Flusses besteht aus dichtem Schilf.

### Rund um den Hafen

Hinter dem Strand liegt der Ort Ammoudia mit einigen kleineren Hotels und Ferienhäusern. Am Ufer des Acheron reiht sich eine Anzahl guter Fischtavernen entlang des Flussufers.

Abends ist guter Insektenschutz notwendig, denn die kleinen Sauger kommen vom Schilfgürtel herüber, um die Touristen zu »verspeisen«.

### Sehenswertes und Besonderes

Hier mündet der Fluss Acheron, über den die Toten vom Fährmann Charon auf ihrem Weg in die Unterwelt übergesetzt wurden. Auch Odysseus kam hierher. Er wurde von der Zauberin Kirke zu der Seele des Sehers Tiresias geschickt, um von ihm sein Schicksal zu erfahren. Hier traf er auch auf die Seele seiner verstorbenen Mutter Antiklea. Dieses Totenorakel Nekromanteion ist noch gut erhalten und kann besichtigt werden. Mit dem Taxi fährt man die wenigen Kilometer durch die fruchtbare Ebene, in der viel Baumwolle angebaut wird. In knapp einer halben Stunde hat man das Ziel auch zu Fuß erreicht.

Auf einem frei in der Ebene stehenden Hügel liegen die recht gut erhaltenen Überreste der Anlage. Man geht auch heute noch durch ein kleines Labyrinth, durch das in alter Zeit die Orakelsuchenden geführt wurden, um die Orientierung zu verlieren. Über eine eiserne Treppe geht es hinab in eine dunkle Höhle zum sagenhaften Eingang des Hades. In späterer Zeit wurde, quasi als Krönung, auf die höchste Spitze des Hügels eine byzantinische Kapelle gesetzt.

## Two-Rock-Bay

39° 12,4'N, 20° 29,5'E

Two-Rock-Bay

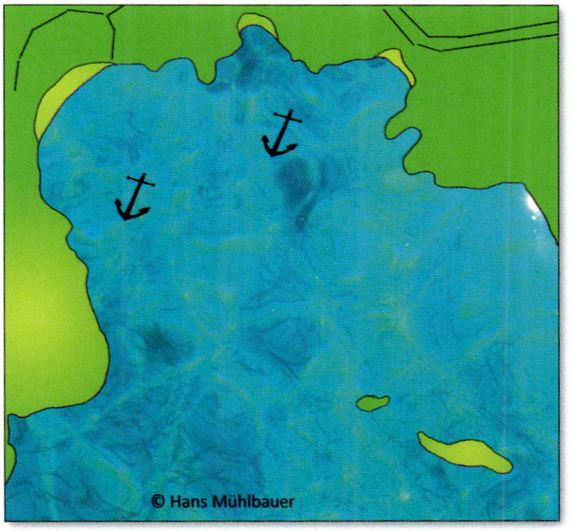


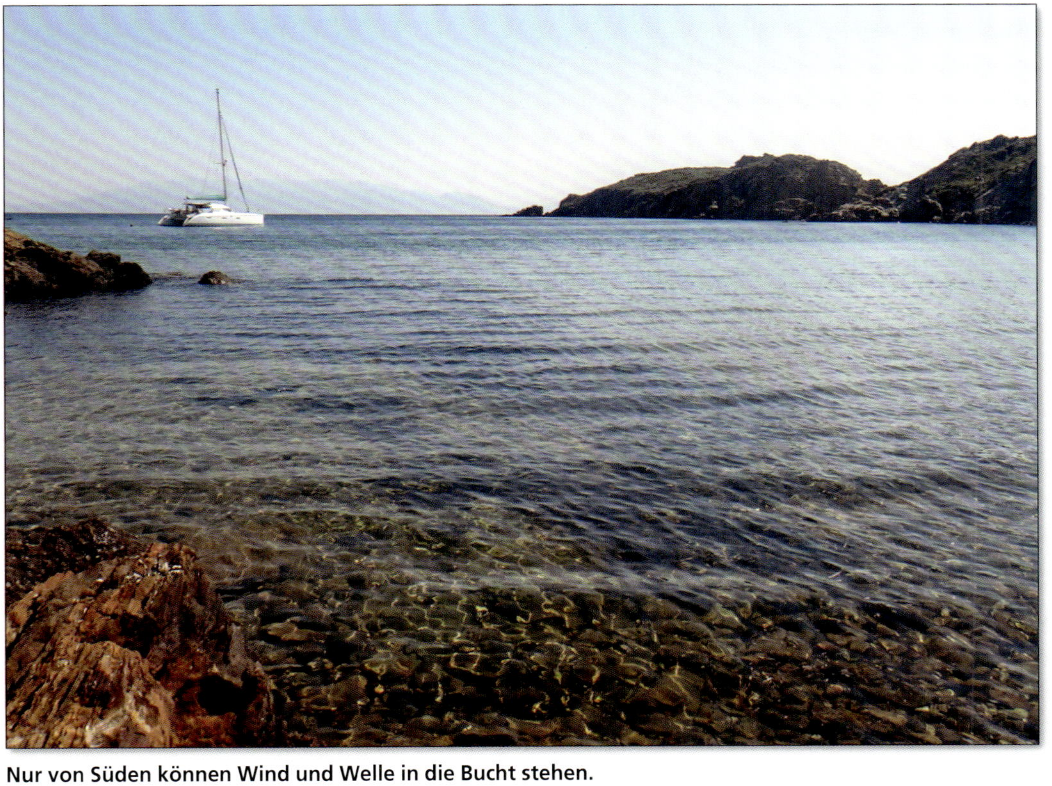

**Nur von Süden können Wind und Welle in die Bucht stehen.**

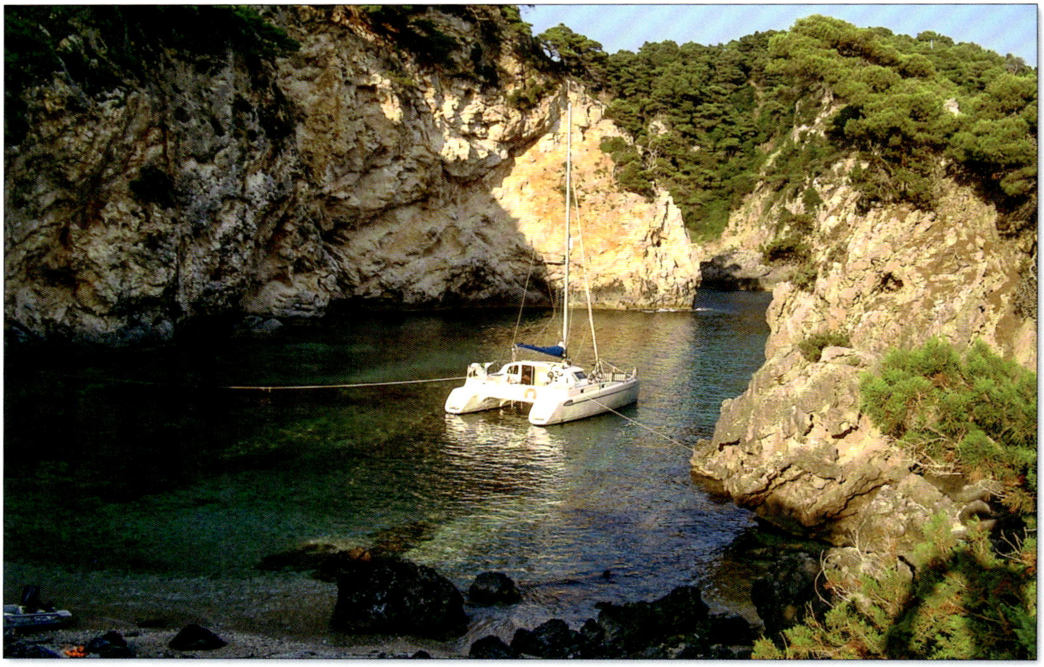

**Einer meiner liebsten Ankerplätze.**

### Ansteuerung, Liegeplätze, Ausstattung

Gleich die nächste Bucht südlich von Ammoudia ist die Two-Rock-Bay, so benannt wegen der beiden markanten Klippen, die in der breiten Einfahrt zur nach Süden offenen Bucht liegen. Rundherum wird sie von steilen Felswänden begrenzt. Im Innern liegt ein hübscher Sandstrand, vor dem man auf recht flachem Wasser sicher ankern kann. Die besten Plätze befinden sich nahe der Westwand.

### Rund um den Hafen

Der Strand ist meist menschenleer, wenn auch ein Trampelpfad die Kippen hinauf und zum nahen Dorf führt. Nur wenige Yachten kommen hierher, denn bei südlichen Winden ist dieser Platz nicht brauchbar.

### Sehenswertes und Besonderes

Wer entlang der Küste noch ein wenig südlicher fährt, wird mit sensationellen Ausblicken auf kleine Höhlen und weitere kleine Buchten belohnt. Mit viel Vorsicht kann man neue Ankerplätze erkunden.

Info: Der Platz auf dem Foto, an dem mein Katamaran vor Anker gegangen ist, kann nur mit einem ganz flachgehenden Kat angelaufen werden. Allein das Hineinzirkeln zwischen vorgelagerten Klippen und dann das Rangieren und Festmachen im Buchtinnern, wenn nur noch ein halber Meter links und rechts die Rümpfe von den spitzen Felsen trennt, ist nichts für empfindliche Skippergemüter. Wenn man dann endlich drin ist und sicher liegt, ist dies einer der wohl spektakulärsten Ankerplätze.

Tipp: Bevor ich dieses Manöver das erste Mal durchgeführt habe, war ich mit der Schnorchelausrüstung unterwegs, um das Terrain genau zu inspizieren.

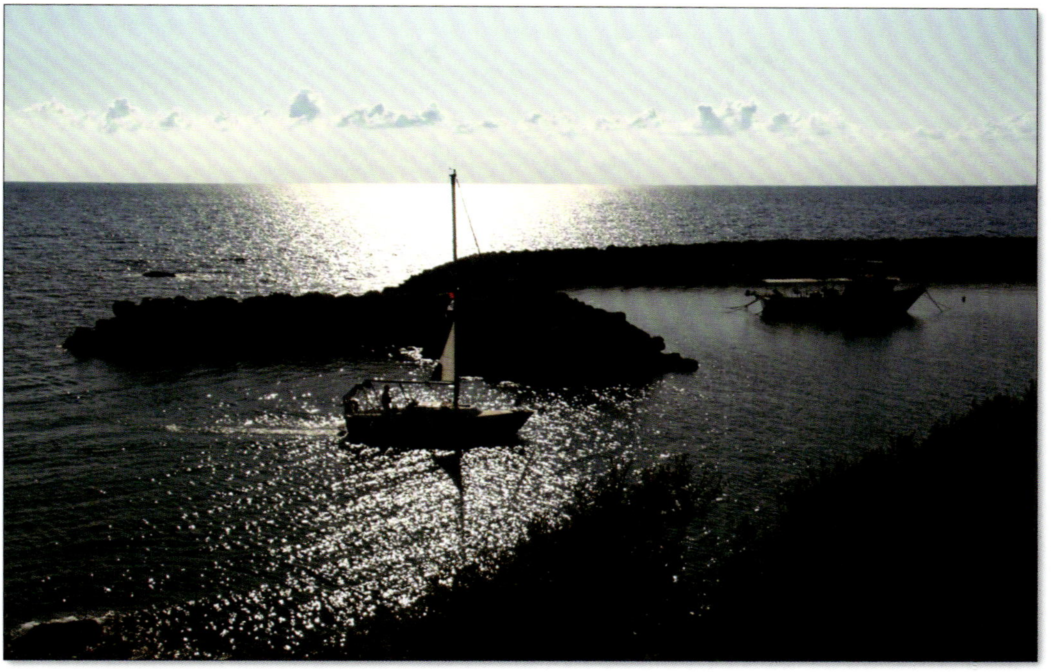

Die Steuerbordseite der Hafeneinfahrt ist flach.

## Lygia

39° 9,0'N, 20° 34,1'E

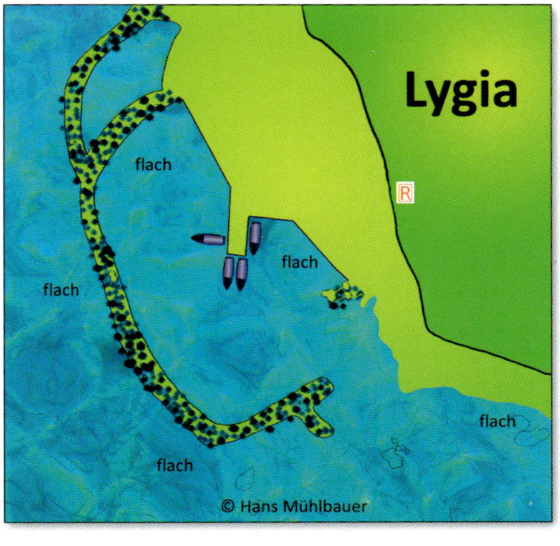


### Ansteuerung, Liegeplätze, Ausstattung

Der kleine Hafen kann die mit mehr als 30 Seemeilen lange Strecke zwischen Paxos oder Parga bis hinunter nach Lefkas angenehm verkürzen. Die rote Kuppel der Kirche weist den Weg zum Hafen.

Die vorgelagerten Steine und Klippen an der recht flachen Küste sind zu umschiffen, um die nach Südost geöffnete Hafeneinfahrt anzulaufen. Im Innern kann man an der landseitigen Pier anlegen, wenn ein Platz frei ist. Die Kaimauern an Land haben zu geringe Wassertiefen.

Auch an der Innenseite des nur aufgeschütteten Wellenbrechers kann man mit Buganker und mit langen Leinen zur Mole festmachen. Dann fährt man am besten mit dem Dingi die wenigen Meter hinüber zum landseitigen Kai.

### Rund um den Hafen

Gleich oberhalb des Hafens gibt es eine neu erbaute und in der Gegend bekannte Fischtaverne mit einem herrlichen Blick über das Meer und den Sonnenuntergang.

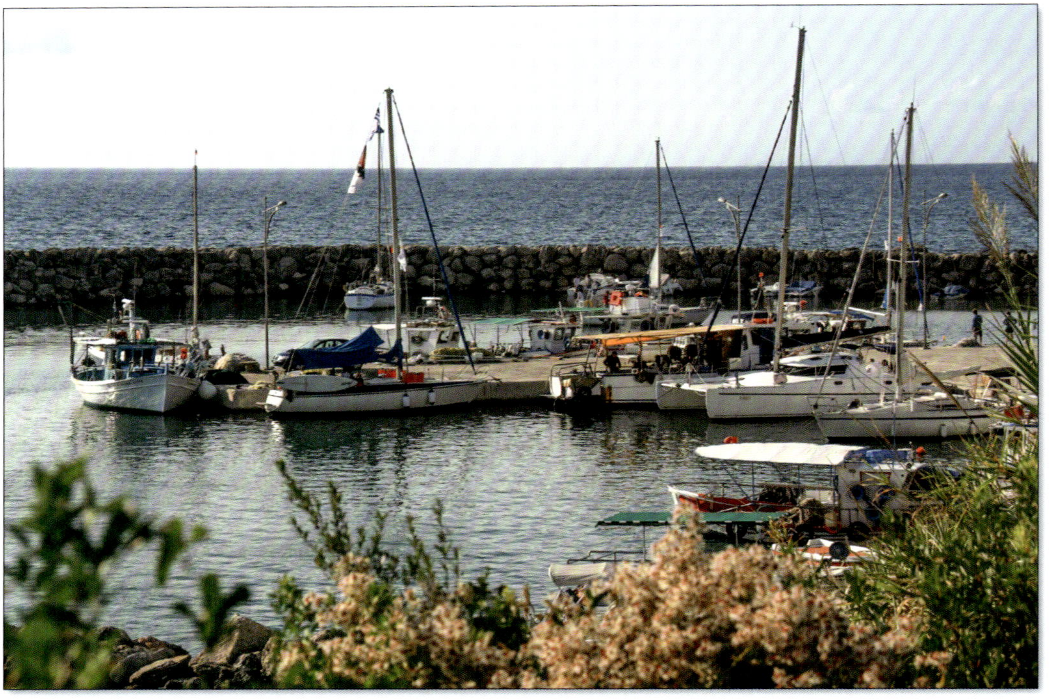

Zwischen den Fischerbooten sind die Yachten hier gern gesehen.

### Sehenswertes und Besonderes

Zu beiden Seiten des Hafens und des Dorfes schließen sich kilometerlange Sand- und Kiesstrände an – ohne Beachbars, ohne Trubel – dafür menschenleer und mit sauberem Wasser zum Baden und Schnorcheln.

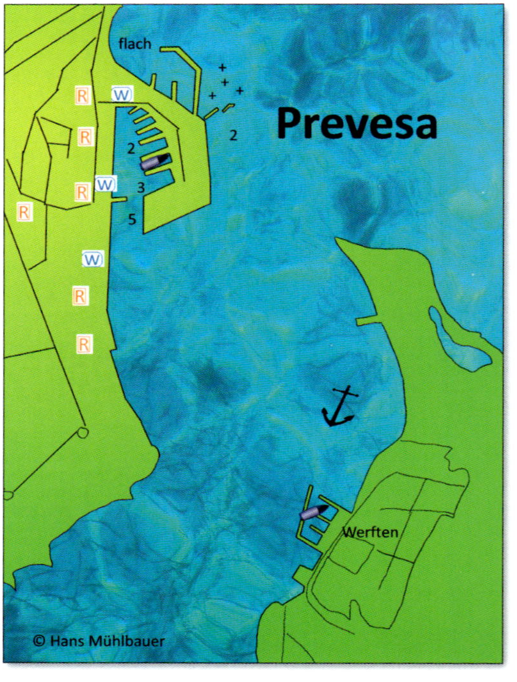


## Prevesa

Beginn des Fahrwassers: 38° 55,9'N, 20° 43,6'E

Prevesa

### Ansteuerung, Liegeplätze, Ausstattung

Auf flachem Land steht die Stadt Prevesa. Ebenso flach ist das Meer, sodass ein betonntes und gebaggertes Fahrwasser zur Meerenge und in die Zufahrt nach Prevesa und zum Ambrakischen Golf führt. Ein Leitfeuer, bestehend aus Ober- und Unterfeuer – am Tag sind Dreiecke zu sehen, die zur Deckung gebracht werden

müssen – markieren den Einsteuerungskurs von 66 Grad für das Fahrwasser.
Anschließend geht es mit Nordkurs zum Hafen. In diesem Bereich muss man mit Gezeitenstrom rechnen, der eine Yacht versetzen kann.
Im Ostteil des Hafenbeckens kann man an den Stegen liegen – ebenso an der landseitigen Pier vor der Stadt. Dort sind auch einige Wasserhähne verfügbar. Die Außenseite der Hafenmauer ist dagegen für Berufsschiffe gedacht.

### Rund um den Hafen

Seit gut zehn Jahren gibt es einen Autotunnel, der unter der Meerenge von Prevesa hinüber nach Aktio führt – der Fährbetrieb ist nunmehr nicht mehr notwendig.
An der Ostseite des Einfahrtkanals, am Aktio-Ufer, haben sich drei Bootswerften mit Landliegeplätzen etabliert, die gerne von Fahrtenseglern genutzt werden. Das Anlegen dort kann wegen des manchmal setzenden Stroms schwierig sein.

http://www.ionionmarine.com/de/
http://www.cleopatra-marina.gr/?lang=de
http://www.prevezamarine.gr/deutsch/ – mit einer speziellen Möglichkeit zum Slippen auch großer Multihulls.

### Sehenswertes und Besonderes

Nur sechs Kilometer nördlich liegt die alte römische Stadt Nikopolis, deren Überreste noch heute zu bestaunen sind.

Die Stadt Prevesa liegt am Eingang zum Ambrakischen Golf und hatte schon vor einigen Jahren, nach Umgestaltung der Hafenpromenade zur Fußgängerzone, ihre Stadtmarina eröffnet. Auf der gegenüberliegenden Seite der Meerenge befinden sich nicht nur drei Werften, die wegen ihrer recht günstigen Landliegeplätze für das Winterlager bekannt sind, sondern auch der Flugplatz »Anzio« von Prevesa, der die Häfen am griechischen Festland mit den Rest der Welt verbindet.

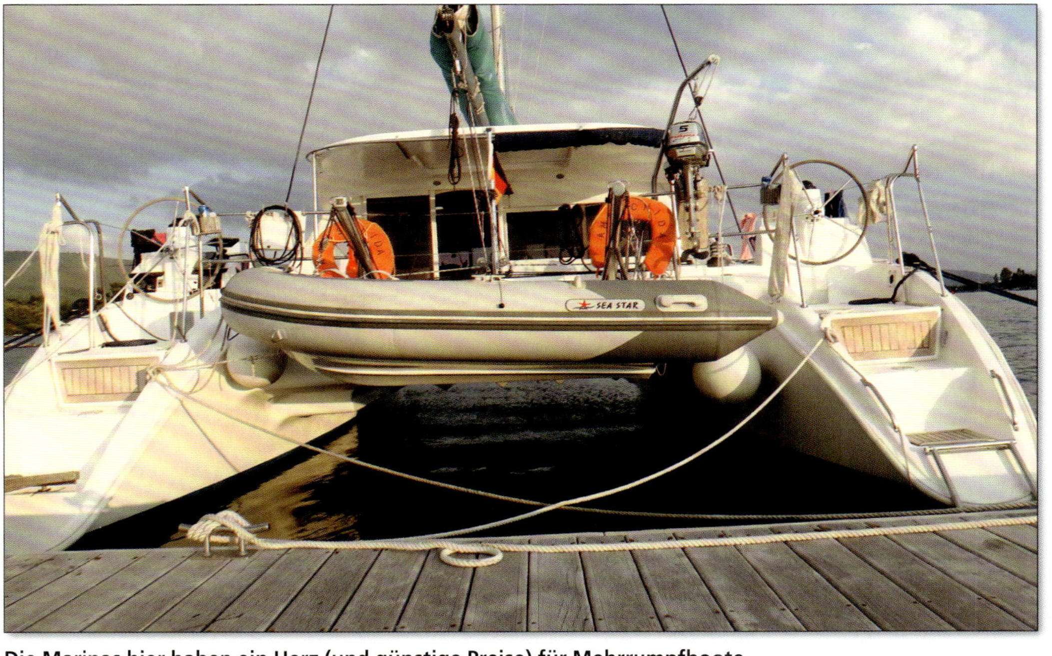


**Die Marinas hier haben ein Herz (und günstige Preise) für Mehrrumpfboote.**

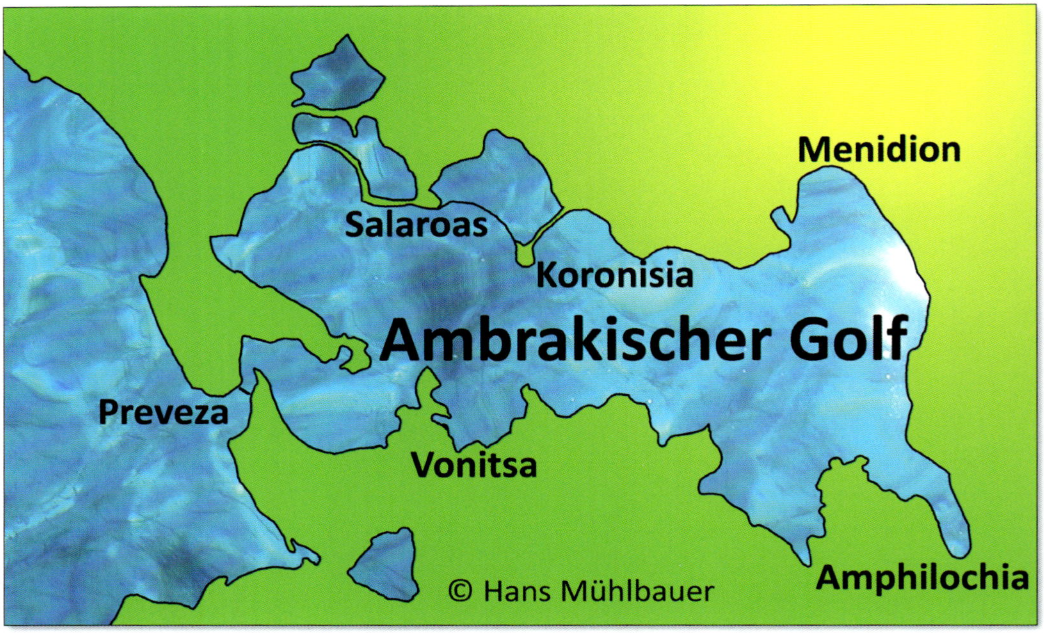


## Ambrakischer Golf

Zufahrtskanal: 38° 57,8'N, 20° 46,2'E

**Wissenswertes**

Dieses flache Binnenmeer erstreckt sich knapp 40 Kilometer von Prevesa nach Osten. Es kann durch die Straße von Prevesa befahren werden. Es ist mit 500 Quadratkilometern Wasserfläche nur knapp kleiner als der Bodensee. Seine Nordufer laufen flach aus. Die dortigen Marschgebiete und Ästuare sind zu flach für Yachten. Im gesamten Gebiet werden Fische gezüchtet.

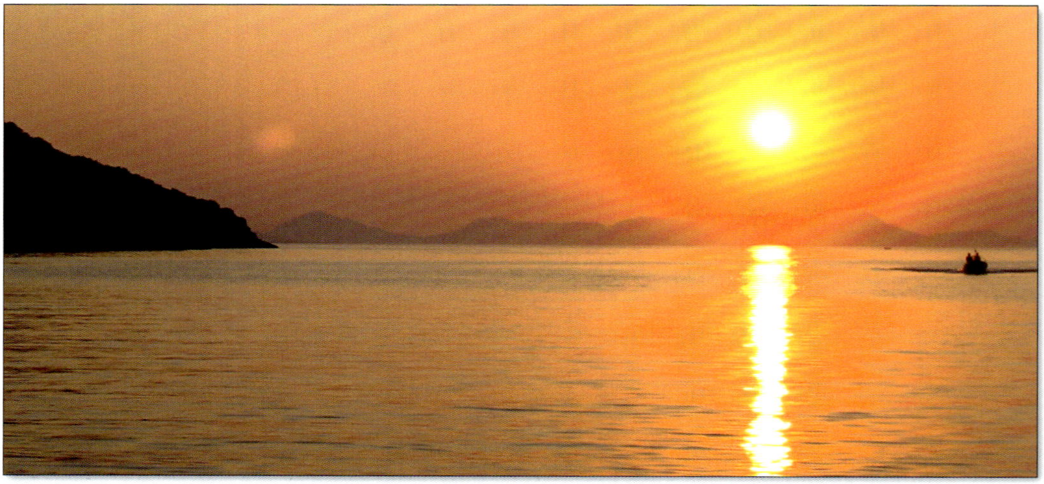

Weite Wasserfläche mit hohen Badetemperaturen.

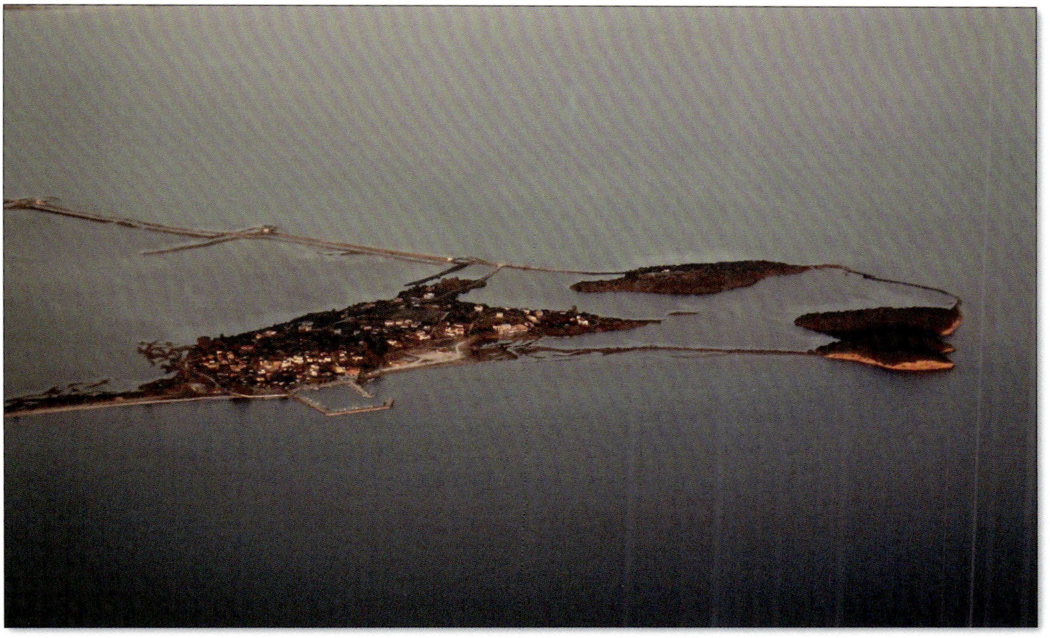

**Fantastisch: Dorf und kleiner Hafen inmitten der Lagune.**

Wer sich abseits der üblichen Yachtie-Pfade begeben möchte und ein wenig seglerisches Neuland betreten will, sollte sich dieses wenig besegelte Revier näher anschauen.

Bei ruhigem Wetter kann man fast überall, auch inmitten der offenen Wasserflächen, frei ankern, sofern die Wassertiefen es zulassen – eine spannende Erfahrung!

Es gibt einige kleine Häfen an den Ufern des Ambrakischen Golfes:

Salaroas und Korinisia verfügen über eine befeuerte Pier bzw. über kleine Hafenanlagen, an und in denen bis zu zwei Meter Wassertiefe ein Anlegen möglich machen. Beide liegen in der Lagunenlandschaft an den Nordufern.

**Menidion** liegt im Nordosten und bietet vor dem Ort eine kleine Pier mit 2,5 Metern Wassertiefe. Einige Restaurants befinden sich unmittelbar am Hafen.

**Amphilochia** liegt im südöstlichsten Zipfels des Revieres, an dessen Kai ein Wasserhahn steht. Doch der nachmittägliche Nordwestwind drückt von der Seite auf vor Buganker liegende Yachten, sodass man sicherer frei in der Bucht ankert.

**Vonitsa** ist ein recht geschäftiger Ort mit guten Versorgungsmöglichkeiten. Vor dem Kai, auf dem es auch Wasser gibt, schützt ein aufgeschütteter Wellenbrecher die Liegeplätze. Hier machen viele Griechen Urlaub.

### Historie

Der Ambrakische Golf und die Stadt Prevesa wurden bekannt durch die Schlacht von Actium – auf dieser Ebene steht heute der Flughafen von Prevesa, Anzio genannt.

Im Jahr 31 v. Chr. unterlag mit Marcus Antonius die ägyptische Königin Kleopatra dem Feldherrn Octavian, dem späteren römischen Kaiser Augustus, und Ägypten fiel an das römische Reich. In der Seeschlacht von Prevesa siegte 1538 die osmanische Flotte über die christliche Flotte unter Andrea Doria.

# 6 Südliche Inseln

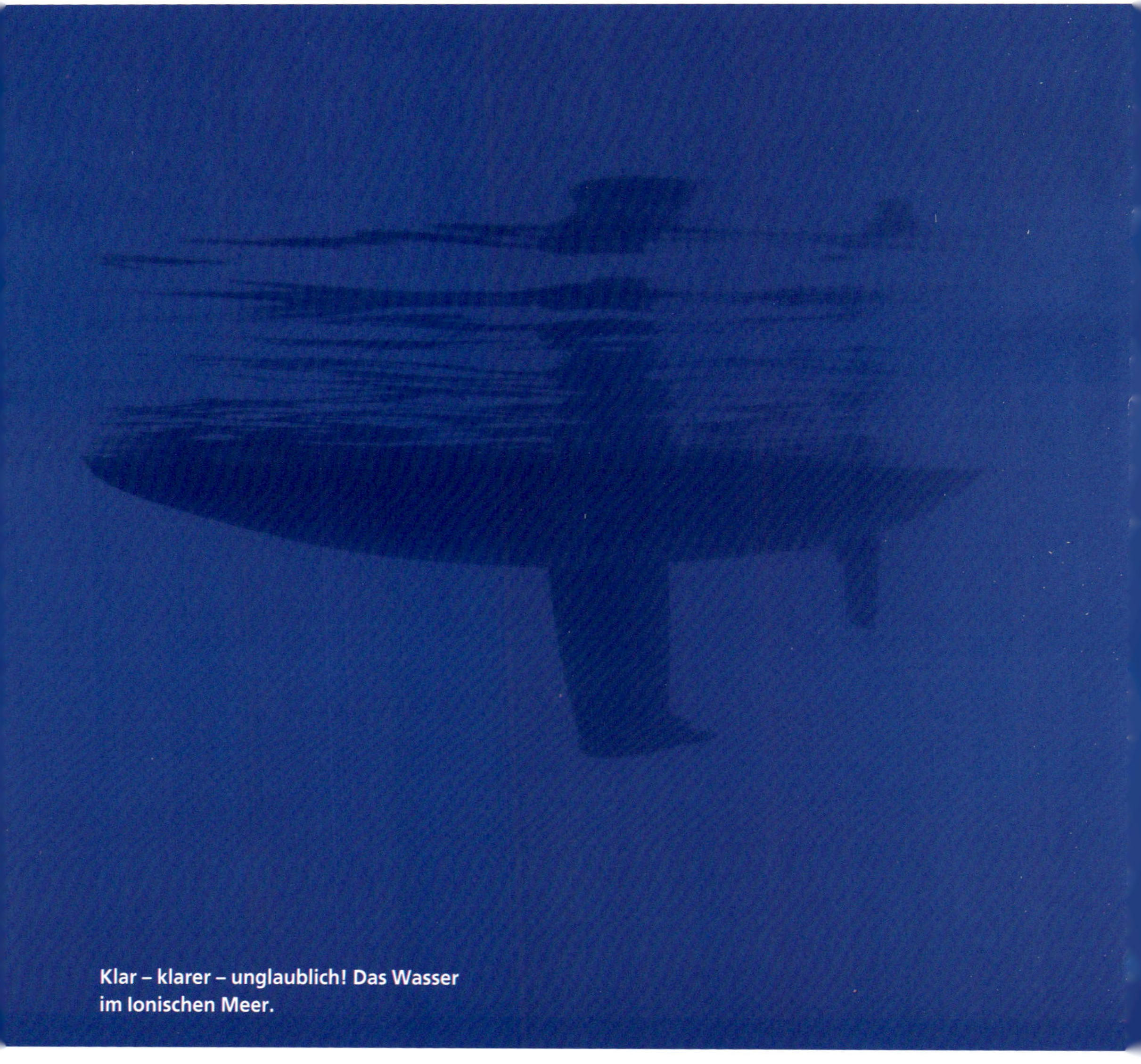

Klar – klarer – unglaublich! Das Wasser im Ionischen Meer.

Der künstliche Kanal von Lefkas trennt den nördlichen und den südlichen Teil des Revieres. Im Süden erwartet den Segler fast ein Binnenrevier – so sieht es dank der ringsum aufragenden Inselwelt zumindest aus. Leichte thermische Winde, morgens oft aus Süd, nachmittags dann aus westlichen Richtungen, bestimmen das Segeln. Aber je später der Nachmittag und je enger die Landmassen beisammen stehen, desto mehr können sich die Winde verstärken und am späteren Nachmittag bis auf 30 Knoten auffrischen. Das sollte auch derjenige Segler im Hinterkopf behalten, der vom Ionischen Meer als »Einsteiger-Revier« gelesen hat. Meist klappt ja auch alles ganz toll, aber an einigen Stellen weht's halt kräftiger.

Wer dann mit Seitenwind in einem Hafen rückwärts anlegen will, sollte seine Leeseite sehr gut abfendern und das Manöver genauestens vorbereiten, denn sonst ist »Hafenkino« vorprogrammiert. Geduldige warten an einem nahen Bade- und Ankerplatz, bis sich der Wind gegen Abend wieder beruhigt hat und laufen erst dann zum Anlegen in einem Hafen ein. Oder sie bleiben gleich an einem lauschigen Ankerplatz liegen! Trotzdem: Hier ist es leicht, zu segeln! Und auch wenn die Flottillen in diesem Revier schier allgegenwärtig sind, gibt es überall ein Plätzchen für Boot und Crew.

## Lefkas

### Wissenswertes

Die recht bergige Insel ist vom großen Massentourismus bislang verschont geblieben, obwohl fast rundherum viele kleine Orte, schöne Buchten und Strände liegen. Besonders hoch oben in den Bergen, in den kleinen Dörfern, wird noch echt beschaulich gelebt. Dort fertigen die Frauen die viel gelobten filigranen Stickereien an, die gerne als Souvenir ins Segelgepäck kommen. In Karia, der ehemaligen Inselhauptstadt, scheint die Welt unter den Platanen stillzustehen.

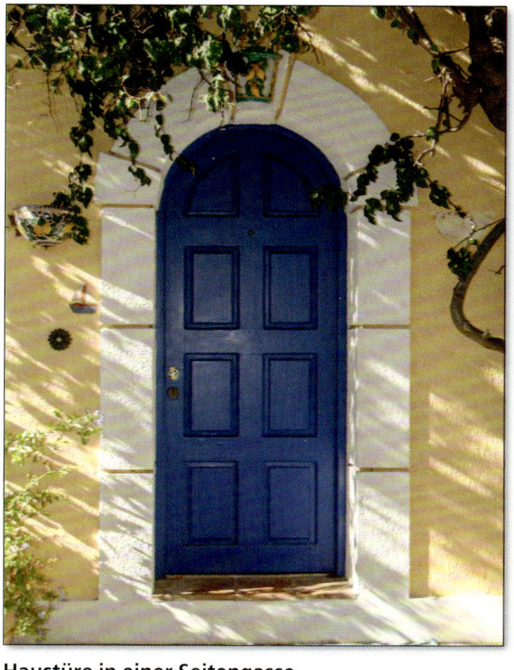

Haustüre in einer Seitengasse.

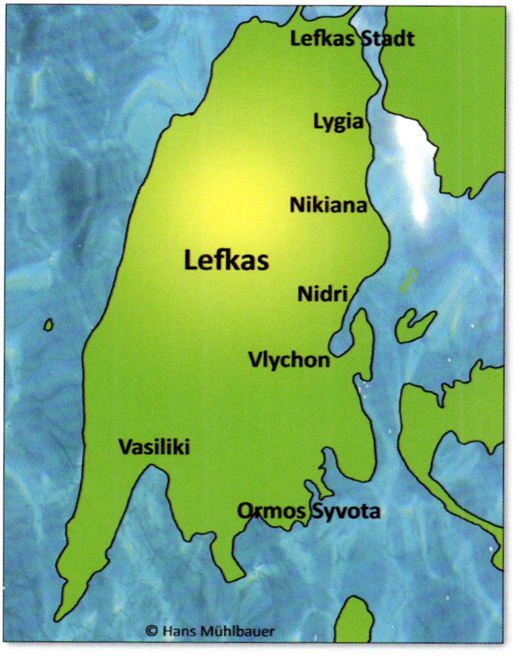

Die meist steile Westküste hat keinen sicheren Hafen, sodass praktisch alle Yachten den künstlichen Kanal nutzen, um am Ostufer von Lefkas nach Süden oder Norden zu kommen. Eine venezianische Festungsanlage aus dem 13. Jh. bewacht diese Wasserstraße.
Korinther, Römer, Byzantiner, Türken, Venezianer und schließlich sogar Russen gaben sich bei der Beherrschung der Insel seit Jahrtausenden quasi das Zepter in die Hand. Die Insel Lefkada wurde mehrfach von den Türken besetzt und erst 1716 von der Republik Venedig erobert. Seit 1864 gehört die Insel zu Griechenland.

Es gibt gute Busverbindungen zum nahen Flughafen Prevesa/Anzio, und auch nach Athen, was etwa 6 Stunden dauert. Auch zur Fährstadt Patras gibt es eine tägliche Verbindung. Auf der Insel ist das Busnetz leider nicht so gut ausgebaut, sodass man mit einem Mietwagen oder einem günstigen Motorroller wohl besser bedient ist. Fähren verkehren regelmäßig zu den Inseln der Umgebung.

### Historie

Auf Lefkas soll sich die berühmte griechische Dichterin Sappho in Phaon verliebt haben. Er war ein außergewöhnlich schöner Mann, und er war als Fährmann zwischen der Insel Lesbos und Kleinasien unterwegs. Aus enttäuschter Liebe zu ihm stürzte sie sich von einem Felsen an der Südspitze der Insel Leukos (heute Lefkas oder Lefkada) ins Meer.
Sappho schrieb viele Hymnen, Liebeslieder und Poesie an die Götter. Sie lebte hauptsächlich auf der Insel Lesbos und liebte auch Frauen, daher auch der Begriff »sapphische« oder »lesbische Liebe«.

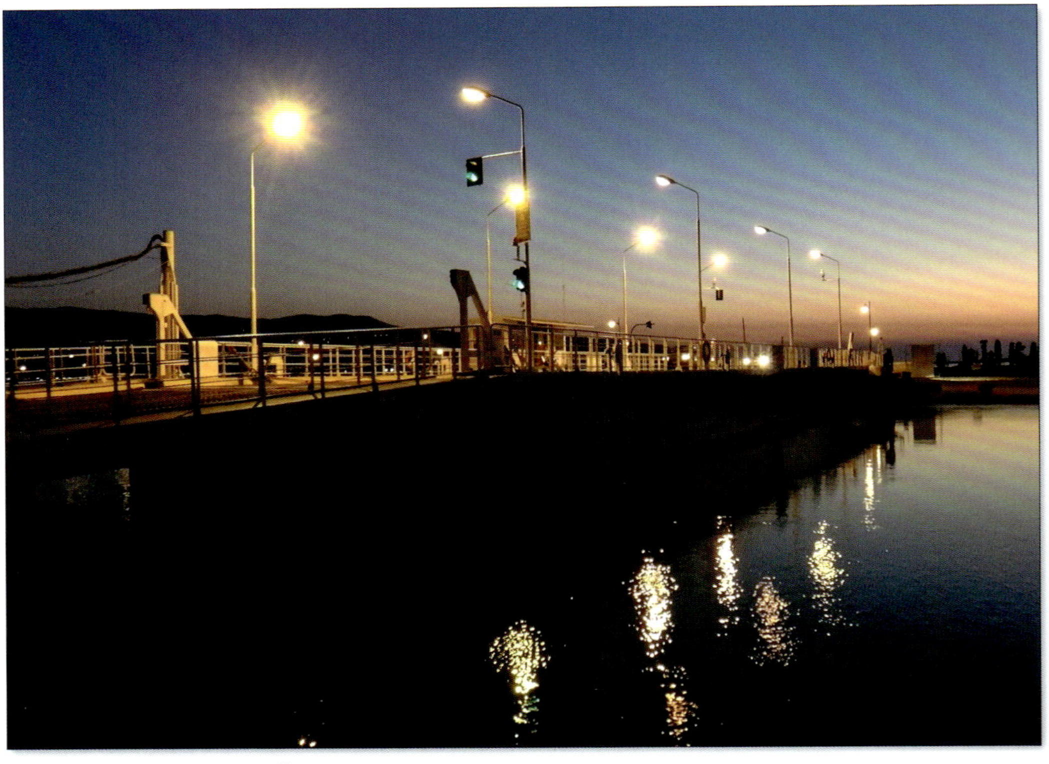

**Die Drehbrücke in »Autostellung«.**

## Lefkas Kanal und Stadt

Südliche Kanalzufahrt: 38° 47,6'N, 20° 43,6'E
Nördliche Kanalzufahrt: 38° 50,9'N, 20° 43,3'E
Stadthafen und Marina: 38° 49,9'N, 20° 42,7'E

Lefkas – Kanal und Hafen

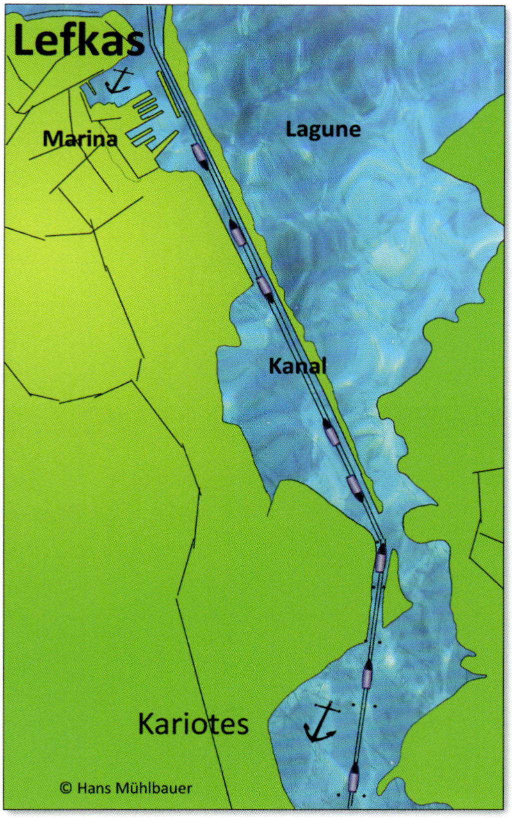


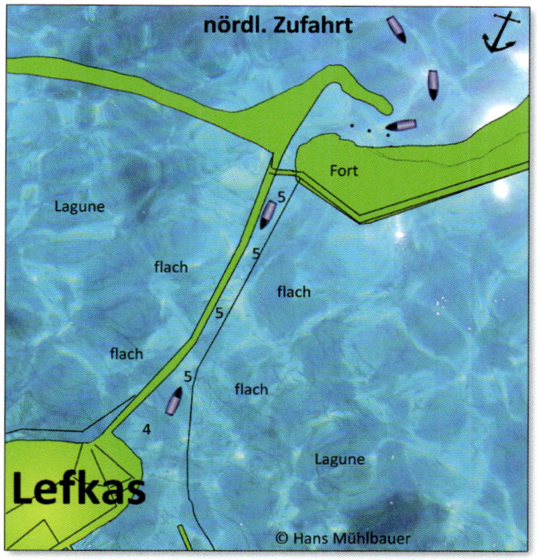


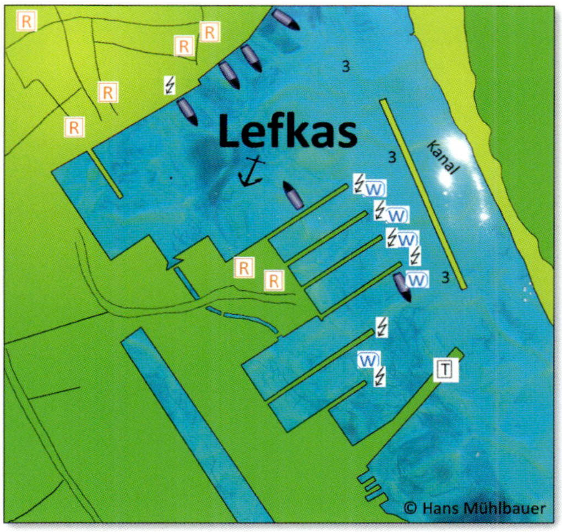


### Ansteuerung, Liegeplätze, Ausstattung

Von Norden kommend ist ein großes weißes Haus, dahinter der Leuchtturm und links davon eine kleine Sand-Halbinsel zu sehen. Diese Sandbank setzt sich unter Wasser nach Osten hin fort, sodass sie im großen Bogen zu umfahren ist, um dahinter in den Kanal einzufahren. Doch Achtung! Gegenüber der Sandbank vor dem südlichen Ufer markieren (meist) zwei rote Tonnen die gegenüberliegende Begrenzung des bis zu 6 Meter tiefen Fahrwassers. Allerdings liegen diese Tonnen laut Skipperbericht nicht immer an der richtigen Stelle, sodass hier Yachten immer mal wieder auflaufen …

Danach knickt das Fahrwasser fast nach Süden hin ab. Hier befinden sich zwei Seilfähren, die allerdings nicht so aussehen, als wenn sie seit Inbetriebnahme der stählernen Drehbrücke noch einmal gearbeitet hätten. Weiter versperrt eben diese Drehbrücke den Weg. Zwischen 8 Uhr und 22 Uhr öffnet sie jede volle Stunde – ansonsten bei Bedarf. Der westliche Brückenteil kann

Tipp: Der südliche Teil des Kanals ist mit Pricken und befeuerten Tonnen gekennzeichnet. Teilweise sind die Pricken durch Solarlichter aus dem Baumarkt (!) illuminiert. Eine querende Hochspannungsleitung liegt 40 Meter hoch. Der Kanal neigt zum Versanden und wird nicht ständig ausgebaggert, sodass an den Fahrwasserkanten nicht immer die in den Karten angegebene Tiefe zu erwarten ist. Fahren Sie also nicht zu weit am Tonnenstrich entlang, sondern ein wenig innerhalb.

als Klappbrücke hochgeklappt werden und hat dann acht Meter Breite bei drei Metern Wassertiefe. Für große Yachten und bei dichtem Yachtverkehr schwenkt die gesamte Brücke nach Süd, um die Boote durchzulassen.
Danach führt ein schnurgerader und breiter Kanal bis vor die Stadt Lefkas.

Neben beiden Kanalzufahrten erinnern die Festungsruinen aus verschiedenen Epochen an die frühere strategische Bedeutung der Wasserstraße, die bereits im 8. Jh. v. Chr. von den Korinthern gebaut wurde.
In den flachen Lagunen neben dem Kanal leben viele Wasservögel. Es werden Fische, Meeräschen vor allem, gezogen, die dann in den Fisch-Tavernen – »Psari-Taverna« – im Ort auf den Tisch kommen.
Nach einer Seemeile schnurgerader Kanalfahrt nach der Drehbrücke erreicht man die Stadt Lefkas. Vor der Stadt kann man vor Buganker an der Kaimauer liegen. Das Eisen gräbt sich im schwarzen Modder ganz gut ein – eine anschließende gründliche Säuberungsaktion des Ankergeschirrs wird allerdings nötig sein, sonst sieht der Ankerkasten aus wie eine Gruft, und riecht auch so. Der nachmittägliche Seitenwind bläst ungehindert über die Yachten und eine kurze Welle baut sich im Kanal auf.

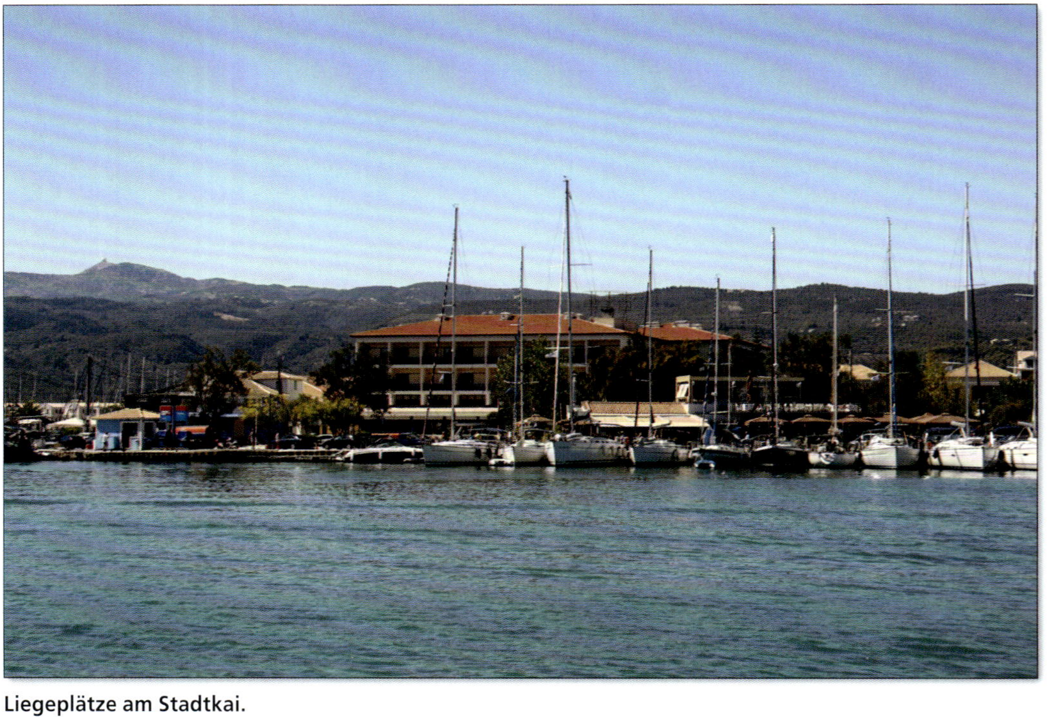

**Liegeplätze am Stadtkai.**

Die belebte Hauptstraße führt direkt am Kai entlang. Es gibt einige Wasser- und Stromanschlüsse, aber die oft noch eingezeichnete Tankstelle vor der Stadt ist inzwischen geschlossen Zum Tanken fährt man nun an die Tankstelle an der südlichen Einfahrt zur neuen Marina Lefkas, die sich südlich an den Ort anschließt.

Hier wurde bereits vor einigen Jahren eine moderne Marina fertiggestellt, die keine Wünsche offen lässt. Liegeplätze mit Muringleinen, Strom- und Wasseranschlüssen, allerlei Handwerker für Servicearbeiten an den Yachten, Travellift, Landliegeplätze und ein Hotel befinden sich auf dem schicken und bewachten Gelände.

**Rund um den Hafen**

Geschäfte und Restaurants gibt es in der Marina und natürlich im nahen Stadtzentrum, wo sämtliche Versorgungsmöglichkeiten bestehen. Gleich bei der Einfahrt in den Yachthafen liegt ein gut bestückter Supermarkt, von dem aus man samt Einkaufswagen zum Boot zurückgehen kann. Anschließend darf das Wägelchen weder einfach stehen gelassen noch im Hafenbecken versenkt werden, sondern einfach die paar Meter zurückgebracht werden.

Lefkas ist ein interessanter Ausgangspunkt für Törns, besonders zu den südlichen Ionischen Inseln, denn dank des nahen Flugplatzes ist auch die Anreise recht einfach.

Eine ganze Reihe von Charterflotten ist hier angesiedelt.

**Sehenswertes und Besonderes**

Die Lighthouse Tavern mit seinem Wirt Sotiris Ventouras, den ich nunmehr seit 30 Jahren kenne, ist eine beliebte Anlaufstelle zum Dinner. Unter uraltem Efeu sitzen die Gäste in einem weiß-gekalkten Innenhof auf den typischen blauen Flechtstühlen, und Soto akklamiert seit

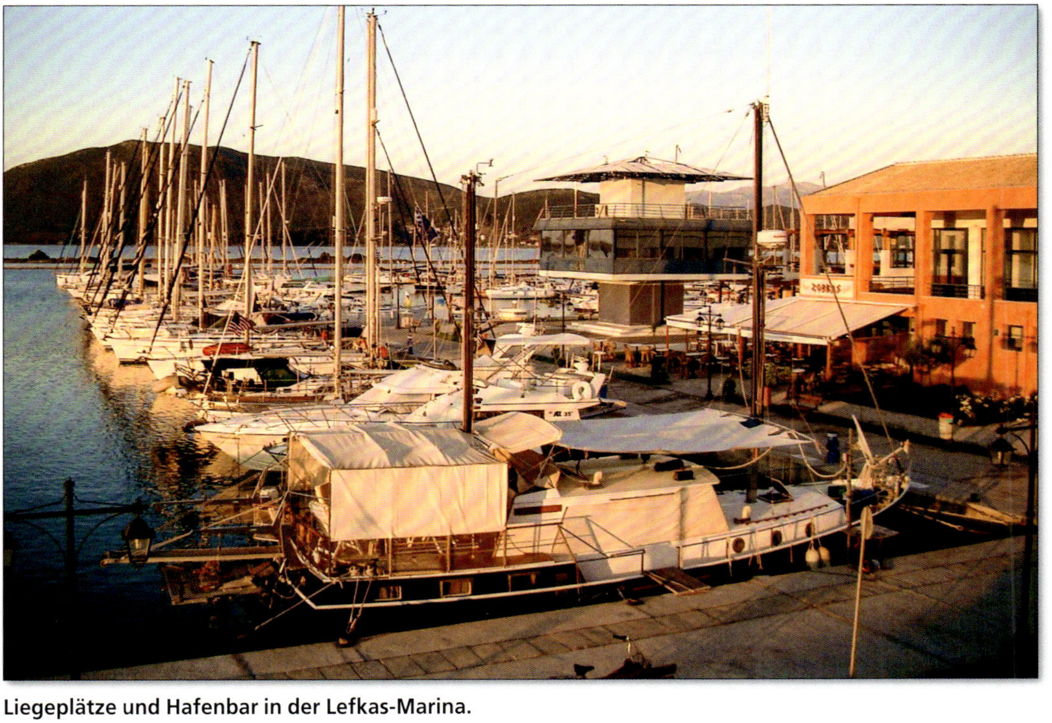

**Liegeplätze und Hafenbar in der Lefkas-Marina.**

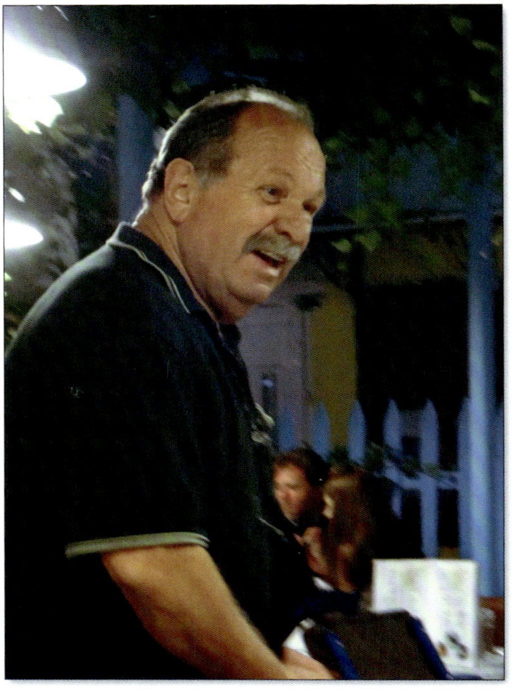

Der Wirt Sotiris in seinem Element.

vielen Jahren mündlich seine Speisekarte: »For the starters we have tsaziki, taramosalata and meat-balls in a fresh tomatosauce. For the main-course we have fresh fish, lamb-chops, special of the house, kalamari, ...« – wie immer, und es ist jedes Mal wie ein Nach-Hause-Kommen zu Freunden. Die Lighthouse Tavern ist nicht ganz einfach zu finden, liegt sie doch in einer Seitenstraße etwa in der Mitte der Main-Road, aber ein großes Schild weist auf das Schätzchen hin. Gegenüber steht, markant an der Hauptgeschäftsstraße, die sehenswerte Kirche St. Nicolas.

Auf besagter Haupt- und Einkaufsstraße, der Joannou Mela, tummelt sich abends das pralle Leben! Es wird flaniert, diniert, geschwatzt und geshoppt. Laden reiht sich an Laden – dazwischen offerieren Cafés, Bars und Restaurants kulinarische Spezialitäten. Auf dem zentralen Hauptplatz, der Platia Ethnikis Antistaseos, bricht der Trubel natürlich nicht ab und im Sommer werden hier Konzerte gespielt.

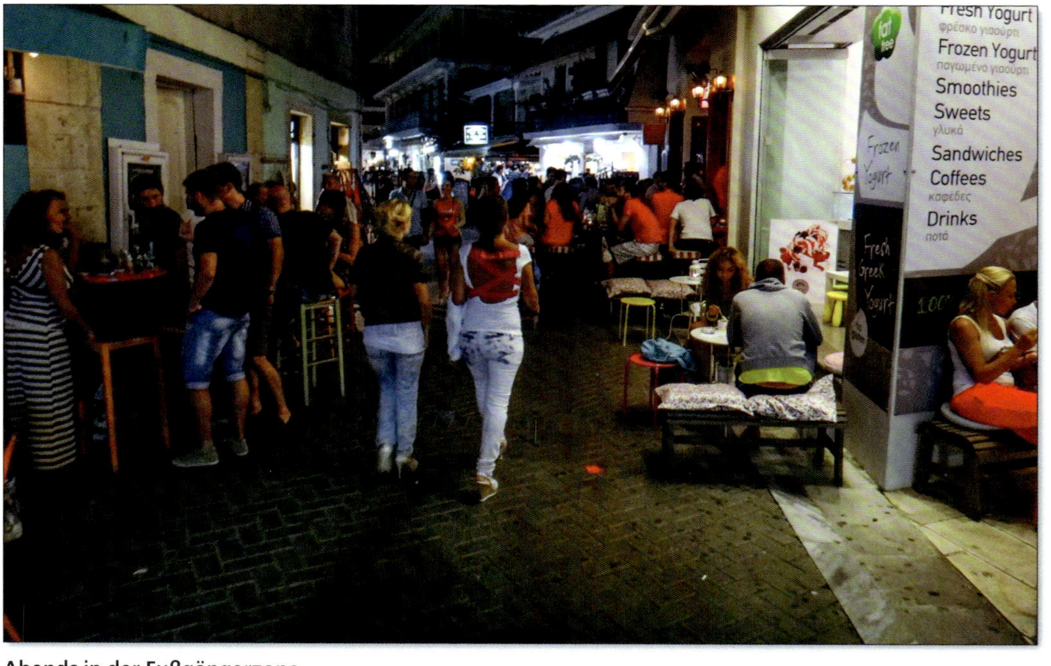


Abends in der Fußgängerzone.

Die Häuser im Stadtzentrum sind sehenswert! Denn viele der Häuser hier haben das verheerende Erdbeben von 1953 heil überstanden, weil sie nach türkischer Bautradition über hölzerne Obergeschosse verfügen, eine haltbare, günstige und preiswerte Bauart. Sehenswert sind auch der erdbebensichere stählerne Uhrenturm im Stadtzentrum und das kleine archäologische Museum im Rathaus.
Vergessen Sie den Fotoapparat nicht!

Vor dem vier Kilometer langen sandigen Nordstrand, auf dem einige pittoreske Windmühlenruinen stehen, kann man manchmal, wenn der Wind ordentlich bläst, Wasserhosen sichten, die sich aus dem Nichts vor der Küste bilden – interessant ist dieses Youtube-Video: http://youtu.be/ViYMNivr4ys.
Eine unheimliche und gruselige Erfahrung, die ich selbst auch schon an dieser Stelle beobachten konnte. Ich war heilfroh, da nicht draußen auf See gewesen zu sein.

## Lygia

38° 47,3'N, 20° 43,3'E

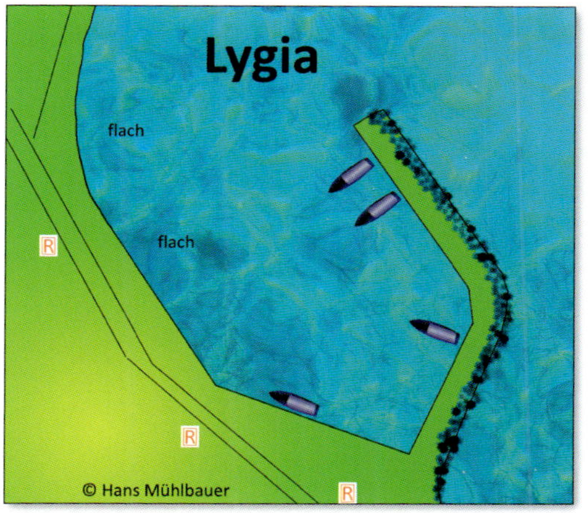


**Ansteuerung, Liegeplätze, Ausstattung**

Der kleine Hafen, den es gleichen Namens auch nochmals nördlich von Prevesa gibt, wird oft nach dem Passieren der Ansteuerungstonnen des Kanals von Lefkas einfach übersehen. Dabei ist sein

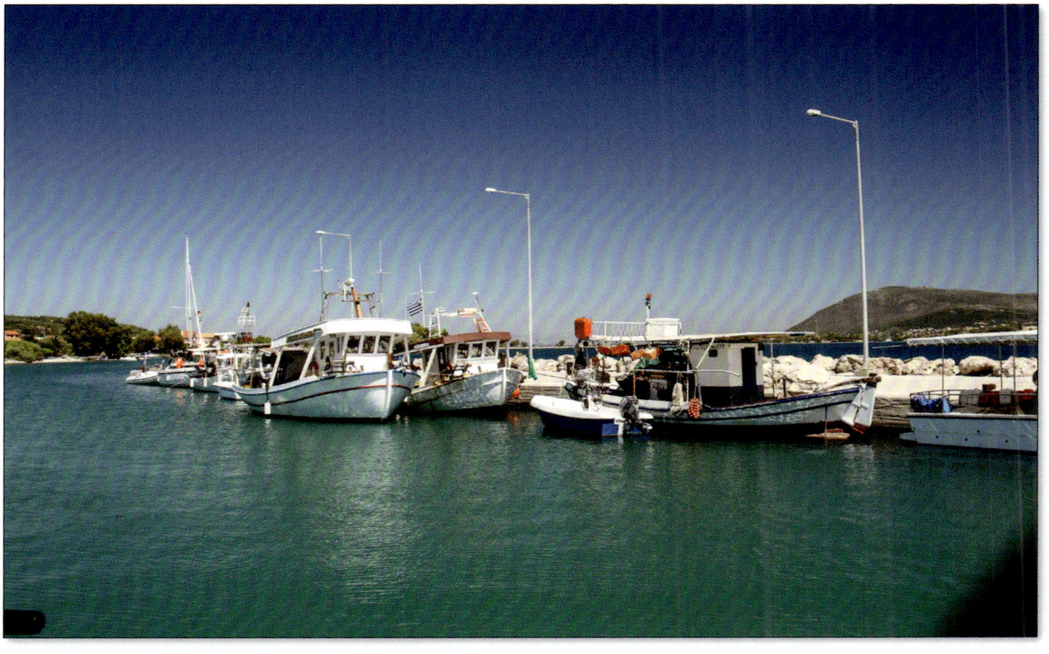

**Am äußeren Teil der Mole haben Yachten ihre Plätze.**

befeuerter Wellenbrecher nur eine halbe Meile nach der Ausfahrt aus dem Kanal »halbrechts« voraus schon zu erspähen. Das Hafenbecken ist nach Norden offen. Zur Uferseite hin wird es flach, sodass die für Yachten geeigneten Liegeplätze innerhalb und entlang der Mole liegen.

Die Küstenstraße verläuft zwischen Ort und Hafenbecken, in dem einige Fischkutter und eine Reihe von kleinen Fischerbooten malerisch liegen. Für eine Gastyacht ist immer mal ein Plätzchen frei.

Diesel kann per Tankwagen herbeigeschafft werden. Strom und Muringleinen gibt es nicht. Einige Wasserhähne befinden sich am südlichen und leider auch flachen Hafenteil, aber mit Kanistern funktioniert das Bunkern. Man legt römisch-katholisch mit Buganker und Heckleinen an.

### Rund um den Hafen

Entlang der Straße und auch im Ortskern laden eine Reihe von Tavernen zu Frappe, Bier oder Dinner ein. Geschäfte liegen in fußläufiger Entfernung.

### Sehenswertes und Besonderes

Wen die hochfrequentierte Küstenstraße nicht stört, kann im Hafen von Lygia zwischen den Fischerbooten durchaus einige Zeit entspannen.

## Nikiana

38° 45,7'N, 20° 43,4'E

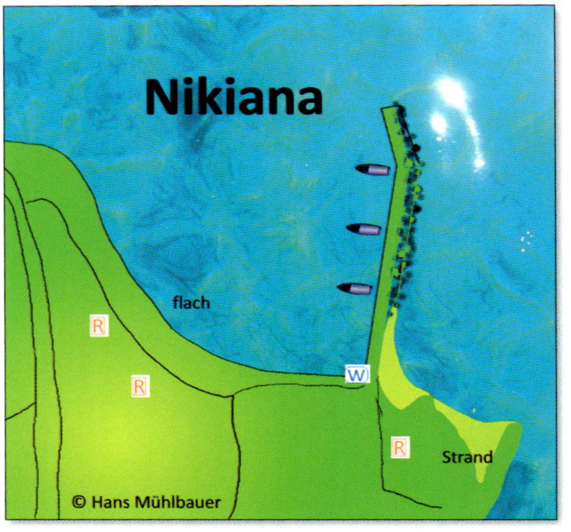


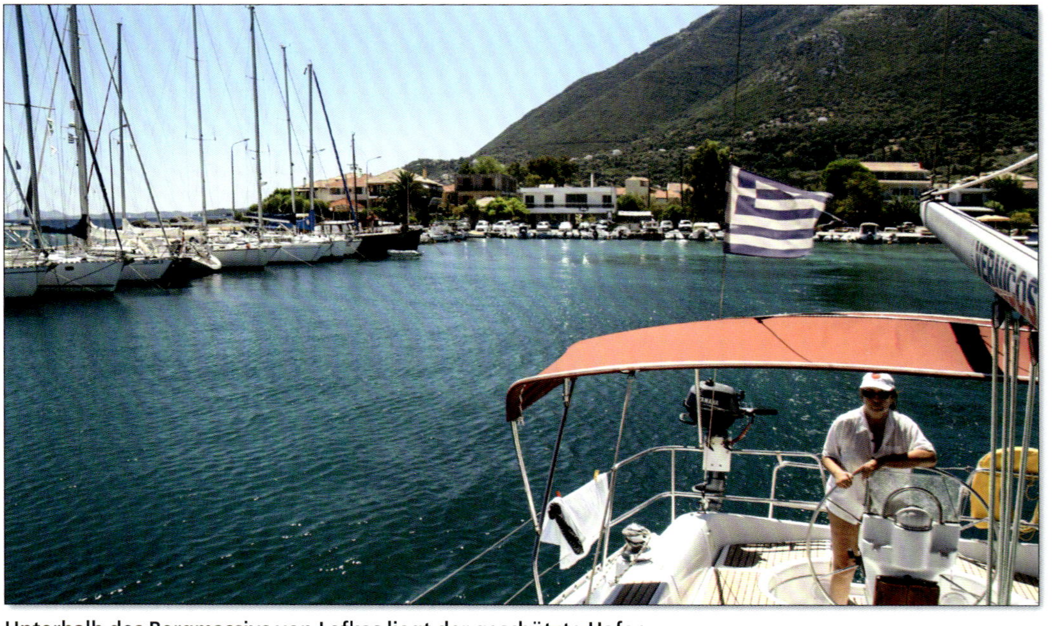

**Unterhalb des Bergmassivs von Lefkas liegt der geschützte Hafen.**

**Ansteuerung, Liegeplätze, Ausstattung**

Der kleine Hafen ist dem vorherigen Lygia recht ähnlich: Eine hier nicht befeuerte Mole ragt etwa 100 Meter nach Norden. Im Hafen liegen Fischerboote, sodass man an der Innenseite der Mauer vor Buganker festmachen kann. Am westlichen Ufer wird es flach. Am Fuß der Mole ist ein Wasserhahn installiert worden.

**Rund um den Hafen**

Gleich südlich des Wellenbrechers beginnt ein schöner Strand vor dem Ort. Geschäfte und Tavernen befinden sich in der unmittelbaren Nachbarschaft.

**Sehenswertes und Besonderes**

Nikiana ist auch der Stützpunkt einer Flottille. An den Wechseltagen herrscht dann reger Betrieb und das Hafenbecken ist ziemlich voll. Dann ist das Ansteuern von Lygia im Norden oder von Nidri im Süden sinnvoll.

## Nidri und Vlychon

Stadtkai: 38° 42,4'N, 20° 42,7'E
Tranquil Bay: 38° 42,1'N, 20° 42,8'E

Nidri

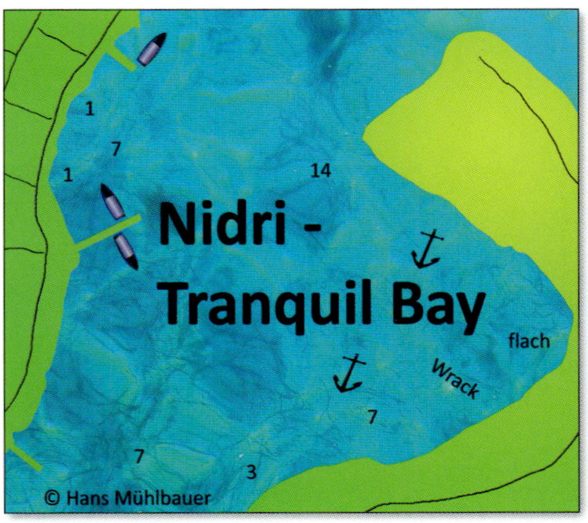


**Ansteuerung, Liegeplätze, Ausstattung**

An der Ostküste von Lefkas schneidet Limin Vlychon gut eine Seemeile weit ins bergige Umland. Schon vor dem Ort Nidri kann man anlegen, wenn ein Plätzchen am unruhigen Kai frei ist. Es gibt Festmacheringe und Wasserhähne entlang der Kaimauer, die der »Wassermann« gegen Abend öffnet.

In der gegenüberliegenden Ankerbucht »Tranquil-Bay« ist es bedeutend ruhiger, was Lärm und Schwell angeht – allerdings muss dann das Dingi für den Landgang benutzt werden. Einige halb untergegangene Kutter liegen hier als marode Fotomotive im Schlick vor dem Ufer. Wer aber von hier aus die Halbinsel Prinos nach Süden hin überquert, kommt zur Bucht Dessimou mit Kiesstrand, Ufertaverne und klarem Wasser. Auch als Ankerplatz eignet sich diese

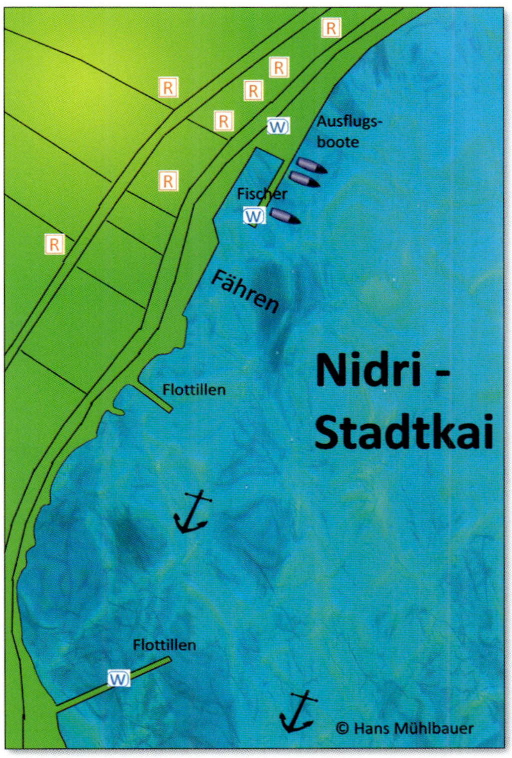

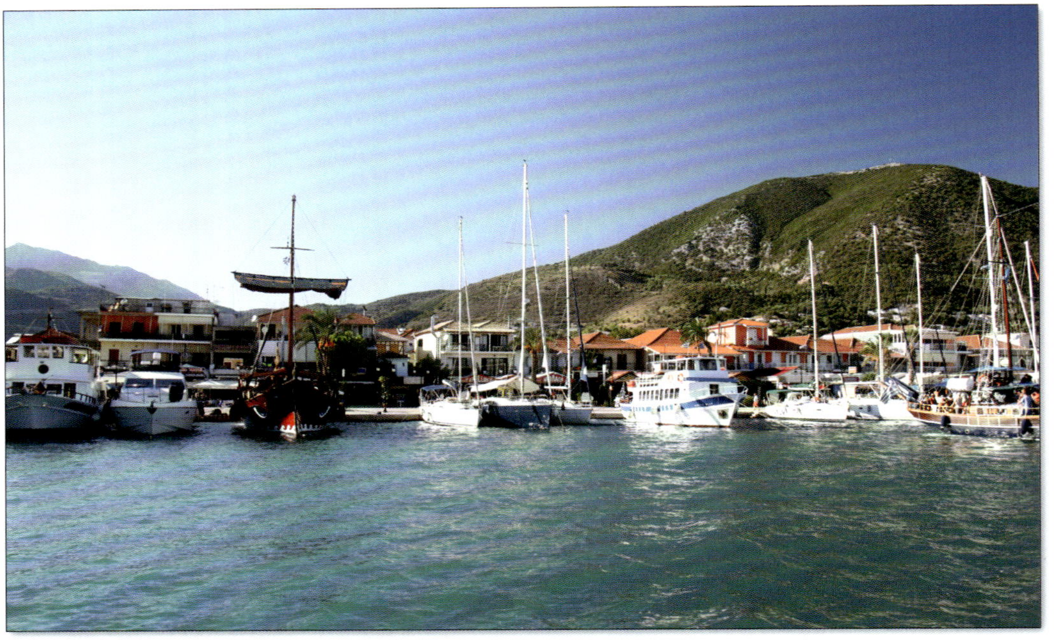

Von der Tranquil-Bay sind es etwa 400 Meter zur Stadt – mit dem Beiboot.

tief einschneidende Bucht, wenn auch Anlegemöglichkeiten für Yachten mit Tiefgang fehlen. Weiter drinnen in der Bucht von Vlychon ragen lange Stege von Flottillen hinaus ins Wasser, an denen man mit Genehmigung der Flottillenfirmen festmachen kann, wenn deren Boote unterwegs sind.

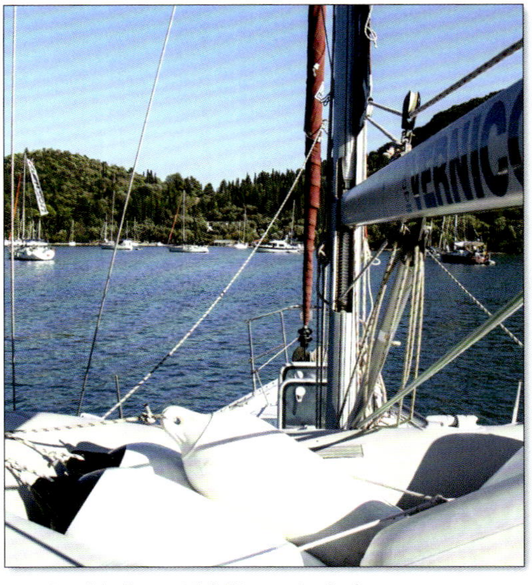

Der Stadtkai von Nidri ist meist belegt.

Im gesamten Bereich des Limin Vlychon kann geankert werden, und vor dem Ort Vlycho, der an der Westseite der Bucht liegt, befinden sich einige Anlegeplätze am Kai und vor den Tavernen, an dem es auch Wasser gibt.

### Rund um den Hafen

Im Anschluss an die Flottillenstege liegt eine gelobte Werft, die praktisch alle Arbeiten an kleineren und größeren Yachten ausführen kann. Besonders an der Hauptstraße Nidris, die parallel zum Hafenkai verläuft, reiht sich Geschäft an Geschäft. Vorne an der Wasserfront buhlen die Restaurants um die Yachties.

### Sehenswertes und Besonderes

Viele Fahrtensegler haben hier ihre Anker geworfen, denn diese weitläufige Bucht bietet Schutz bei allen Windrichtungen – nur nicht bei

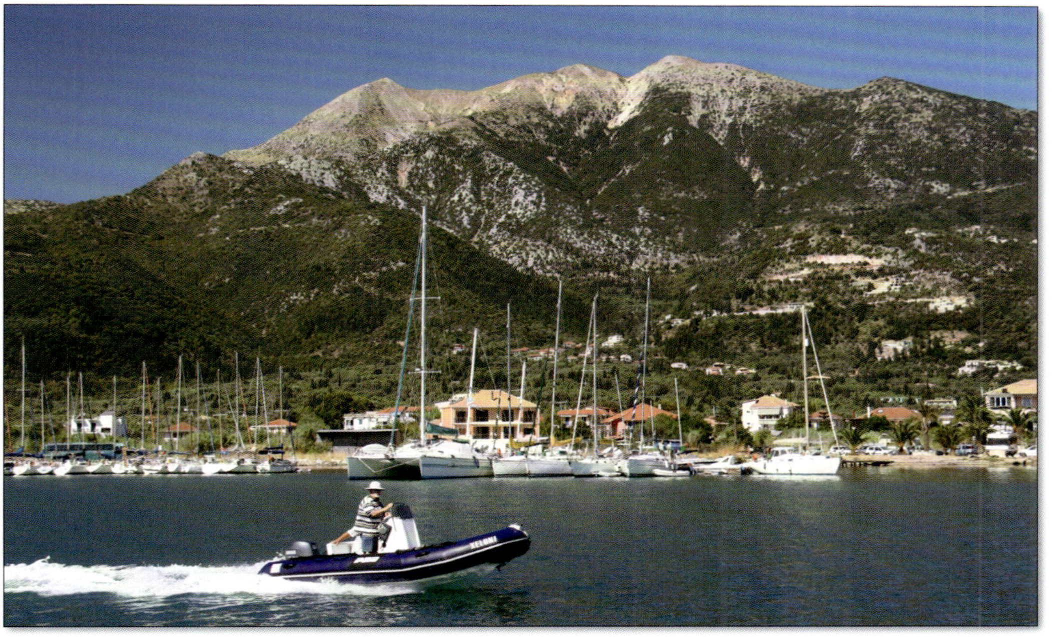

**Im Zufahrtskanal zur Bucht von Vlychon ist fast immer Betrieb.**

ganz speziellen Wetterverhältnissen. Schon zum zweiten Mal konnte sich innerhalb der Bucht ein waschechter Tornado aufbauen! Bei vielen Yachten hielten die Ankergeschirre nicht – sie gingen auf Drift. Nach kurzer Zeit war der Spuk dann wieder vorbei. Auf Youtube kann man sich eindrucksvolle Amateurvideos vom September 2011 anschauen:

Der Sturm an Bord einer Yacht:
http://youtu.be/JtDJykbso-o.

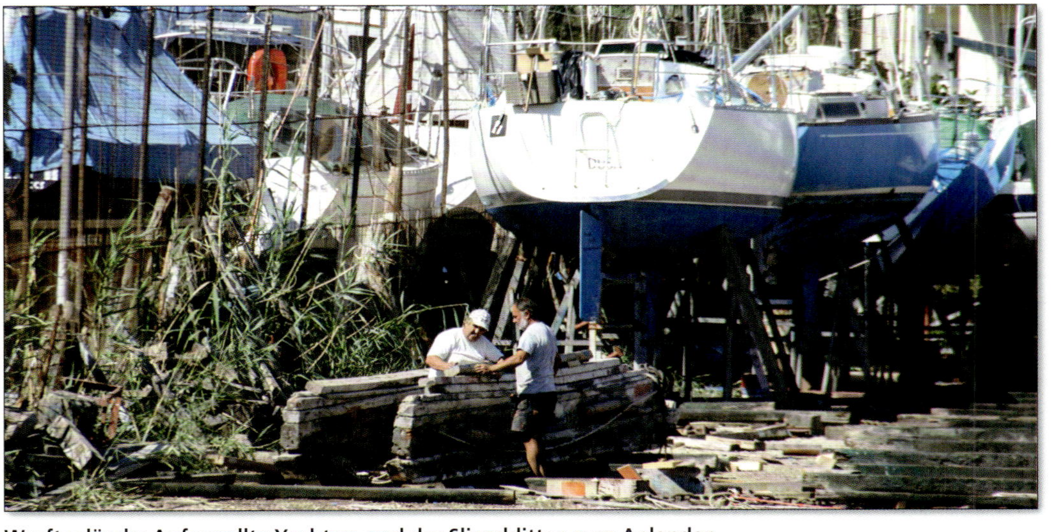

**Werftgelände: Aufgepallte Yachten, und der Slipschlitten zum Anlanden.**

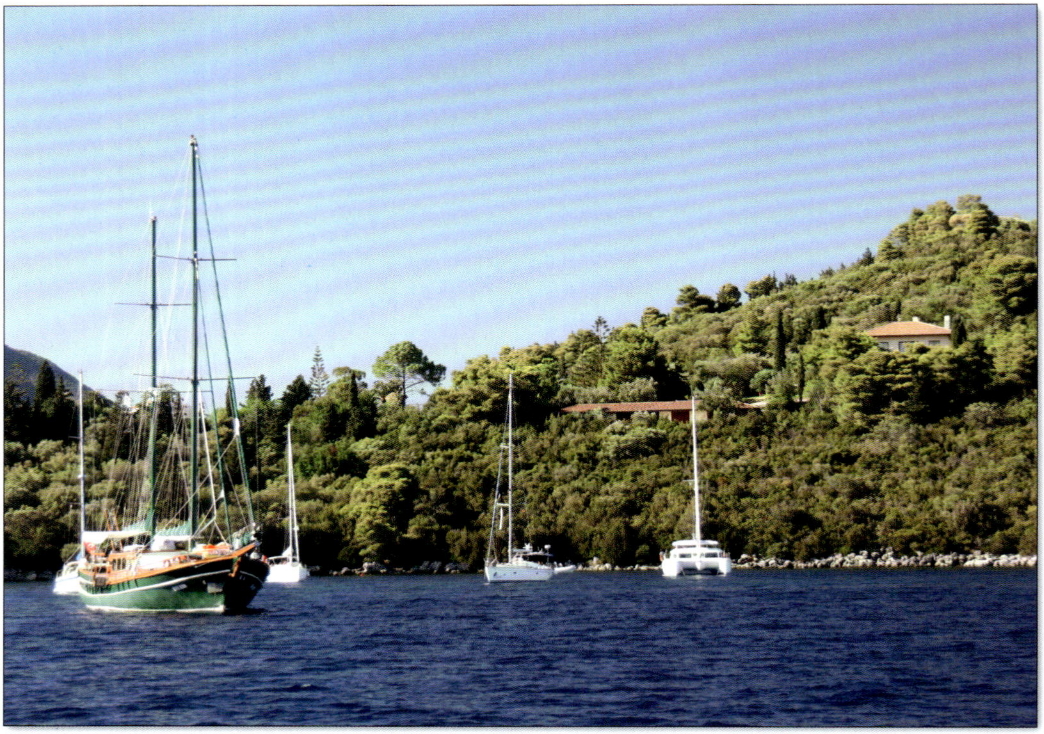

**Ankern vor Onassis´ Villa.**

Die Schäden nach dem Sturm:
http://youtu.be/Y9FzrWcg_LA.
Beim Versicherer Pantaenius ist heute noch ein eindrucksvolles Foto aus der Werft bei Nidri zu sehen ...

Sonst zeigt sich die große Bucht ausgesprochen freundlich und mit vielen Liegemöglichkeiten entlang ihrer Ufer.
Schon an der Steuerbordseite der Zufahrt liegt der quirlige Ort Nidri, vor dem es recht offene Liegeplätze gibt, die aber überwiegend von Ausflugsdampfern, einer Charterfirma und von Fähren beansprucht werden.
Das Wasser in der gesamten Bucht ist leider sehr trübe und lädt nicht wirklich zum Baden ein.
An der Nordostspitze der Halbinsel Prinos, also der südlichen Zufahrtshuk, liegen Museum und Grab von Wilhelm Dörpfeld. Der Archäologe versuchte seinerzeit zu beweisen, dass das Ithaka des Odysseus auf der Insel Lefkas gewesen sei und nicht auf der Nachbarinsel Ithaka. Heute ist diese These weitgehend widerlegt.

Wer eine knapp drei Kilometer lange Wanderung ins Hinterland nicht scheut, die sich natürlich auch per Motorroller oder Taxi etc. unternehmen lässt, kann sich einen spektakulären Wasserfall in einer engen Schlucht angucken und im erfrischend-kalten Quellwasser dort ein Bad nehmen. Von der Hauptstraße in Nidri zweigt der Weg nach Norden ab – man folgt dem Schild »Kataraktes«. Bis zum Parkplatz kann man fahren, der restliche halbe Kilometer ist nur noch zu Fuß passierbar. Etwa 15 Meter tief stürzt das Wasser, wenn es nicht im trockenen Hochsommer zu einem kleinen Rinnsal verkommt.

Vasiliki und Skorpios

Eine Meile östlich von Nidri liegt eine auf den ersten Blick unscheinbare und bewaldete kleine Insel:
**Skorpios**. Wer diesen Namen kennt weiß auch, dass das Eiland im Privatbesitz der Familie Onassis ist. »Christina O«, die 94 Meter lange Yacht des Milliardärs, hatte hier an der mit versilberten Pollern ausgestatteten Kaimauer ihren Liegeplatz. Alle Größen dieser Welt waren auf Yacht und Insel zu Gast gewesen. Heute ist die »Christina O« als wundervoll restaurierte Charteryacht (bei mir bitte anfragen!) für schlappe 70.000 € pro Tag zu mieten, aber die Insel ist immer noch Off-Limits: Das Betreten ist verboten. An den Ankerplätzen rund um das Eiland darf aber inzwischen geankert und gebadet werden.

## Ormos Syvota

38° 36,8'N, 20° 41,5'E

Syvota

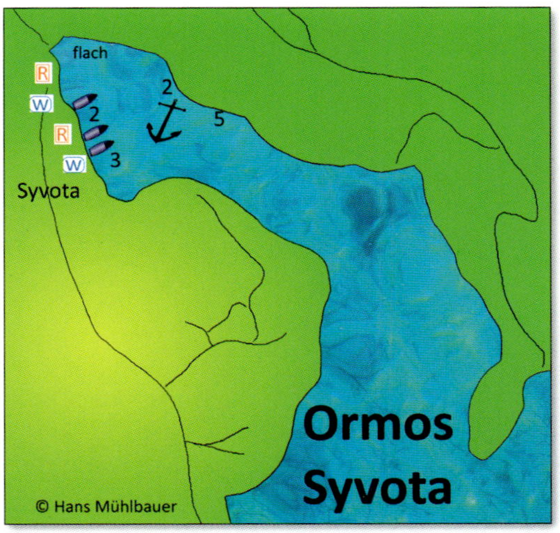


### Ansteuerung, Liegeplätze, Ausstattung

An der Südostküste von Lefkas verbirgt sich hinter gewachsenen Hügeln und einer Biegung des Meeresarmes die etwas versteckte Bucht Ormos Syvota.
Östlich davon ist allerdings die große Bucht **Roda** von Weitem zu erkennen. In ihrem Scheitel leuchtet der Strand und man sieht die Tavernen. Wenig westlich davon, unterhalb einiger Häuser, die sich an den Hang klammern, ist die Einfahrt zu Ormos Syvota. Nach einigen hundert Metern knickt die Zufahrt nach Nordwest ab und gibt den Blick frei auf Bucht und Anlegemöglichkeiten. Das geschützte Westufer wurde inzwischen zur Kaianlage ausgebaut, denn auch die Flottillen haben hier einen Stützpunkt aufgeschlagen. Zum »Bettenwechsel«, meist am Samstag, wird es dann voll an den Liegeplätzen – und in den Tavernen. Man liegt revierüblich vor Buganker mit Achterleinen oder man ankert frei in der großen Bucht, wenn man auch den Anker nicht in die Seegraswiesen fallen lassen sollte. Denn dort hält er schlecht und slippt, und auch das Seegras dankt es dem umsichtigen Skipper, wenn er es nicht beschädigt.
Das Nordufer läuft flach aus.

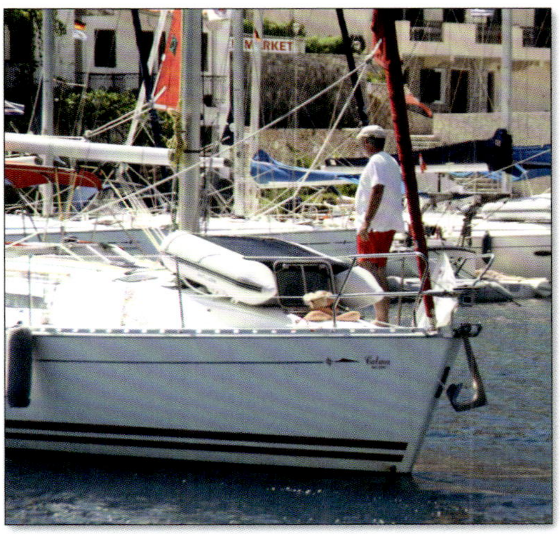

**Von den Flottillen wird die geschützte Hafenbucht gerne angelaufen.**

### Rund um den Hafen

Es gibt rund um die Bucht Ferienhäuser – hier wird fleißig und neu gebaut, was die vielen Rohbauten aus Beton belegen. Im inneren Teil der Bucht flankieren mehrere Tavernen und ein Laden das Rund. Wasser gibt es per Schlauch von den nahen Tavernen.

### Sehenswertes und Besonderes

Abends kommt oft ein Händler mit seinem betagten Pick-Up und verkauft Obst von der Ladefläche. Am Ortsrand treffen sich Camper am nicht offiziellen Campingplatz unter schattigen Bäumen. Zwar finden sich dort keine Versorgungsmöglichkeiten, dafür ist er aber kostenlos und lädt zum Bleiben ein.

## Vasiliki

38° 37,6'N, 20° 36,1'E

Vasiliki und Skorpios

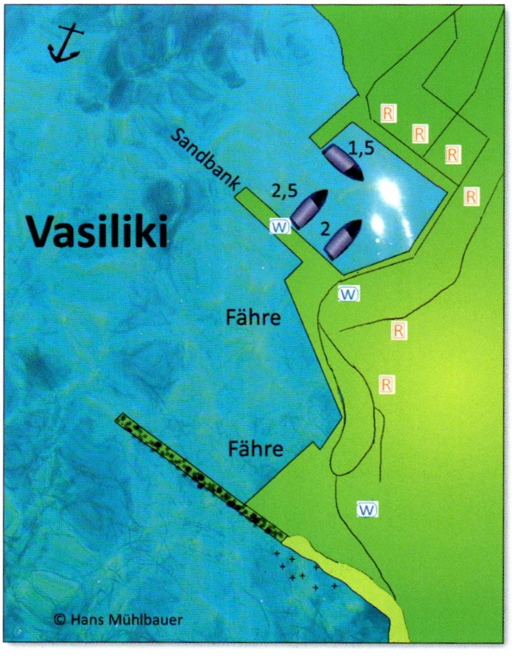


### Ansteuerung, Liegeplätze, Ausstattung

Der gerne von Surfern besuchte Ort liegt an der Nordostecke der weitläufigen und gleichnamigen Bucht Ormos Vasiliki und ist wegen seiner ablandigen und konstanten Winde beliebt bei Surfern, Kitern und Katamaranseglern.

Die Ansteuerung der befeuerten Hafenanlagen ist leicht, wenn auch die Gegenwinde in aller Regel von den Bergen herunterwehen. Hinter einem der beiden nach Westen vorspringenden Wellenbrecher gibt es die Liegeplätze für die Yachten. Die besten befinden sich hinter der kurzen nördlichen Mole. Aber auch an der Innenseite der mittleren Pier wird vor Buganker angelegt. Gerade dort muss das Geschirr wegen der oft kräftigen nördlichen Winde bombenfest halten.

In der Verlängerung des südlichen Wellenbrechers setzt sich eine Sandbank mit weniger als zwei Metern Wassertiefe noch etwa 60 Meter weit fort! Dahinter muss der Platz für die Fähren freigehalten werden.

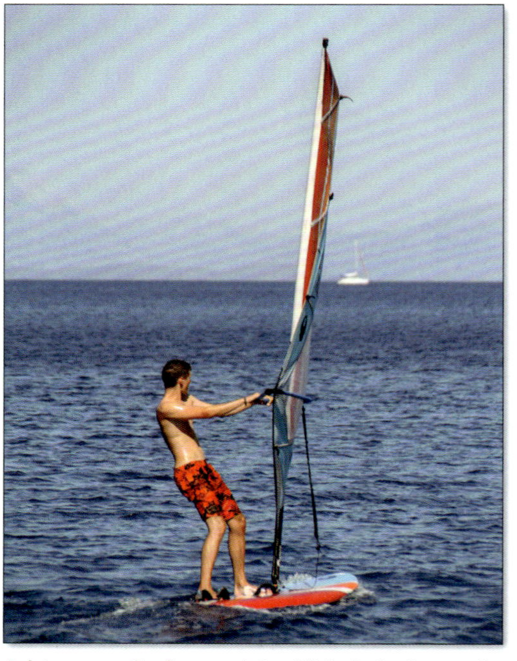

**Achtung vor Surfern und Co.: Nicht jeder kennt die Vorfahrtsregeln.**

### Rund um den Hafen

Neben dem chinesischen Restaurant stehen Waschmaschinen zur Verfügung und in den Hotels am Hafen kann man auf Nachfrage duschen gehen. Diesel wird per Tankwagen geliefert.

Entlang der Hauptstraße finden sich alle Geschäfte und Versorgungsmöglichkeiten.

An einer Quelle gleich östlich des Kirchleins beim Fähranleger sowie an einem Wasserhahn auf der mittleren Pier gibt es Süßwasser.

Viele Tavernen rund um den Hafen und entlang des sich anschließenden langen Kiesstrandes warten auf die meist recht jungen Kunden.

### Sehenswertes und Besonderes

Ormos Vasilikis ist einer der besten Surf-Spots im gesamten Mittelmeer und beliebt beim internationalen Publikum. Es kommt von überall her, um am Vormittag die leichte Brise für Einsteiger zu nutzen, und um am Nachmittag die strammen Fallwinde von den Cracks abreiten zu lassen. Überall am Strand gibt es Surfschulen, Boardverleihstationen und Campingplätze. Wer einen spektakulären Anblick sucht, sollte mit seinem Boot das Kap Doukato an der Südspitze von Lefkas mit Kurs West runden. Der mehr als 70 Meter senkrecht aufragende Lefkadische Felsen mit seinem Leuchtturm kann von See aus bewundert werden. Hier soll der Sage nach der Eingang zur Unterwelt gewesen sein (es gab da wohl mehrere ...). Priester und Verbrecher mussten in alter Zeit dort hinunterspringen, um sich von ihrer Schuld reinzuwaschen – sofern sie überlebten. Die Dichterin Sappho sprang hier in ihren Liebeskummer-Freitod.

Aber nur bei ruhigem Wetter ist diese Bootstour ratsam – sonst brechen die von weither anrollenden Wellen chaotisch an den Felswänden und erzeugen gefährliches Kabbelwasser, dem schon viele Schiffe zum Opfer gefallen sind.

# Meganision

### Wissenswertes

Weniger als eine halbe Meile breit ist die Passage zwischen Lefkas und Meganision. Wegen der beidseits hoch aufragenden Berge gleicht sie einem Fjord.

Sie verfügt über ihre ganz eigenen Windsysteme: In der nördlichen Einfahrt schiebt ein sachter Wind aus nördlichen Richtungen die Yachten in die Meerenge hinein und bis in die Flaute in deren Mitte. Wer dann unter Maschine weiter gen Süden motort, findet einen Südwind mit bis zu drei Beaufort, der dann gerne zum Kaisersegeln ausgenutzt wird. Schon kurz nach der Meerenge, wo das Land zurückweicht und dem offenen Meer nachgibt, schläft diese Brise allerdings mangels weiterer Düsenwirkung wieder ein. Erst am Nachmittag setzt sich westlicher Wind aus der Passage zwischen Lefkas und Kephalonia durch.

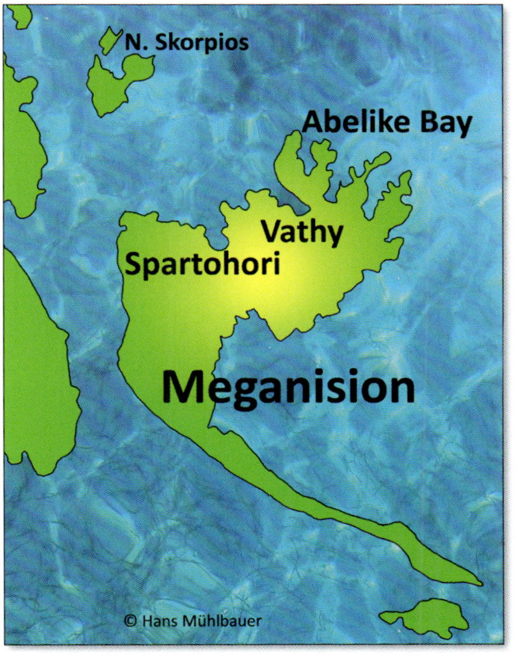

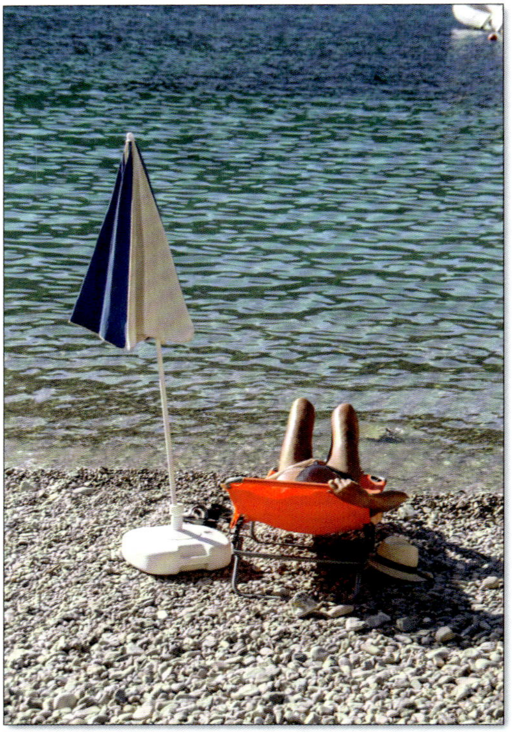

**Warum denn nicht?! Einfach mal nichts tun.**

Meganision selbst ist eine skurril geformte Insel, die an ihrer Nordküste eine Vielzahl von geschützten Ankerbuchten und zwei kleine Häfen bietet. Von Nidri aus ist es nur ein Katzensprung hinüber, weshalb auch viele Ausflugsdampfer ihre Touristenfracht tagsüber zum Eiland schaffen. Die Einfahrten in die Buchten muss man sich mit Augapfel-Navigation suchen, wenn auch die Gewässer recht tief sind. Es gibt allerdings einige »Rockies«, die zum Glück in den Seekarten verzeichnet sind und die Beachtung benötigen. So zum Beispiel die Felsen von Yph. Cheromythi, die zwischen Skorpios und Meganisi liegen und deren spitze Felsen in nur einem Meter Wassertiefe auf filigrane Bootsrümpfe warten. In den Seekarten ist mangels genauerer Vermessungen nur ein »UO«, also ein »Ungefährer Ort« eingezeichnet – die Satellitenbilder von Google-Maps zeigen das Riff.

Beachtenswert sind auch die Klippen am Akros Makrya, das östlich von Vathi und vor der Einfahrt in der Bucht von Kephali liegt.

Entlang der senkrecht aufragenden Felsen an der Südwestküste verstecken sich Höhlen, die mit dem Dingi schwimmend oder auch schnorchelnd zu entdecken sind. Vormittags, wenn sich weder Wind noch Welle aufgebaut haben, ist die beste Zeit dafür, dann beleuchtet die Sonne die Höhlen in magischen Farben. Die Yacht treibt währenddessen mit einem guten Rudergänger besetzt vor der Felsküste, denn die Wassertiefen sind einfach zu groß zum Ankern.

## Spartohori

38° 39,9'N, 20° 45,6'E

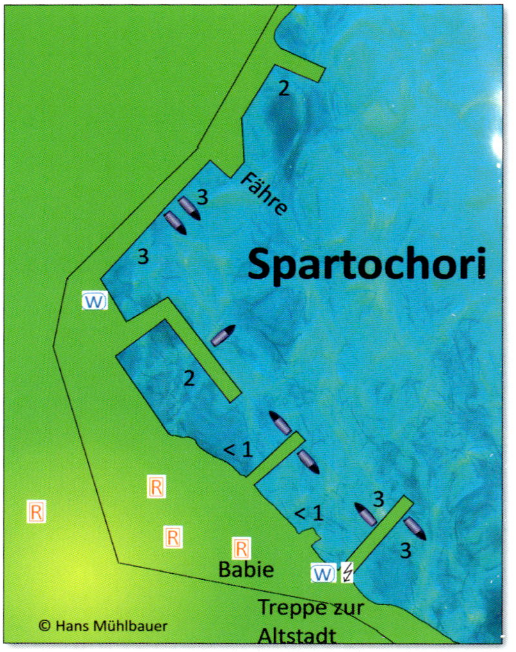


**Ansteuerung, Liegeplätze, Ausstattung**

Der Hafen liegt im Westen der von Norden tief einschneidenden Bucht, deren Einfahrt nicht befeuert ist. Die Liegeplätze befinden sich

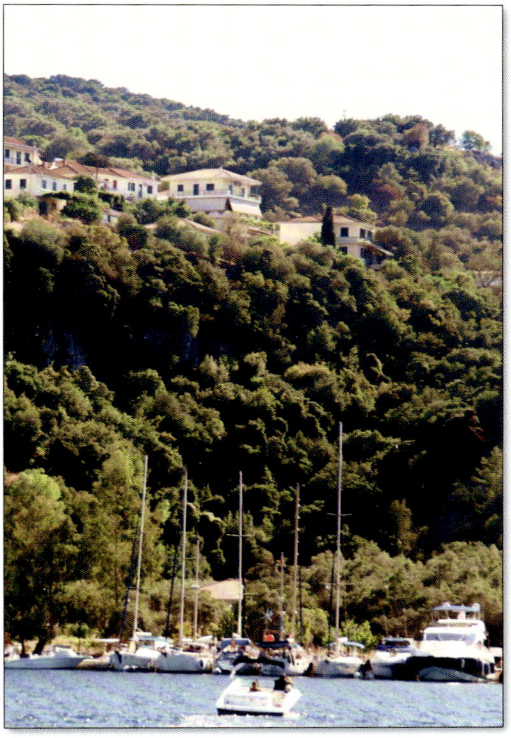

Über Stufen kommt man hinauf zum Dorf.

unterhalb des hoch auf dem steilen Felsabfall thronenden Dorfes. Beim eigenen Anleger des Restaurants »Babie« gibt es ausliegende Muringleinen, denn die Wassertiefen sind hier wie in der gesamten Bucht groß. Strom, Wasser, Dusche, Waschmaschine und ein Minimarket sind vorhanden. Die Plätze können aber bei nördlichen Winden unruhig sein.
Auch im nordwestlichen Teil der Hafenanlage kann man links und rechts des Fähranlegers vor Buganker anlegen. Hier befinden sich die wohl ruhigsten Liegeplätze.
Treibstoff wird in einer der Tavernen bestellt und dann per Laster angeliefert.
Das Südostufer neben dem abgesperrten Badestrand ist ebenfalls zur Kaianlage mit zwei Metern Wassertiefe ausgebaut. Wegen den Vorsprüngen unter Wasser sollte man hier besser mit dem Heckanker anlegen.

### Rund um den Hafen

Wer an einem der Stege festmacht, die zu einer Taverne gehören, muss wissen, dass die Wirte für den kostenlosen Liegeplatz dann die Crew zum Essen erwarten.
Auch in der Taverna Porto Spilia gibt es Duschen und Toiletten sowie am eigenen Steg Murings, Strom und Wasserhahn.

### Sehenswertes und Besonderes

Eine Treppe führt Fußgänger hinauf zur Altstadt, die wie ein Adlernest über der Bucht und an den Felsen klebt. Wer einen fahrbaren Untersatz hat, kann natürlich auch die Straße benutzen. Der Ausblick über die malerische Bucht und hinüber zur Insel Skorpios lohnt den steilen Anstieg allemal. Wer dann noch ein Faible hat für enge, sich windende Gassen, für Gemütlichkeit im Kafenion, wer noch ein paar Geschäfte zur Versorgung sucht und gleichzeitig eintauchen möchte in »Griechenland pur«, der ist an diesem Ort richtig – besonders morgens und am späteren Nachmittag, wenn die Ausflugsdampfer noch nicht da bzw. schon wieder weg sind. Dann liegt der Ort in seiner ganz eigenen Melancholie.

## Vathi

38° 40,2'N, 20° 46,5'E

Abelike Bay + Vathy

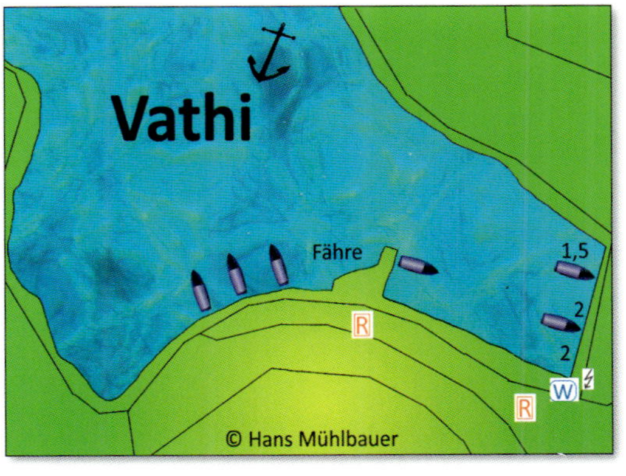

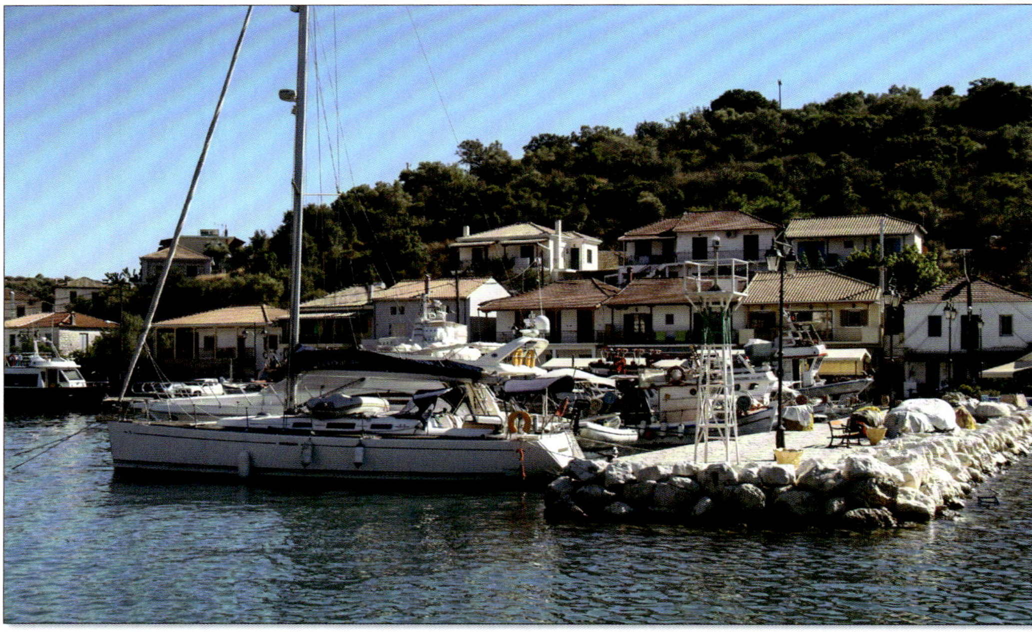

**Idyllisch – sicher – schön!**

**Ansteuerung, Liegeplätze, Ausstattung**

Die Ortsbezeichnung »Vathi« – zu Deutsch »tief«/»tiefer Hafen« – findet sich mehrfach in Griechenland, so auch hier auf Meganision. Dieses Vathi liegt gleich östlich von Spartahori in der nächsten tief einschneidenden Bucht. Bei der Annäherung erkennt man die Häuser des Ortes schon aus der Distanz.

Die beiden Wellenbrecher sind befeuert. Im gesamten Südteil der Hafenbucht gibt es Anlegemöglichkeiten.

Gleich hinter der ersten Mole bietet die »Marina Odyseas« knapp 70 Liegeplätze für Dauerlieger und Transityachten: http://www.odyseasmarina.com. Sie bietet marina-übliche und daher kostenpflichtige Einrichtungen samt Murings, Wasser und Strom an den gut geschützten Liegeplätzen. Der Hochsaison-Tagespreis für eine 40-Fuß-Yacht liegt bei ca. 35 Euro (Stand 2012).

Die weiter innenliegenden Liegeplätze im Stadthafen waren bislang kostenlos. Dafür wird es auch enger, man muss das eigene Ankergeschirr benutzen, und Strom und Wasser gibt es nur in der südöstlichsten Hafenecke. Man benötigt eine Key-Karte, die in den umliegenden Läden zu bekommen ist. Diese schaltet dann an der Strom-Zapfsäule die Steckdose frei. Dafür liegt man mitten im Leben – gleich im Dorf mit seinen Tavernen, die teilweise direkt am Wasser stehen.

Die Hafenbucht ist nach Nordwest geöffnet, sodass die vorherrschenden Winde ihre Wellen ungehindert dort hineintreiben können. Hinter den Wellenbrechern gibt es dann erst Schutz.

Man kann auch frei in der Bucht ankern, aber das Seegras verhindert oft, dass sich das Eisen sicher eingräbt, bei stärkerem Wind steht Schwell, und die mehrmals täglich verkehrenden Fähren benötigen Platz zum Drehen. Suchen Sie Ihren Ankerplatz deshalb eher an der Nordseite der Bucht.

**Rund um den Hafen**

Wenn die Tagesgäste mit der Fähre oder dem Ausflugsschiff ankommen, beleben sie Hafenrund, Bars und Tavernen. Supermarkt und Bäcker

Info: Im Inselinneren liegt das abgeschiedene Dorf Katomeri, das sich bei einer Wanderung oder mit vier oder auch zwei Rädern besuchen lässt. Man kann auch über den Hügel und durch die Olivenhaine in östlicher Richtung marschieren. Nach kurzer Zeit gelangt man zu den Nachbarbuchten.

findet man in der zweiten Reihe in der südöstlichen Ecke des Stadthafens.

**Sehenswertes und Besonderes**

Vathi ist ein gleichwohl idyllischer wie betriebsamer Fischerhafen, den die Yachties für sich entdeckt haben. Sie werden dank der kleinen Marina rundum bedient. An den Hängen entlang der Bucht entstehen neue Häuser, die wohl als Ferienwohnungen genutzt werden.

## Abelike Bay

38° 40,7'N, 20° 47,2'E

Abelike Bay + Vathy

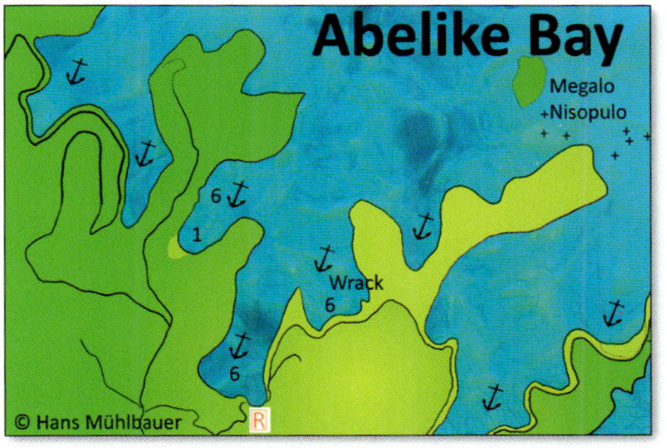


**Ansteuerung, Liegeplätze, Ausstattung**

Östlich anschließend an die Hafenbuchten von Spartohori und Vathi erstreckt sich im Nord-

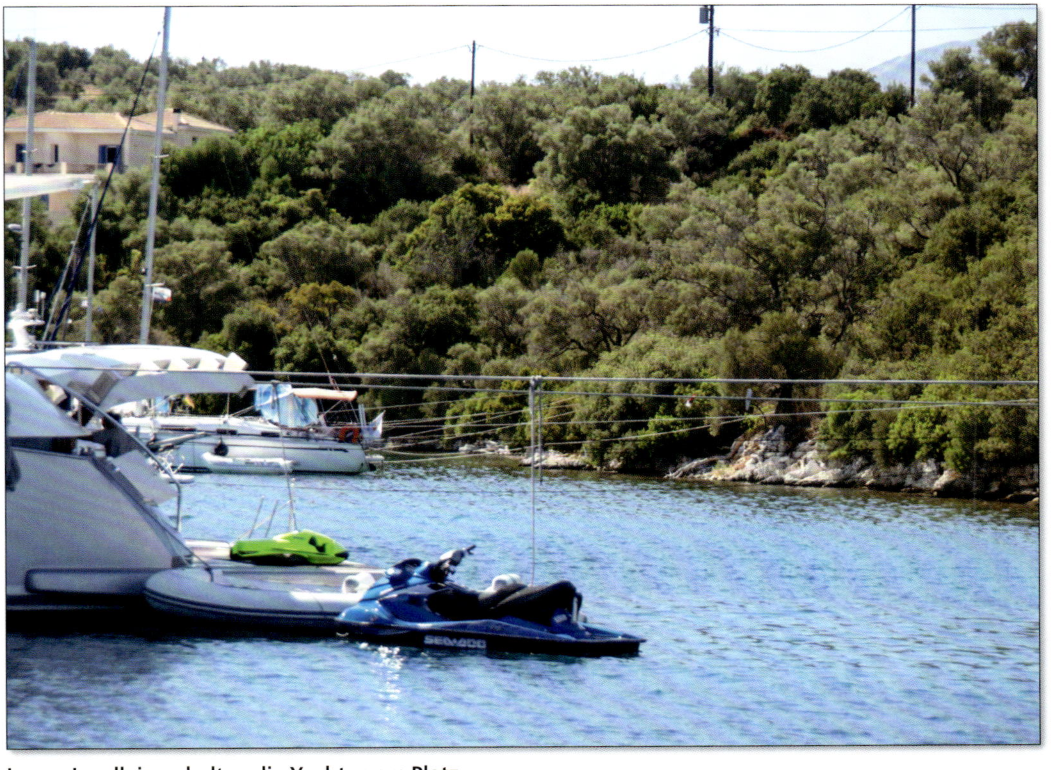

**Lange Landleinen halten die Yachten am Platz.**

westen der Insel Meganisi ein pittoreskes Areal mit einer Vielzahl verzweigter Ankerbuchten, in denen jede Yacht einen Liegeplatz bekommen kann. Lediglich am Kap »Akra Elia«, an der östlichsten Spitze von Meganision, steht ein Leuchtfeuer. Einige der Buchten sind gänzlich ohne Versorgung, in anderen warten die Wirte einfacher Tavernen auf Kunden.

Obwohl die Wassertiefen groß sind, liegen immer mal wieder einige Felsen im Wasser, die es zu beachten gibt. Es kommen viele Yachten und auch komplette Flottillen in diese einmaligen Buchten. So wird, auch wegen der großen Wassertiefen, regelmäßig mit Buganker und mit zwei langen Heckleinen zum Ufer hin angelegt. Das ist sicher und gewährleistet vielen Booten einen Liegeplatz ohne Kettensalat.

Wie das geht – Anlegen vor einem Ufer, mit zwei langen Achterleinen – steht im Anhang im Kapitel »Festgemacht im Mittelmeer«.

Die Abelike Bay, im Griechischen Ormos Ambelakia genannt, ist die mittlere der »großen Drei«.

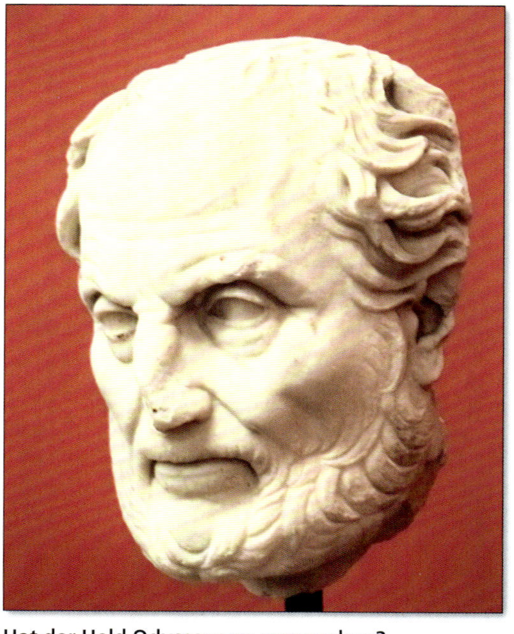

Hat der Held Odysseus so ausgesehen?

Östlich der Einfahrt markiert das Inselchen Megalo Nisopulo die Zufahrt, die wegen Untiefen unbedingt westlich des Inselchens erfolgen muss. Drinnen verzweigt sich die Bucht in mehrere Arme. Am südlichsten Zipfel gibt es eine Taverne. Weitere Versorgungsmöglichkeiten sind nicht vorhanden.

Man sucht sich je nach Windrichtung und Belegung mit anderen Yachten seinen Wunsch-Ankerplatz aus.

### Rund um den Hafen

Am südlichsten Zipfel gibt es eine Taverne – ebenfalls in der östlich gelegenen Nachbarbucht, sogar samt Segelschule und einer Strandbar am Strand von Fanari nahe des Leuchtfeuers.

### Sehenswertes und Besonderes

Inmitten einer einmaligen Landschaft sind dies wohl mit die schönsten Ankerplätze des gesamten Ionischen Meeres.

Man kann auf kleinen Wegen über die Hügel und durch die Olivenhaine in knapp 30 Minuten hinüber nach Vathi wandern. Dort gibt es Shops und Tavernen. Vergessen Sie für den Nachhauseweg im Dunkeln nicht die Taschenlampe!

## Ithaka

### Wissenswertes

Rund um die gebirgige Insel, besonders aber entlang ihrer Ostküste reihen sich hübsche Ankerbuchten und wirklich nette Häfen, die ihren typischen griechischen Charme versprühen. Deshalb segeln auch viele Yachties rund um die Insel und genießen die entspannte Lebensart.

### Historie

Odysseus stammt der Sage nach von der Insel Ithaka. Im kleinen Fischerdorf bei Ormos Polis, wo seine Odyssee gestartet sein soll, gibt es ein kleines Museum. Nach neueren Forschungen

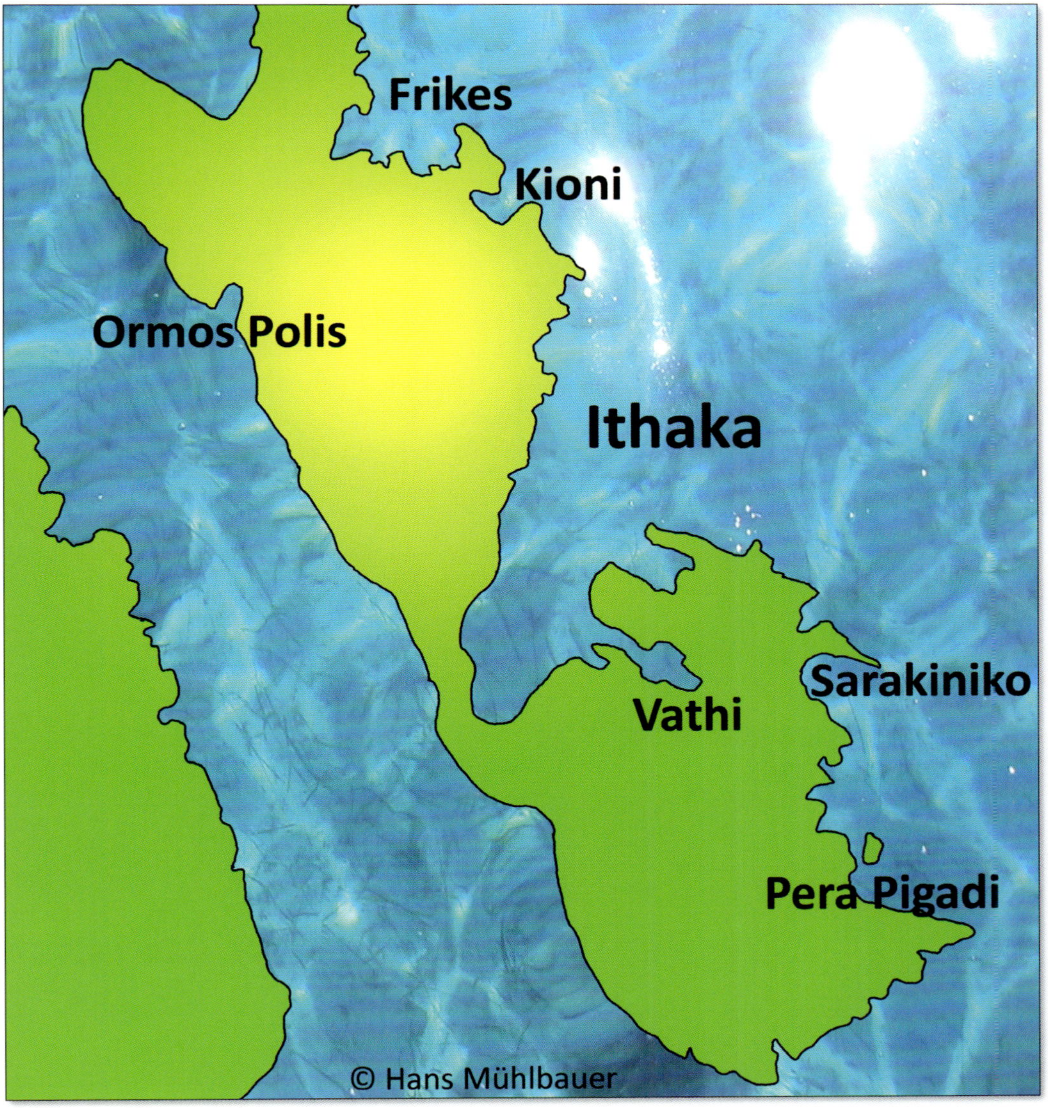


könnte das Ithaka Homers aber auch ein Teil von Kephalonia sein. Und auch Lefkas fordert Odysseus als einen Sohn ihrer Insel ein.

Jedenfalls verließ Odysseus seine Frau Penelope und seinen Sohn Telemachos, um sich der Flotte der Griechen im Krieg gegen Troja anzuschließen. Paris, Sohn des Königs Priamos, hatte die schöne Helena ihrem Mann Menelaos entführt und damit den Trojanischen Krieg ausgelöst. Durch Odysseus List mit dem Trojanischen Pferd gelang es den Griechen, Troja zu zerstören (*Timeo Danaos et dona ferentes – Ich fürchte die Danaer, auch wenn sie Geschenke bringen*).

Erst nach langen Jahren der Irrfahrten konnte Odysseus nach Hause zurückkehren, wo er sich zuerst wieder seinen Platz an der Seite seiner Frau erkämpfen musste. So erzählt es der Dichter Homer in seiner »Odyssee«.

## Frikes

38° 27,8'N, 20° 40,3'E

Frikes

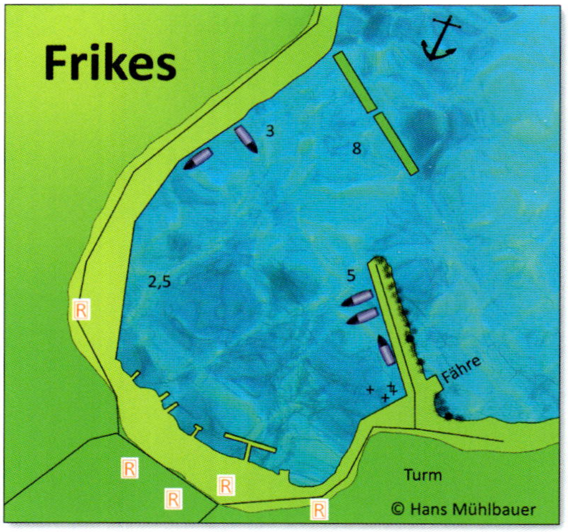


### Ansteuerung, Liegeplätze, Ausstattung

Der nördlichste Hafen der Insel Ithaka liegt im Innern der weiten Bucht Ormos Frikes. An ihren Ufern kann man gute Ankerplätze finden. Am besten legt man zusätzlich zum Anker lange Leinen an Land, denn kräftige Böen können nachmittags von den Bergen herabrauschen.

Im Hafen selbst kann man hinter dem vom Südufer nach Norden vorspringenden Wellenbrecher festmachen. Andere Revierführer schreiben (voneinander ab?), dass man hier längsseits liegen soll und nicht vor Buganker ... Es stimmt schon: Am Nachmittag wehen teils starke Böen aus West durch das Tal und in den Hafen hinein, sodass das Ankergeschirr von Yachten, die vor Buganker liegen, wirklich gut halten muss. Aber sollte das nicht bei jedem Ankermanöver der Fall sein? Jedenfalls liegen die Yachten hier zumeist längsseits oder auch mal im Päckchen. Viele Bootslängen Platz bietet der vielleicht 100 Meter lange Kai nicht. Die Längsseitslieger bekommen dann die Böen allerdings von der Breitseite ab und werden arg an die Hafenmauer gepresst. Da ist dann gutes Abfendern angesagt. Die gute Nachricht: Abends beruhigt sich der Wind, bis er gegen Mittag wieder loslegt.

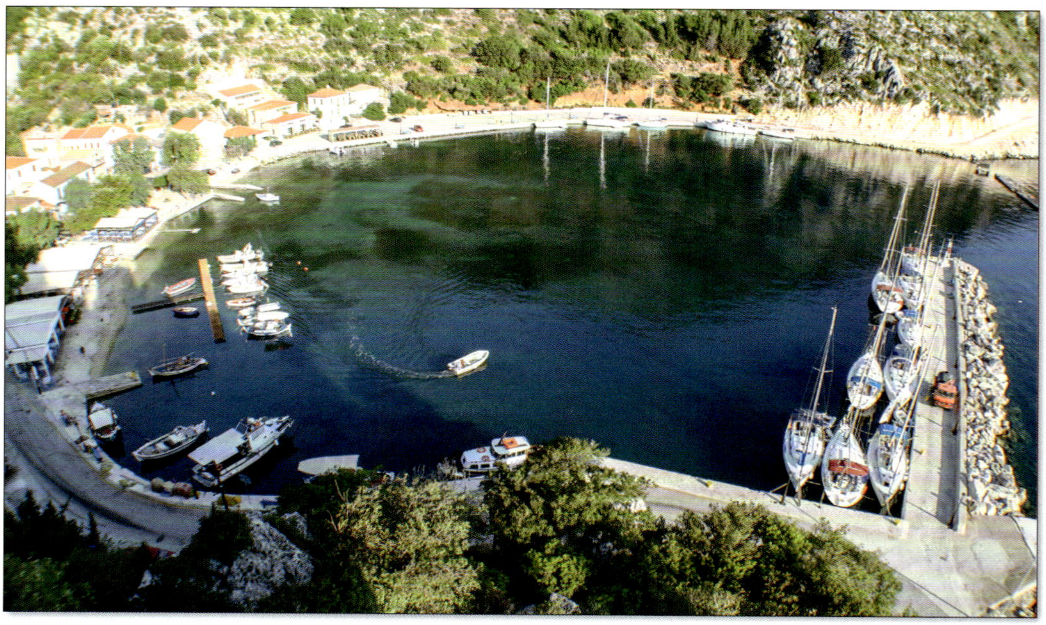

**Fast kreisrund zeigt sich der Hafen von der Turmruine aus.**

Das befestigte Südufer ist für flachgehende Fischerboote geeignet. Vor dem Ort befindet sich ein Kiesstrand und ein T-förmiger Steg eines Motorbootverleihers.
Das Ufer im Nordwestteil des Hafenbeckens wurde zum Kai ausgebaut, der etwa zwei Meter Wassertiefe aufweist. Irgendwie trauen sich die Yachten da noch nicht so richtig zum Anlegen hin. Hier weht der Wind dann schräg von hinten auf die römisch-katholisch liegenden Boote.
Schließlich wurde von Norden her und genau gegenüber der Mole ein Schwimmsteg ohne Landverbindung als zusätzlicher Wellenbrecher installiert. Hier weist ein Schild darauf hin, dass das Anlegen weder sicher noch erlaubt ist.
Wasser bringt ein Tankwagen morgens bis an die Pier.

Info: Entlang der Ostküste von Ithaka dampfen all die Fähren entlang, die Italien mit dem Peloponnes verbinden. Manche davon werfen eine beachtliche Bugwelle auf, die dann als Mini-Tsunami über das Meer rollt und in die Buchten und Häfen schwappt. Aus dem Nichts erscheinen sie und führen zu Chaos und Bruch bei den Yachten an den Stegen – nach wenigen Minuten ist der Spuk dann wieder vorbei.
So scheint auch der nördliche Anleger in Frikes nach Skipperbericht nicht sicher zu sein.

**Rund um den Hafen**

Wie in vielen dieser kleinen Häfen säumen Tavernen unter schattenspendenden Bäumen das Ufer vor dem Ort. Es gibt ein paar Läden und einen kleinen Supermarkt mit einer netten Inhaberin.
Frikes ist kein Ort des lauten Massentourismus. Es gibt keine lauten Hafenbars oder gar eine Disco.
Ausflugsschiffe mit Tagesgästen machen an einem Anleger am Fuß der Mole außerhalb des

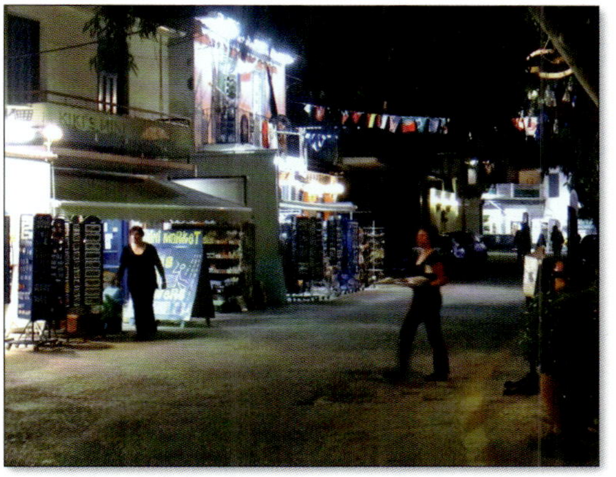

**Autoverkehr? ... Fehlanzeige**

Hafens fest. Am Nachmittag sammeln sie ihre »Fracht« wieder ein und bringen sie zurück zu ihren Hotels. Dann kehrt wieder Ruhe ein.

**Sehenswertes und Besonderes**

Der kurze Fußmarsch durch den Wald und hinauf zur Ruine einer Windmühle lohnt sich! Im Turm kann man noch die steinerne Treppe ohne Geländer erklimmen und bekommt einen herrlichen Blick über das Hafenrund.

## Kioni

38° 27,0'N, 20° 42,0'E

Kioni

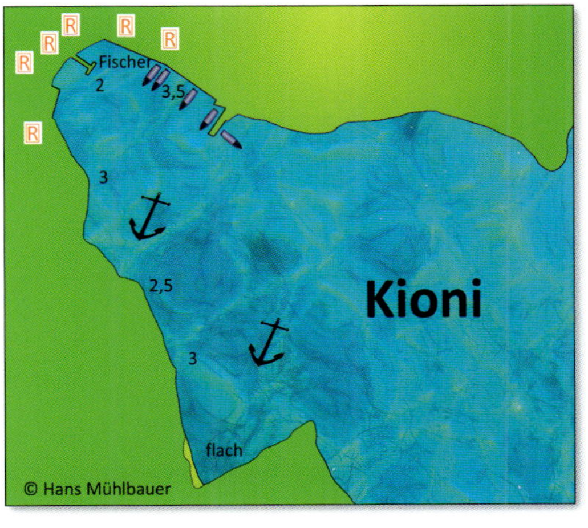

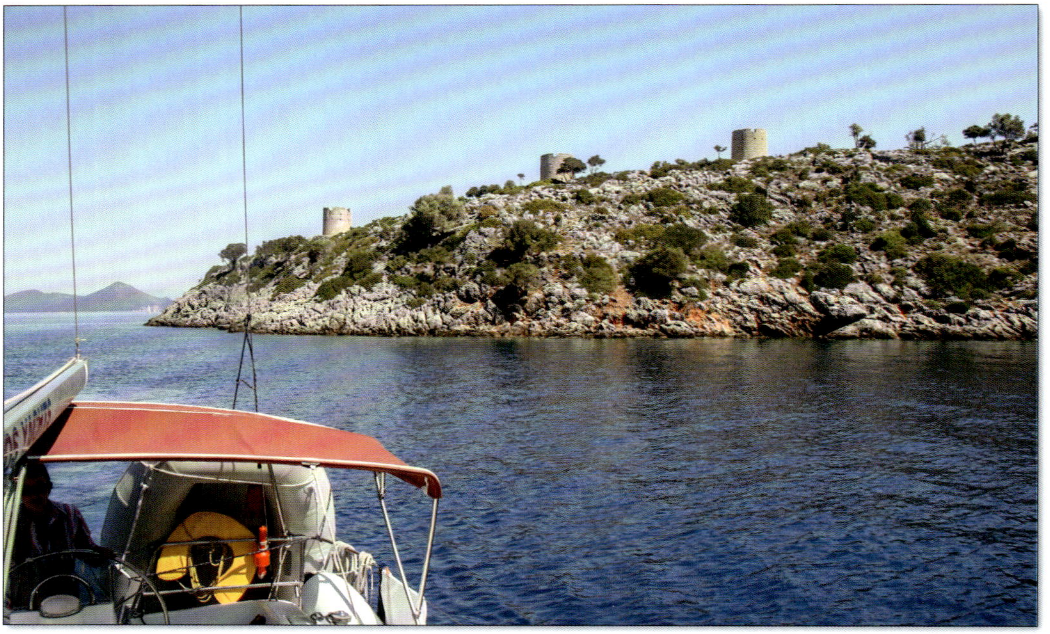

**An den Windmühlen vorbei geht's zum Hafen.**

**Ansteuerung, Liegeplätze, Ausstattung**

Die Zufahrt zum Hafen ist schon aus der Distanz an den drei Ruinen der in Linie stehenden Windmühlentürme zu erkennen. Hinter einem kurzen von Nord vorspringenden Wellenbrecher liegen die Yachten mit den Hecks zur Pier. Auch hier bläst der nachmittägliche Wind kräftige Böen von den Bergen herunter, sodass Hafenkino vorprogrammiert ist: Die einlaufenden Yachten müssen mit diesem starken Seitenwind in die meist schmalen Lücken einparken.

Platz für etwa drei Yachten ist auch an der Ostseite des Wellenbrechers gegeben – das sind dann die vom Nachmittagswind am besten geschützten Plätze.
Am Ende dieser Mauer legen Ausflugsschiffe und Wassertaxis an.

Info: Hier bekam ich selbst schon mal Standing-Ovations vom Seglervolk, als mir das Manöver, und zwar nur zu zweit an Bord, ohne »Anecken« gelang. Denn die Yachties geiferten schon nach dem nächsten Opfer, das sie bei seinem Anlege-Bemühen bei diesem heftigen Seitenwind bedauern, kommentieren, und hämisch begrinsen konnten – von der sicheren Kaimauer aus, versteht sich! Das habe ich ihnen aber nicht gegönnt. Und ich hatte Glück.

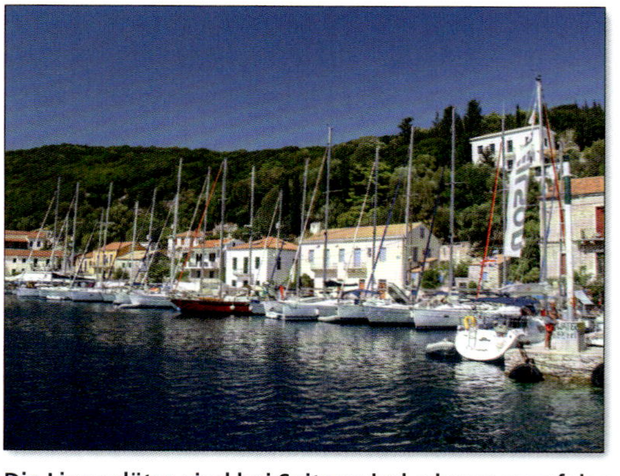

**Die Liegeplätze sind bei Seitenwind schwer anzufahren.**

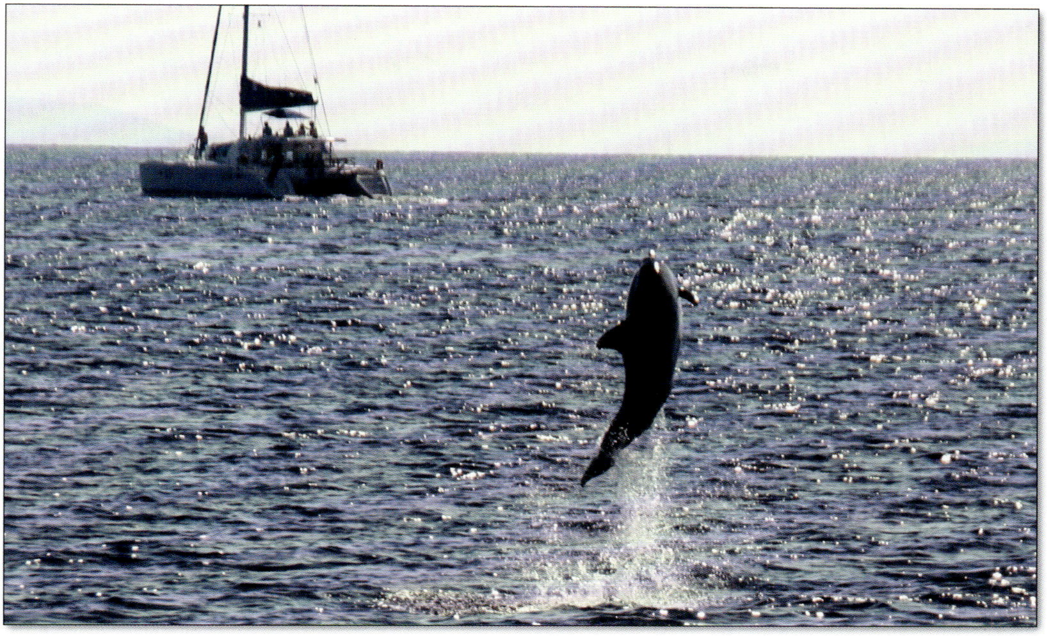

Selten gesehen: Delphine in Aktion.

Info: Eine halbe Stunde lang erfreuten uns die herrlichen Tiere, indem sie direkt um unser Boot herumschwammen und wirklich spektakuläre Sprünge aufführten. Meist sieht man ja nur die Rückenflossen beim Luftholen, hier aber konnte das volle Programm bewundert werden.

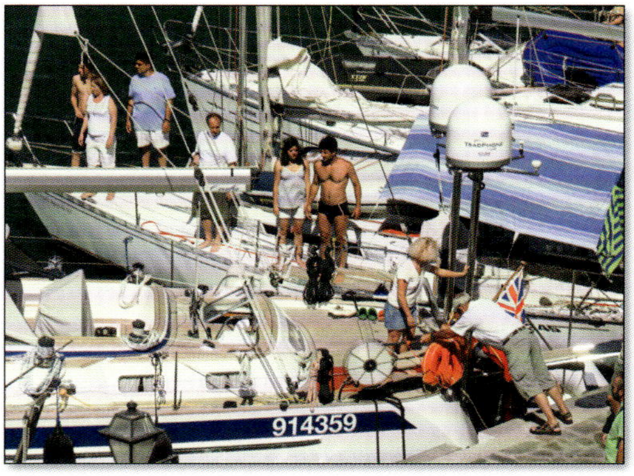


Hafenkino ...

Im Innern des flach auslaufenden Hafens liegen Miet-Motorboote an einem Steg. Das südliche Ufer ist steiler Fels. Einige Yachten können in der Bucht auch frei ankern, auch dafür ist Platz genug.

### Rund um den Hafen

Schmucke Häuser reihen sich dicht um das Hafenrund, denn gleich dahinter steigt der Berg schon an. So sitzt man direkt am Wasser in den Tavernen, Restaurants und Bars. Wer schon früh eingelaufen ist und sein Schiff fest vertäut an der Kaimauer weiß, sitzt dann am Nachmittag hier und kommentiert mehr oder weniger kundig die Anlegemanöver der Skipper – man sitzt bei »Harbour-TV« in der ersten Reihe.

### Sehenswertes und Besonderes

Zwischen dem nördlicher gelegenen Frikes und den Buchten um Kioni treibt sich öfter eine Delphinherde zum Sardinen-Futtern herum.

## Vathi

38° 22,7'N, 20° 41,9'E

Vathi

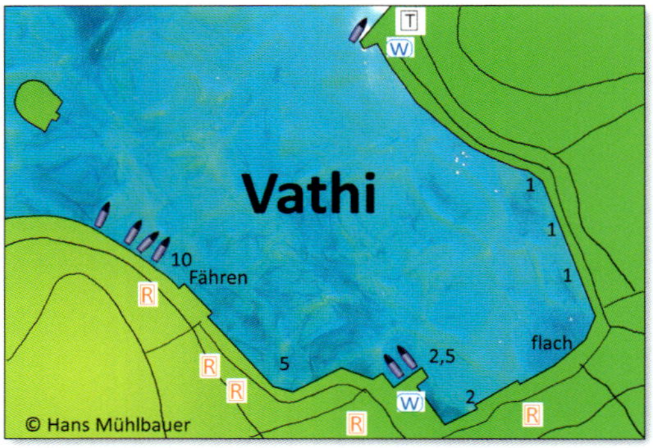


### Ansteuerung, Liegeplätze, Ausstattung

Der Haupthafen verbirgt sich in einer ausladenden und vom Seegang geschützten Bucht. Man steuert zuerst in den von hohen Bergen gesäumten Kolpos Molou und dreht dann nach Südost, um Vathi anzulaufen.

Eine kurze Pier liegt im südlichen Scheitel der Bucht. Wasser ist hier zu bekommen. Davor liegen die Yachten mit dem Heck zur Pier. Leider baut sich oft am Nachmittag ein böiger Wind auf, der direkt von vorne auf die Yachten drückt. Hinter dieser Pier wären zwar geschützte Plätze vorhanden, aber da liegen die Boote der Einheimischen.

Weitere Liegeplätze gibt es nördlich des Fähranlegers und südlich des Inselchens Loimokavartirion, auch Lazaretto genannt und früher als Quarantäneinsel genutzt.

Vor dem Wind geschützte Plätze findet der Skipper im Nordteil der Bucht. Hinter einer roten Tonne liegt eine Yachtstation mit einem Anleger vor der nahen Taverne. Nach etwa einem Kilometer Fußmarsch entlang des Ufers erreicht man von dort das Zentrum der Ortschaft Vathi.

Am östlichen Ufer liegt an einer kurzen Pier die Tankstelle, an der man auch Wasser bunkern kann.

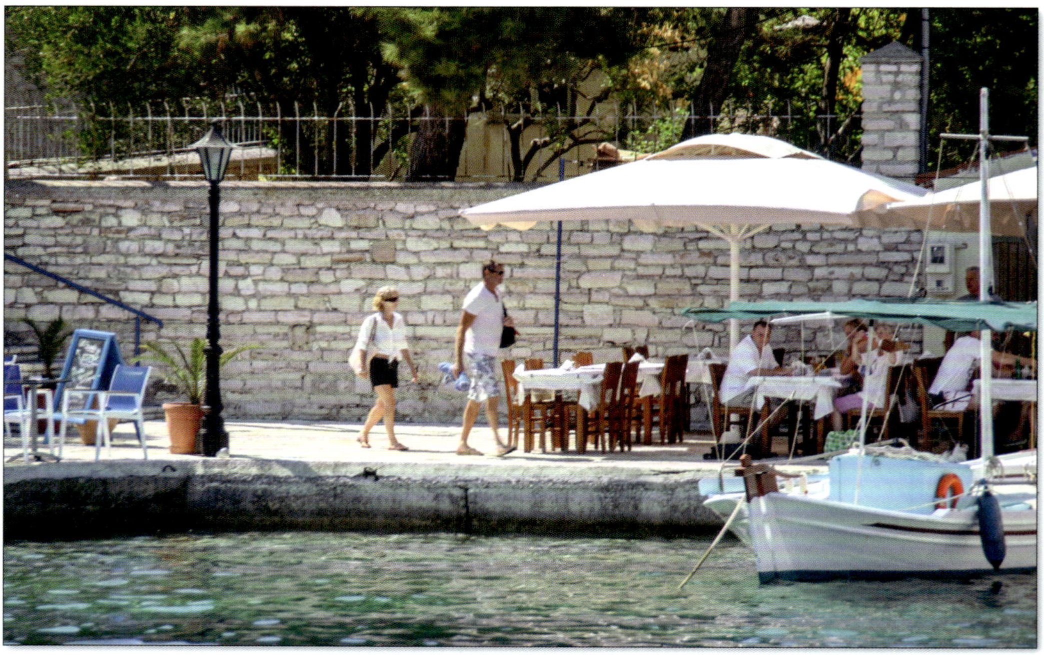

**Zum Abhängen: Man könnte doch noch länger bleiben ...**

**Rund um den Hafen**

An der Hafenfront haben viele der Tavernen ihre Tische und Stühle direkt ans Wasser gestellt. Hübsche Läden mit Kunsthandwerk und alle Versorgungsmöglichkeiten werden ebenfalls geboten. Vom Ostufer aus führt erst eine Straße und dann ein Weg über den Berg nach Ormos Sarakiniko, der Badebucht.

**Sehenswertes und Besonderes**

Vathi wird von manchen als einer der schönsten Häfen Griechenlands bezeichnet. Schon die Ansteuerung durch die fjordartige Landschaft ist spektakulär. Dann liegt der Ort malerisch vor dem Bug.

Das Archäologische Museum zeigt interessante Fundstücke von der Insel.

Dem Vernehmen nach war (und ist?) die Nymphengrotte wegen Einsturzgefahr geschlossen. In ihr hat angeblich Odysseus seine Schätze gehortet.

## Ormos Sarakiniko

38° 21,9'N, 20° 44,5'E

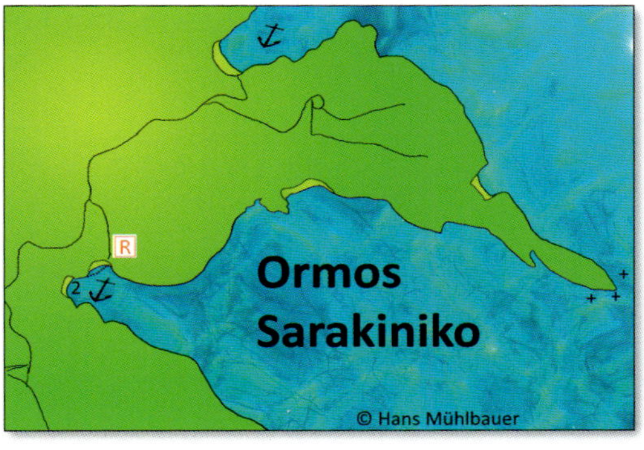


**Ansteuerung, Liegeplätze, Ausstattung**

Die geschützte Bucht schneidet tief in das Land ein. In ihrem südlichen Zipfel kann man vor dem Kiesstrand ankern und bei Bedarf eine Landleine ausbringen. Der nördliche Teil der Bucht gehört zum Privatgrundstück und war auch mal mit einer Bojenkette abgesperrt.

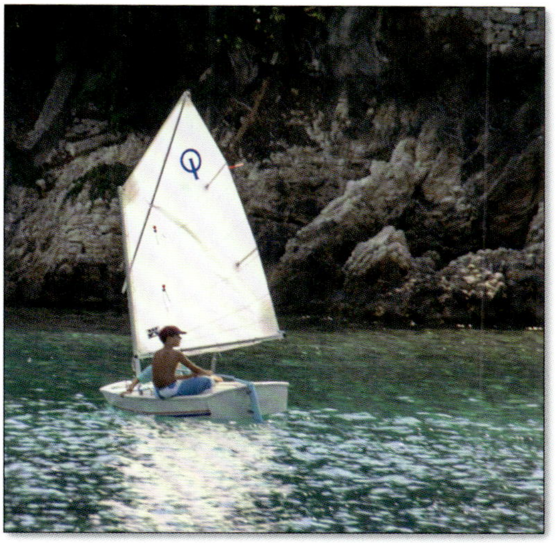

**Früh übt sich im Opti – erst mal in der geschützten Bucht.**

Achtung: Auch hier in dieser Bucht können die Wellen der Fähren Tag und Nacht »zuschlagen«.

**Rund um den Hafen**

Zeitweilig war am nördlichen Strand ein Café geöffnet. Von da aus führt eine schmale Straße über den Bergrücken in etwa 40 Gehminuten hinüber nach Vathi.

**Sehenswertes und Besonderes**

Die Landzunge nordwestlich der Bucht war vor Jahren in den Schlagzeilen deutscher Zeitungen: Eine Gruppe Aussteiger hatte das karge Gelände gekauft und wollte dort seinen Traum vom einfachen Leben mit Selbstversorgung real werden lassen.

Aber die Quelle in der Bucht, eine von zweien auf der gesamten Insel, spendet nur wenig Wasser und das kleine fruchtbare Areal rund um die Quelle reichte nicht zur Versorgung der vielen Leute.

Heute haben sich einige der damaligen Pioniere individuelle Ferienhäuser auf der Felsnase errichtet und besuchen ihre Liegenschaften nur während der Ferienzeiten.

## Ormos Pera Pigadi

38° 19,8'N, 20° 45,0'E

Ormos Pera Pigadi + Ormos Polis

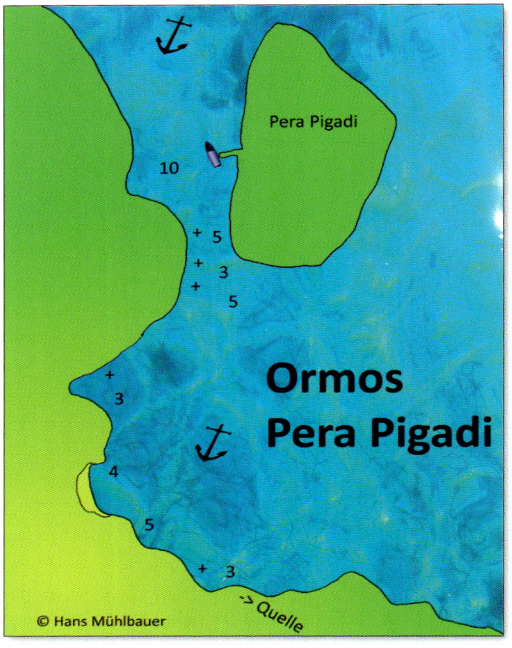


### Ansteuerung, Liegeplätze, Ausstattung

Die Ankerbucht ist nach Osten offen. Sie liegt südlich des Inselchens Nisis Pera Pigadi. Vor dem Strand ankert man auf drei bis fünf Metern Wassertiefe.

An der Insel kann man an einer kurzen Pier anlegen. Es wird allerdings vor Ratten gewarnt, die sich von Müll ernähren, den angeblich die Yachties hier zurücklassen.

### Rund um den Hafen

In diese Bucht kommen manchmal Ausflugsdampfer, die ihre Gäste zum Baden hier ins Wasser und an den Strand lassen. Am späten Nachmittag wird es dann wieder ruhig und beschaulich.

### Sehenswertes und Besonderes

Vom südlichen Strand aus führt ein Weg zur von Homer beschriebenen Arethusa-Quelle, der zweiten Wasserquelle der Insel. Sie liegt am Ende einer wunderschönen Schlucht. Dort soll der Sage nach der Hirte Eumäos die Schweineherde des Odysseus getränkt haben. Diese Tour ist ein

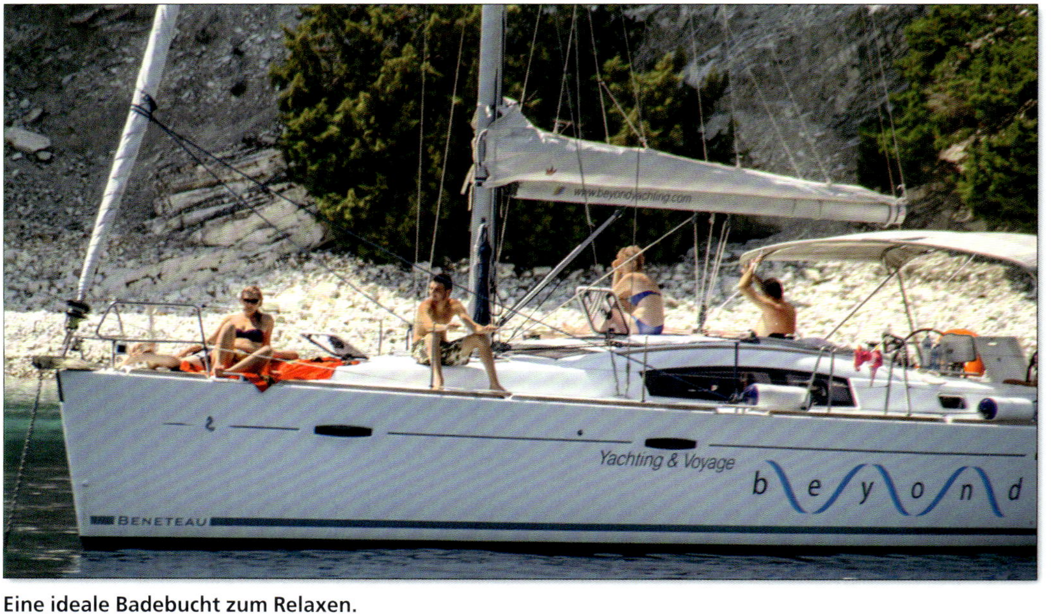


Eine ideale Badebucht zum Relaxen.

Info: Die Bucht ist eigentlich ein wirklich reizvoller und ruhiger Ankerplatz. Vor Jahren haben wir hier angelegt und ein kleines Grillfeuer am Strand, aus Sicherheitsgründen knapp oberhalb der Wasserlinie, gemacht. Aus dem Nichts kam der schon beschriebene Dampfer-Tsunami. Er löschte das Feuer und überspülte den gesamten Strand bis hinauf zu den umgebenden Bäumen!
Unser Dingi »fuhr« auf der Welle über den Kiesstrand, Besteck und Geschirr mussten wir anschließend weiträumig einsammeln.

landschaftlich schöner halbstündiger Weg, aber Spektakuläres ist nicht zu erwarten.

## Ormos Polis

38° 26,1'N, 20° 38,1'E

Ormos Pera Pigadi + Ormos Polis

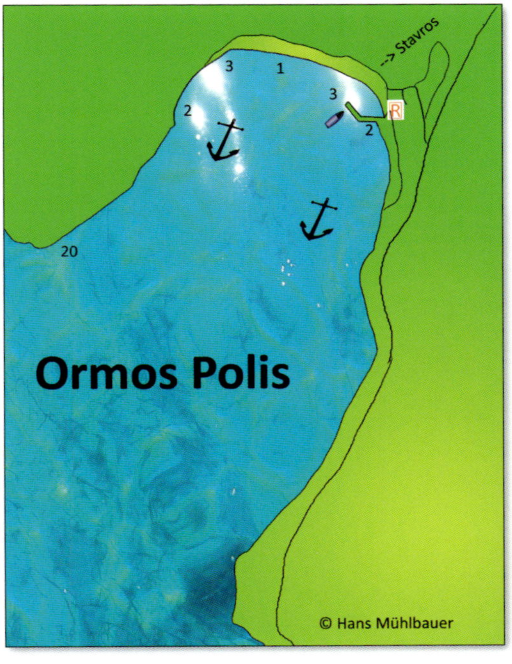


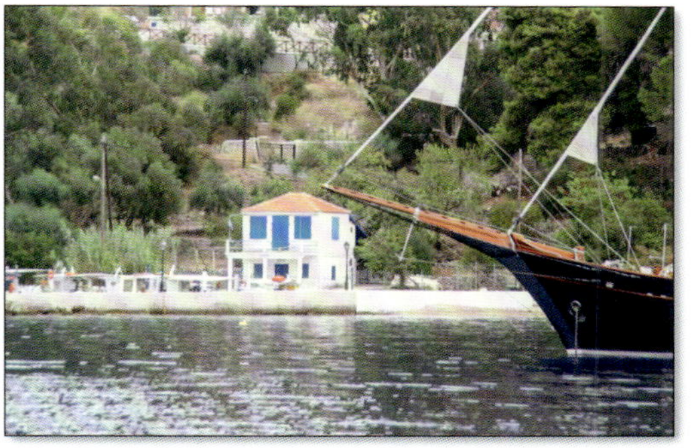

**Dingies passen in das Häfelchen – die Kneipe hat nicht immer geöffnet.**

### Ansteuerung, Liegeplätze, Ausstattung

Im Kanal zwischen den Inseln Ithaka und Kephalonia liegt diese Ankerbucht, die vormittags bei ruhigem Wetter angelaufen werden kann. Das kleine Hafenbecken ist flach und mit Fischerbooten belegt, aber an der Spitze der Pier findet man 2–3 Meter Wasser vor. Mit dem Dingi kann man hinter der Mauer anlanden.

### Rund um den Hafen

Ein Café liegt gleich am Hafen. Westlich davon kann man am langen Kiesstrand baden gehen. Nach 20 Minuten Fußmarsch den Berg hinauf kommt man zum hübschen Dorf Stavros. Dort, rund um das Odysseus-Denkmal am Hauptplatz,

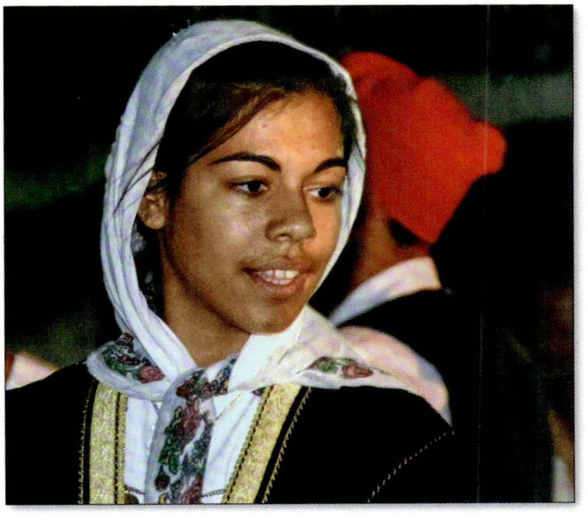

kann man sich in den Tavernen und Bars bei einer wunderschönen Aussicht entspannen oder das kleine Museum besuchen.

Lohnenswert ist der Besuch des Sotiros-Volksfestes, das vom 5. bis 6. August jeden Jahres hier gefeiert wird – mit Musikgruppen, Tanz und leckerem Wein.

### Sehenswertes und Besonderes

Der Sage nach startete Odysseus hier seine Reise, die sich zur Odyssee ausweiten sollte. In der inzwischen eingestürzten Louzioshöhle fanden Archäologen Keramiken aus mykenischer und römischer Zeit.

Noch einen Kilometer weiter hinter Stavros vermutet man auf dem Pelikatahügel den Palast des Odysseus, denn ein in den Felsen gemeißelter Sarkophag und weitere Relikte aus der Zeit des Helden wurden hier entdeckt. Sie sind im nahen kleinen Museum zu bestaunen.

## Kephalonia

### Wissenswertes

Die größte der Ionischen Inseln war schon vor 110.000 Jahren von Neandertalern bewohnt. Der 1628 Meter hohe Berg Aenos ist der höchs-

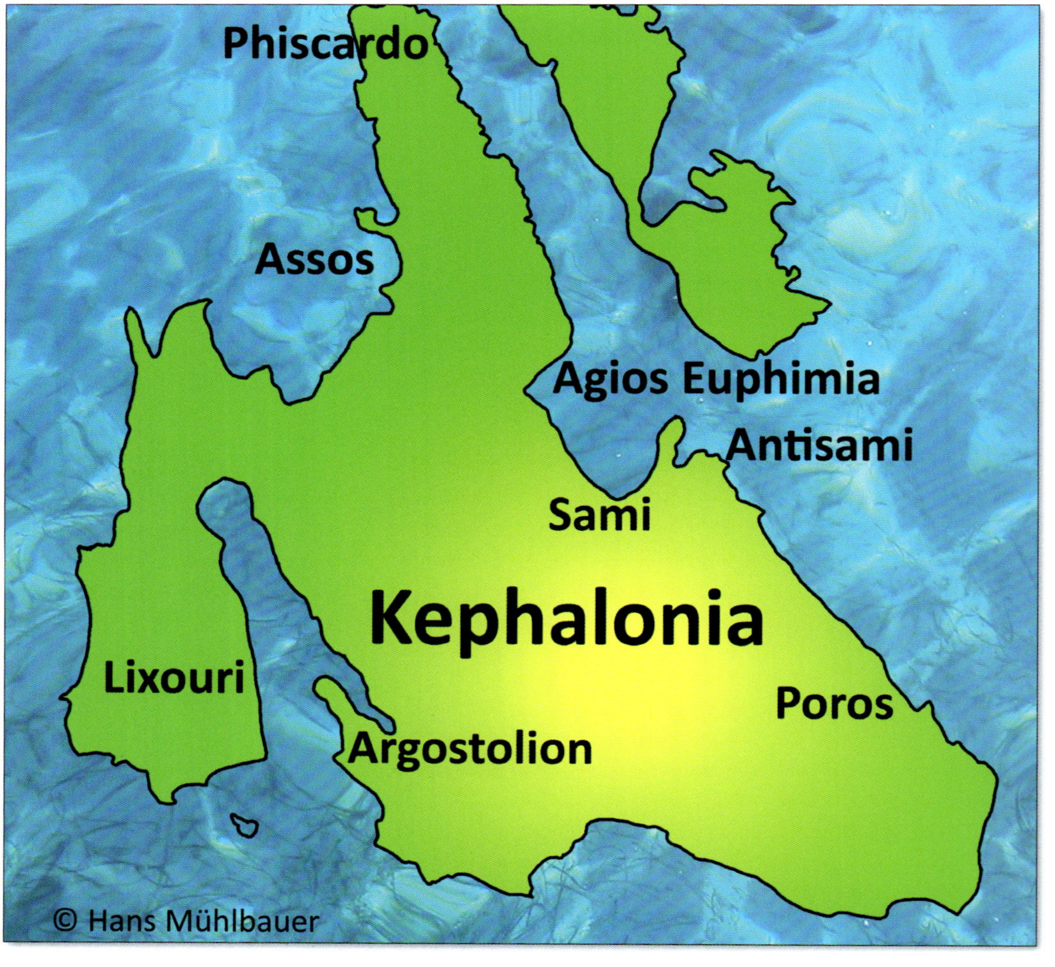

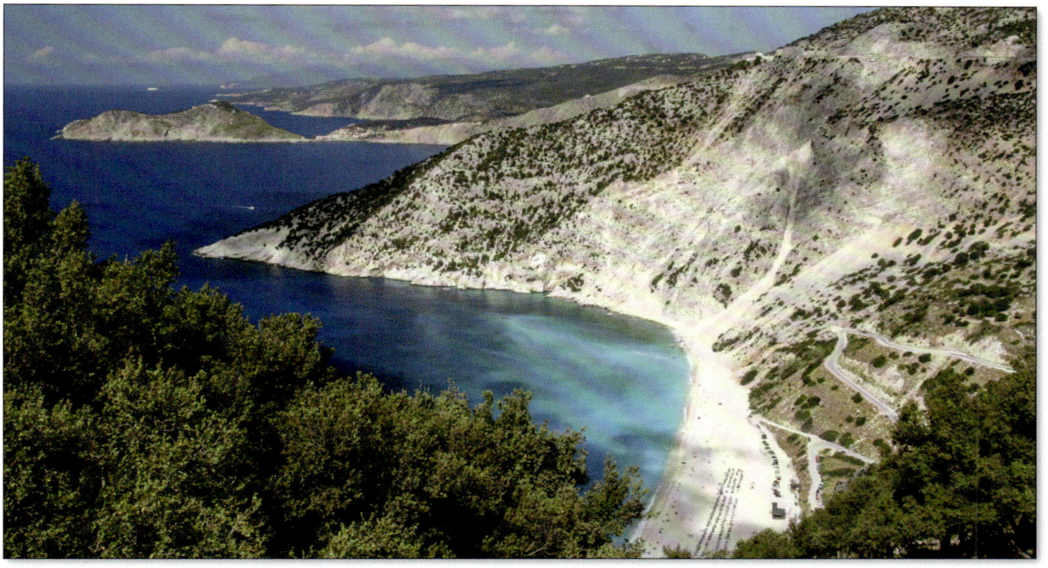

**Bilderbuchstrand und spektakuläres Gebirge an der Westküste.**

te Berg der Insel. Er wurde von den Venezianern wegen der an seinen Hängen wachsenden Schwarzen oder auch Griechischen Tannen *Abies Cephalonica*, also »Monte Negro«, genannt. Im Norden leben noch wenige Exemplare der fast ausgerotteten Mönchsrobben.
Eine Seltenheit der griechischen Inseln ist, dass Leute zu-, aber nicht abwandern. Kephalonia scheint »in« zu sein, sodass die Einwohnerzahl steigt – sicher auch bedingt durch den wirtschaftlichen Aufschwung.

### Historie

Der Name Kephalonia stammt von Kephalos ab, dem Sohn des Götterboten Hermes. Er soll den Weinbau auf die Insel gebracht haben. Die bekannteste Sorte ist der weiße Robola.
Der Apostel Paulus soll auf seinem Weg von Kreta nach Rom auf der Insel Kephalonia gestrandet sein. (Das ist ihm scheinbar öfter passiert, denn auch von anderen Inseln hört man von seinen Strandungen ...)
Genau wie alle Inseln des Ionischen Meeres war auch Kephalonia wechselnden Einflüssen ausgesetzt. Im 2. Weltkrieg wurde von deutschen Soldaten fast die gesamte Einwohnerschaft getötet, und nach dem schweren Erdbeben 1953 wurde viel zerstört. Heute leben mehr als 40.000 Menschen auf der Insel.

## Phiscardo

38° 27,5'N, 20° 35,0'E

Phiscardo

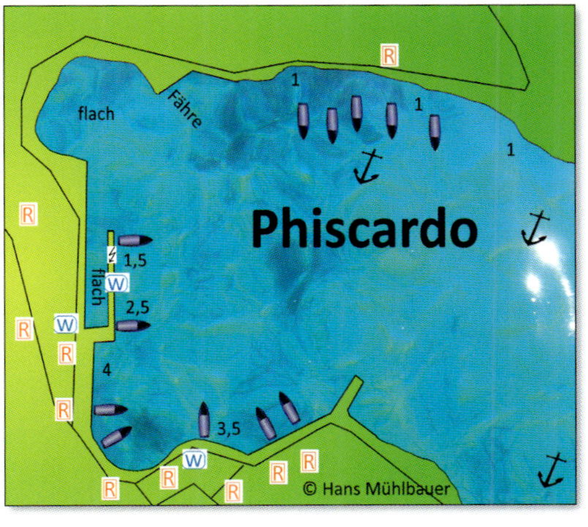

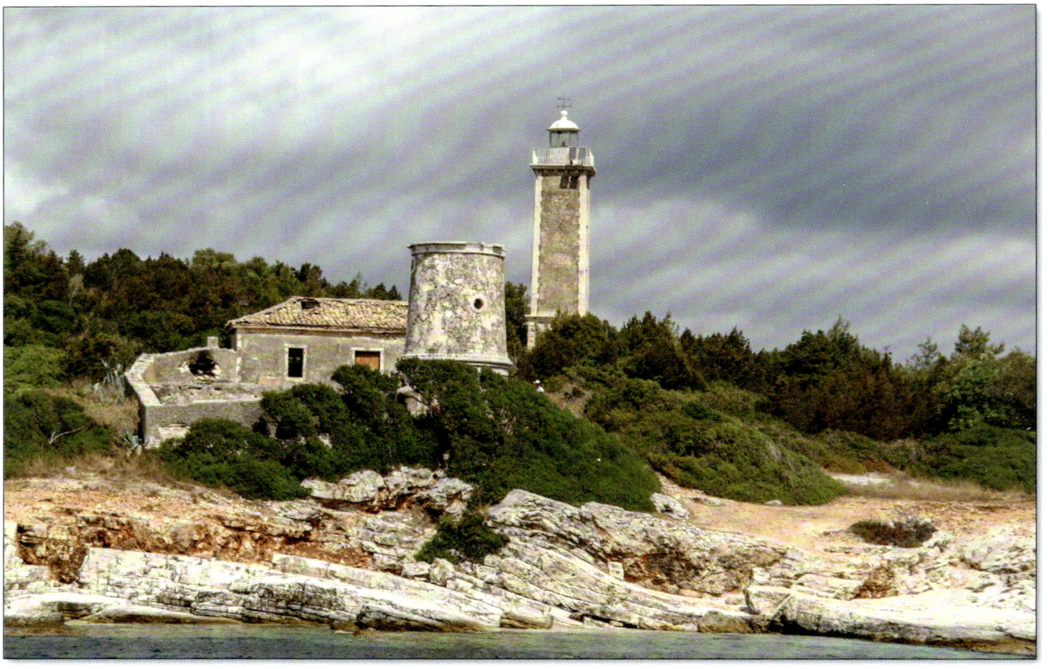

Alt und neu: Die Leuchttürme in der Zufahrt zum Hafen.

## Ansteuerung, Liegeplätze, Ausstattung

Schon aus der Entfernung ist der Leuchtturm und die davor stehende Ruine des alten Leuchtfeuers zu erkennen. Am westlichen Ufer, hinter dem kurzen Wellenbrecher und vor den Tavernen, geht es immer mehr als eng zu. Viele Yachten wollen diesen Ort besuchen. Auch die in dieser Region fast allgegenwärtigen Flottillen machen hier regelmäßig fest. Am Schwimmsteg des nördlichen Ufers bekommt man auch Strom und Wasser. Die Mauer westlich davon ist für die Fähre freizuhalten.

Vor dem unbefestigten Ostufer liegen viele Yachten vor Buganker mit langen Achterleinen zu den Steinen am Ufer. Dieser Platz ist bei Südwind und Regen ungeschützt, ja sogar gefährlich.

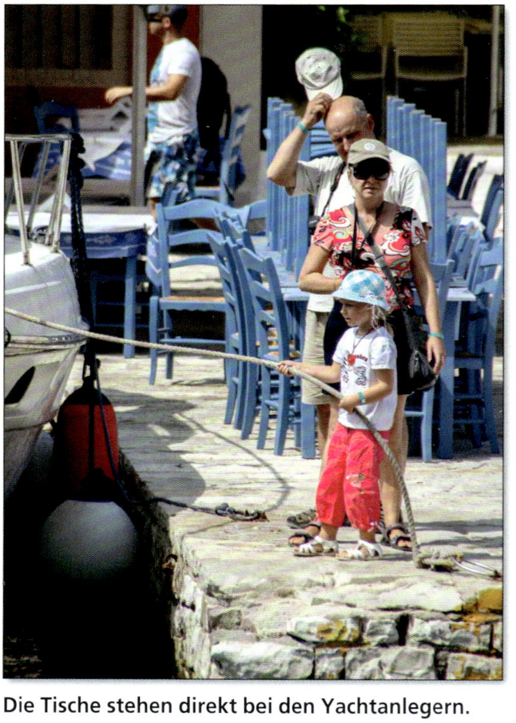

Die Tische stehen direkt bei den Yachtanlegern.

Phiscardo ist wohl einer der bekanntesten Hafenorte des Ionischen Meeres. So wundert es auch nicht, dass Liegeplätze vor der pittoresken Häuserfront in der Saison sehr rar sind und dass auch am nördlichen unbefestigten Ufer viele Yachten liegen. Ein leider nur kurzer Schwimmsteg brachte hier auch keine Besserung. Allerdings ist dies der einzige Platz, an dem Wasser und Stromanschlüsse vorhanden sind. Dafür wird dann auch Liegegeld erhoben.

### Rund um den Hafen

Direkt an der Wasserfront säumen Tavernen, Bars und Shops die Uferpromenade. In der Hochsaison, besonders gegen Abend schieben sich hier See- und Seh-Leute zwischen Tischen, Hauswänden und der Kaimauer hindurch auf der Suche nach Shoppingschnäppchen oder einem Sitzplatz.

Phiscardo ist ein »Must-Have«, also ein Pflichthafen bei einem Törn im Ionischen Meer. Auch der Jet-Set macht hier mal Station. Das wissen leider auch die Gastronomen im Dorf, denn die Preise liegen hier ein Stück höher als sonst in der Region.

### Sehenswertes und Besonderes

> Tipp: Ein kühles und frisch gezapftes Bier bekommt man im »Skipper's Corner« an der Wasserfront. Wer direkt an der Kaimauer liegt, kann sich sein Abendessen von der dazugehörenden Taverne direkt an Bord servieren lassen!

Nicolas, der Wirt der gleichnamigen Taverne, tanzte, als er noch jünger war, jeden Abend gemeinsam mit seinen Gästen den berühmten Sirtaki durch sein Lokal und zwischen den Tischen hindurch. Früher lag seine immer gut besuchte Taverne im Scheitel der Hafenbucht, also im Zentrum des Dorfes. Die Tische standen inmitten einer Mauerruine eines verfallenen Hauses. Das Dach war wohl eingebrochen, sodass lediglich die Außenmauern stehen geblieben waren. Und so saßen die Gäste inmitten einer pittoresken Bau-

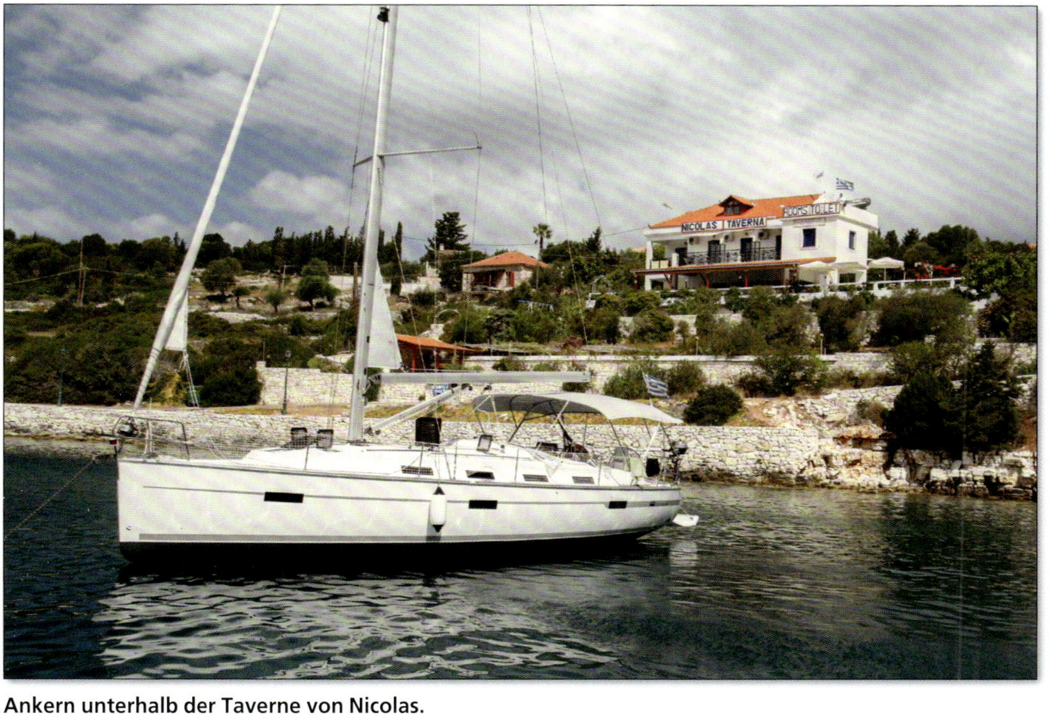


**Ankern unterhalb der Taverne von Nicolas.**

Info: Der Sirtaki ist gar kein echter griechischer Volkstanz.
»Die Schrittfolge des Sirtaki wurde erstmals 1964 zur Filmmusik von Mikis Theodorakis für den Film Alexis Sorbas nach dem Roman von Nikos Kazantzakis choreographiert, angeblich um dem für griechische Tänze wenig begabten Hauptdarsteller Anthony Quinn die Darstellung zu erleichtern ...« – so Wikipeda über den Sirkati: http://de.wikipedia.org/wiki/Sirtaki.
Trotzdem ist dieser Tanz weltweit zum Inbegriff griechischer Lebensart und Tanzkunst geworden – er wird von Tavernenwirten zelebriert und von den Touristen begeistert mitgetanzt.
Der Dreh zu dieser Tanz-Filmszene entstand in der »Antony-Quinn-Bay« (Wie kann es anders sein?), die sonst Ormos Vagion heißt.

ruine, die mit Efeu bewachsen war, in der Ecke ein Feigenbaum ... – kurzum, es war idyllisch und romantisch. Es war wohl dermaßen überwältigend für seine Gäste, dass Nicolas einen Neubau finanzieren konnte: Am Nordufer der Hafenbucht steht nun, mit bestem Blick über das Dorf gegenüber, die neue »Nicolas Taverna«. Noch immer gibt es leckeres Essen, noch immer ist Nicolas da, noch immer ist der »Robola«, der Wein der Insel, der richtige fürs Dinner, aber nicht mehr täglich zeigt Nicolas seine Tanzkünste. Trotzdem, und besonders wegen des herrlichen Blickes, ist die Taverne eine gute Wahl. http://www.nicolas-rooms.com/taverna.htm

## Agios Euphimia

38° 18,1′N, 20° 36,2′E

Agios Euphimia

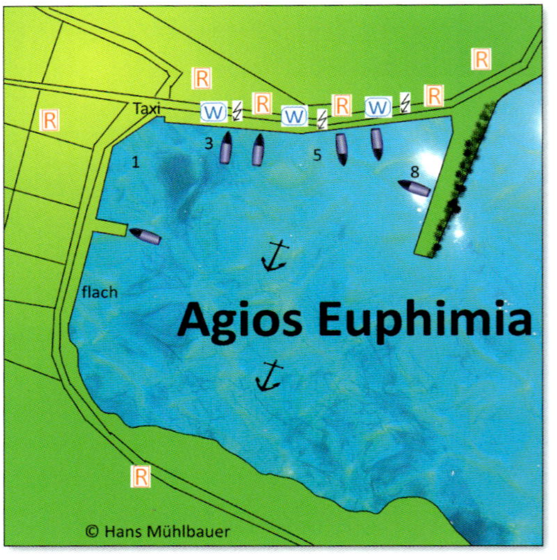


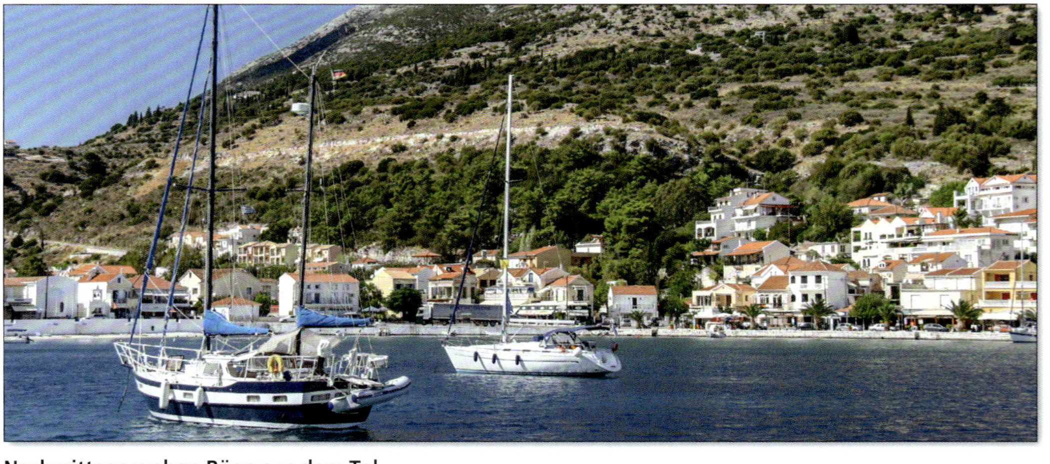

Nachmittags wehen Böen aus dem Tal.

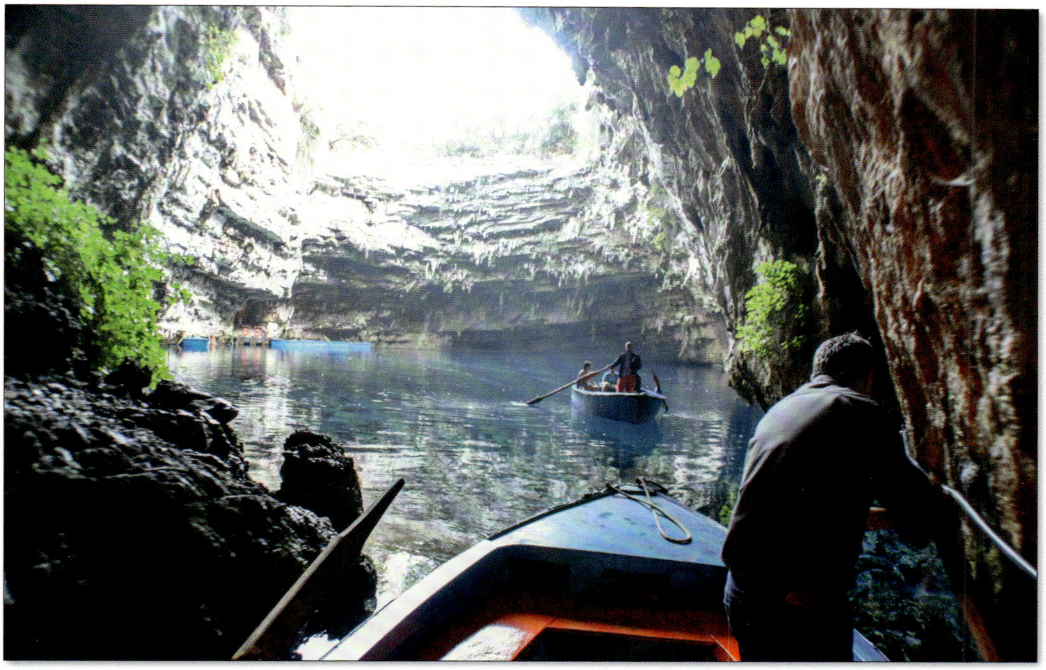

Gespenstisch: Glasklares Wasser und der Himmel.

### Ansteuerung, Liegeplätze, Ausstattung

An der Ostküste von Kephalonia, im nördlichen Teil des Kolpos Samis, liegt der Hafen. Die Ansteuerung ist leicht.

Nachmittags wehen gerne kräftige Winde aus dem Tal heraus und über das Hafenbecken. Das heißt, dass bei der Ansteuerung der Wind direkt auf die Nase bläst und dass er an den Liegeplätzen als Seitenwind weht, das Anlegen also spannend sein kann. Am kostenpflichtigen Nordkai, wo es auch Strom und Wasseranschlüsse gibt, liegen teilweise Steine unterhalb des Wasserspiegels, sodass dort vorsichtig oder besser gleich mit dem Bug voraus angelegt wird. Auf UKW-Kanal 74 kann man sich beim Einlaufen beim Hafenkapitän anmelden.

Die kleine Pier am Westufer ist nur für Dingis geeignet.

Wenn der Hafen voll ist oder wenn der Wind zu stark auf Kai oder Mole bläst, kann man auch frei ankern in der weiten Hafenbucht.

### Rund um den Hafen

Entlang der Uferpromenade reiht sich Taverne an Taverne. Besonders die Fischtavernen werden gelobt. Supermarkt und Geschäfte gibt es oberhalb des Dingianlegers, der auch von einem Bootsverleiher benutzt wird. In einem der dortigen kleinen Hotels kann man auch duschen. In der westlichen Hafenecke gibt es einen Taxistand.

Info: »Entaxi« ist oft zu hören, wenn sich Einheimische unterhalten. Dabei wird mit diesem Wort nicht etwa ein Taxi gerufen, sondern »entaxi« heißt schlicht und ergreifend »in Ordnung«.

### Sehenswertes und Besonderes

Ein Taxi kann man nutzen, um einen kleinen Ausflug zur Höhle von Melissani, einem echten Wunder der Natur, zu unternehmen. Dies

ist keine gewöhnliche Höhle: Eine von einer unterirdischen, gigantischen »Luftblase« im Gestein vor langer Zeit kreisrund eingestürzte Decke gibt den Blick auf den Himmel frei. Die Höhle ist am Grund mit Wasser gefüllt, das spannenderweise durch unterirdische Kanäle von der anderen Seite der Insel, von Argostolion her, den unterirdischen See speist. Die Besucher werden mit Kähnen über diese glasklare Wasserfläche gerudert, in der sich die Sonnenstrahlen tausendfach spiegeln, die zusätzlich von den hoch aufragenden Höhlenwänden reflektiert werden. Die Höhle von Melissani ist etwa sieben Kilometer von Agios Euphimia entfernt und liegt beim Dorf Karavomillos, nahe der Straße nach Sami. Sie ist es wert, besichtigt zu werden.
Einen halben Kilometer weiter in Richtung Sami fließt das Wasser des unterirdischen Sees in einen Ententeich und neben einem lauschigen Restaurant unter Bäumen schließlich ins Meer.

## Sami

38° 15,3'N, 20° 38,9'E

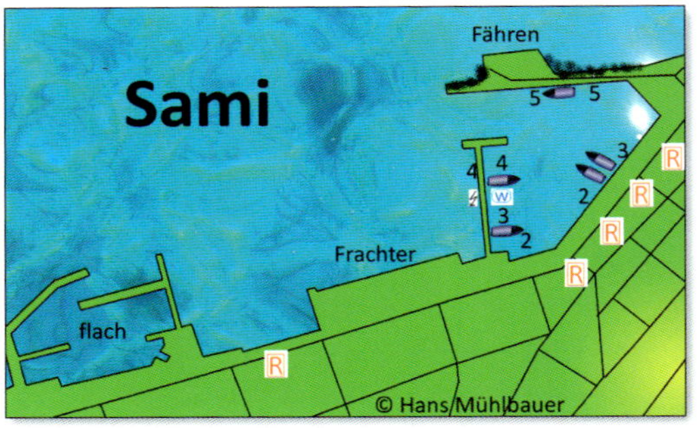


### Ansteuerung, Liegeplätze, Ausstattung

Der Hafen ist schon aus der Distanz wegen der vielen Häuser des Städtchens gut erkennbar. Oft liegt eine Fähre vor dem Hafen, denn der Fährhafen Sami verbindet die Insel mit den Nachbarinseln und mit dem Festland.
So sind auch die Liegeplätze an der Nordmole laut und staubig, denn hier werden die Fährschif-

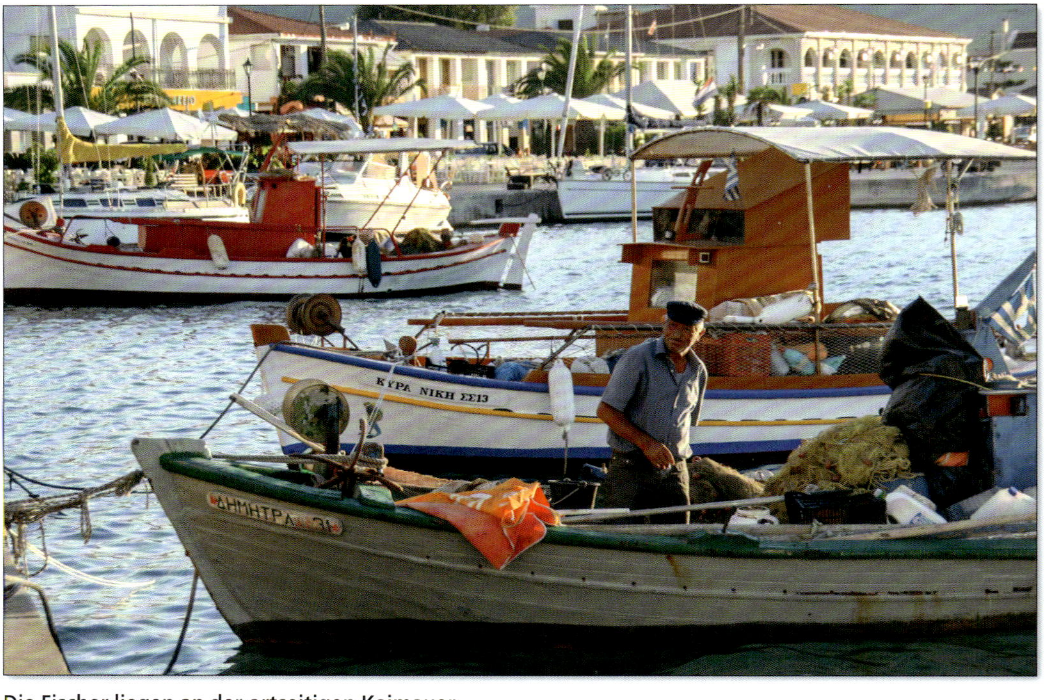


**Die Fischer liegen an der ortseitigen Kaimauer.**

fe be- und entladen. Dort stehen die Gebäude der Behörden. An der westlichen nordwärts gerichteten Mole befinden sich die Yacht-Liegeplätze.
Leider steht im Hafenbecken ein unangenehmer Schwell, der sich erst gegen Abend legt. Die Hafeneinfahrt ist nach Nordwest offen, sodass der sich durch den strammen Nachmittagswind aufbauende Seegang die Hafenlieger zum Schaukeln bringt.
Auch vor dem landseitigen Kai kann man zwischen einigen Fischerbooten direkt vor den Tavernen festmachen.
Wer eine Bastelarbeit nicht scheut, kann einen der massiv-gusseisernen Bodendeckel auf der Mole öffnen. Darunter befinden sich Wasserleitungen und Hähne, deren Anschlüsse sich allerdings meist erst mit einer »fantasievollen Adapterkonstrukion« mit dem bordeigenen Wasserschlauch verbinden lassen. Lohn der Arbeit sind volle Wassertanks zum Nulltarif. Ein Tanklaster mit Diesel kommt gegen Abend zur Pier.

Einige hundert Meter westlich des Haupthafens wurde ein zweites Hafenbecken gebaut, das besser gegen den Schwell geschützt ist. Hier liegen die Boote der Einheimischen. Nur flachgehende Yachten können versuchen, ein Plätzchen zu ergattern.

### Rund um den Hafen

An der Hauptstraße in der zweiten Reihe hinter der Wasserfront geht's zum Bummeln und Einkaufen. Es gibt einen Supermarkt, Bäcker, Metzger und auch sonst noch alles, was der Reisende benötigt, denn viele Touristen kommen ja wegen der Fährverbindung hierher.
Dicht westlich des Hafens liegen einige ganz reizvolle Tavernen direkt am Ufer. Die Stühle stehen unter Eukalyptusbäumen, der Lärmpegel ist niedriger und die Preise auch ein wenig. Am

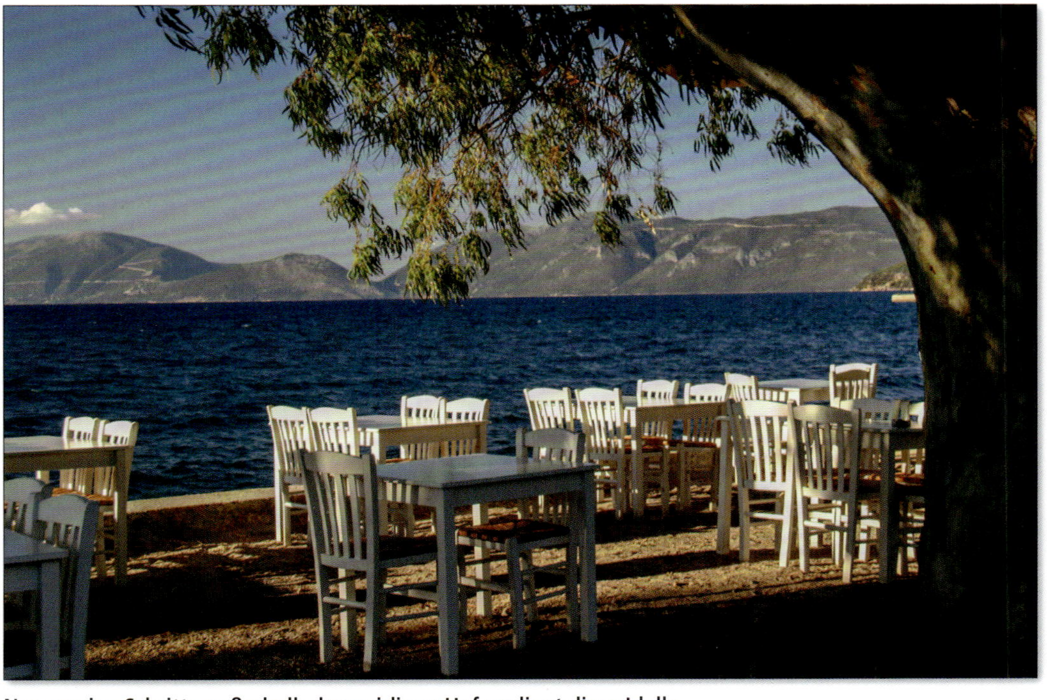

**Nur wenige Schritte außerhalb des quirligen Hafens liegt diese Idylle.**

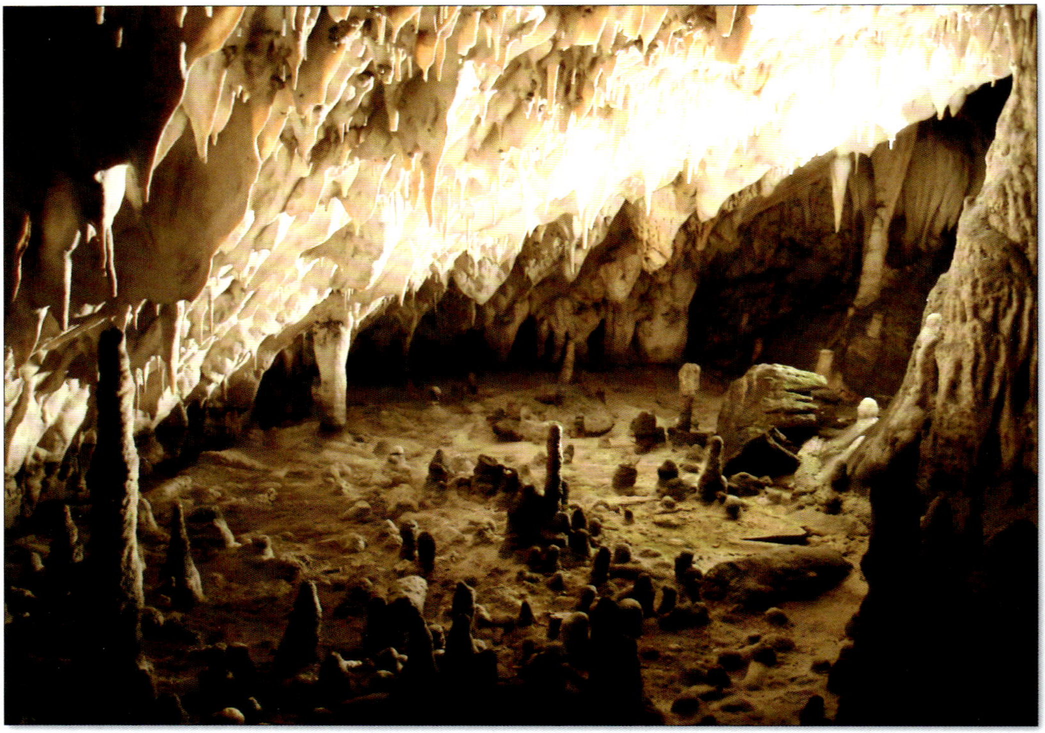

... wenn jetzt noch die Musik dazu spielt ...

Ende dieses Kiesstrandes steht frei zugänglich eine Dusche am Strand.

### Sehenswertes und Besonderes

Die Überreste einer aus der Römerzeit stammenden antiken Stadtmauer kann auf den beiden Hügeln oberhalb der Stadt besichtigt werden, ebenfalls das Ausgrabungsgelände hinter der Post (O. T. E.) mit römischen Thermen und Bodenmosaiken.

Wenige Kilometer südlich der Stadt Richtung Argostoli, inmitten einer weiten Ebene mit Olivenhainen, liegt in der »Unterwelt« die Höhlenkammer der sehenswerten Drogarati-Höhle. Bis zu drei Meter lang sind die Stalaktiten. Die Akustik in dieser unterirdischen Halle ist so gut und außergewöhnlich, dass dort immer wieder klassische Konzerte stattfinden.

Wer schon im Hinterland per Motorroller, Mietwagen oder Taxi unterwegs ist, sollte noch einen Abstecher zum Fuß des Aenos machen, dem mit über 1600 Metern höchsten Berg der Insel, und dort das riesige Kloster Agiou Gerasimou besuchen. Es ist nach dem Inselheiligen benannt, der hier begraben ist. Zu seiner Grabstätte, die nur durch eine schmale Luke im Boden der Wallfahrtskirche und über eine steile Leiter die Gruft hinunter erreichbar ist, pilgern besonders am 20. Oktober, an seinem Todestag, tausende Gläubige.
Wer statt mit dem Kloster lieber mit anderen geistlichen Dingen zu tun hat und wer den besonderen Wein der Insel »Robola« verkosten möchte, der sollte sich in den Tavernen der Dörfer rund um das Kloster niederlassen oder die Winzer-Kooperative besuchen. Sie liegt nahe beim Kloster, der Weg ist beschildert, und auch

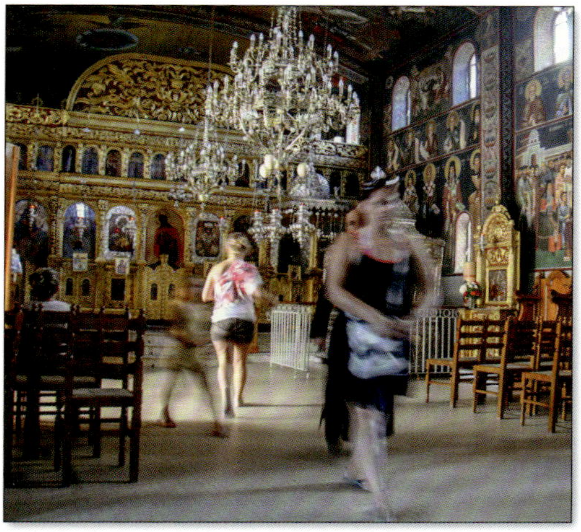

Die reich geschmückte Klosterkirche – ein viel besuchtes Pilgerziel.

dort kann man eine Weinprobe machen und seinen Bordvorrat auffüllen.

## Antisami

38° 16,3'N, 20° 41,0'E

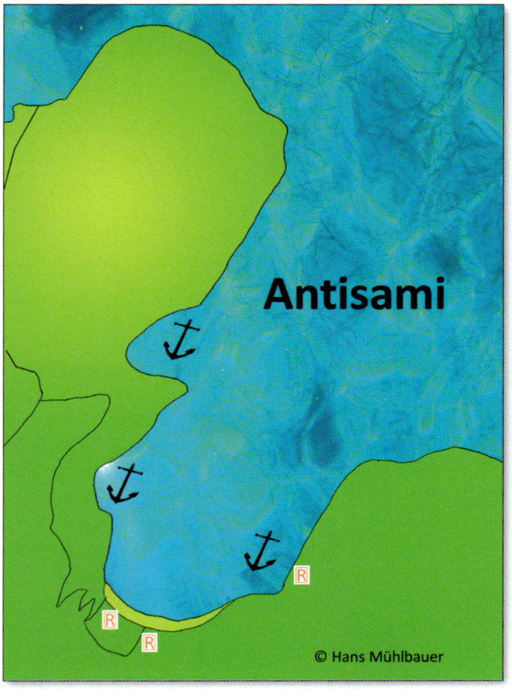


**Ansteuerung, Liegeplätze, Ausstattung**

Wem es im Hafen von Sami zu eng und zu windig ist, kann in einer knappen Stunde die nach Osten offene Bucht Antisami erreichen. Erst recht weit innen werden die Wassertiefen als Ankergrund brauchbar. Wer dicht vor dem Scheitel ankern will, muss dies außerhalb der Bojen-Absperrung für die Schwimmer machen, denn die fühlen sich trotz des langen Strandes, der eigentlich genügend Platz für einige wenige Schwimmer bietet, doch schnell »bedrängt«. Am südlichen Ufer sind die Wassertiefen moderat und man kann in der Nähe der mit bunten Fahnen gekennzeichneten Wassersportbasis frei ankern. Anlegemöglichkeiten gibt es in der weitläufigen Bucht nicht.

**Rund um den Hafen**

An der Wassersportstation ist der Abstand zu den manchmal ordentlich lauten Beachbars groß genug, um Schlaf zu finden. Denn auch abends wird hier in der Saison noch gefeiert.

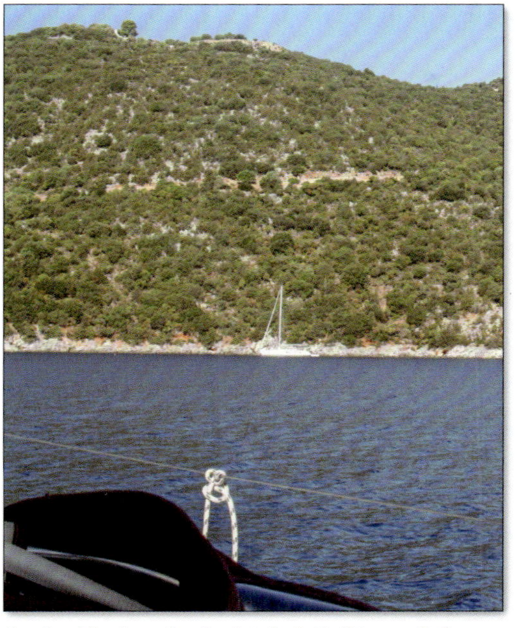

An den Flanken der Bucht sind die Wassertiefen moderat.

### Sehenswertes und Besonderes

Nachmittags und abends fegen zum Teil heftige Böen aus dem Scheitel der Bucht von den Bergen herunter, und so manche Yacht schwoit kräftig hin und her. Je später der Abend, desto abflauender sind glücklicherweise die Winde. Und auch die Lautstärke der Lautsprecher mäßigt sich, sodass man hier relativ ungestört schlafen kann.

## Poros

38° 9,2'N, 20° 46,9'E

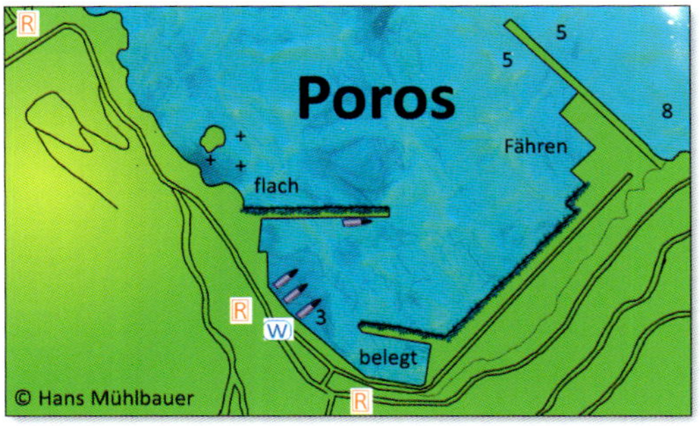


### Ansteuerung, Liegeplätze, Ausstattung

Oberhalb des Hafens ist der Kirchturm hinter weißen Betonhäusern schon von Weitem ersichtlich. Die Einfahrt ist befeuert, denn Poros verbindet als Fährhafen die Insel Kephalonia mit Killini auf der Peloponnes, und somit mit dem Festland. Diese Fährschiffe legen am inzwischen zur Kaianlage ausgebauten Südostufer an. Sog und Schwell der ein- und auslaufenden Fähren erreichen nun nicht mehr die Yachtliegeplätze, die sich am südwestlichen und westlichen Kai befinden. Hinter der Westmole liegen einheimische Kutter und Ausflugsdampfer. Im vollends geschützten Innenhafen wird zwischen den einheimischen Booten selten ein Plätzchen frei sein. Man liegt wie üblich vor Buganker.

### Rund um den Hafen

Es gibt ein oder zwei Wasserhähne am Kai. Rund um den Hafen gibt es einen Schnellimbiss, den Verkaufsstand für die Fährtickets und einige Tavernen. Erst im eigentlichen Ort Poros

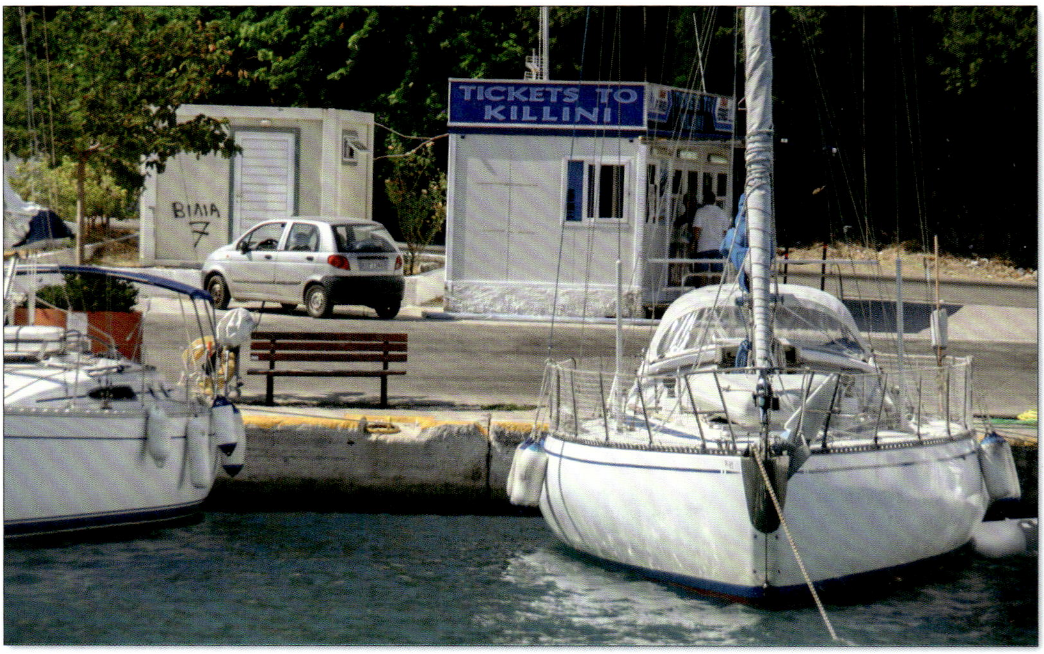


»Großraumbüro« der Reederei.

– zehn Gehminuten nordwestlich gelegen – ist alles zu finden, was der Yachtie benötigt. Dort befinden sich auch der Strand und die meisten Hotels, wenn auch der Ort nicht den Anschein von Massentourismus macht – zum Glück.

### Sehenswertes und Besonderes

Es soll hier besonders viele Fische geben, sodass Schnorchler entlang der Klippen und Felswände interessante Entdeckungen machen können. Ein Stück landeinwärts an der Hauptstraße sind die Mykenischen Gräber von Tzanata aus der Zeit von 1350 v. Chr. zu bewundern. Nördlich der Hauptstraße und 500 Meter über dem Meer liegt das bekannte Kloster Iperagias Theotokou Atrou, zu dem man nach gut zwei schweißtreibenden Stunden Fußmarsch gelangt. Früher musste man an einer acht Meter langen Strickleiter und durch ein Loch im Boden zum imposanten Wehrturm und ins Kloster hinaufklettern – heute ist es leichter, den fantastischen Ausblick von dort oben zu erleben.

## Argostolion

38° 11,7'N, 20° 29,0'E

Argostolion

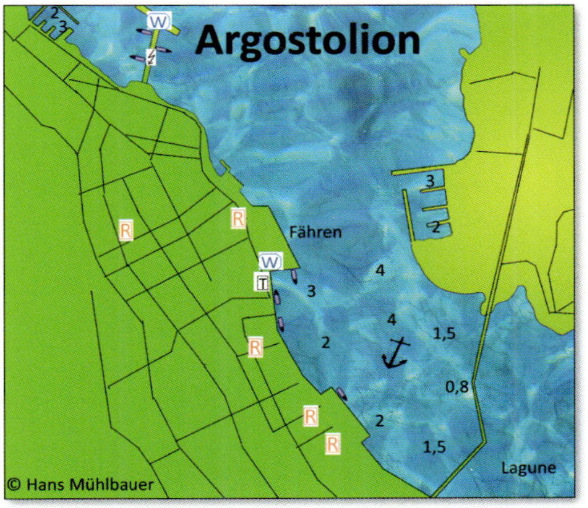


### Ansteuerung, Liegeplätze, Ausstattung

Die Insel-Hauptstadt liegt auf einer nach Norden gerichteten Halbinsel im Golf von Argostoli im

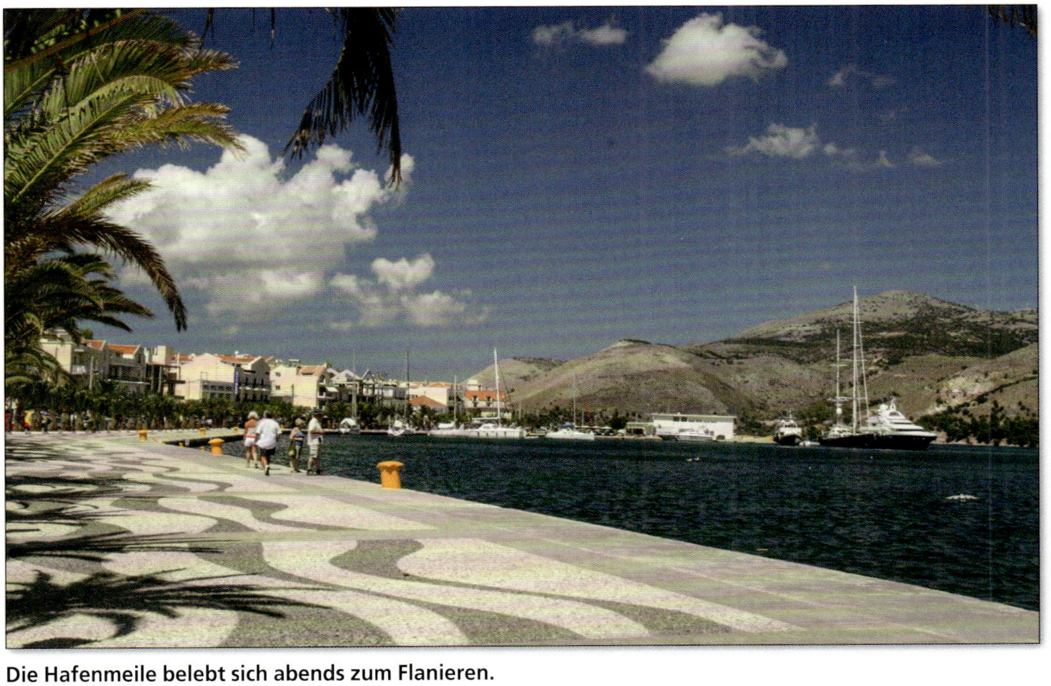

**Die Hafenmeile belebt sich abends zum Flanieren.**

Südwestteil der Insel Kephalonia. Man fährt mit nördlichen Kursen mittig in den breiten Golf ein, rundet die Nordspitze der Halbinsel mit ihrem einem Rundtempel gleichendem Leuchtturm und steuert mit südöstlichem Kurs die Stadt an.

Südlich des Fähranlegers liegen vor der Geschäftsstraße die Yachtliegeplätze. In der westlichen Ecke nahe der Tankstelle gibt es auch einen Wasserhahn. Dicht nördlich des Ortskerns gibt es ein kleineres Hafenbecken, in dem einheimische Boote und Yachten liegen. Manchmal ist hier auch ein Liegeplatz frei.
Über freie Plätze braucht sich die neu-errichtete Marina keine Gedanken zu machen. Lediglich eine einzige Superyacht war an der neuen, T-förmigen Anlegepier zu sehen, die hinter dem ultramodernen Gebäude der Tourist-Information in die Bucht ragt. Die Damen dort sind sehr hübsch, aber nicht von der Insel und kennen sich dementsprechend nicht gut genug aus, um Fragen beantworten zu können ... schade. Die Versorgungssäulen am Marinapier waren dauerhaft mit schützenden Säcken überstülpt – nach einer baldigen Inbetriebnahme der Anlage sah es 2012 noch nicht aus.

So auch am anderen Ufer: Am Ostufer des Golfes, gegenüber von Argostolion, wurde schon vor einigen Jahren eine neue Yachthafenanlage für mehrere hundert Yachten gebaut. Wellenbrecher und Betonstege sind fertiggestellt, es liegen auch einige Yachten, Kutter und Boote an den Stegen, aber die Marina ist bislang nicht in Betrieb genommen worden. Marinagebäude, sanitäre Anlagen oder Werkstätten sucht man vergebens.

Wer den Trubel der doch etwas größeren, quirligen Stadt nicht haben will, kann im südlichen Teil der Bucht einfach frei ankern.

**Rund um den Hafen**

Argostoli bietet alle Versorgungsmöglichkeiten in unmittelbarer Umgebung der Liegeplätze vor der Stadt. Flachgehende Yachten können sogar vor dem Supermarkt, der direkt am Ufer liegt, zum Bunkern anlegen.
An der Hafenstraße spielt sich das Leben ab: Tagsüber geht es geschäftig zu – abends wird dort diniert und flaniert. Reichlich Gelegenheit dazu geben zahlreiche Cafés und Bars auf dem zentralen Valianouplatz.

**Sehenswertes und Besonderes**

An der Nordspitze der Halbinsel, in unmittelbarer Sichtweite zum Leuchtturm, steht ein großes Wasserrad, das sich langsam dreht. Es wird vom

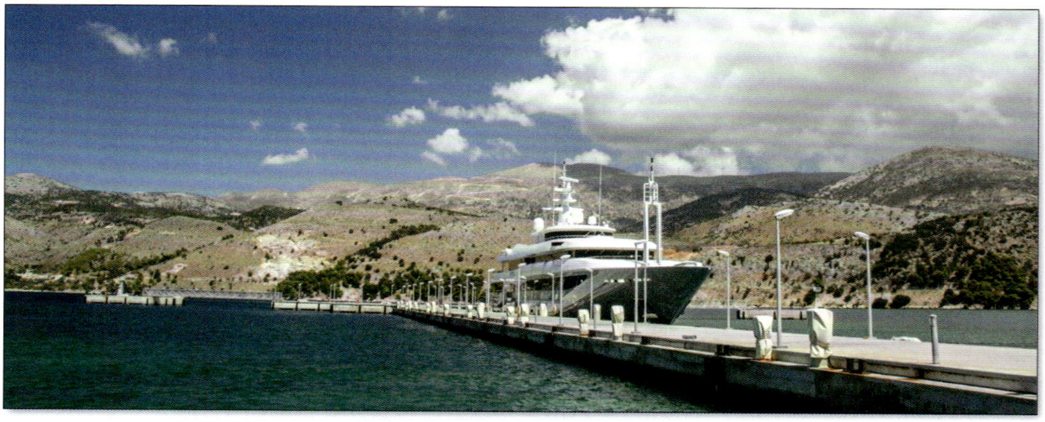

**Die bislang einzige Yacht in der nagelneuen Marina.**

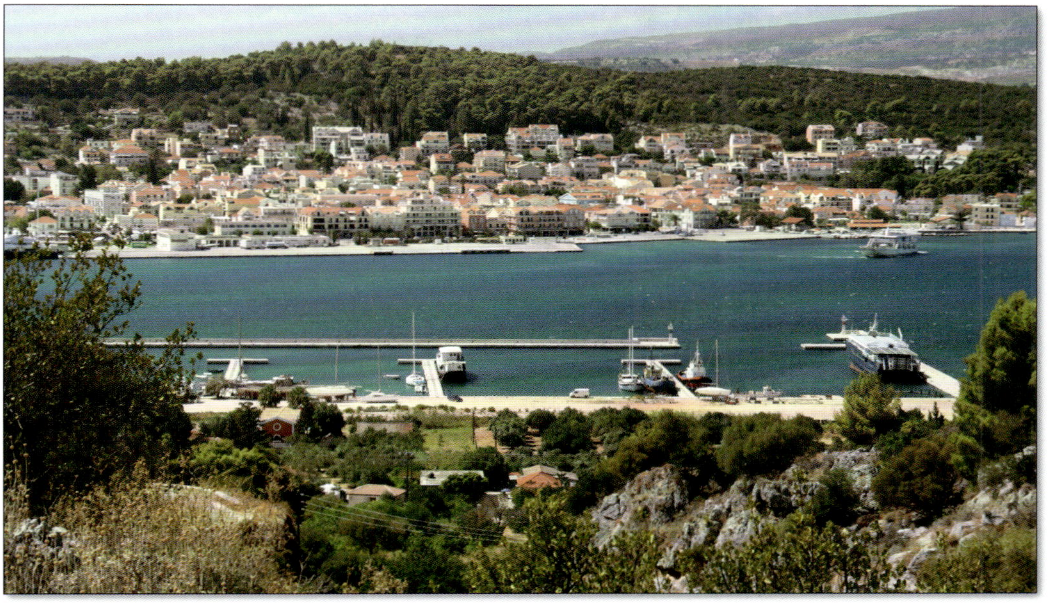

Der halb fertiggestellte Yachthafen gegenüber der Stadt.

Meerwasser angetrieben, das hier durch einen schmalen Kanal fließt und schließlich in einer dunklen Spalte im Boden verschwindet. Genau dieses Wasser kommt im unterirdischen See von Melissani wieder zum Vorsprung – einige Meter über dem Meeresspiegel (!), bevor es sich dann am Ostufer der Insel wieder ins Meer ergießt. Ein Kuriosum, das durch unterirdische Wasserkanäle, in denen sich Süß- und Salzwasser mischen, eine andere Dichte und somit »Auftrieb« erhalten, zu erklären ist.

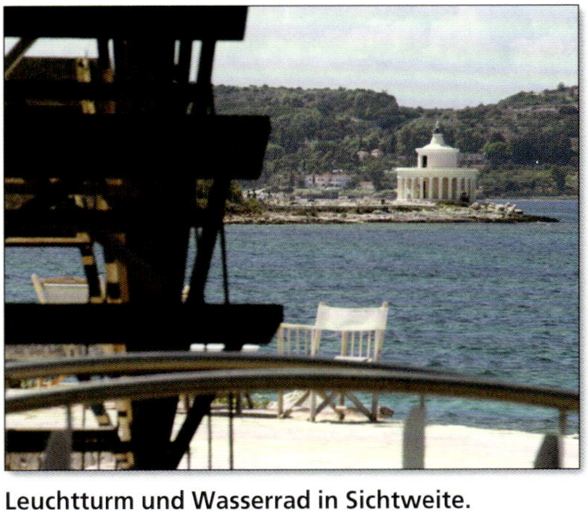

Leuchtturm und Wasserrad in Sichtweite.

Beim Wasserrad befindet sich ein ultramodernes und deutlich teureres Restaurant.

Auch der Flughafen ist nicht weit von der Stadt entfernt. Es gibt regelmäßige Verbindungen nach Athen und sogar Direktflüge von Deutschland.

Wer eine Inselrundfahrt plant, kann diese natürlich von hier aus unternehmen. Das gewaltige Kloster Agiuo Gerasimou, benannt nach dem Inselheiligen, liegt ebenso auf dem Weg wie die beiden Höhlen von Melissani und Drogarati, die Mykenischen Gräber bei Poros und der berühmte Mirtos-Beach, der griechische Vorzeigestrand an der extrem steilen und zerklüfteten Westküste. Wer nicht nach Assos segeln kann, sollte sich das idyllische Dörfchen zumindest vom Land aus angucken – genauso wie Phiscardo ganz im Norden der Insel. Alle diese Ziele ergeben einen strammen Tagestrip.

Wer auch noch den Westen der Insel, also die Halbinsel Paliki, erkunden möchte, benutzt am besten die oft verkehrende Fähre nach Lixouri, denn es dauert lange, mit dem Auto um den gesamten Golf von Argostoli herumzufahren. Oder man segelt einfach mit der eigenen Yacht hinüber.

## Lixouri

38° 12,0'N, 20° 26,8'E

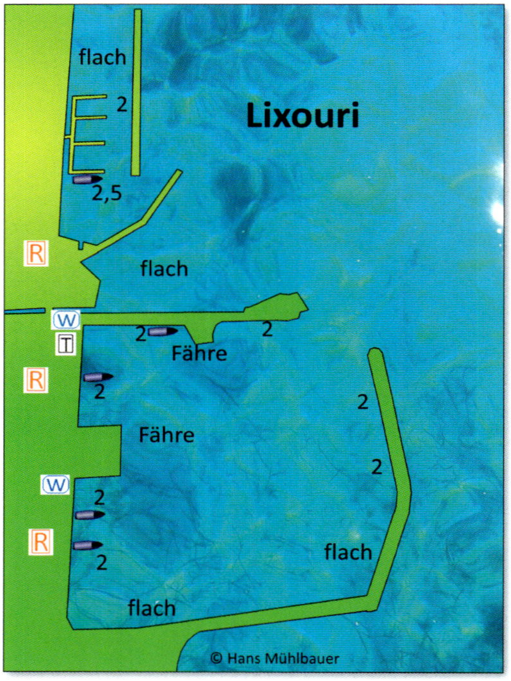


### Ansteuerung, Liegeplätze, Ausstattung

Der Hafen ist an der Westseite des Golfes von Argostoli. Nach Passieren der befeuerten Molenköpfe liegen die Yachtliegeplätze am Westkai des Hafenbeckens nördlich und südlich des Fähranlegers. Am Fuß der Nordmole gibt es einen Wasserhahn und ein Toilettenhäuschen, das allerdings eher als Abstellraum genutzt wird. Auch eine wenig einladende Dusche steht hier. Diese bekommt man an der Tankstelle in der Nordwestecke.

Der Ankergrund besteht aus Schlick und hält nicht besonders gut. Der südliche Hafenteil ist flach. Im nördlich gelegenen Hafenbecken, in dem einige Fingerstege installiert wurden, kann man nach einem Liegeplatz Ausschau halten. Man fährt von Süden in das Becken hinein. Der Nordteil ist flach.

### Rund um den Hafen

Lixouri ist eine moderne Stadt, die nach dem Erdbeben von 1953 wieder neu aufgebaut wurde. An der Hauptstraße, die in etwa 100 Meter Abstand parallel zur Uferpromenade liegt, gibt es viele Geschäfte.

### Sehenswertes und Besonderes

Schon dicht südlich der Stadt findet man den ersten Badestrand. Im gesamten Süden der Paliki-Halbinsel reiht sich ein schöner Strand an

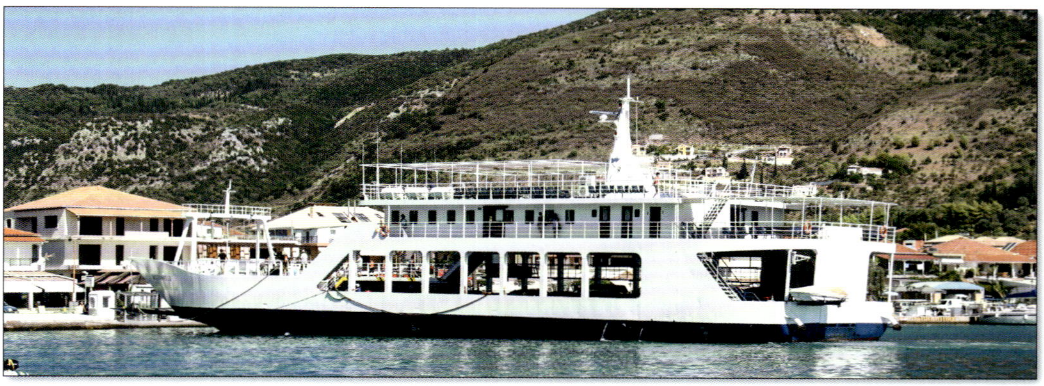

**Fährverkehr ist ratsam, denn der Weg auf der Straße um den Golf ist lang.**

den anderen. Die Westküste ist steil und schroff und somit auch fast unbewohnt.
Auch von Lixouri kann man mit dem Auto zur Inselrundfahrt starten.

## Assos

38° 29,9'N, 20° 32,4'E

Assos

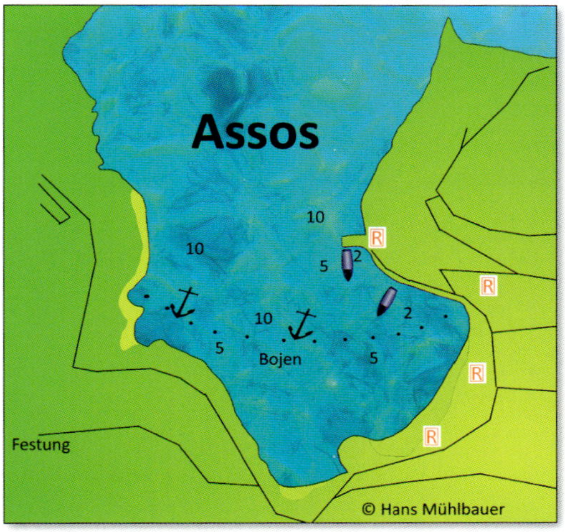


**Ansteuerung, Liegeplätze, Ausstattung**

An der einsamen und schroffen Nordwestküste von Kephalonia liegt dieser Naturhafen. Es brennen keine Feuer, sodass man nur tagsüber einlaufen sollte. Hinter dem kurzen Wellenbrecher bleibt nur Platz für eine Handvoll Gastyachten im Schwell des Nachmittagswindes. Weiter innen liegen die Boote der Fischer vor der Kaimauer. Im westlichen Teil der Bucht liegen man mit Bug-

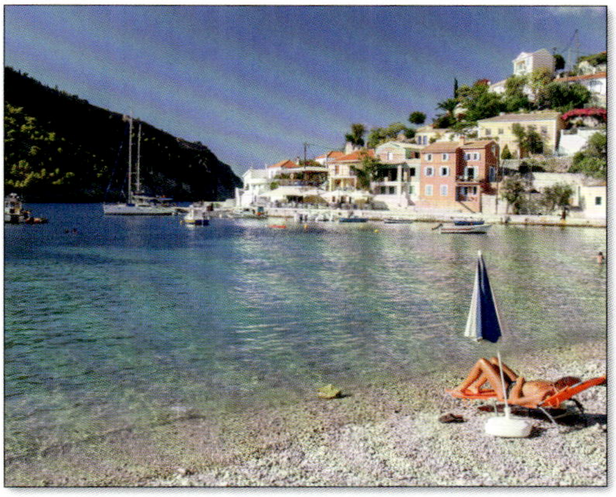

**Schon manches Crewmitglied wollte sich hier niederlassen.**

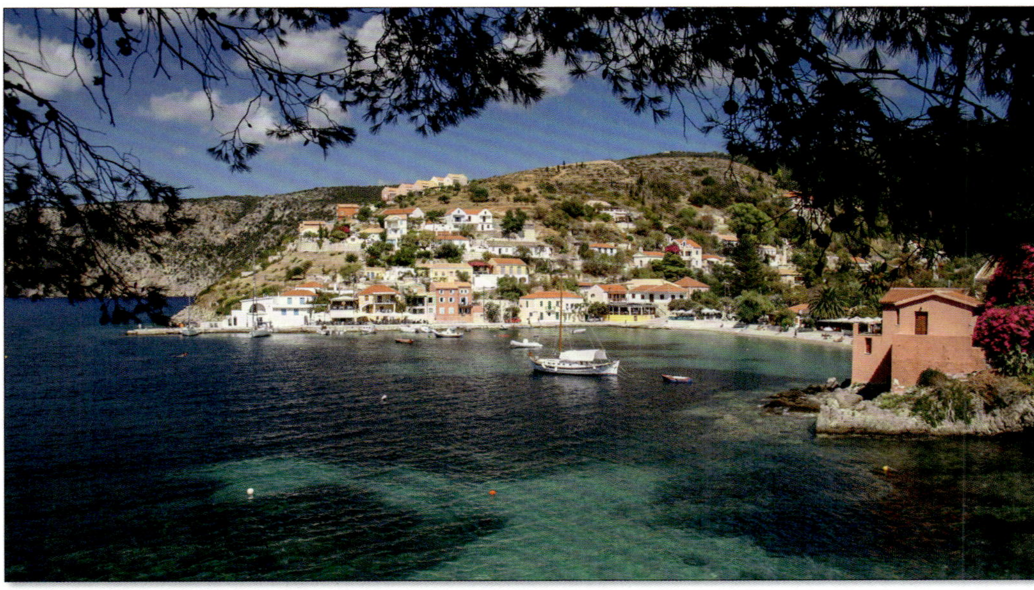

**Der südliche Buchtteil ist mit Bojen für die Schwimmer abgetrennt.**

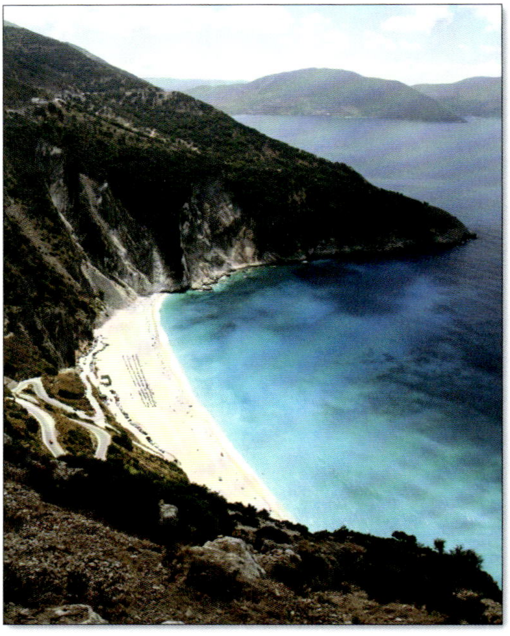

**Berühmtes Fotomotiv: der Strand von Mirtos.**

anker und Landleinen relativ sicher, wenn auch etwas schaukelnd.

### Rund um den Hafen

Gleich neben dem Anleger hat sich das einst kleine Café zur ausgewachsenen Taverne gemausert. Der kiesige Badestrand vor dem Dorf geht fließend über zu den Tischen und Stühlen der Tavernen, die unter den alten Bäumen aufgestellt sind.

Am schattigen Dorfplatz treffen sich Einheimische wie Touristen im Kafenion, um hier die Mittagshitze abzuwarten und um in den umliegenden kleinen Läden einzukaufen.
Assos ist ein Ort der Ruhe und Besinnung. Die Uhren ticken hier langsamer. So manche Seglercrew hat hier schon einen unverhofften Tagesstopp eingelegt, um dieses besondere Flair aufzunehmen und in dieser sanften Schwingung zu entspannen.

### Sehenswertes und Besonderes

Von Assos aus windet sich eine schmale Serpentinenstraße den Berg hinauf bis zur gut ausgebauten Küstenstraße. An dieser Kreuzung liegt auch die Bushaltestelle für den Inselbus – man muss also zuerst den Berg zu Fuß erklimmen, oder statt mit dem Bus mit dem Auto fahren. Nur wenige Kilometer südlich erwartet den Reisenden einer der besten Ausblicke ganz Griechenlands: der Blick hinunter nach Ormos Myrtos, zum berühmten Myrtos Beach! Die steilen, kahlen und dunklen Felswände umspielen den schneeweißen Kiesstrand und das glasklare türkisblaue Wasser. Eine kurvige Straße führt hi-

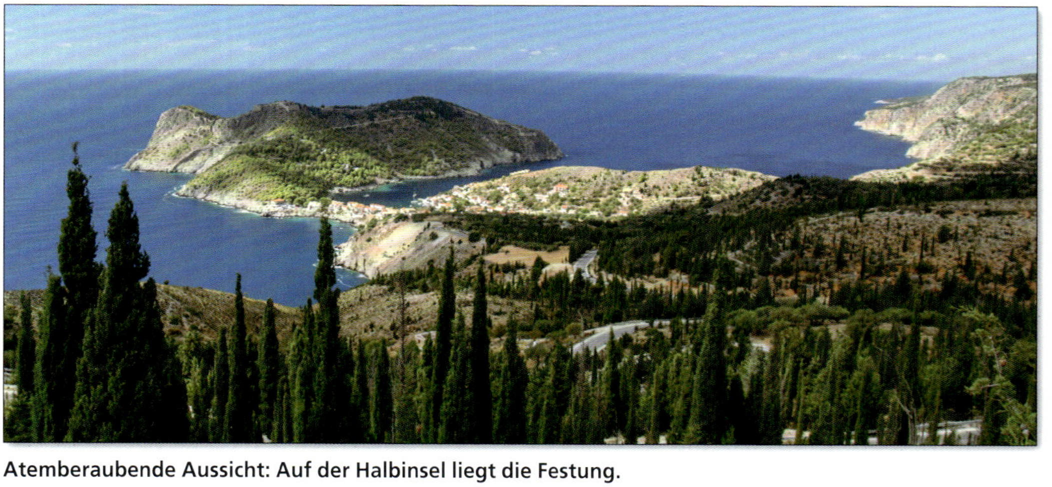

**Atemberaubende Aussicht: Auf der Halbinsel liegt die Festung.**

nunter zum Traumstrand, wo an einem Teilstück eine Taverne, Liegestühle und Sonnenschirme auf Kundschaft warten.

Wer nur zwei Kilometer weit wandern möchte, erklimmt vom Dorf Assos aus die vorgelagerte Halbinsel mit ihrer imposanten Festung aus dem 16. Jahrhundert. Gebaut wurde sie ursprünglich als Schutz vor Piraten. Das Meer rundum und die steilen Klippen machten diese Burg uneinnehmbar. Der Blick über die Hafenbucht und hinüber zur Steilküste ist sensationell.

# Atokos

One House Bay: 38° 29,1'N, 20° 49,5'E

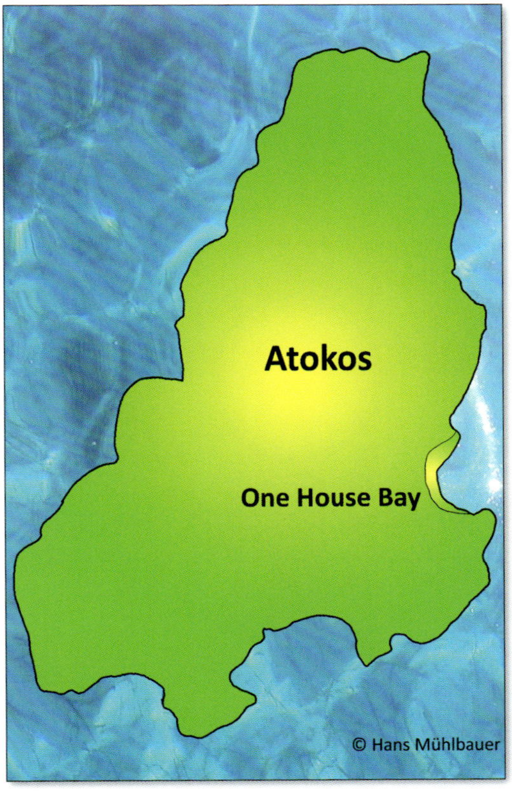


**Wissenswertes**

Für nur 1,10 Euro pro Quadratmeter (Verhandlungsbasis) ist die gut 300 Meter hohe und 4,5 Quadratkilometer große und unbewohnte Insel zu haben – bei 45 Millionen Euro steht also die Offerte. Wen die Insel als Eigentum interessiert, meldet sich gerne für Informationen und Hilfe beim Autor.

## One House Bay

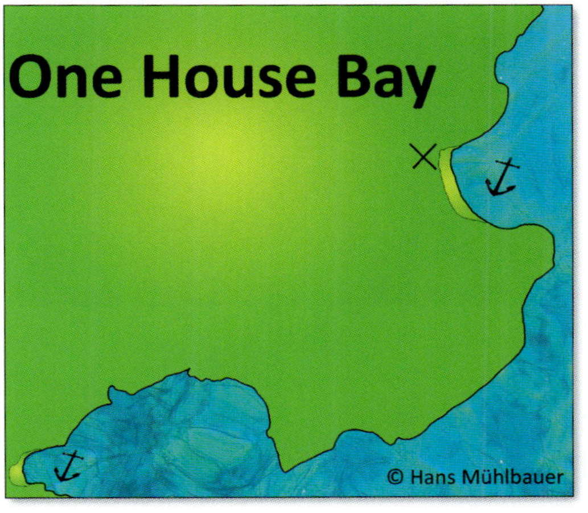


**Ansteuerung, Liegeplätze, Ausstattung**

Wer von Ithaka Richtung Astakos oder umgekehrt segelt, kommt direkt an dem Inselchen vorbei und sollte unbedingt einen Stopp einlegen. An der Ostküste von Atokos – das heißt »unfruchtbar, ungeboren«, wegen der kargen Vegetation – gibt es eine wunderbare Ankerbucht mit gut haltendem Sandgrund vor einer imposanten Felskulisse: die One-House-Bay, wobei noch ein kleines Kirchlein im Scheitel der Bucht liegt. In der Saison gönnen sich mehrere Yachten diese einzigartige Umgebung – sonst liegt man oft alleine hier.
Auch an der Südküste gibt es einen Einschnitt, der für einen erfahrenen Skipper, der das Experiment wagt, passend zum Ankern sein kann.

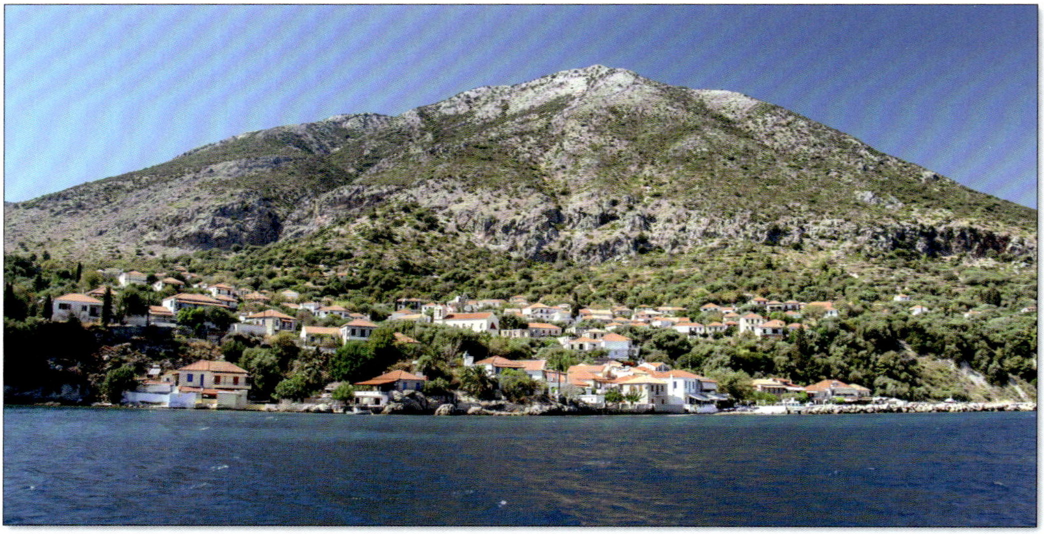

Der Berg weist den Weg zum Hafen.

### Rund um den Hafen

Der Ankerplatz unterhalb der senkrechten Felswände ist spektakulär. An Land liegt ein sauberer Kiesstrand, zu dem die hier frei streunenden Ziegen immer mal kommen. Ein Hirte besucht sie alle paar Tage mit seinem Boot, um nach ihnen zu sehen.

### Sehenswertes und Besonderes

Entlang der Südküste sind Höhlen zu erkunden. Mangels genügend seichtem Ankergrund kann eine Yacht – mit einem guten Rudergänger an Bord – dicht vor der Küste treiben und die Crew, mit Flossen und Taucherbrillen bewaffnet, schwimmend zu den Höhlen hinüber gelangen.

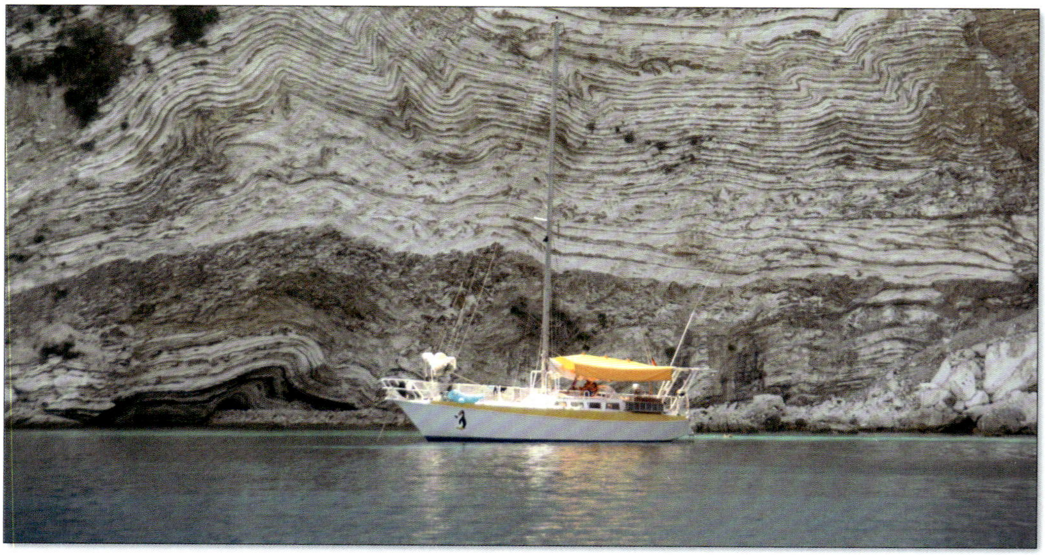

Spektakulärer Ankerplatz am Südufer der Bucht.

In ihnen erlebt man das »Deep Blue«, die »Blue Grotto« mit wunderschönen Lichtspielen. Diese Schnorchelexkursion ist nur bei ruhigem Wetter zu empfehlen – zu groß ist sonst die Gefahr, dass die Schnorchler im Seegang mit den scharfen Felsen unangenehme Bekanntschaft machen.

# Kalamos

**Wissenswertes**

Kalamos ist eine kleine, dafür mit 750 Metern sehr hohe Insel nahe beim griechischen Festland. Sie liegt etwas abseits der üblichen Yachtströme und ist genau deshalb so interessant.

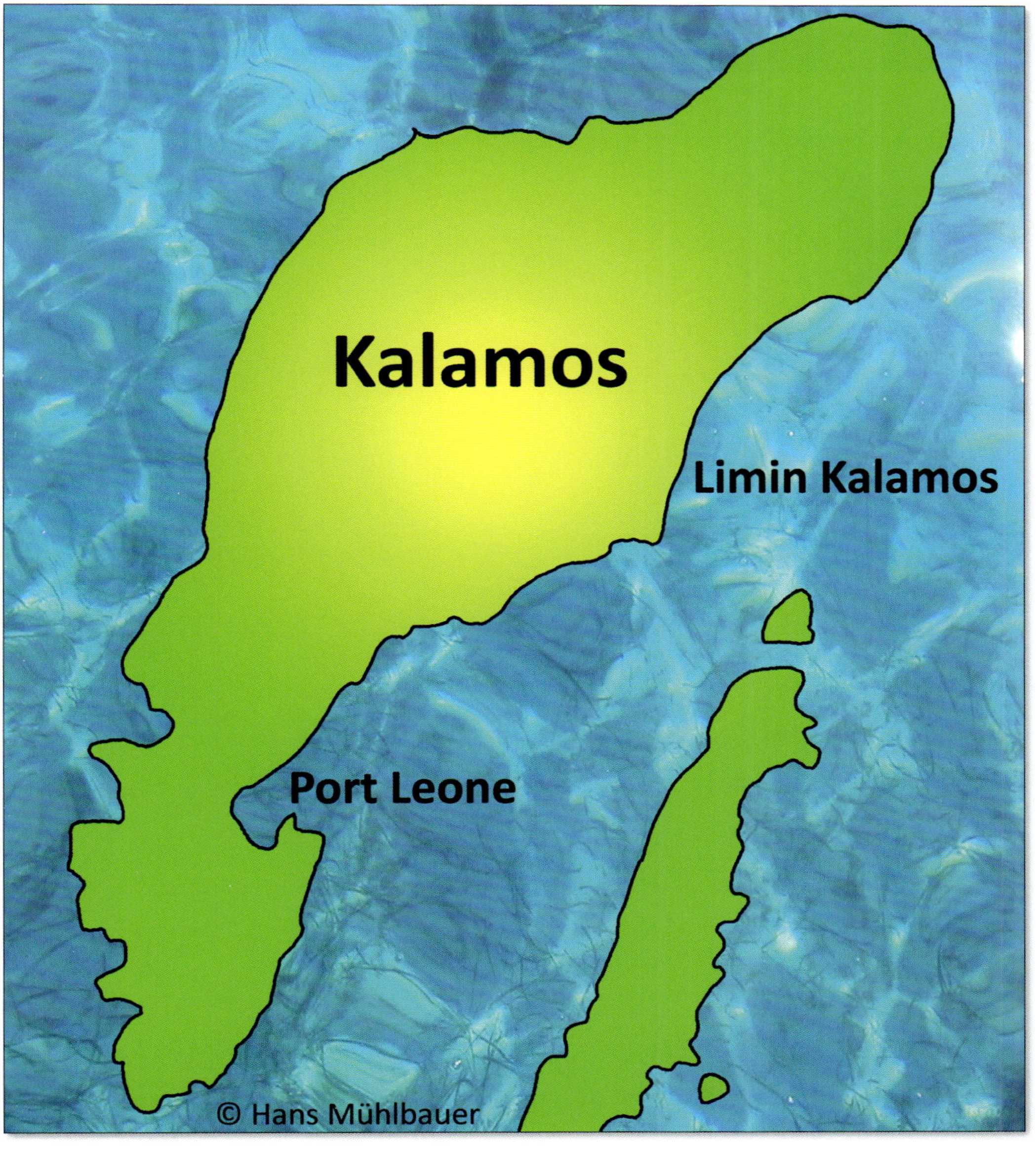

## Limin Kalamos

38° 37,2'N, 20° 56,3'E

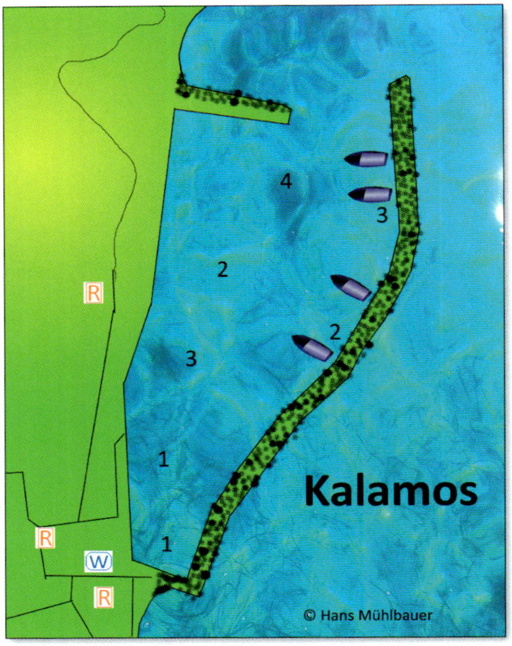


### Ansteuerung, Liegeplätze, Ausstattung

Der Hauptort der Insel ist leicht erkennbar, die befeuerte Hafeneinfahrt ist nach Nordost geöffnet. Die Wassertiefen vor und im Hafen liegen zwischen zwei und vier Metern bei gutem Ankergrund. Das Innere des Hafenbackens sowie der westliche Kai sind für Yachten zu flach. Man legt sich römisch-katholisch an das äußere Ende der Mole, denn weiter drinnen liegen einige Steine im Wasser und die Boote der Einheimischen haben da ihre Liegeplätze.

Der nachmittägliche Wind bläst aus Südwest über den Hafen, sodass die Yachten beim Anlegen mit Seitenwind zu kämpfen haben. Entsprechend gibt es auch immer wieder »Hafenkino« für die, die schon drin sind. Ein Einheimischer hilft auch mal gerne beim Annehmen der Achterleinen und beim Manöver. Es macht Sinn, den Anker ein wenig nach Luv zu legen.

### Rund um den Hafen

Auf dem recht neuen Wellenbrecher steht die unvollendete Ruine eines Toilettenhäuschens. Am Ende der Mole ist ein Lebensmittelladen, an dem es auch einen Wasserhahn gibt. Gleich auf dem kleinen Platz dort und an der Wasserfront laden Kafenio und Taverne unter schattenspendenden Bäumen zur Einkehr ein.

Ein wenig oberhalb am Hang befinden sich ein Bäcker und Gemüseladen mit ganz ordentlicher Auswahl.

### Sehenswertes und Besonderes

Auf Kalamos leben nicht mehr viele Menschen – die meisten sind schon ein wenig älter, weil

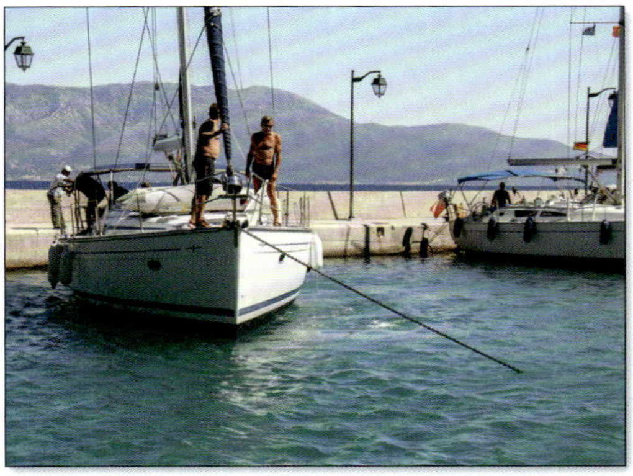

**Bei Seitenwind kann das Anlegen schwierig werden.**

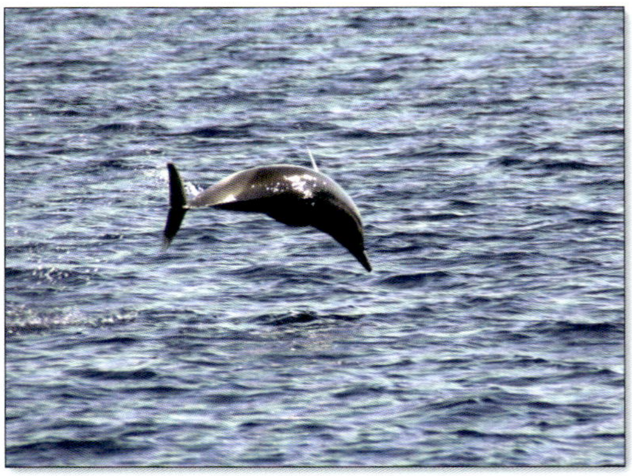

**Elegant und immer wieder ergreifend.**

es die jungen Leute eher wegzieht. Somit geht es hier sehr geruhsam zu.
Straßen und Autos sucht man hier vergeblich. Es gibt Wanderpfade durch die Macchia hinauf in die Berge, wo man dank der hohen Gipfel einen grandiosen Rundumblick über das Ionische Meer genießen kann.
An der Nordspitze von Kalamos gibt es einige schöne Tagesankerplätze, die auch von Tagesausflüglern mit Motorbooten angelaufen werden.
Rund um die Insel sollen viele Delphine leben, die man beobachten kann. Wir hatten beim letzten Mal zwar Pech, aber solche Schnappschüsse (siehe S. 138) sind durchaus möglich.

## Port Leone

38° 36,0'N, 20° 53,7'E

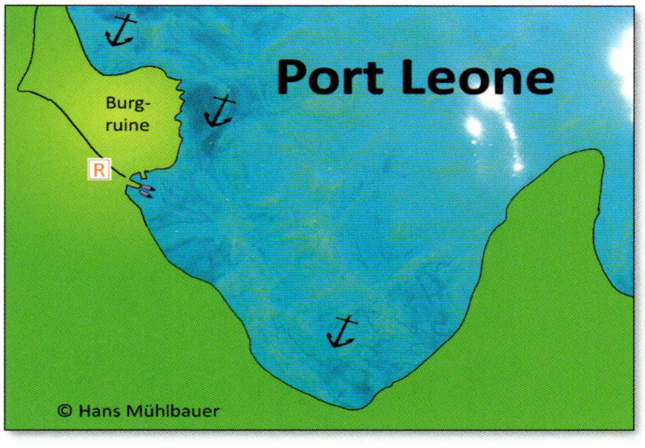


**Ansteuerung, Liegeplätze, Ausstattung**

Der zweite kleine Hafen der Insel liegt in einer weiten Bucht im Südteil von Kalamos. Man lässt die Ruine eines alten Turmes an seiner Backbordseite und nähert sich den wenigen verlassenen Häusern. Am kleinen Anleger können nur ein paar Yachten festmachen. Sonst liegt man mit langen Landleinen unter dem Dorf und ankert frei in der Bucht. Allerdings dann nahe dem Ufer, da die Wassertiefen groß sind. Oder man ankert südöstlich in der sich anschließenden Bucht vor dem Strand.

**Rund um den Hafen**

Port Leone ist eine Geisterstadt – die Häuser stehen leer und es ergibt sich besonders abends und nachts eine gespenstische Atmosphäre. Nicht sehr harmonisch passt der aufgestellte

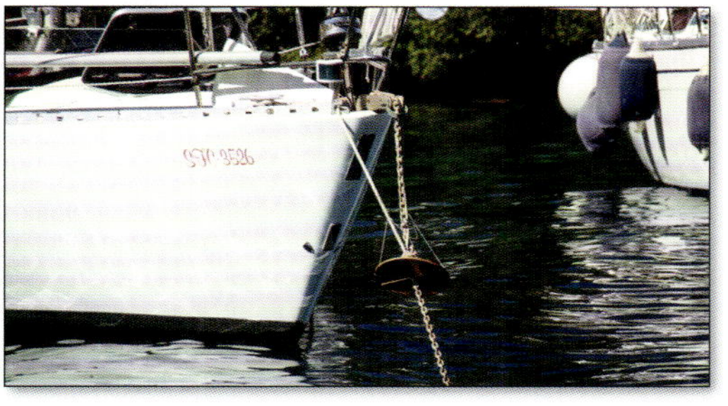

**Rattenbremse auch an der Kette, denn die Tiere können prima schwimmen.**

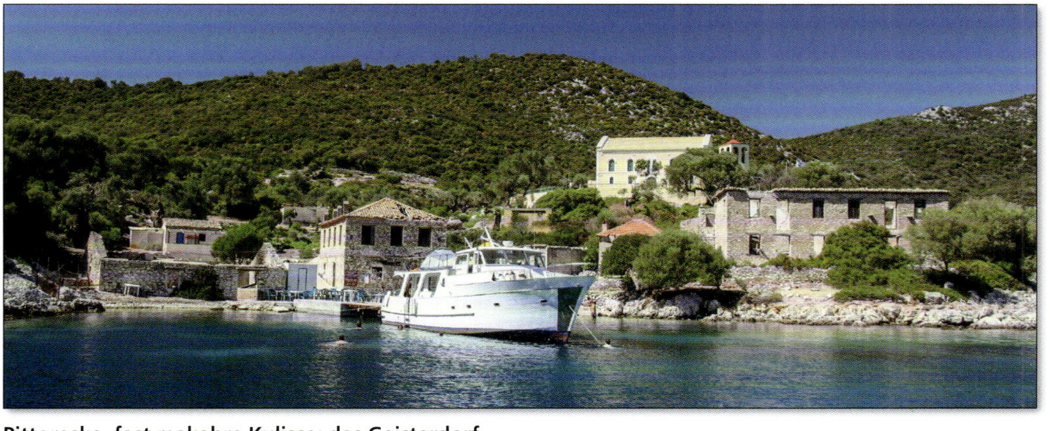

**Pittoreske, fast makabre Kulisse: das Geisterdorf.**

Schnellimbiss-Container am Fuß des Anlegers in diese Kulisse. Wann diese Taverne öffnet oder ob sie überhaupt bewirtschaftet wird, ist fraglich ...

### Sehenswertes und Besonderes

Nach dem Erdbeben von 1953 verließen die Bewohner das Dorf – nun gibt es nur noch die Ruinen, und, laut Skipperbericht, Ratten. Die sollen sich hier recht wohlfühlen und vom Müll der Yachties satt werden. Besonders nachts ist dann ein Rattenschutz auf den Achterleinen und auch an der Ankerkette angesagt, um unerwünschtem Besuch vorzubeugen.

# Kastos

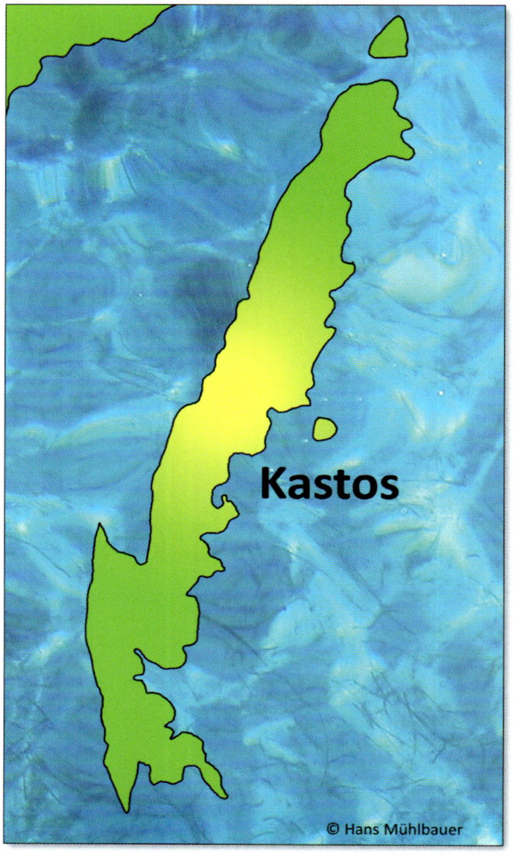


### Wissenswertes

Das schmale, aber langgestreckte Eiland liegt dicht südlich von Kalamos und erfreut die Yachties durch eine ganze Reihe wirklich schöner Ankerbuchten an seiner Ostküste.
Es leben nur etwa 50 Leute ständig auf der Insel.

## Limin Kastos

38° 34,1'N, 20° 55,1'E

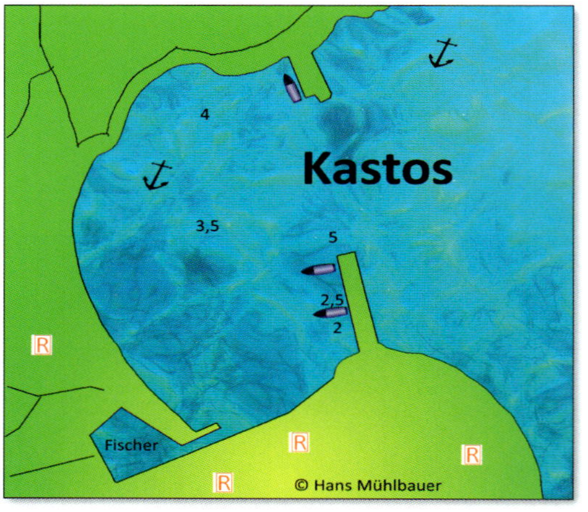


### Ansteuerung, Liegeplätze, Ausstattung

Der fast kreisrunde Inselhafen ist bei der Annäherung von Süden erst erkennbar, wenn man die kleine Halbinsel fast gerundet hat und den Wellenbrecher vor sich sieht. Von Norden her erkennt man die Häuser des Dorfes als Ansteuerungshilfe.
Gleich hinter der mit einer Straßenlaterne »befeuerten« kurzen Nordpier kann man längsseits gehen oder im Anschluss daran frei ankern. Die üblichen Yachtliegeplätze befinden sich an der Innenseite der befeuerten Mole. Der schnuckelige kleine Innenhafen ist mit Fischerbooten belegt. Die südlichen und östlichen Ufer sind zum Anlegen zu flach.

### Rund um den Hafen

Nur wenige Schritte vom Anleger entfernt und rund um das Hafenbecken gibt es einige Taver-

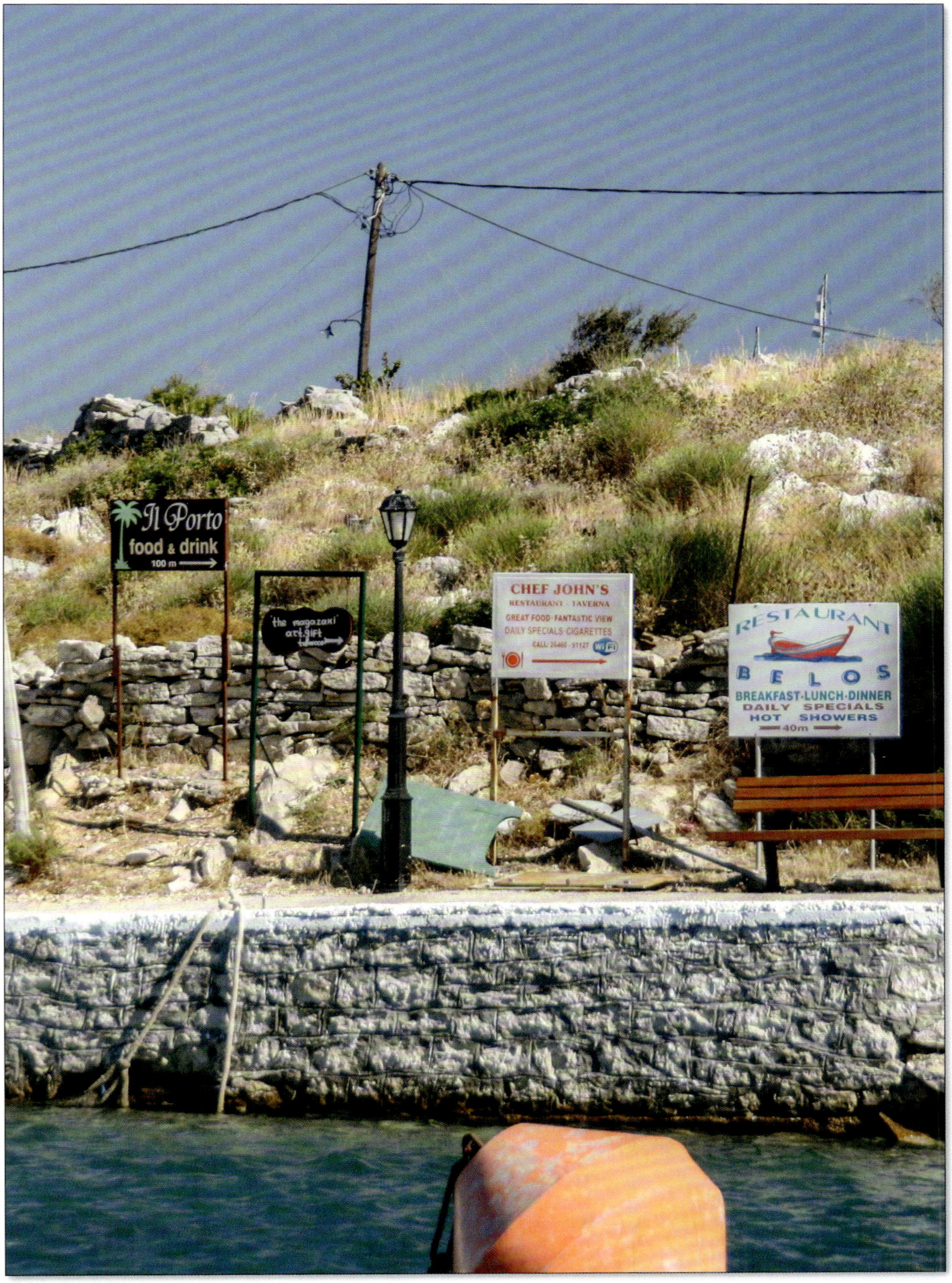


Infostand am Fuß der Mole.

nen und ein Kafenion – die Schilder auf der Mole weisen schon darauf hin. Es gibt noch einen kleinen Laden, aber sonst nicht viel mehr.

**Sehenswertes und Besonderes**

Auch Kastos glänzt durch autofreie Ruhe und Behäbigkeit, denen sich eine Seglercrew gerne mal hingibt und die Seele baumeln lässt – entweder träge an Bord, in einer der Kneipen oder an einem der fast einsamen Strände in der Umgebung.

## Zakinthos

**Wissenswertes**

Auf der Insel Zakinthos fühlt man sich in die Toskana versetzt! Olivenbäume, Zypressen und der typisch venezianische Baustil samt waschechtem Kampanile prägen besonders die Hauptstadt – ein Relikt der vierhundertjährigen venezianischen Herrschaft.

Zwar wütete das Erdbeben von 1953 auch hier furchtbar, aber die Häuser und Palazzi wurden im venezianische Stil rekonstruiert und im Original wieder aufgebaut. Der Besucher wähnt sich in Italien, in Venedig oder zumindest in Korfu, denn auch dort wurde venezianisch gebaut.

Zakinthos liegt am Hellenischen Graben und wurde durch die Verschiebung der Erdplatten immer wieder von Erdbeben erschüttert.

Auf der Insel gibt es einen Meeresnationalpark zum Schutz der Meeresschildkröten.

Die Bewohner der Insel sollen sehr findig beim »Sparen« gewesen sein. So sollen Tausende

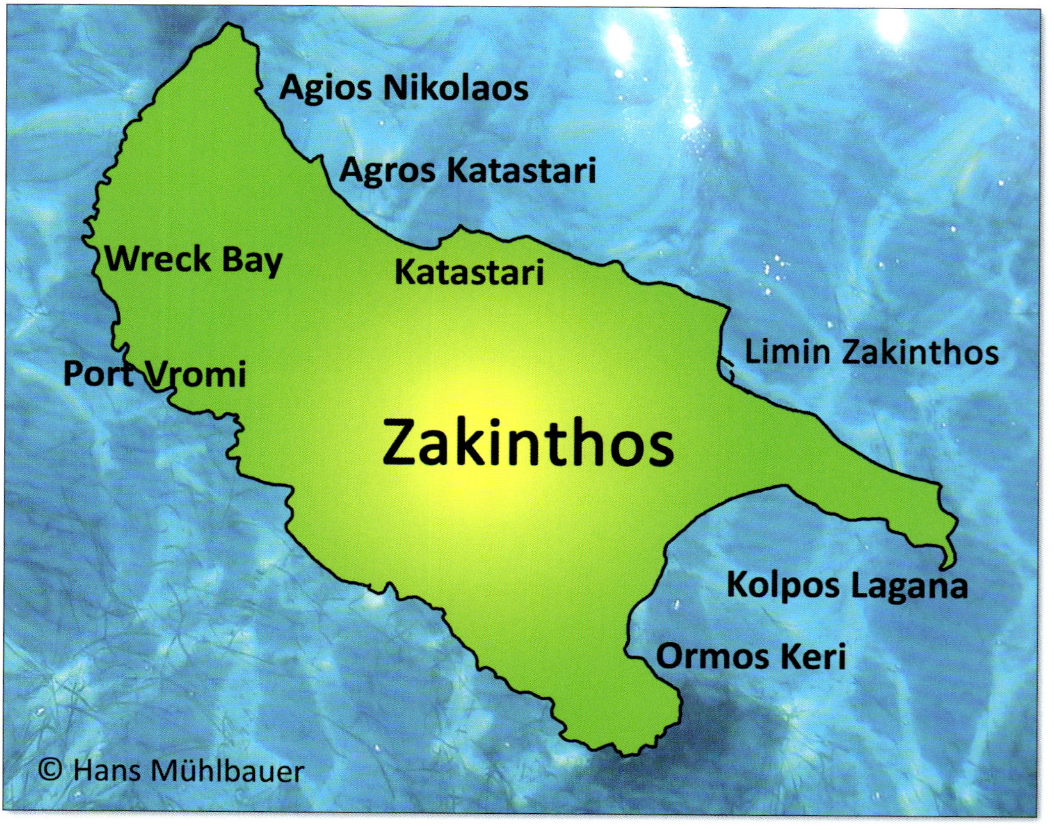

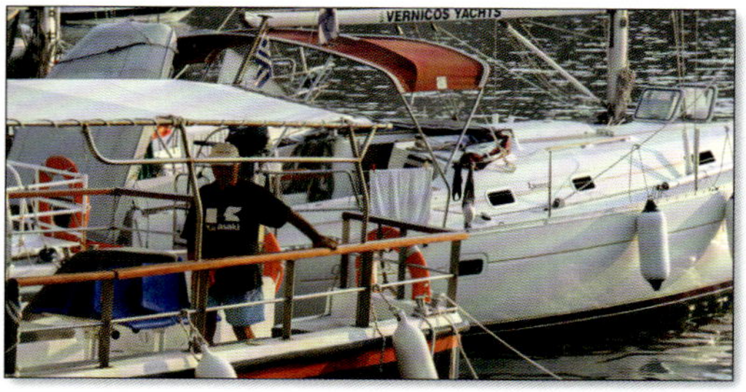

**Spannender Liegeplatz zwischen Taxibooten.**

von Gebäuden mit Null Quadratmetern Fläche gemeldet sein, um Steuern zu sparen – für riesige Luxusvillen werden nur 20 qm gemeldet. Und auch der vor einigen Jahren durch die Presse zur »Berühmtheit« gewordene blinde Taxifahrer, der staatliches Blindengeld bekam, aber weiterhin seinen Beruf ausübte, lebt mit

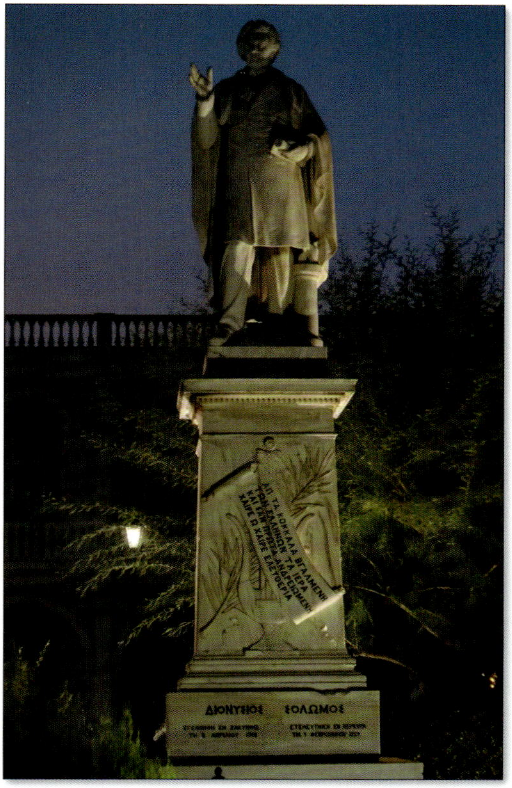

**Standbild des Dichters Dionysios Solomos auf dem gleichnamigen Platz am Hafen.**

Info: Und genau hierhin, also in die zweite Reihe, wurden wiederholt Yachten sehr freundlich hinbugsiert, um mit Buganker und Achterleinen hinter den Ausflugsbooten anzulegen. Als Grund für diesen ungewöhnlichen Liegeplatz wurde die Ankunft einer Flottille genannt, die alle Plätze an der total freien Kaimauer belegen sollte.
Am Abend waren dann genau zwei Privatyachten angekommen, die sich dort längsseits legten – die dann allerdings die gesamte Nacht leichten Schwell hatten ... Griechisch halt?!

weiteren 700 bezugsberechtigten Leidensbrüdern hier.

### Historie

In der Odyssee werden 20 Freier erwähnt, die von der Insel Zakinthos nach Ithaka fuhren, um um die Hand von Penelope anzuhalten. Odysseus war ja schon seit Jahren auf seiner langen Reise, der Odyssee, unterwegs, sodass sie ihn für tot hielten. Nur seine Frau Penelope hoffte, ihn lebend wiederzusehen. Wer sich für die spannende und Jahrtausende alte Geschichte der Insel interessiert, wird ausführlich bei Wikipedia fündig: http://de.wikipedia.org/wiki/Zakinthos.

## Agios Nikolaos

37° 54,7'N, 20° 42,9'E

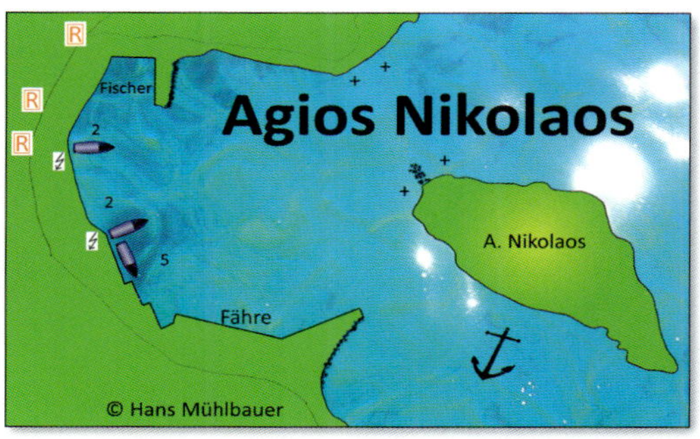

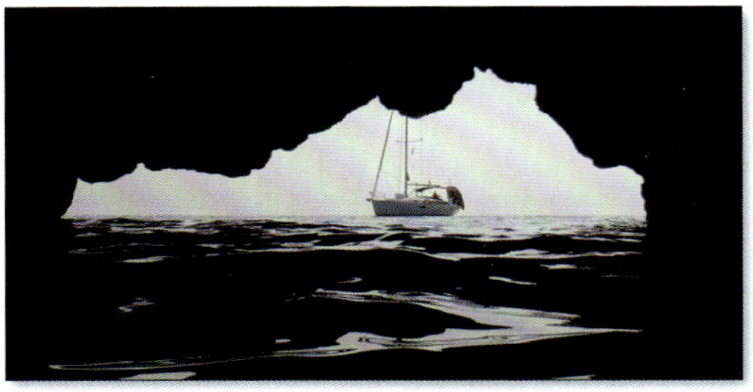

Nur ein Schwimmer kann diesen Blick haben.

### Ansteuerung, Liegeplätze, Ausstattung

Der nördlichste kleine (Fähr-)Hafen der Insel Zakinthos liegt gut geschützt hinter dem vorgelagerten Inselchen Agios Nikolaos, in dessen Leeküste man auch gut ankern kann. Der südliche Teil des sonst recht offenen Hafens ist zu einer Kaianlage ausgebaut worden, damit die Fähren nach Kephalonia hier anlegen können. Hinter dem kleinen Wellenbrecher am Nordufer liegen die Boote der Einheimischen.

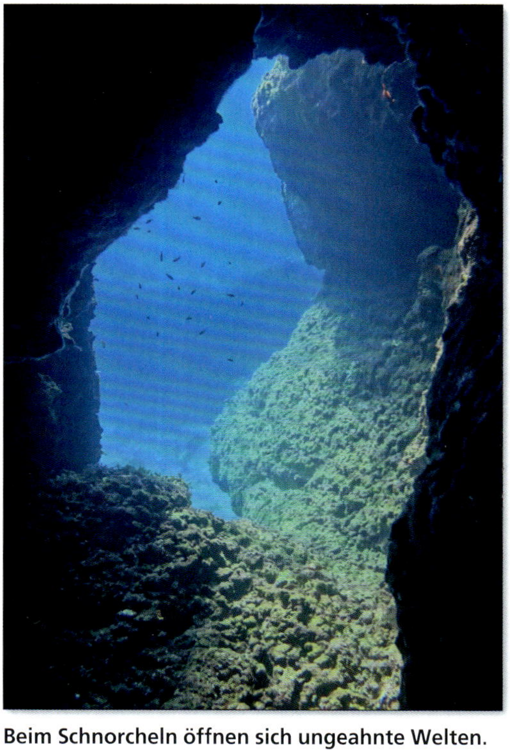

Beim Schnorcheln öffnen sich ungeahnte Welten.

Direkt unterhalb der wenigen Häuser starten die Ausflugsboote zu ihren Trips zur »Blue Grotto« in der Nähe des Hafens sowie zur bekannten »Wreck-Bay« im Nordwesten der Insel. Diese Taxiboote liegen an Muringleinen vor dem Kai.

### Rund um den Hafen

Die Kapitäne der Ausflugsboote halfen überaus nett und hilfsbereit beim Anlegemanöver und versicherten, dass hier Strom und Wasser verfügbar wären – alles kostenlos! Sogar zu den entfernteren Kaianlagen wurden Verlängerungs-Stromkabel für die dortigen Yachten gelegt.

Liegegeld wurde nicht erhoben und es schloss sich auch kein Verzehrzwang an die Hilfsbereitschaft an!

Zwei kleine Läden versorgen die Hungrigen mit frischem Brot und Lebensmitteln. Einige Tavernen warten gleich oberhalb des Anlegers auf Gäste. In der von See aus gesehen ganz rechten wird hin und wieder ein »Heimatabend« mit griechischer Musik und Volkstänzen zelebriert – Gäste sind willkommen.

Nicht alle gastronomischen Betriebe haben hier ihr Auskommen gehabt: Einige der Häuser stehen leer oder die Ladenflächen sind zu Abstellkammern heruntergekommen. Es waren wohl zu viele Tavernen für zu wenige Gäste.

### Sehenswertes und Besonderes

Von Agios Nikolaos aus kann man mit dem Dingi zu den nahen Grotten und sogar in diese hineinfahren. Oder man schwimmt. Die größte und schönste ist »DIE« Blaue Grotte, die Galazia Spilea nahe beim Kap Skinari. Das Sonnenlicht bricht sich im Wasser der Grotten und verzaubert die Höhlen mit unglaublichem Farbenspiel. Wer mit Taucherbrille bewaffnet hineinschwimmt, wird die allerschönsten Farbenspiele erleben.

Die Ausflugsboote fahren bei ruhigem Wetter auch zur Wreck-Bay, die an der Westküste der Insel auf den Besucherstrom wartet. Dort liegt das verrostende Wrack eines kleinen Frachters hoch oben auf dem Sandstrand.

## Bucht am Akros Katastari

37° 53,2′N, 20° 43,8′E

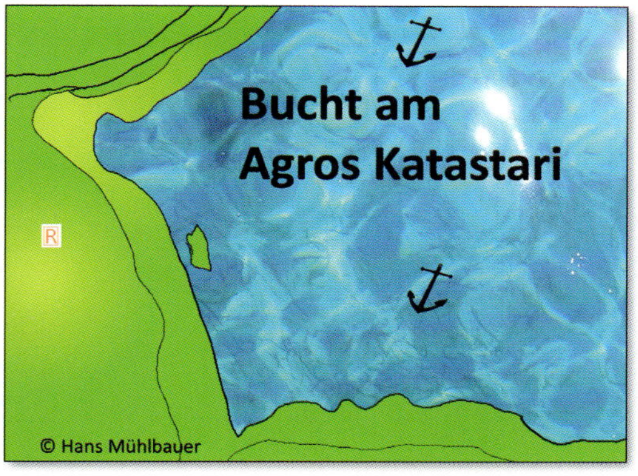


**Ansteuerung, Liegeplätze, Ausstattung**

Diese weite Ankerbucht liegt unmittelbar nördlich des Kaps. Sie bietet bei den üblichen westlichen Winden guten Schutz und überall guten Ankergrund, wenn man das Eisen nicht ins Seegras, sondern in einem der großen Sandflecken platziert.

**Rund um den Hafen**

Am Ufer gibt es einen flachen Strand und oberhalb davon eine Taverne samt Parkplatz für Tagesgäste.

**Sehenswertes und Besonderes**

Das östliche Ufer der Bucht ist eine Steilküste mit kleinen Höhlen. Bis zum Grund auf fünf bis etwa zehn Metern Wassertiefe fällt die Felswand senkrecht ab. Schnorchler finden niedere Tiere, Schwämme, Moostierchen und Fische an den Felsen und in den kleinen Höhlen.

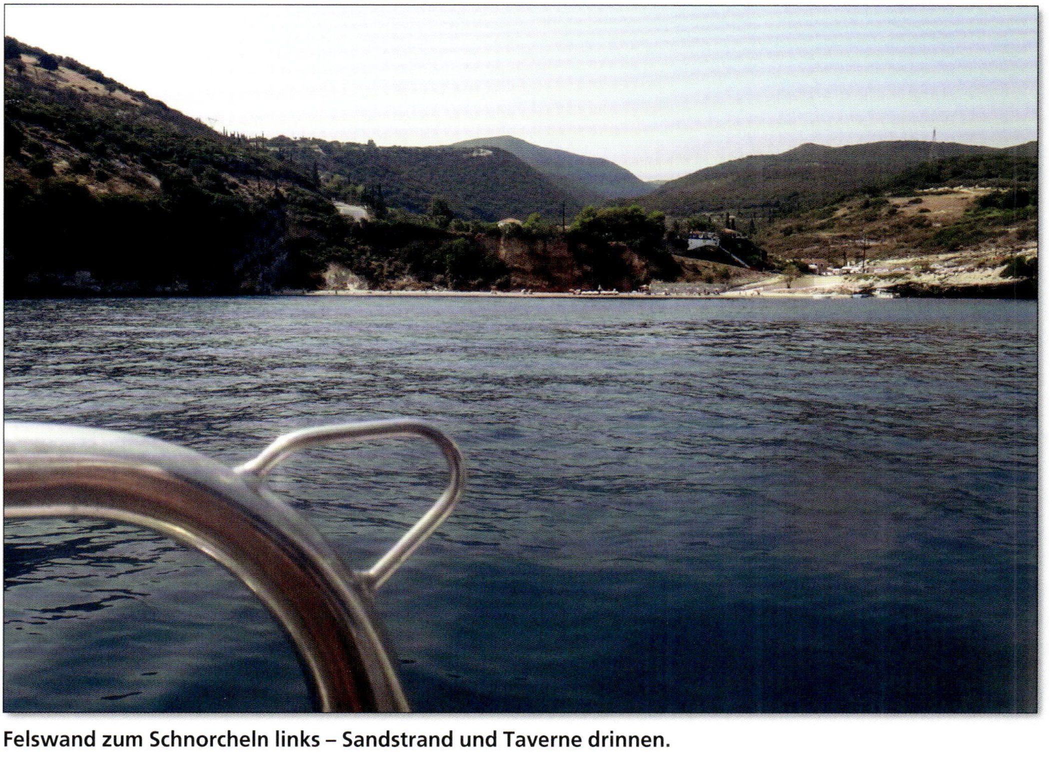

**Felswand zum Schnorcheln links – Sandstrand und Taverne drinnen.**

## Katastari bei Alikes

37° 50,8'N, 20° 46,6'E

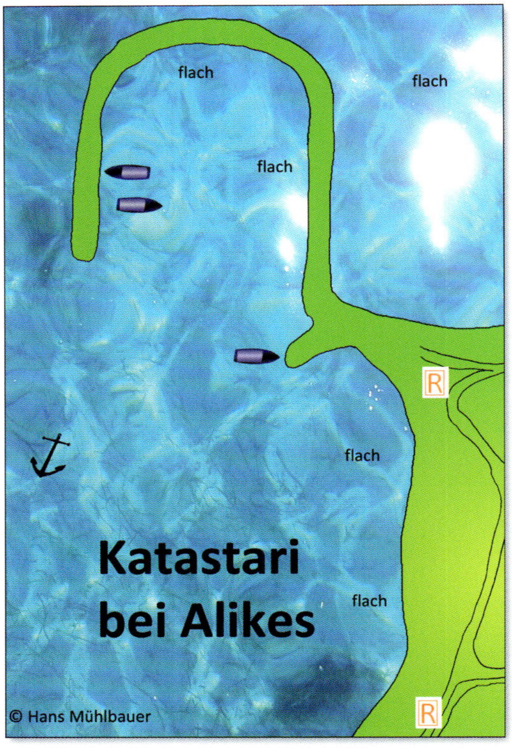


### Ansteuerung, Liegeplätze, Ausstattung

Der kleine Fischerhafen ist nur für kleine und flachgehende Boote geeignet –oder auch für Katamarane, die ja meist nur etwa einen Meter Tiefgang aufweisen. Hinter dem befeuerten Wellenbrecher, der aus großen Felsbrocken aufgeschüttet ist, kann man vor Buganker und mit Landleinen liegen, denn auch die Innenseite der Mole ist nur aufgeschüttet und nicht zum Kai ausgebaut. Auch am Ufer vor einer Taverne kann man an einer Kaimauer vorsichtig anlegen, wenn dort ein Platz frei ist.

### Rund um den Hafen

Westlich des Hafenbeckens schließt sich ein weitläufiger Strand an, hinter dem Hotels und Ferienanlagen liegen. Dann überschreitet man auf einer Brücke aus venezianischer Zeit den Fluss Skourtis und kommt ins Dorf Alikes.

### Sehenswertes und Besonderes

Früher lebte der Ort von der Salzgewinnung in den Salinen. Vom Hafen aus wurde es dann verschifft. Heute kann man die Salinen besichtigen. Der Ort wurde touristisch erschlossen.

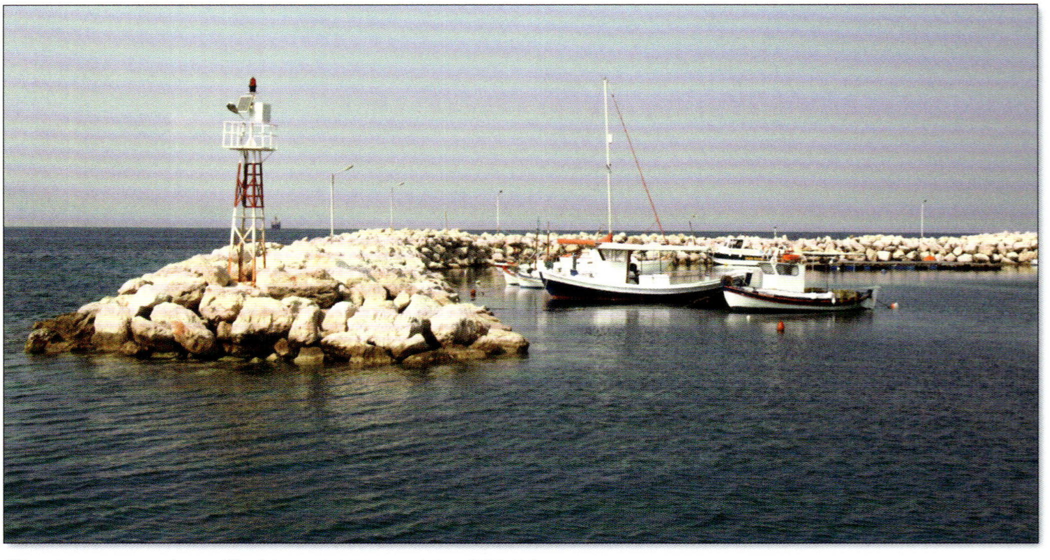

**Abgelegenes und von Yachten nicht besuchtes Häfelchen.**

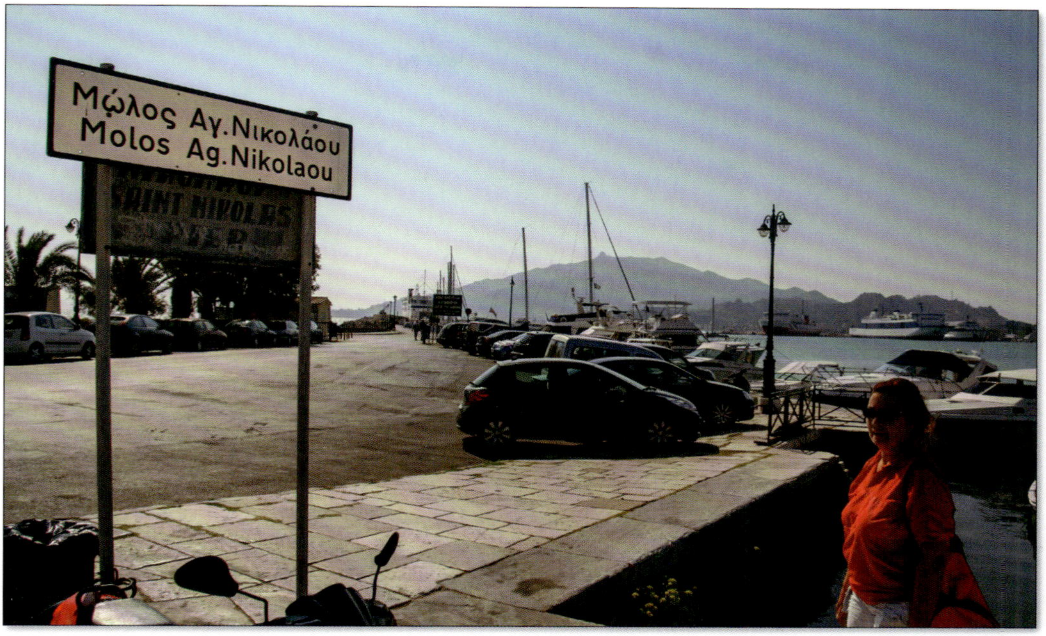


**An dieser Mole liegen die Yachen.**

## Limin Zakinthos

37° 46,8'N, 20° 54,4'E

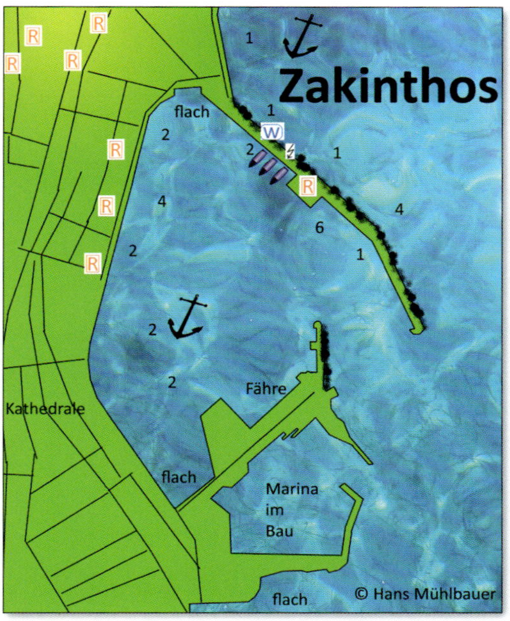


### Ansteuerung, Liegeplätze, Ausstattung

Der Haupthafen ist ein typischer Fährhafen. Somit ist die Betonnung und Befeuerung deutlich, Einfahrt und Hafenbecken sind auch für große Schiffe und Superyachten tief genug.
An der langen Ostmole befinden sich die Liegeplätze für Yachten gut geschützt hinter dem neu gebauten »Superyachtanleger«. Man benötigt das eigene Ankergeschirr, denn Muringleinen gibt es nicht – dafür aber kostenpflichtige Wasser- und Stromanschlüsse. Die Liegekosten halten sich im Rahmen – 20 Euro für elf Meter Yacht im Sommer 2012. Der hilfsbereite Hafenkapitän, Dionysos Liveris, sorgt auch für Treibstoff per Tankwagen. Er verwaltet ebenso den Zugang zu den Toiletten und Duschen, die es in der Yachtstation bei der Bar gibt.

### Rund um den Hafen

In der ganzen Innenstadt, an der Wasserfront und in der Fußgängerzone buhlen zahllose Ta-

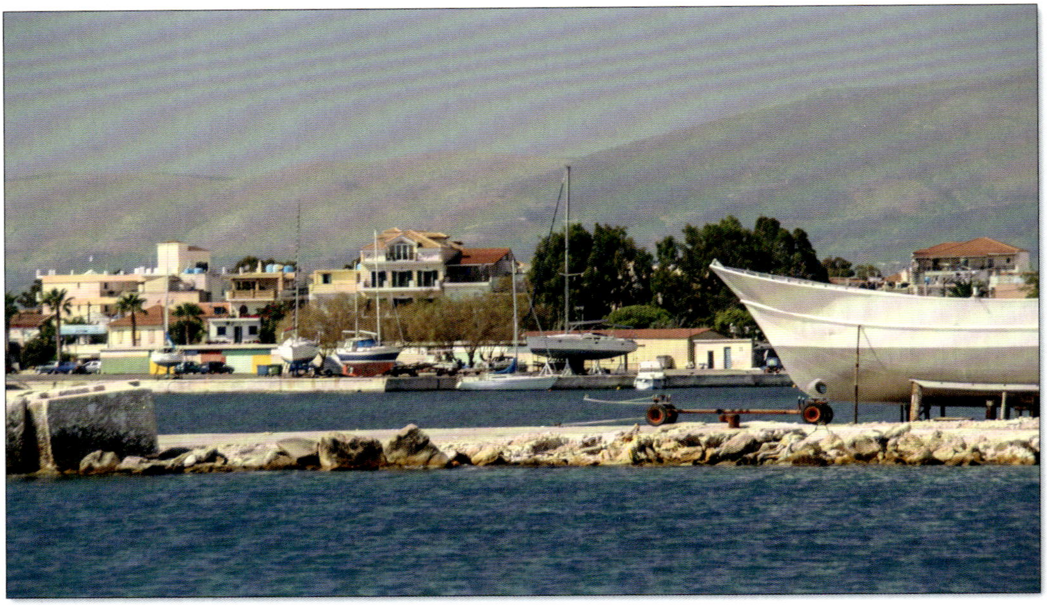

Dass diese »Marina« ihren Betrieb aufnimmt, bleibt wohl ein Wunschtraum.

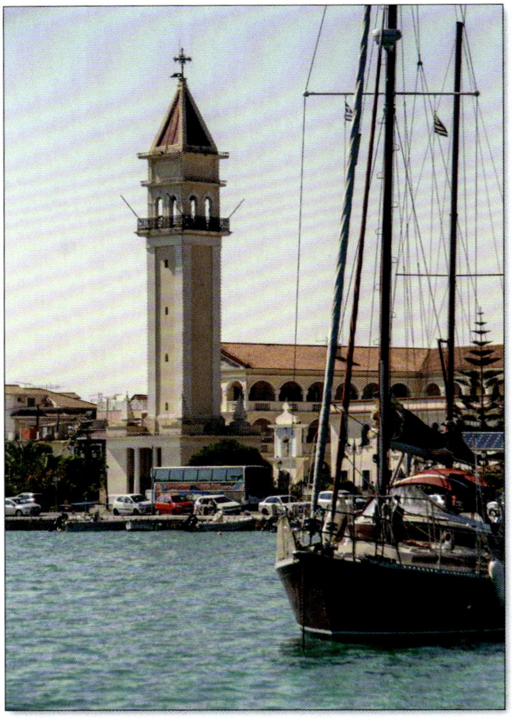

Venezianischer Campanile in Griechenland: Turm der Dionysioskirche.

vernen und Bars um Gäste. Supermärkte liegen direkt an der Hafenfront.

Im Haupthafen der südlichsten Insel des Archipels, in Zakinthos Stadt, wird schon seit Jahren vom Bau einer Marina gesprochen. Bis jetzt können die wenigen Besucher-Yachten nur an der langen Pier im Stadthafen liegen. Der Yachthafen, der südlich der Fährpier gebaut werden soll, besteht seit langem lediglich aus einigen Betonklötzen, die als Wellenbrecher dienen sollen, und aus der betonierten Kaianlage. Dort liegen einige Ausflugsdampfer, aber keine Yachten.

### Sehenswertes und Besonderes

Vom Fuß der langen Mole – Molo Agios Nikolaos – ist es ein Katzensprung bis zum Solomosplatz, benannt nach dem hier geborenen großen Dichter.

Abends wird auf dieser schier italienischen Piazza flaniert, gedatet und geratscht. Die Kirche Panagia Faneromeni ist sehenswert, ebenso das Zakinthos-Museum, das hier steht. Geht man ein

**Rund um den Hafen**

Eine kleine Bar steht in der Bucht und die Straße bringt Ausflügler, die zur Wrack-Bucht fahren wollen sowie Badegäste, die den kleinen Strand bevölkern.

**Sehenswertes und Besonderes**

Vorsicht ist geboten vor den teilweise knapp unter der Oberfläche schwimmenden Muringleinen der Ausflugsdampfer – nur zu leicht kommt einer dieser Tampen beim Manövrieren auf diesem engen Raum in Schraube oder Ruderblatt!

## Wreck Bay

37° 52,1'N, 20° 37,2'E

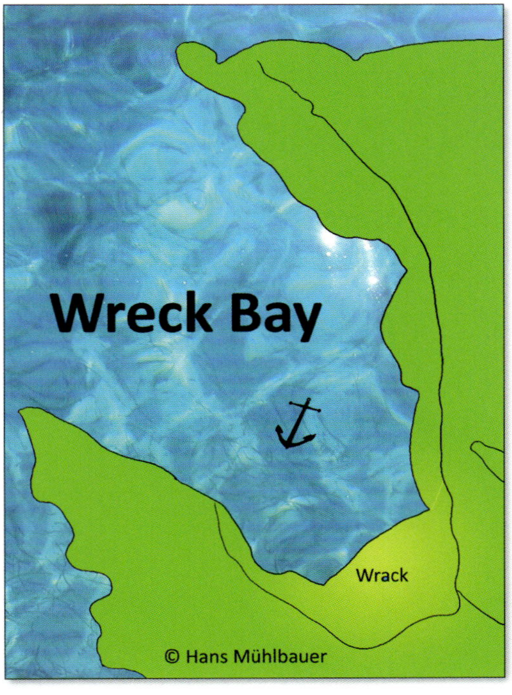


**Ansteuerung, Liegeplätze, Ausstattung**

Schon aus der Distanz sind der weiße Kiesstrand zwischen den senkrechten, bis zu 200 Meter hohen Felswänden und das hoch auf dem Strand liegende Wrack der »Panagiotis«, eines KühMo's, zu erkennen, sodass die Ansteuerung einfach ist – wenn es dem Skipper auch ein wenig die Optik »verzieht« ... so unwirklich erscheinen die monströsen Felswände und das Wrack. Meist wird viel zu weit draußen geankert, weil Skipper und Crew schon längst der Meinung

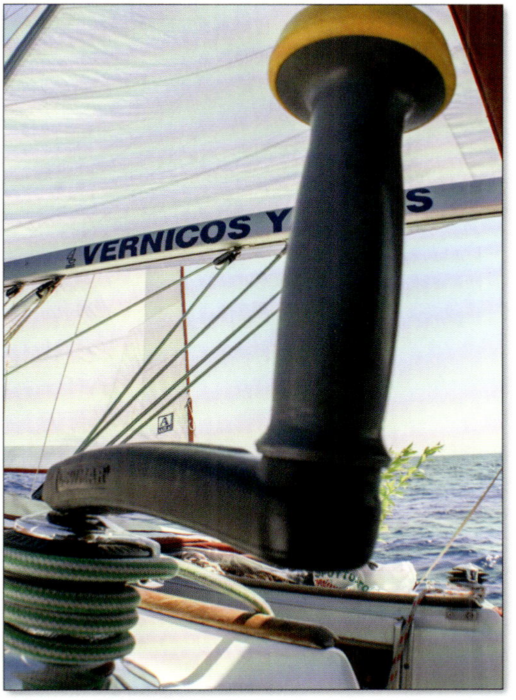


**Kaiserwetter zum Segeln.**

Info: Angeblich floh ein Kapitän im Jahr 1980 mit seiner Panagiotis vor seinen Verfolgern, denn er hatte geschmuggelte Zigaretten geladen und die Küstenwache im Nacken. Die Mannschaft warf die verbotene Fracht ins Meer und versuchte, in den Rettungsbooten zu türmen, während der Dampfer führungslos trieb und schließlich strandete. Alle Crewmitglieder wurden gefasst. Der Kapitän lebt heute noch – in Belgien.

sind, dass sie unmittelbar vor dem Strand wären. Dann wird die schwimmend oder mit dem Dingi zurückzulegende Strecke zum Ufer ziemlich weit und zeitintensiv.
Man ankert vor dem Strand auf passender Wassertiefe und platziert das Eisen nicht im Seegras, sondern auf dem reinen Sand. Dank kristallklarem Wasser kann man bis weit über zehn Meter zum Grund gucken und diese Details erkennen.

### Rund um den Hafen

Senkrechte Felswände umrahmen Wrack samt Kiesstrand. Kein Weg führt von der Küste in diese Bucht. Sie ist ausschließlich mit dem Boot zu erreichen. Deshalb kommen viele Ausflugsdampfer, sogar von der Nachbarinsel Kephalonia, hierher, um das Kuriosum zu bestaunen. Am späteren Vormittag kann es ziemlich voll werden, aber zu der Zeit sollte der Yachtie schon wieder auf der Weiterfahrt sein.
Dann beginnt nämlich der tägliche Nordwestwind zu wehen, der Wind und Welle direkt in die Bucht schiebt und das Ankern unkomfortabel, wenn nicht sogar gefährlich macht. Bei ruhigem Wetter, und am besten früh am Morgen, kann man den Besuch unbesorgt wagen.

### Sehenswertes und Besonderes

Erst am Nachmittag steht die Sonne dann voll in der Bucht. Tagsüber verändert sich das Schattenspiel der hohen Felsen ständig – somit auch das Fotomotiv.

Heute stellt diese Schiffs-Ruine ein vielbesuchtes Ausflugsziel dar. Die Bucht, da nach Nordwest offen, kann mit dem Boot oder der Yacht nur bei ruhigem Wetter angelaufen werden – meist am Vormittag ist es günstig. Uns war es allerdings nicht gegönnt: kein ruhiges Wetter, kein Landgang in der Bucht, sondern Weitersegeln ...

## Oxia

38° 18,4'N, 21° 6,1'E

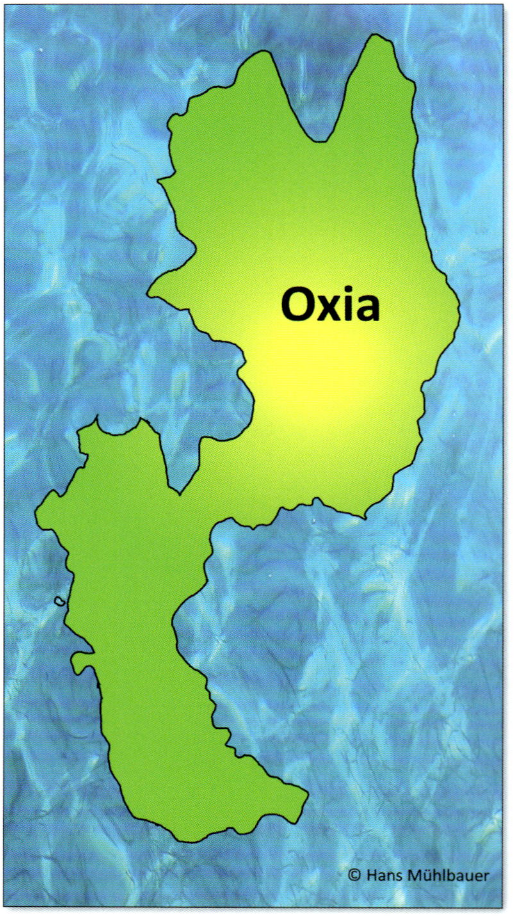


### Historie

Im Oktober 1571 war die Insel Treffpunkt der Kriegsflotte der Heiligen Liga in der Seeschlacht von Lepanto gegen die Flotte der Osmanen. Heute ist sie im Besitz Katars.

### Ansteuerung, Liegeplätze, Ausstattung

Diese kleine Insel mit zwei Bergen – immerhin 420 Meter hoch – markiert den Wendepunkt: Wer von Norden kommend Richtung Korinth

segelt, oder in entgegengesetzter Richtung von Korinth kommt, der schwenkt hier um den Ausläufer des Festlandes herum.
Das Eiland ist nicht zu verfehlen, denn das Festland liegt als flache Lagunenlandschaft in der Entfernung, aber die schroffen Felsen von Oxia bilden einen markanten Gegenpol.
Die Nordbucht bietet bescheidenen Schutz, wenn auch die felsigen Ufer die Wellen reflektieren und zu Schwell am Liegeplatz führen. Die Wassertiefen sind groß, sodass das Ankern mit Landfesten nicht einfach ist. Den innersten Teil der Bucht nutzen die Angestellten des Fischzuchtbetriebes zum Abstellen ihrer Gerätschaften und zum Anlegen mit den Arbeitsbooten.
In der Südbucht ist es nicht anders: Relativ wenig Schutz, noch größere Wassertiefen vor felsigem Ufer und Fischzuchtbecken geben den Ton an.

Beide Buchten sind nicht befeuert. Bei der Annäherung muss man sich von den vielen Fischbecken und deren Muring-Verankerungen fernhalten.

### Rund um den Hafen

Entlang der gesamten Festlandsküste in dieser Region sind die Wassertiefen wegen der flach auslaufenden Lagunen recht gering, sodass man den Tiefenmesser samt Seekarte ständig im Auge behalten sollte. Erst recht, wenn auf Langtörn zwischen Ionischem Meer und dem Golf von Korinth gesegelt wird, denn die Flachwasserzone an der Südwestspitze des Festlandes erstreckt sich eine Meile hinaus in die See.

### Sehenswertes und Besonderes

Die Zisterne im Scheitel der Nordbucht gibt lediglich Brauchwasser. Bei den Leuten der Fischzucht kann man frischen Fisch für kleines Geld kaufen.

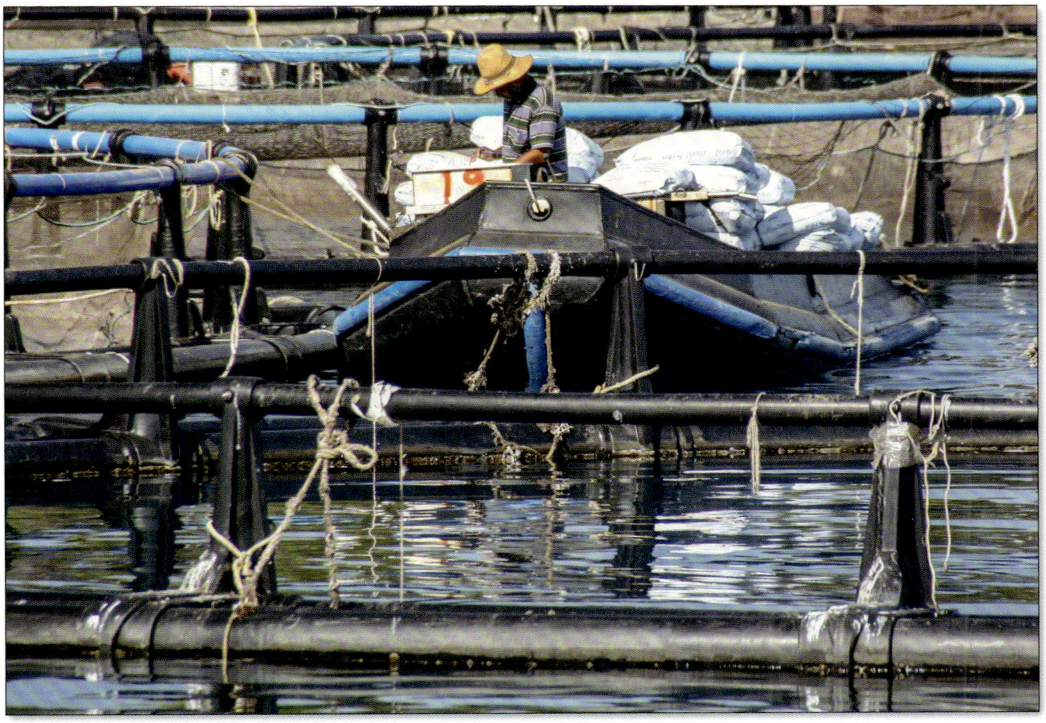

**Runde Fischbecken – als Futter für die Tiere gibt es Pellets.**

# 7 Festlandsküste Südteil

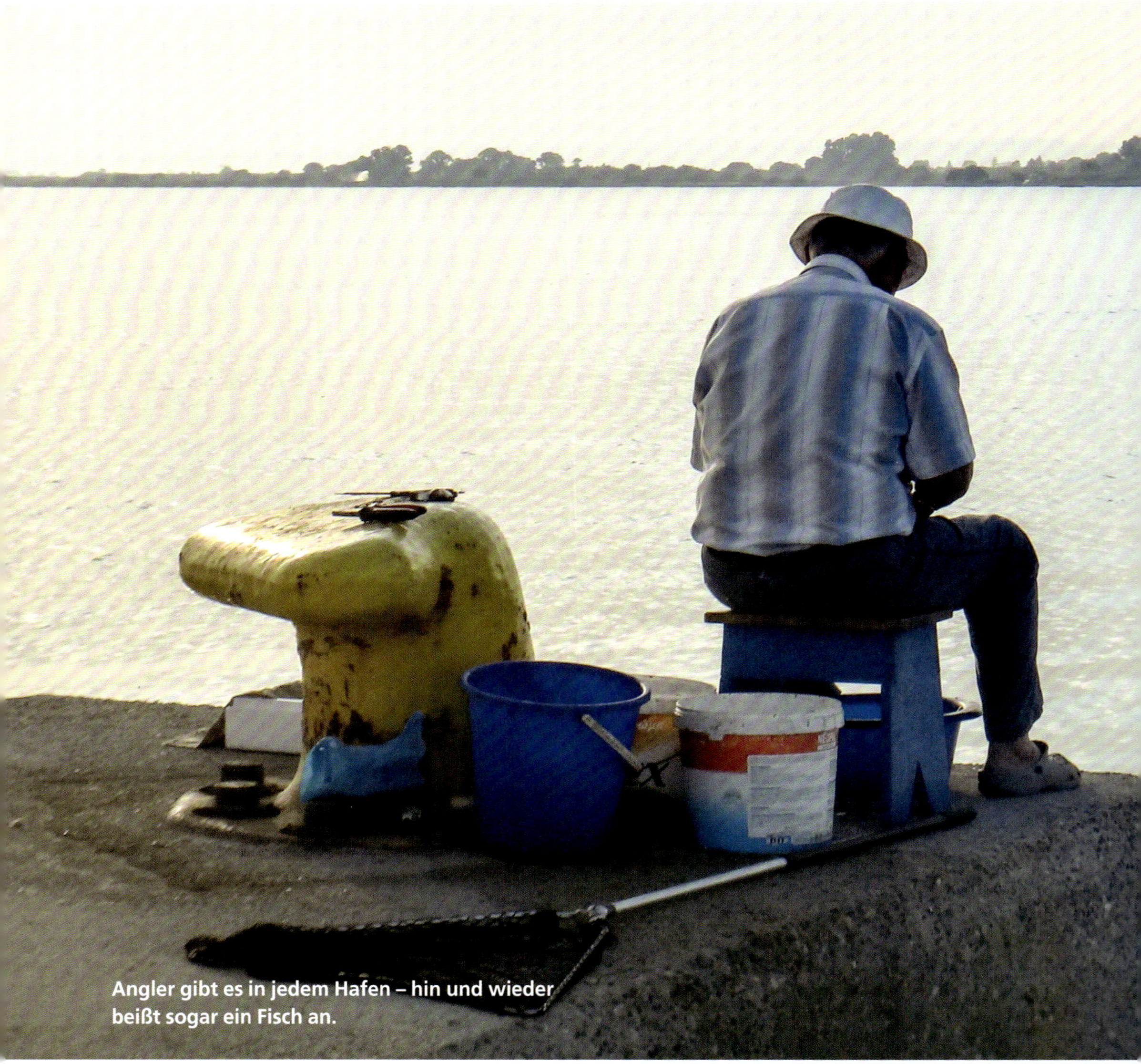

Angler gibt es in jedem Hafen – hin und wieder beißt sogar ein Fisch an.

**Wissenswertes**

Zwischen Lefkas und der Einfahrt in den Golf von Korinth wechseln sich konträre Landschaftsbilder ab: Der nördliche Teil wird bestimmt von hohen und schroffen Bergrücken, die das Ionische Meer zum Festland hin begrenzen. Dann tauchen völlig flache Lagunenlandschaften auf, mit flachen vorgelagerten Inselchen, die auf eine andere Art sehr reizvoll sind und zu einem Besuch einladen. Und schließlich kommen erneut hohe Bergmassive in den Blick, die schließlich das Tor zum Golf von Korinth öffnen.

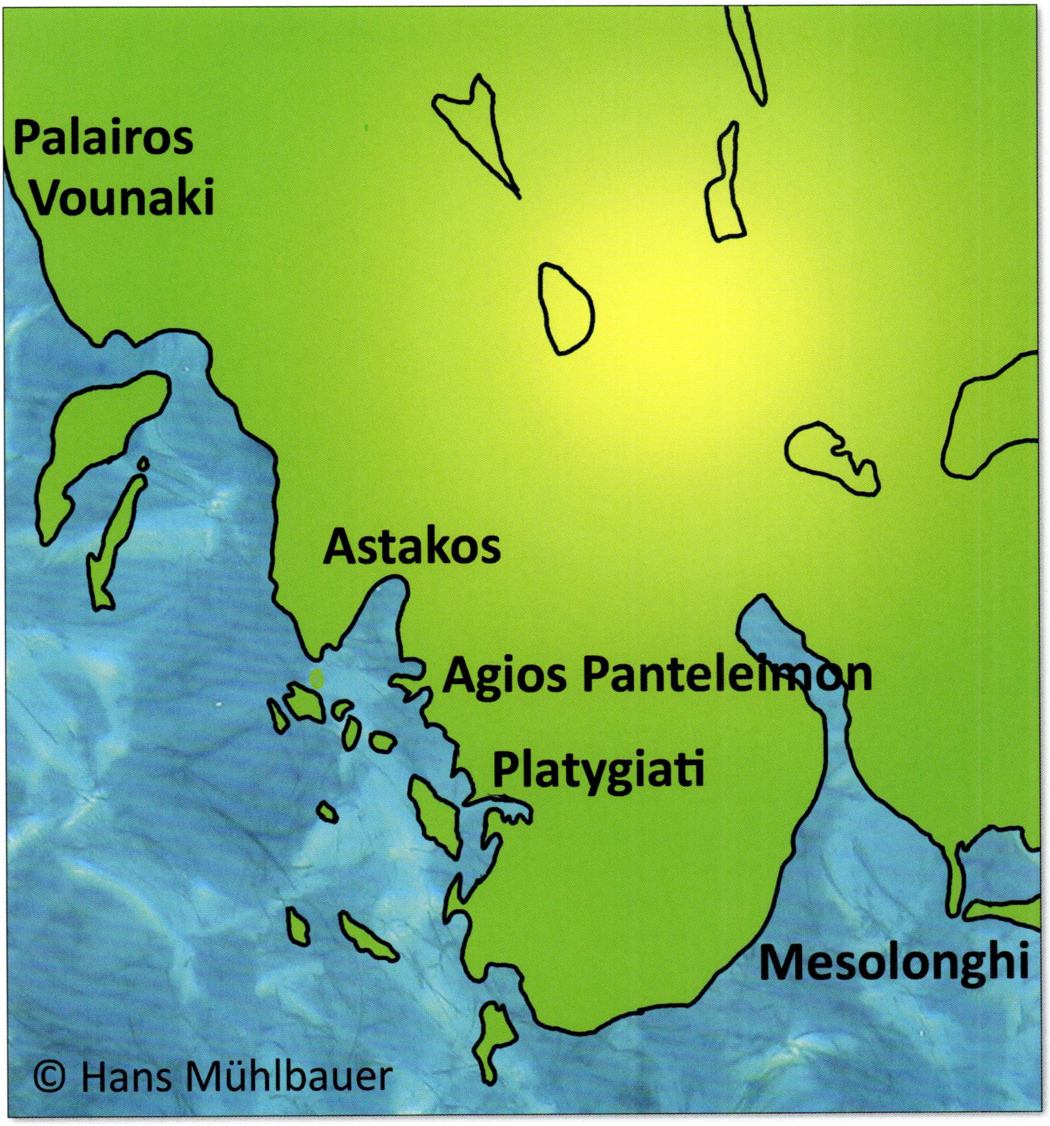

## Palairos und Vounaki

Palairos: 38° 46,9'N, 20° 52,4'E
Vounaki: 38° 46,1'N, 20° 52,5'E

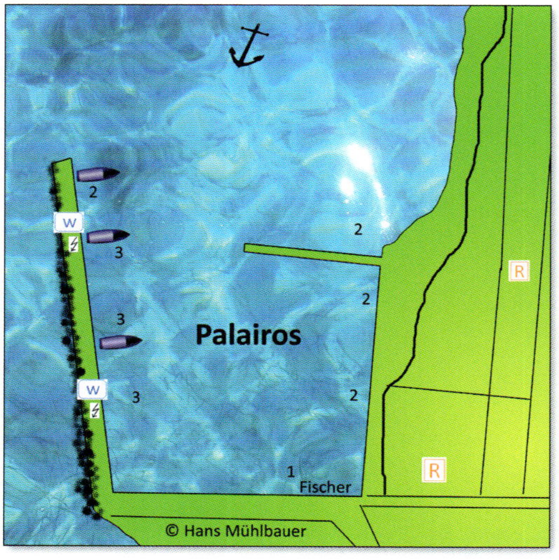


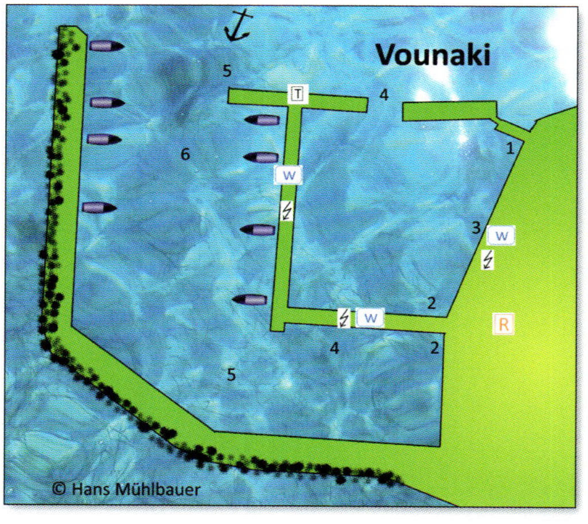


### Ansteuerung, Liegeplätze, Ausstattung

Etwa fünf Seemeilen östlich des Südausganges des Kanals von Lefkas liegen die Häfen von Palairos und die Vounaki Marina. Hinter dem Ort erhebt sich ein grüner Hügelstreifen, der schließlich von einem steilen und kahlen Bergmassiv überragt wird.

Der nördliche Hafen wird durch eine nach Norden abgewinkelte, befeuerte Mole gebildet. Drinnen liegt man vor Buganker innerhalb des Wellenbrechers oder am kurzen Steg auf nur etwa 2–3 Metern Wassertiefe. Strom und Wasser sind vorhanden. Diesel kommt per Tankwagen direkt zum Boot. Der südliche Hafenteil ist flach und mit einheimischen Booten belegt.

Nur eine halbe Meile südlicher liegt Vounaki. Das Ende der Mole, die Einfahrt zum Hafenbecken, ist befeuert. Die Stege sind dicht mit einer großen Flotte eines englischen Charter- und Flottillenanbieters belegt, aber für einige Gastyachten gibt es in der Regel freie Plätze.

Die Wassertiefen auch nördlich des Hafens liegen bei unter fünf Metern, sodass man auch dort gut ankern kann.

Man liegt an Muringleinen. Strom und Wasser sind vorhanden. Diesel bekommt man an der Tankstelle an der T-förmigen Pier. Es gibt marinaübliche Einrichtungen wie Werkstätten, Ausrüster, Toiletten und Duschen an Land, sowie eine Taverne und einen Lebensmittelladen.

### Rund um den Hafen

Im kleinen Ort Palairos gibt es einen Supermarkt, ein Postamt und Tavernen. Südlich des Hafens erstreckt sich der Badestrand.

### Sehenswertes und Besonderes

Ein »Segelclubhotel« liegt direkt am Hafen von Vounaki und beherbergt Urlauber wie Segler, die entweder nur mit Jollen oder Katamaranen das Segeln erlernen wollen, oder die mit den vielen hier beheimateten Yachten zum Charter- oder Flottillentörn aufbrechen. Es herrscht ständiger Betrieb: Yachten laufen ein und aus, und die Segelschulflotten werden von Segellehrern in motorisierten Schlauchbooten begleitet. Sie üben im Seegebiet vor dem Hafen ihre Manöver. Hier ist besondere Aufmerksamkeit bei der Annäherung an den Hafen und beim Passieren der Schulboote angesagt.

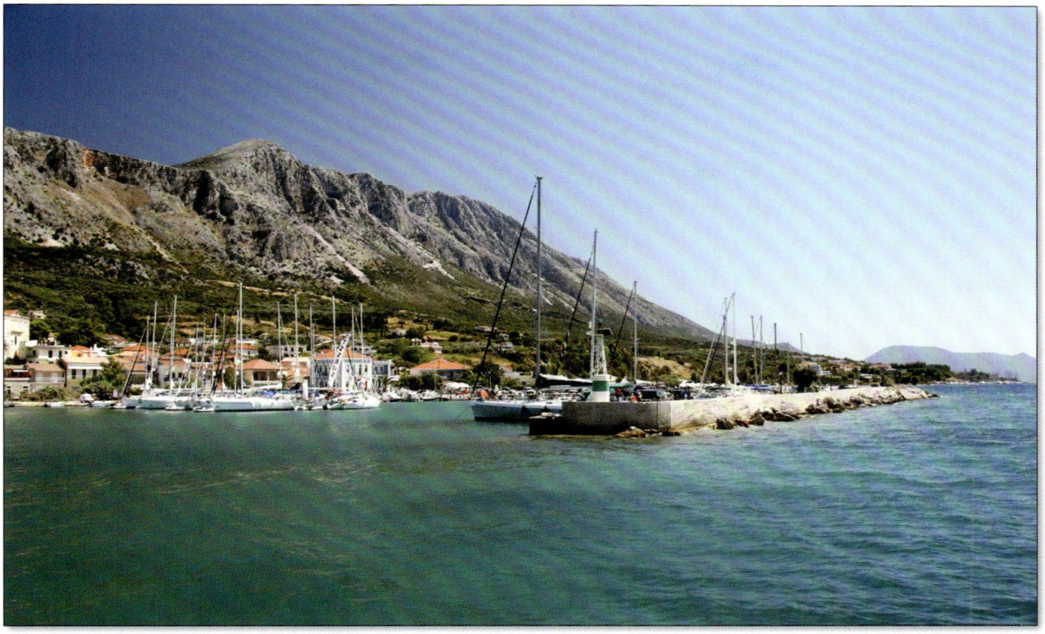

Tolle Lage – unterhalb der Bergkette.

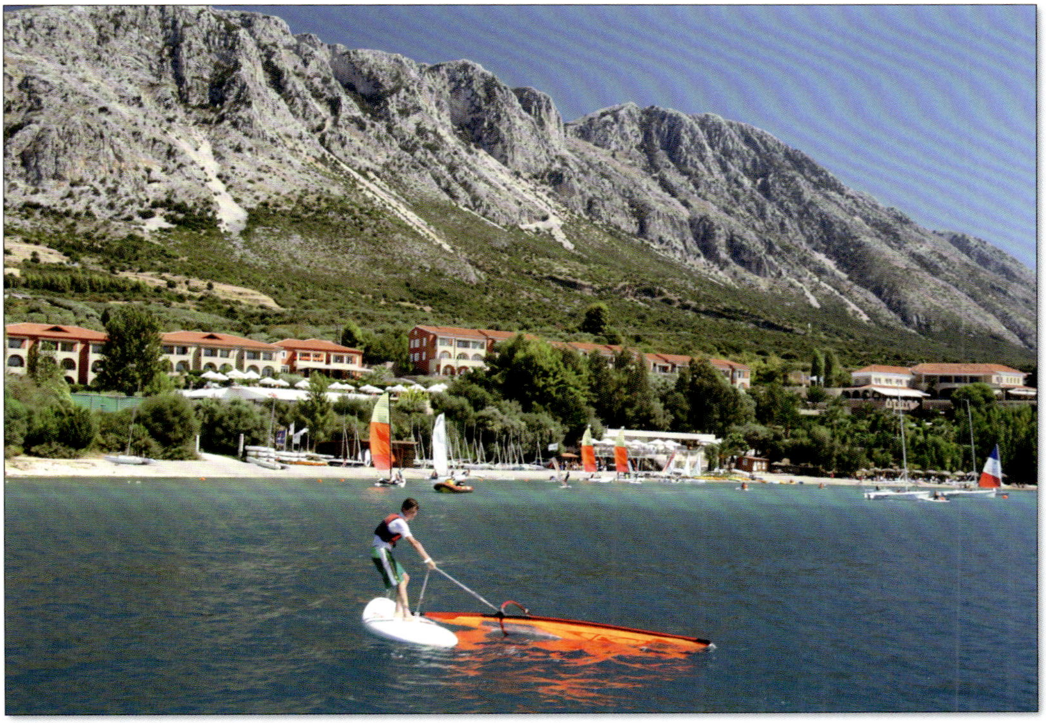

Nicht jeder Surfanfänger kann ausweichen, selbst wenn er möchte.

Wer entlang der Berghänge und diese hinauf wandert, bekommt einen schönen Überblick über den am besten geschützten Teil des Ionischen Meeres – Super-Weitsicht inklusive.

## Astakos

38° 31,1'N, 21° 5,0'E

Astakos

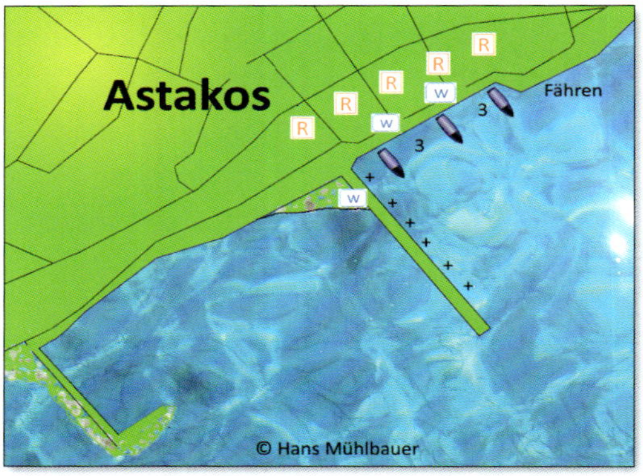


**Ansteuerung, Liegeplätze, Ausstattung**

Wer das Kap Akros Toukovigla mit östlichem Kurs rundet, kann noch einen Anker- und Badestopp in der tiefen Bucht Marathia einlegen, bevor er weiter Richtung Nordost zum Hafen von Astakos segelt. Dort gibt es Liegeplätze hinter dem zweiten Wellenbrecher entlang der Uferpromenade. Man ankert mit dem eigenen Geschirr auf 3–5 Metern Wassertiefe. Am nördlichen Kai legt die Fähre an. Je weiter weg man von diesem Platz parkt, desto weniger Schwell und Schraubenwasser wird man abbekommen.

Am späteren Nachmittag wehen teils heftige Böen über die Liegeplätze, sodass dann das Anlegen schwierig sein kann. Wer sich Zeit lässt und erst später kommt, geht dem Wind und möglichem »Hafenkino« aus dem Weg.

Wasserhähne befinden sich in den Blumenrabatten am Rand der Straße, die abends zur

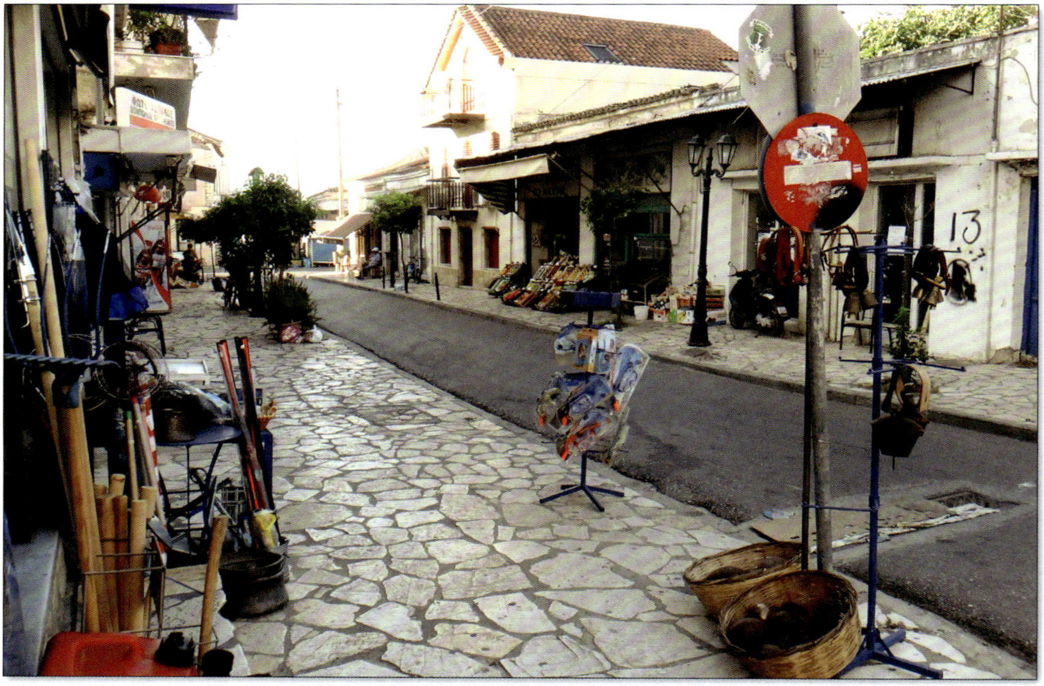

**In der Geschäftsstraße liegen die Läden dicht beieinander.**

Fußgängerzone mutiert und für Autos gesperrt wird.

**Rund um den Hafen**

An der Hafenpromenade reiht sich Taverne an Taverne – mit freundlichem Personal. Die Preise für ein Abendessen sind deutlich günstiger als in den meisten anderen Häfen der Region.
Vom Fuß der Mole führt eine Geschäftsstraße in den Ort. Hier und in der ersten Querstraße, die parallel zum Hafen verläuft, gibt es einen Bäcker, Lebensmittelladen, Gemüsehändler und weitere Geschäfte.

**Sehenswertes und Besonderes**

Dank des 600 Meter hohen Bergmassivs ereignet sich am Nachmittag etwas Besonderes: Wenn die Sonne nicht mehr auf den Berghang scheinen kann, dreht sich die Thermik um. Heftige Böen jagen den Berghang hinunter und den Seglern, die unbekümmert und mit Vollzeug Richtung Astakos segeln, kalte Angstschauer über den Rücken. Die Böen schlagen unverhofft zu, sodass es ratsam ist, schon vor dem Kap Toukovigla das zweite Reff einzubinden, auch wenn der Wind dort nur mit zwei Beaufort säuselt. Der anschließende heiße Ritt im böigen Wind, aber bei glatter See lohnt sich!

Zwischen den beiden Molen befindet sich ein schöner Kiesstrand mit fußfreundlichen kleinen und rundgeschliffenen Kieseln – ideal für das morgendliche Schwimmen in sauberem Wasser.

Tipp: Praktisch ist die öffentliche und kostenlose Dusche, die am Fuß neben einer Umkleidekabine montiert ist. Ich nutze sie immer, wenn ich nachmittags nach dem Einlaufen und morgens vor dem Frühstück hier zum Schwimmen gehe.

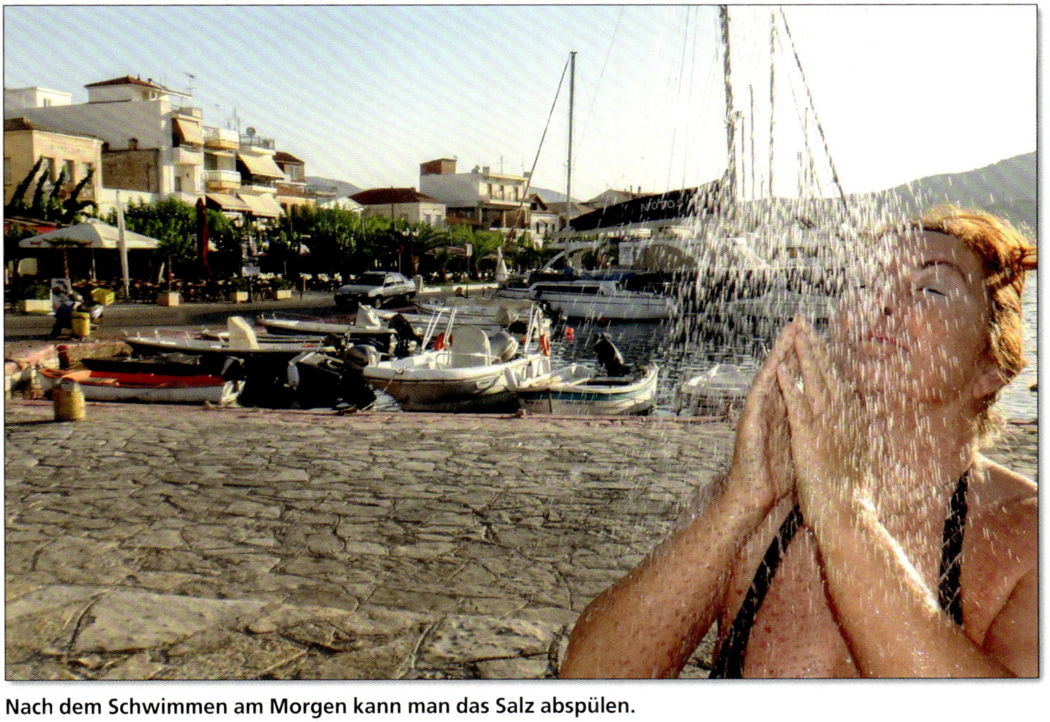

**Nach dem Schwimmen am Morgen kann man das Salz abspülen.**

Die Stadt soll von Astakos, einem Sohn des Meeresgottes Poseidon, und Olbia gegründet worden sein.
Hier kämpfte der Gott des Weines Dionysos, Sohn des Zeus und der Semele, gegen die Inder. Er verwandelte das Meerwasser in Wein und konnte so seine betrunkenen Gegner besiegen. Seine Geschichte wird in den Dionysiaka des Nonnos von Panopolis, der im 5. Jh. n. Chr. lebte, erzählt.

## Agios Panteleimon und Limin Platygiati

Agios Panteleimon: 38° 29,5'N, 21° 4,9'E
Limin Platygiati: 38° 28,3'N, 21° 5,3'E

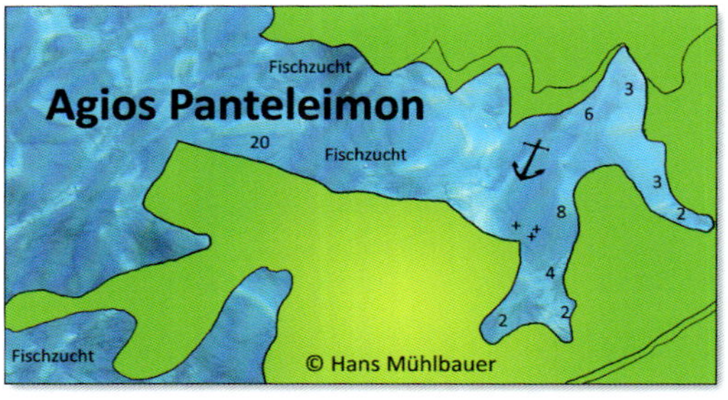


### Ansteuerung, Liegeplätze, Ausstattung

**Agios Panteleimon:** Nur 2,5 Seemeilen südlich von Astakos erstreckt sich diese verzweigte Bucht tief ins Festland. Drinnen gibt es überall passende Ankerplätze, je nach Windrichtung sucht man sich die geeignete Ecke.

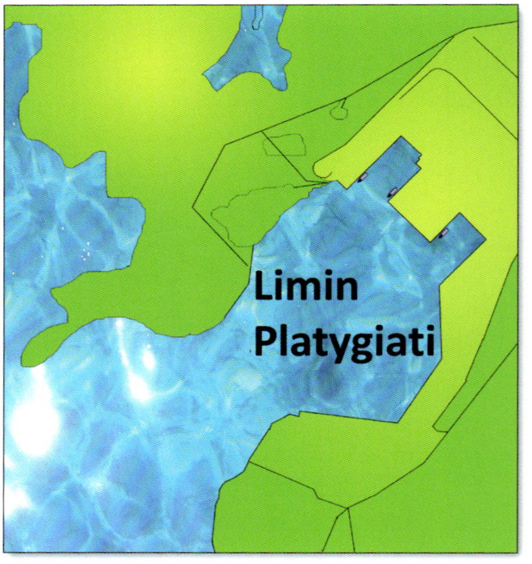


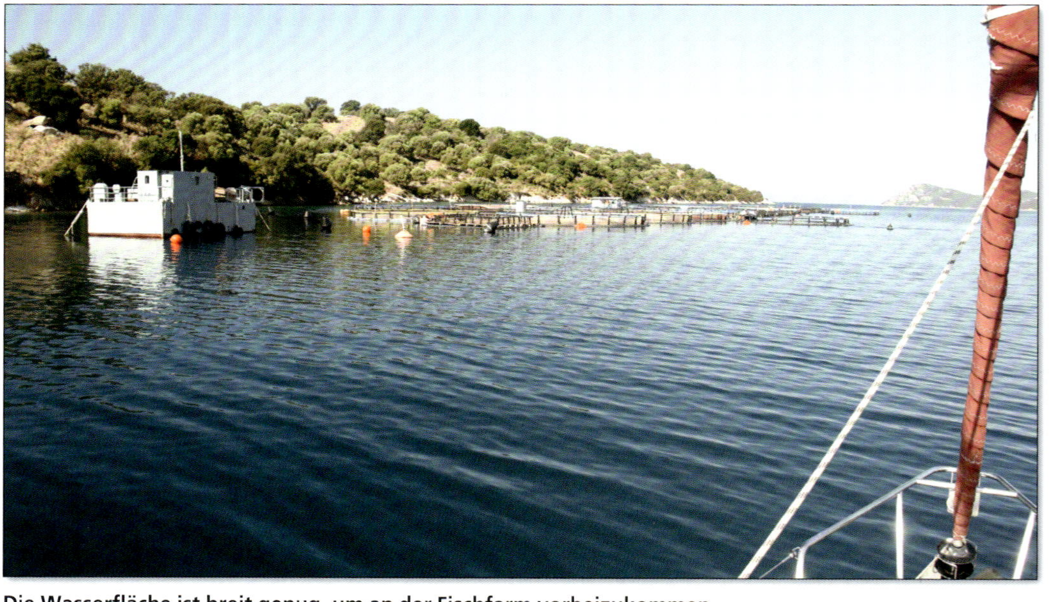

**Die Wasserfläche ist breit genug, um an der Fischfarm vorbeizukommen.**

**Limin Platygiati** ist gleich die nächste Bucht, die sich im Süden anschließt. Sie verfügt über eine befeuerte Zufahrt, denn eigentlich sollte diese große Hafenanlage mal zu einem florierenden Containerumschlagplatz werden. Kaianlagen, Containerkräne und riesige Lagerflächen an Land sind vorhanden, aber die Kundschaft fehlt. Somit kann man hier irgendwo am Kai längsseits festmachen – Platz ist genug. Versorgungsmöglichkeiten gibt es keine.

### Rund um den Hafen

Im innersten Zipfel der Ankerbucht Agios Panteleimon stehen einige Häuser und eine Reihe von Ruinen – aufgegebene Wohnhäuser, die zerfallen. Die schmale Straße führt nach Astakos, wo dann alle Einkaufsmöglichkeiten verfügbar sind.

### Sehenswertes und Besonderes

Auch in dieser Ankerbucht wie an vielen anderen Stellen in dieser Region haben sich Fischzuchten breitgemacht. Leider verschlechtert sich dadurch die Wasserqualität und das Wasser wird trüb. Dafür kann man von den Arbeitern dort frische Fische kaufen.

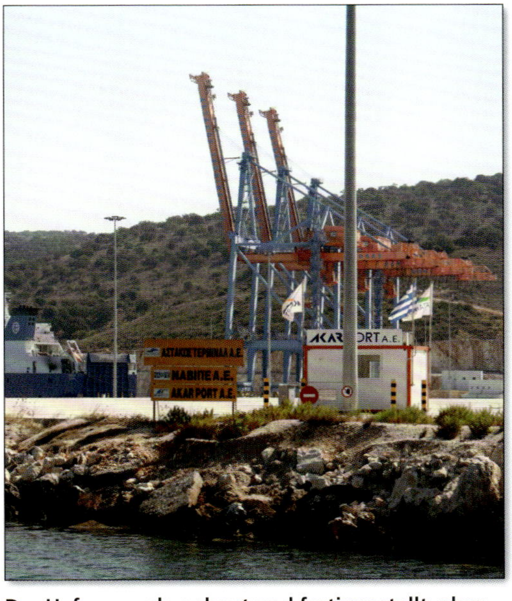

**Der Hafen wurde gebaut und fertiggestellt, aber die Schiffe fehlen.**

## Mesolonghi

Beginn des Fahrwassers: 38° 19,0′N, 21° 24,9′E

Mesolonghi

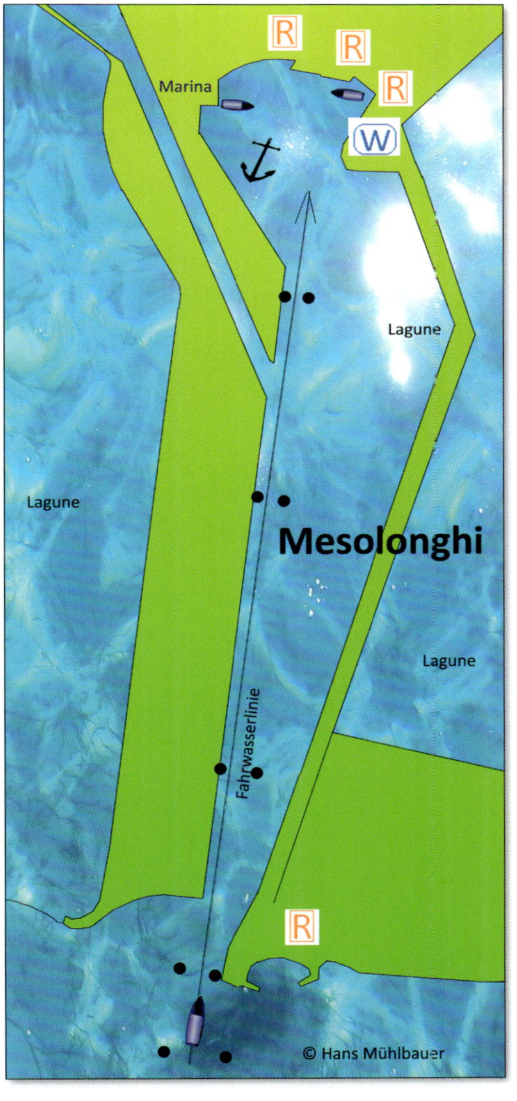

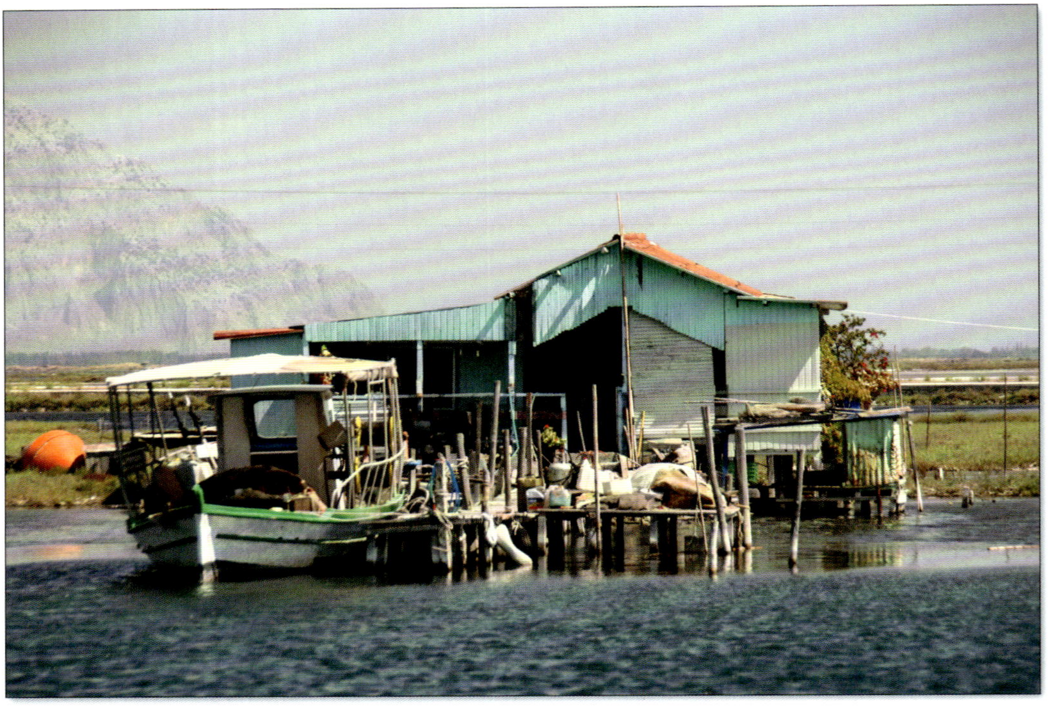

**Pfahlbauten aus der Neuzeit säumen die Wasserstraße.**

### Ansteuerung, Liegeplätze, Ausstattung

Noch vor der Einfahrt in den Golf von Korinth liegt ein geschützter Hafen.

Das Hafenbecken von Mesolonghi ist nach Passage des drei Meilen langen betonnten Kanals, der durch eine herrliche Lagunenlandschaft führt, zu erreichen. Im nördlichen Teil ist eine Marina entstanden. Bislang kann im Hafenbecken auch frei geankert werden.

Kostenlose Liegeplätze finden sich zusätzlich im nordöstlichen Teil des wenig frequentierten Hafens. Hier sind auch Tavernen. Auch die Straße zum nahen Ort führt hier vorbei. Ein Brunnen/Wasserhahn befindet sich zwischen Hafenamt und Hafenbecken.

Im Kanal sollte man nicht zu nah an die »Fahrbahnränder« manövrieren, denn von sechs Metern Wassertiefe steigt der Grund dort schlagartig auf einen halben Meter an. In der Einfahrt ist auch mit einer Strömung entlang des Ufers zu rechnen, die eine Yacht ganz schnell in Richtung flacher Fahrwassergrenze versetzt!

### Rund um den Hafen

Die neue Marina ist nicht zuletzt wegen der noch günstigen Preise bei Fahrtenseglern beliebt. Nachmittags, wenn der Wind relativ kräftig aus östlichen Richtungen und somit direkt in die Steganlage hineinweht, ist das Anlegen nicht gerade einfach. Dafür hat man auch im Sommer eine gute Kühlung am Liegeplatz.

Am östlichen und nördlichen Ufer gibt es einige gute Fischtavernen und angesagte Bars, die abends ihre Pforten öffnen. Dann belebt sich auf wundersame Weise der tagsüber so triste, verlassene Hafen, und viele Leute kommen hierher zum Flanieren, Klönen und Trinken. Gegen Mitternacht machen die Kneipen dann zu und man hat Ruhe zum Schlafen.

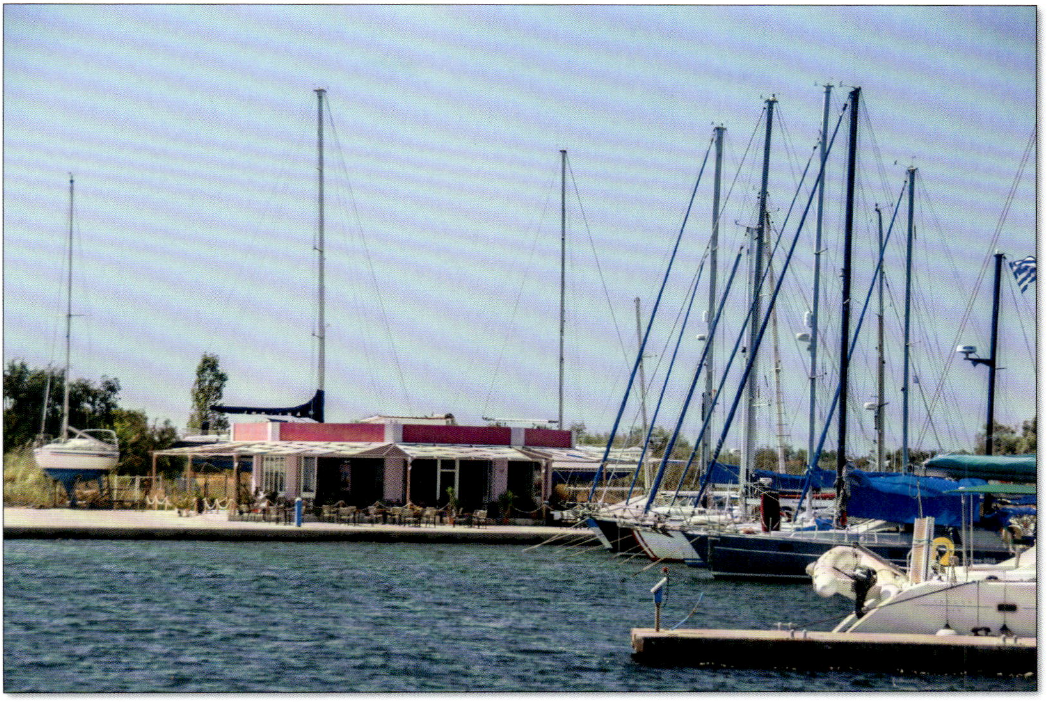

**Die Marinagebäude am westlichen Ufer.**

Der eigentliche Ort Mesolonghi liegt etwa einen Kilometer landeinwärts. Dort ist alles an Geschäften zu finden, um sich zu verproviantieren und um sich auszurüsten.

Info: Auch James Wharram, der Katamaran-Guru, liegt seit einiger Zeit mit seiner Gaja hier in der Marina.
Über ihn und seine Katamaran-Konstruktionen hatte ich eine Dokumentation für das Fernsehen produziert. Der Film ist in Deutschland auch als DVD erhältlich und in einer englischen Version auch in USA und Kanada – zum Angucken: http://www.dmcreisen.de/media/files/Videos/diverse/Wharram-Kauf.wmv
Zum Kaufen hier auf meiner Bücher- und DVD-Seite: http://www.dmcreisen.de/buecher.html

Zur Zeit der Venezianer 1740 bis 1760 war der Hafen der wichtigste Handels- und Kriegshafen in ganz Westgriechenland.
Ein furchtbares Kapitel der Geschichte wurde hier geschrieben: Im Jahr 1826 scheiterte der letzte verzweifelte Versuch, sich mit einem Aufstand vom Joch der Türken zu befreien. Um nicht in die Hände der türkischen Eroberer zu fallen, sprengten sich die Bewohner von Mesolonghi samt Frauen und Kindern selbst in die Luft.
Lord Byron lebte hier einige Zeit und unterstützte die Einheimischen in ihrem Freiheitskampf. Er verstarb dann 1924 an Malaria – sein Denkmal steht auf dem Heldenfriedhof.

### Sehenswertes und Besonderes

Die Stelzenhäuser entlang des Zufahrtskanals erinnern an karibisch-bunt-fröhliche Architektur. Jedes Haus ist anders in Bauform und Farbe, aber überall gibt es einen Steg, der zum Haus gehört.

Im riesigen Hafenbecken tummeln sich regelmäßig Meeresschildkröten. Manchmal sieht man nur kurz deren Kopf, wenn sie neue Luft schöpfen, aber manchmal schwimmen sie auch direkt entlang der Bordwand der Yacht und sind sehr gut zu beobachten.

Mesolonghi ist eine große Gemeinde in Westgriechenland am Golf von Patras. Ursprünglich lebte man auf den Inseln der Lagune in Pfahlbauten. Heute ist die Lagune versandet, bildet einen Teil des Festlands und ist Naturschutzgebiet.
Der Name Mesolonghi leitet sich wahrscheinlich aus dem italienischen »mezzo laghi« (mitten in den Seen) ab, da sich die Bewohner in den geschützten Lagunen vor den Invasionen germanischer und slawischer Stämme, der Byzantiner, Venezianer und Osmanen in Sicherheit brachten. Nach der Seeschlacht von Lepanto 1571 war die Herrschaft der Venezianer über die gesamte Adria begründet. Dennoch gelangte Mesolonghi immer wieder zwischen die Fronten. Erst nachdem der Einfluss der Republik Venedig zurückging, begann die Zeit des griechischen Nationalismus und die Ionischen Inseln wurden zu Beginn des 19. Jh. eine Republik.
Der griechische Freiheitskampf fand auch im restlichen Europa viele Sympathisanten. Der Dichterfürst Goethe, König Ludwig der I. (ein Wittelsbacher wurde sogar König von Griechenland als Otto I.) und auch Lord Byron unterstützten tatkräftig den Freiheitskampf. Letzter starb in Mesolonghi. Durch die europäische Unterstützung wurde 1930 der unabhängige griechische Staat begründet.

Anekdote: Plötzlich macht es leise »Trapp-trapp-trapp« an Deck.
Wir liegen längsseits in der Nordostecke des Hafens und in der Koje bei der Mittags-Siesta und hören dieses Geräusch. Der Blick hinauf zum Niedergang bestätigt: Da ist einer an Bord, denn wir sehen zwei Beine!
Also im Alarmstart raus aus der Koje und hinauf auf Deck. Inzwischen aber hatte sich der Eindringling schon wieder hinaus auf die Kaimauer geschwungen und saß da – gemeinsam mit zwei Kumpanen und einem Pick-Up-Auto.
Meine schroffe Frage »Was soll das?!« wird von den nichtgriechischen Jungs in gebrochenem Englisch beantwortet: »Wir haben Zigaretten gesucht ...«
Da bleibt einem dann doch die Spucke weg ob dieser Dreistigkeit! Wären wir nicht an Bord gewesen, wäre die Suche nach »Zigaretten« von den Jungs auch unter Deck durchgeführt worden.

Aber: Mesolonghi ist kein spezieller Hort der Kriminalität – Übergriffe passieren weltweit, nicht nur in den Häfen, wo vermeintlich gutbetuchte Yachties auf arme Leute treffen. Überraschend war es schon ...

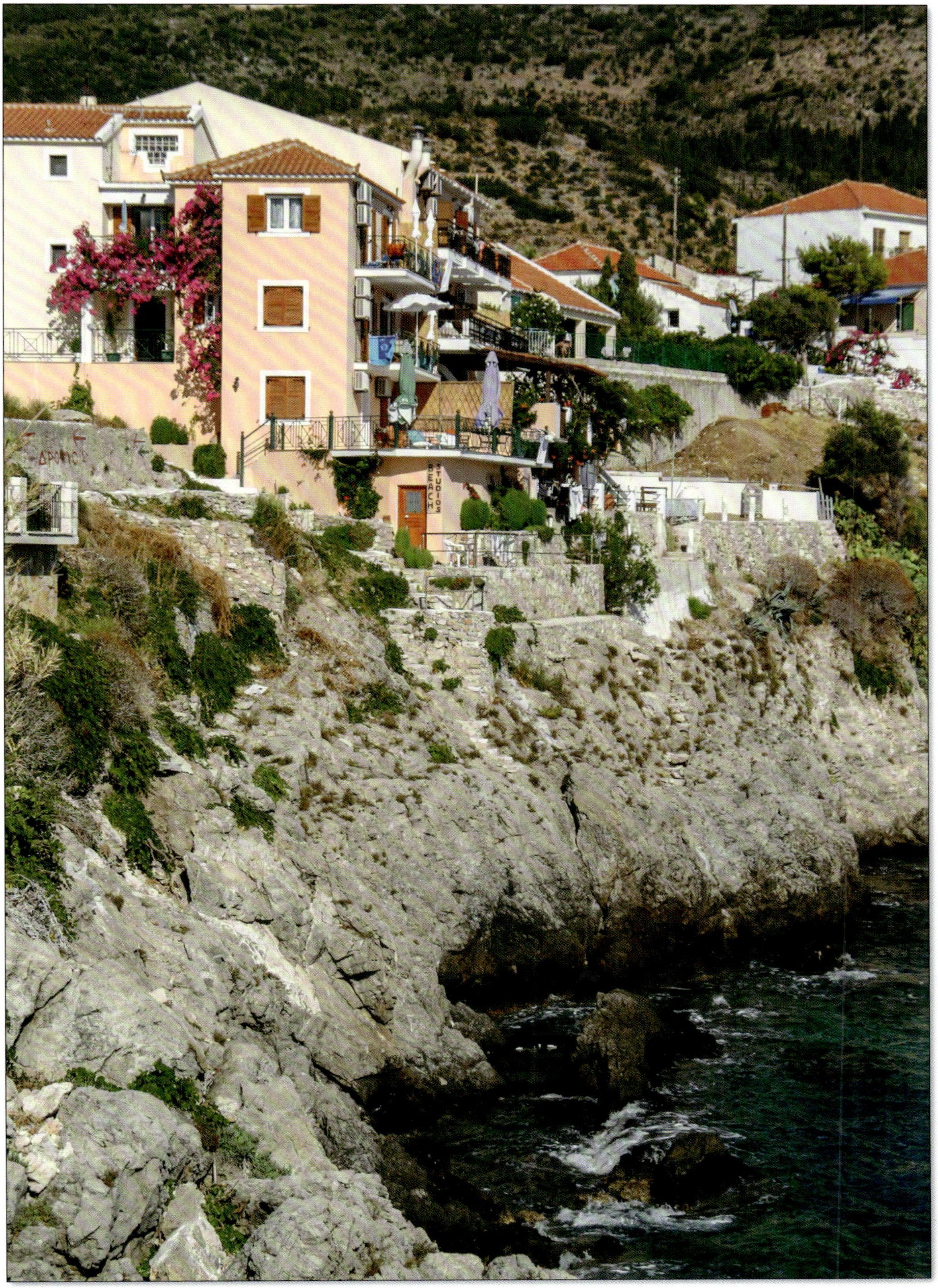
BEACH STUDIOS

# 8 Peloponnes Westküste

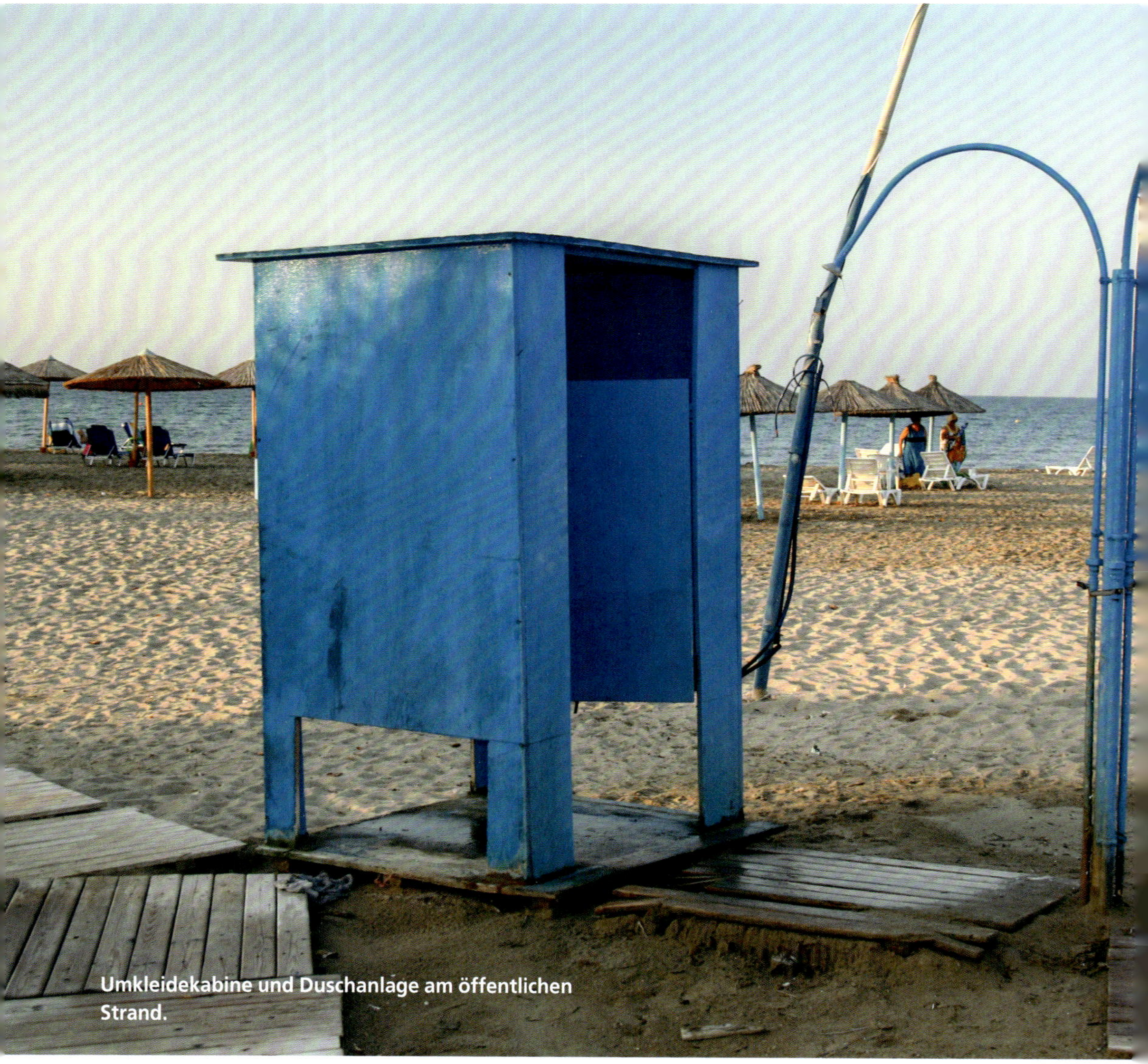

Umkleidekabine und Duschanlage am öffentlichen Strand.

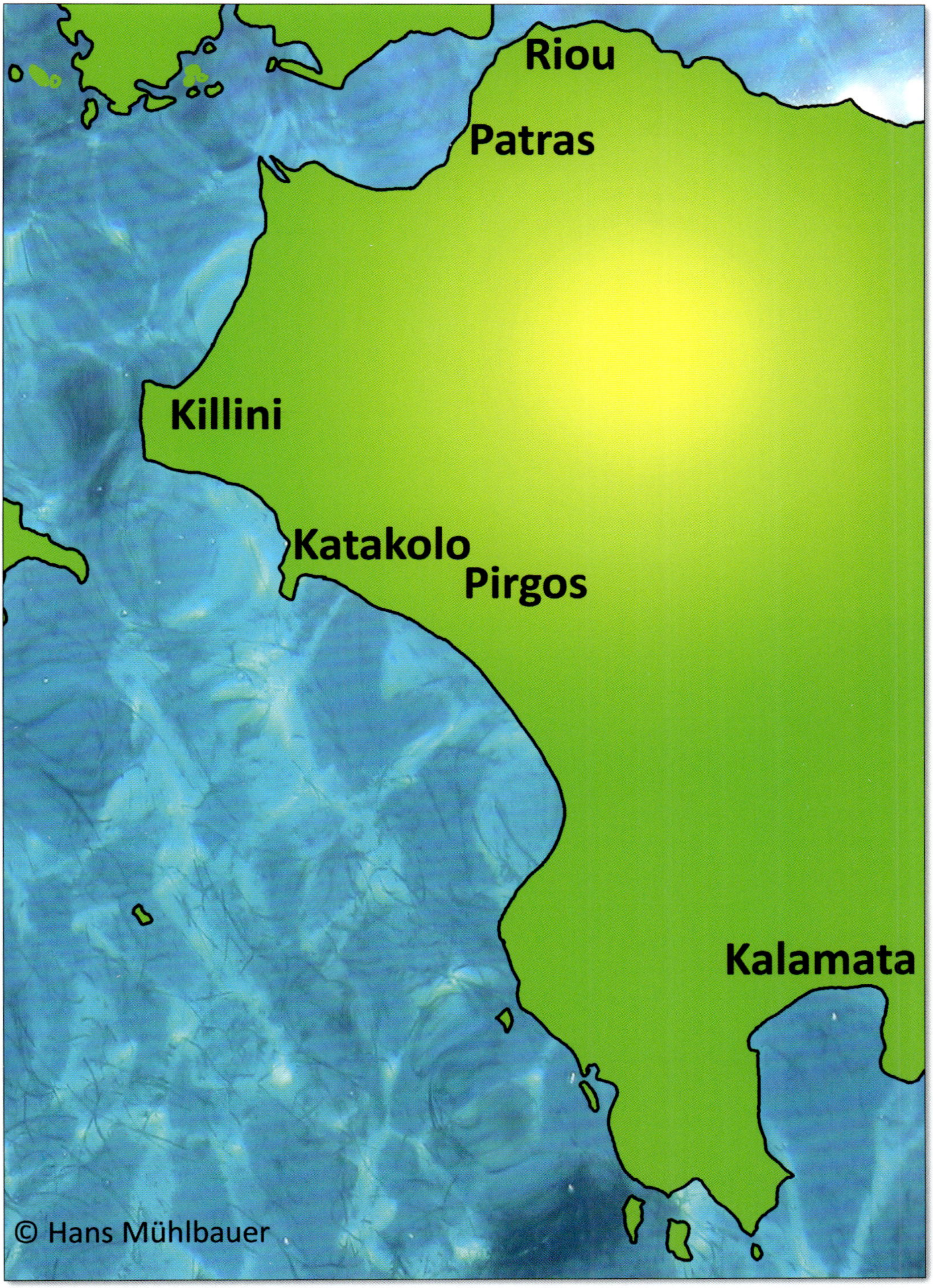
Riou
Patras
Killini
Katakolo
Pirgos
Kalamata
© Hans Mühlbauer

### Wissenswertes

Auch die Küsten des Peloponnes grenzen an das Ionische Meer. Die Westküste der Halbinsel gehört noch mit zum Revier. Allerdings wird die Gegend zumindest für Segler immer einsamer bzw. von den Seglern recht wenig befahren. Charterboote verirren sich äußerst selten hierher, denn die Distanzen zu den Charterbasen in Korfu, Lefkas oder Athen sind einfach zu groß, um sie in einem normal langen Charterurlaub bewältigen zu können.
Nur bei Oneway-Überführungen zwischen Athen und Westgriechenland wird auch am Peloponnes Station gemacht – vornehmlich allerdings in der nördlichen Region nahe der Einfahrt in den Golf von Korinth. Deshalb werden hier auch nur einige der südlicheren Häfen beschrieben, obwohl die Peloponnes-Westküste reizvolle Orte aufweist. Wer »Meer-Info« haben will, fragt mich bitte direkt:
hans.muehlbauer@dmcreisen.de.

### Historie

Der Peloponnes war im Altertum das Zentrum der mykenischen Kultur. Nach verschiedenen Einwanderungswellen schlossen sich viele Städte unter der Herrschaft des Stadtstaates Sparta zum Peloponnesischen Bund zusammen. Nach der Herrschaft Alexander des Großen wurde der achäische Bund gegründet, der aber von den Römern zerstört wurde.
Ende des 3. Jh. n. Chr. wanderten immer mehr slawische Gruppen ein.
Nach Jahrhundertelanger Herrschaft von Byzanz wurde die Halbinsel von den Kreuzrittern erobert. Ab dem 15. Jh. folgte eine unruhige Zeit, in der die Herrschaft über den Peloponnes zwischen Venedig und dem osmanischen Reich umkämpft war. Nach dem Ende der Türkenkriege und der Unabhängigkeit Griechenlands 1822 wurde der Peloponnes Teil des griechischen Staates.

## Riou und Antirriou

Riou: 38° 19,0′N, 21° 46,8′E

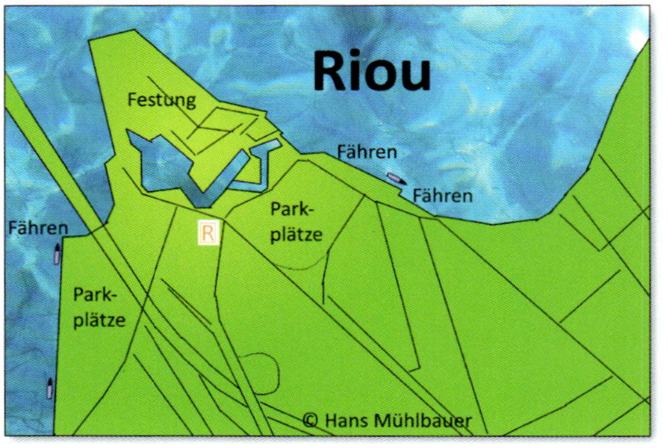


### Ansteuerung, Liegeplätze, Ausstattung

Der Ort Riou am Peloponnes, etwa acht Kilometer nördlich von Patras, und das Gegenstück Antirriou am Festland markieren den Eingang zum Golf von Korinth. Eindrucksvoll dokumentiert wird dies durch die gigantische Brücke von Riou, die 2004 in Betrieb genommen wurde. Beide Orte sind typische Fährhäfen ohne großen Charme, denn alles ist auf »Durchgang« ausgelegt.
Schon aus der Distanz ist die mächtige Brücke zu erkennen. Sie ist mit knapp drei Kilometern Länge die zweitlängste Schrägseilbrücke der Welt! 52 Meter ist die Durchfahrtshöhe für Schiffe und Yachten – genügend wohl für die allermeisten Yachten. Die Brücke ist ein spannendes Bauwerk: Errichtet in der Meerenge, die 65 Meter Wassertiefe aufweist und in der sehr hohe Windgeschwindigkeiten berücksichtigt werden müssen – ebenso, dass hier Erdbeben auftreten können, sodass das Bauwerk für Beben bis zur Stärke sieben auf der Richterskala konstruiert ist. Kosten für eine Überfahrt mit dem PKW: 12,90 € (2011) Radfahrer und Fußgänger queren umsonst.

Beide Häfen sind typische Fährhäfen, auch jetzt noch. Obwohl die Brücke die Meerenge überspannt und das Queren mit dem Auto leicht und

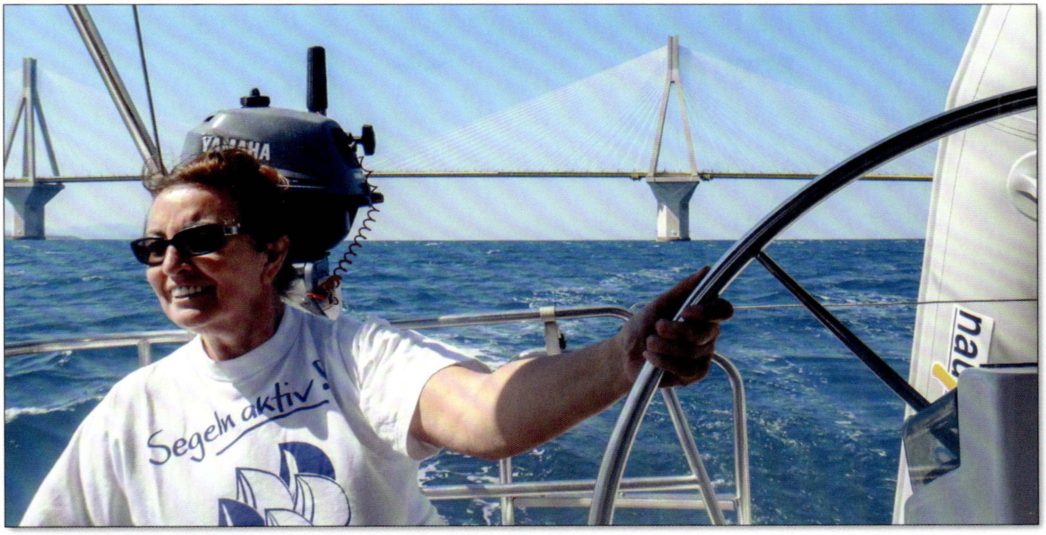


**Nach Passage der Brücke segeln wir im Golf von Korinth.**

schnell geworden ist, verkehren die Autofähren im kurzen Takt und queren die Wasserstraße teils dicht an dicht. Hier ist also Vorsicht bei der Passage angebracht, um den Fähren bei Bedarf ausweichen zu können.
Vor beiden Häfen gibt es relativ offene Anleger für die Fährschiffe, wenn man auch eine Ecke finden kann, um wenigstens kurzzeitig anlegen zu können.

### Rund um den Hafen

Wie in einem geschäftigen Fährhafen üblich, gibt es Essen und Trinken für Schnellentschlossene und auch zum Mitnehmen. Einige Souvenirläden und ein riesiger Parkplatz runden, zusammen mit der Festung, das Bild ab.

### Sehenswertes und Besonderes

Unter Sultan Bayazid II. entstanden um 1500 die schweren Festungsanlagen beidseits der Meerenge, denn schon seit alter Zeit liegt hier ein strategisch wichtiger Punkt, der schützenswert war: Die Zufahrt zum Golf von Korinth. Beide Militäranlagen kann man besichtigen.

## Patras

Nördlich des Wellenbrechers: 38° 15,6'N, 21° 44,1'E

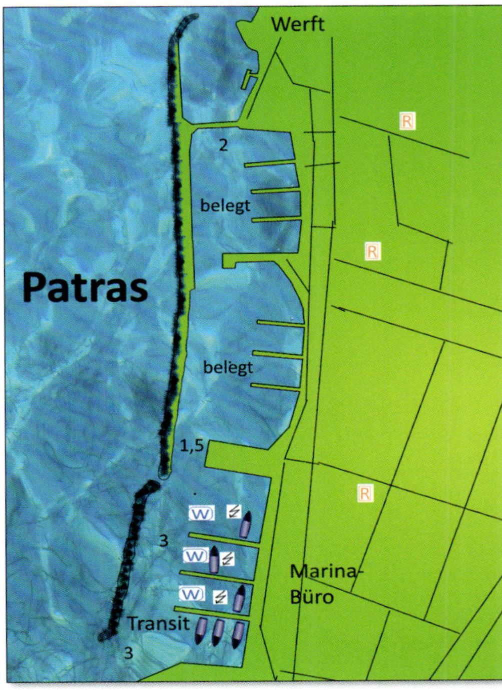

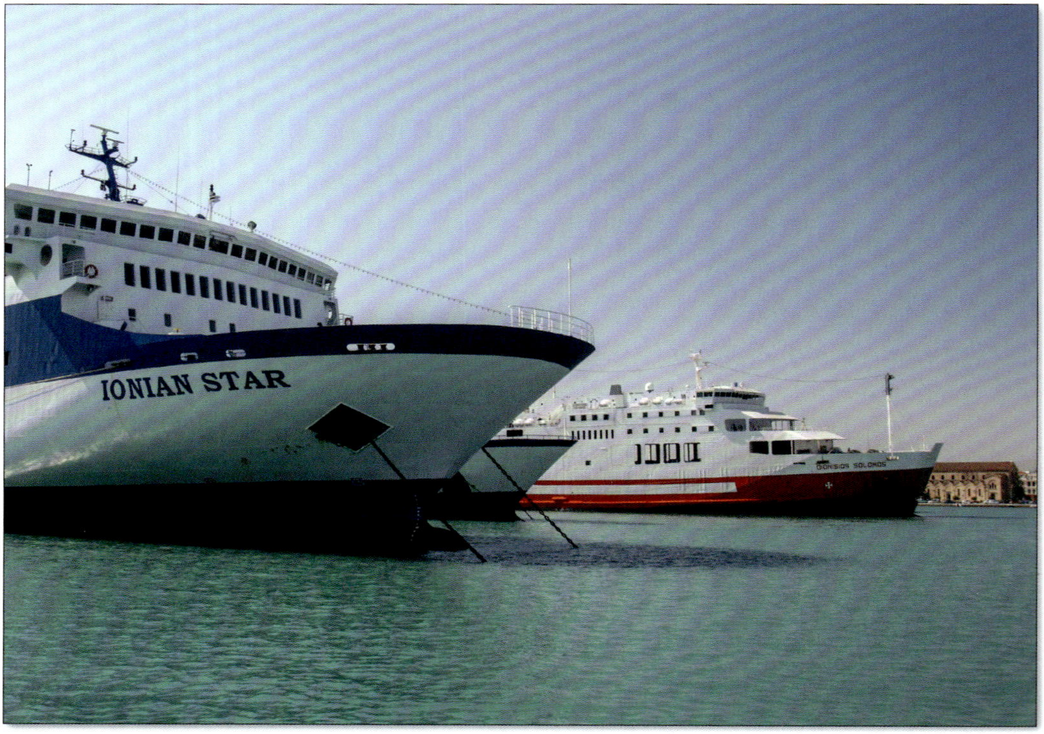


**Tag und Nacht sind die Fähren unterwegs.**

### Ansteuerung, Liegeplätze, Ausstattung

Der Hafen von Patras ist der Dreh- und Angelpunkt der Schiffsbewegungen in West-Griechenland. Die Stadt mit gut 170.000 Einwohnern eignet sich als Versorgungshafen, denn hier gibt es wirklich alles zu kaufen.

Man muss nur den vielen großen Fährschiffen folgen, die von und nach Italien via Korfu und Igoumenitsa hier ihre Endstation haben, um den befeuerten Hafen zu finden.
Vor dem Hafen liegt ein gut eine Meile langer Wellenbrecher, dessen südliche Hafenzufahrt die meisten Fähren und Frachter benutzen. Genau östlich des nördlichen Endes der Mole schützt ein weiterer, nach Norden gerichteter Wellenbrecher den Yachthafen vor Seegang. Gleich am ersten Steg befinden sich die Transitplätze mit Strom- und Wasseranschlüssen.

### Rund um den Hafen

Die quirlige Stadt breitet sich entlang der Küste aus. Verschiedenste Läden, ein Supermarkt und auch Tavernen sind direkt in der Umgebung des Yachthafens zu finden.

### Sehenswertes und Besonderes

Patras ist laut. Tag und Nacht laufen Fährschiffe aus und ein – sie werden be- und entladen, und all das ist mit Geräuschen verbunden. Zum Bunkern von Vorräten und Ersatzteilen ist Patras der rechte Ort. Auch der Flugplatz Araxos ist nicht weit.
Wer nach Athen will, nimmt den Bus: Alle 30 Minuten startet ein Fahrzeug vom Busbahnhof direkt am Fährterminal und erreicht nach drei Fahrstunden den Athener Busbahnhof. Dort noch umsteigen in die Airportlinie und flugs kann man zu Hause in Deutschland sein.

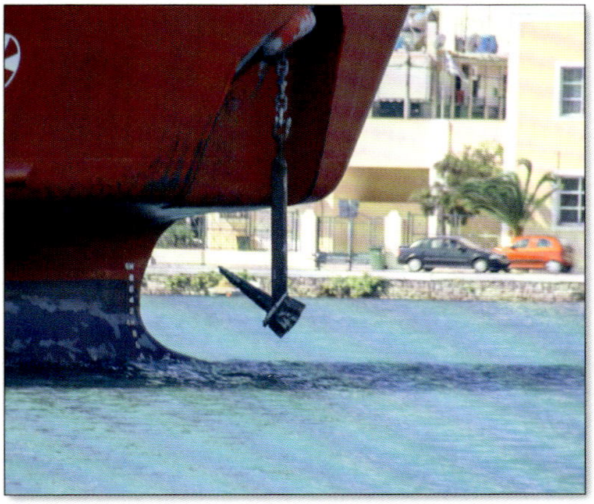

**Nicht erschrecken, wenn nachts mit lautem Getöse rasselnd der Anker gesetzt wird.**

In der Fußgängerzone in der Straße Agiou Nikolaou treffen sich abends die Studenten der hiesigen Universität. Die Straße beginnt am mittleren Terminal und führt schließlich über Treppen bis hinauf zu Kastro in die Oberstadt. In der dortigen Ruhe der Burgmauern aus türkischer und venezianischer Zeit hat man einen wunderbaren Blick über Stadt, Hafen und Meer.
Aus der Kaiserzeit um 160 n. Chr. ist das römische Odeon (Theater) erhalten, das inmitten der Stadt steht.

## Kyllini

37° 56,4′N, 21° 9,5′E

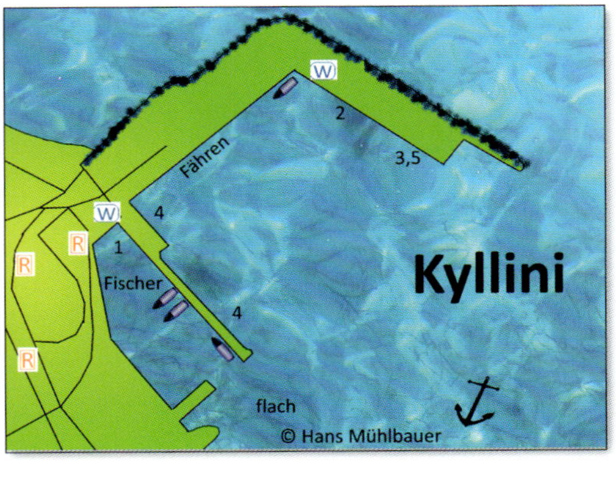


### Ansteuerung, Liegeplätze, Ausstattung

Von den vorgelagerten Klippen nördlich des Kap Glarentza sollte man sich fernhalten und den Wellenbrecher des Hafens in weitem Bogen ansteuern. In der Verlängerung der Mole liegen weitere Steine unter Wasser. Eine Tonne kennzeichnet den Punkt zum sicheren Einlaufen. Das riesengroße Hafenbecken ist meist recht leer. Hin und wieder liegt hier ein kleiner Frachter, der Ladung bunkert, und mehrmals täglich kommen die Fähren.
Im Westteil des Hafens liegt ein kleineres Becken für Fischer und Yachten. Das Einlaufen sollte man so nah als möglich an der Pier unternehmen, denn unmittelbar südlich der kleinen Westmole ist es flach.
Drinnen kann man an der langen Pier vor Buganker festmachen oder sich in der Nähe der Einfahrt auch längsseits legen.
Diesel bestellt man telefonisch – eine Infotafel steht auf der Pier.

### Rund um den Hafen

Der Ort versprüht leicht morbiden Charme. Doch die Wirte der Tavernen sind freundlich, das Essen ist gut und günstig, der Strand lang und feinsandig, in den Läden wird man zuvorkommend bedient, und der Liegelatz im Hafen ist kostenlos.

### Sehenswertes und Besonderes

Kyllini ist ein Ort, der nach der Anstrengung von diversen Investitionen in Infrastruktur und Hotelanlagen ein wenig vergessen wurde. Da steht ein imposantes, hypermodernes, aber leer stehendes Abfertigungsgebäude. Gleich daneben endet die Zufahrtsstraße zum Terminal in einer Schotterpiste. Breite Straßen, Hotels, ein langer Sandstrand und über der Hafeneinfahrt prangt ein riesiges Plasmadisplay zur Anzeige der Fährabfahrten. Aber bei nur einer Fährlinie und lediglich 2–3 Schiffen pro Tag nach Zakinthos und Kephalonia stellt sich die Frage nach der Notwendigkeit ...

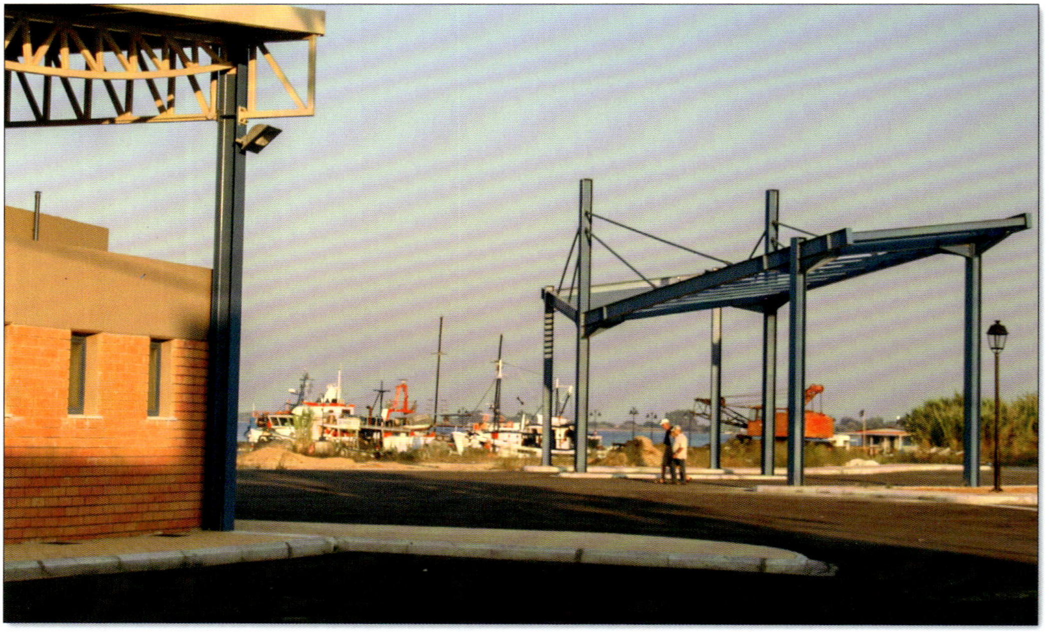

Fertiges, aber nicht genutztes Abfertigungsgebäude für den Fährbetrieb.

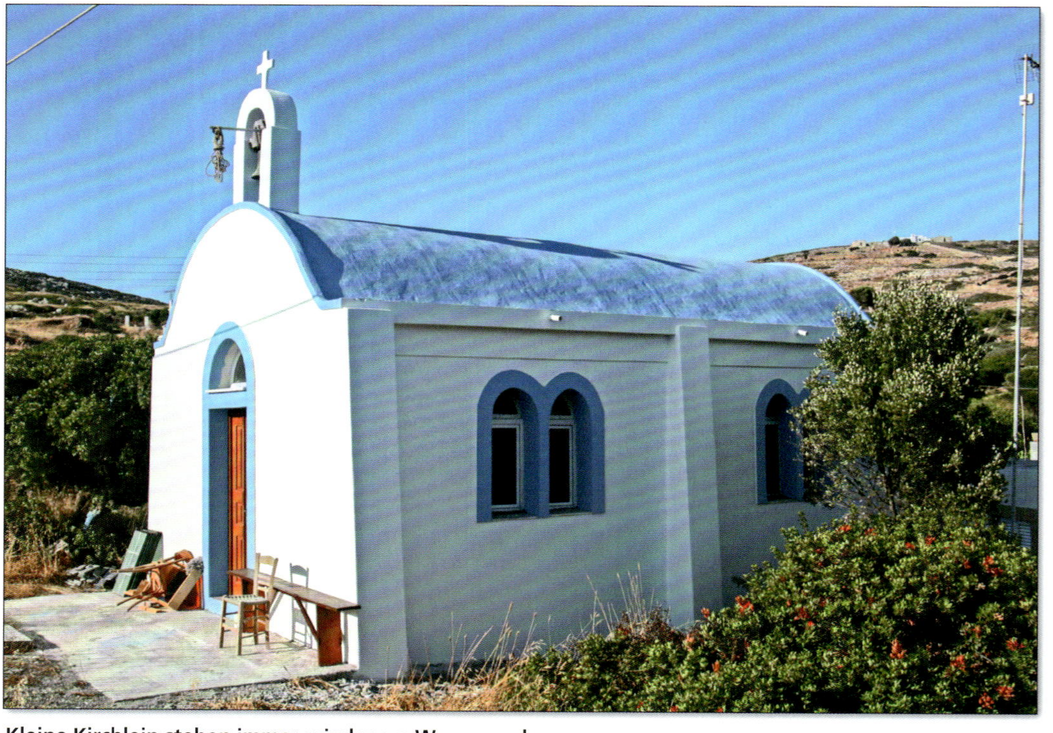

Kleine Kirchlein stehen immer wieder am Wegesrand.

Wer Crew aufnehmen möchte, die mit dem Flieger anreist, kann das hier gut organisieren, denn zum Flugplatz nach Patras ist es nicht weit – sogar eine Bustour nach Athen ist vertretbar.
Zehn Kilometer südlich liegt Loutra Kyllini – in ganz Griechenland wegen seiner Heilquellen, die bei Asthma, Rheumatismus und Hautkrankheiten helfen, bekannt. Dazu gibt es Überreste aus der Römerzeit zu bestaunen sowie kilometerlange hochgelobte Sandstrände.

Auf dem Weg dorthin, etwa fünf Kilometer südlich von Kyllini, liegt die Ortschaft Kastro und die gewaltige Kreuzritterburg Chlemoutsi, eine der besterhaltenen Anlagen ganz Griechenlands. Sie hat seit ihrer Erbauung um 1205 eine sehr wechselvolle Geschichte erlebt: http://de.wikipedia.org/wiki/Chlemoutsi.

## Katakolo – Pyrgos

37° 38,8'N, 21° 19,8'E

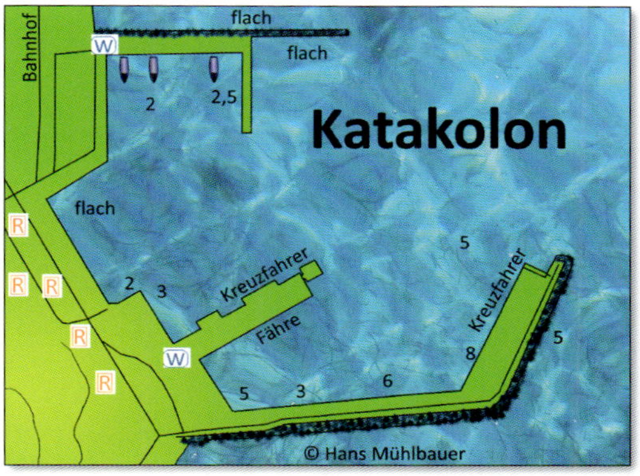


### Ansteuerung, Liegeplätze, Ausstattung

Bei der Ansteuerung von Nord sollte man von der Halbinsel, auf der das Dorf Katakolo steht, wegen der vorgelagerten Klippen wirklich gro-

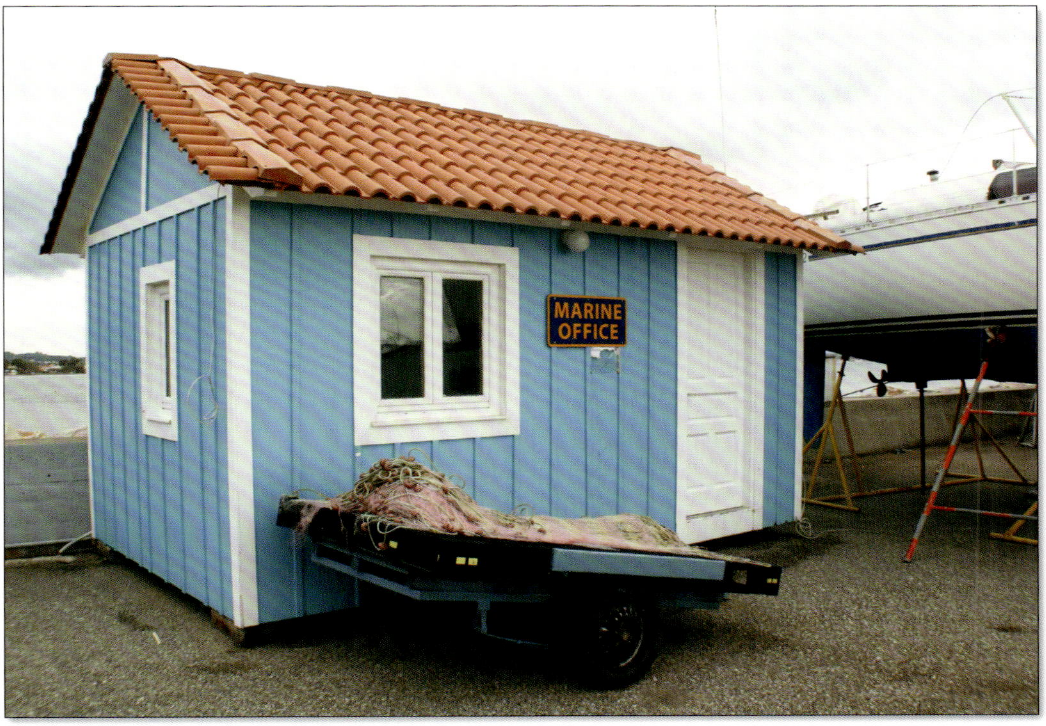


**Jeder fängt mal klein an – auch eine Marina.**

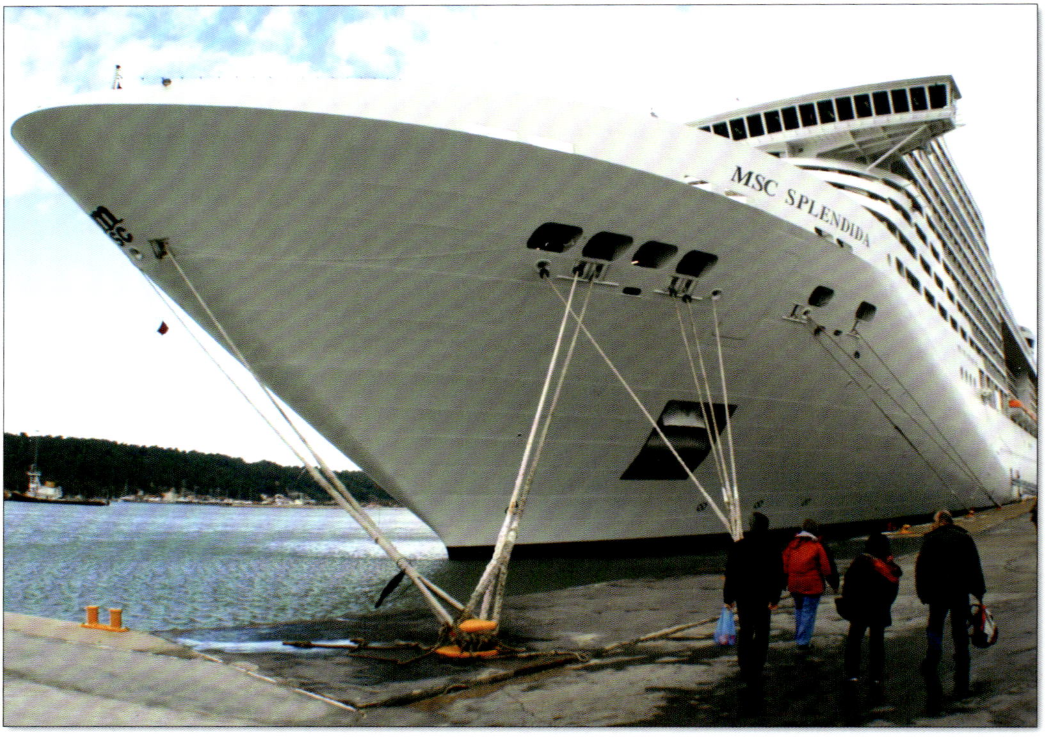


**Imposantes Schiff mit 330 Metern Länge – Reise auf dem Meer der anderen Art: See- oder Seh-Reise?**

ßen Abstand halten. An der Ostseite dieser Halbinsel liegt der große und geschützte Hafen, der im Altertum schon von der Stadt Olympia genutzt wurde.

Heute geben sich hier die Kreuzfahrtschiffe quasi die Kaianlagen in die Hand. Am südlichen Wellenbrecher und an der Mittelpier legen sie Tag und Nacht an.

Am landseitigen und vor der bescheidenen Yachtstation sind die Yacht-Liegeplätze. Es gibt sogar einige Landliegeplätze für Yachten.

Die seit Jahren geplante Marina im nördlichen Hafenteil bleibt immer noch Wunschdenken, wenn auch schon mal ein gebrauchter Schwimmsteg angeliefert wurde, der aber an Land liegt, statt im Wasser seinen Dienst zu verrichten.

Man liegt wie üblich vor Buganker. Wasser gibt es am Fuß der Kreuzfahrerpier und am Yachtkai.

## Rund um den Hafen

Entlang der Uferpromenade und an der parallel verlaufenden Hauptstraße reiht sich Taverne an Bar und Souvenirladen, denn die vielen Kreuzfahrtgäste sind ein zahlungskräftiges Klientel. Dazwischen finden sich auch Geschäfte für den Einkauf des täglichen Bedarfs.

Mehrere Kreuzfahrtschiffe können gleichzeitig in diesem Hafen festmachen, sodass dann zwischen etwa 2000 und 4000 Passagiere pro Schiff zum Landausflug aufbrechen und das Dorf überschwemmen. Nach dem Auslaufen der Schiffe, das meist am späteren Nachmittag erfolgt, kehrt wieder schläfrige Ruhe ein.

## Sehenswertes und Besonderes

Warum machen so viele Kreuzfahrtschiffe hier Station? Katakolo ist Ausgangspunkt für einen Ausflug zur 30 Kilometer landeinwärts gelegenen Orakel- und Heiligtumstätte von Olympia. Für die vielen Kreuzfahrtgäste steht immer eine ganze Armada von Reisebussen bereit, um die Geschichtsinteressierten zu befördern.

Individuell kann man mit Linienbus, Taxi, einem Mietwagen oder einem Motorroller die Tour angehen. Sogar eine eigene Eisenbahnlinie verkehrt zwischen den beiden Orten.

Olympia mit dem Zeustempel liegt im grünen Tal von Alpios, war einer der geistigen Zentren der Antike und seit 776 v. Chr. auch Austragungsort der gleichnamigen Spiele. Die Ruinen aus alter Zeit ziehen heute noch die Menschenmassen zur Besichtigung an (http://de.wikipedia.org/wiki/Olympia_%28Griechenland%29).

Olympia, einst dem Göttervater Zeus geweiht, ist der Ursprungsort der antiken Olympischen Spiele.

Die wechselvolle Geschichte des Heiligtums begann vor etwa 3000 Jahren, die ersten sportlichen Wettkämpfe sind im 7. Jh. v. Chr. nachzuweisen. Über die Jahrhunderte entstanden neben dem Zeustempel viele weitere Kultstätten wie etwa der Tempel der Hera, vor dem heute noch das Olympische Feuer entzündet wird, das Hippodrom oder die Werkstatt des Phidias, der die berühmte Zeusstatue von Olympia schuf. Sie war eines der 7 Weltwunder der Antike.

Etwa um 400 n. Chr. wurden die Spiele von oströmischen Herrschern als heidnisches Brauchtum verboten und viele Heiligtümer zerstört. Den Rest vernichtete 551 ein großes Erdbeben. Erst Ende des 18. Jahrhunderts wurde Olympia nach und nach wieder ausgegraben und zählt heute zum UNESCO-Weltkulturerbe.

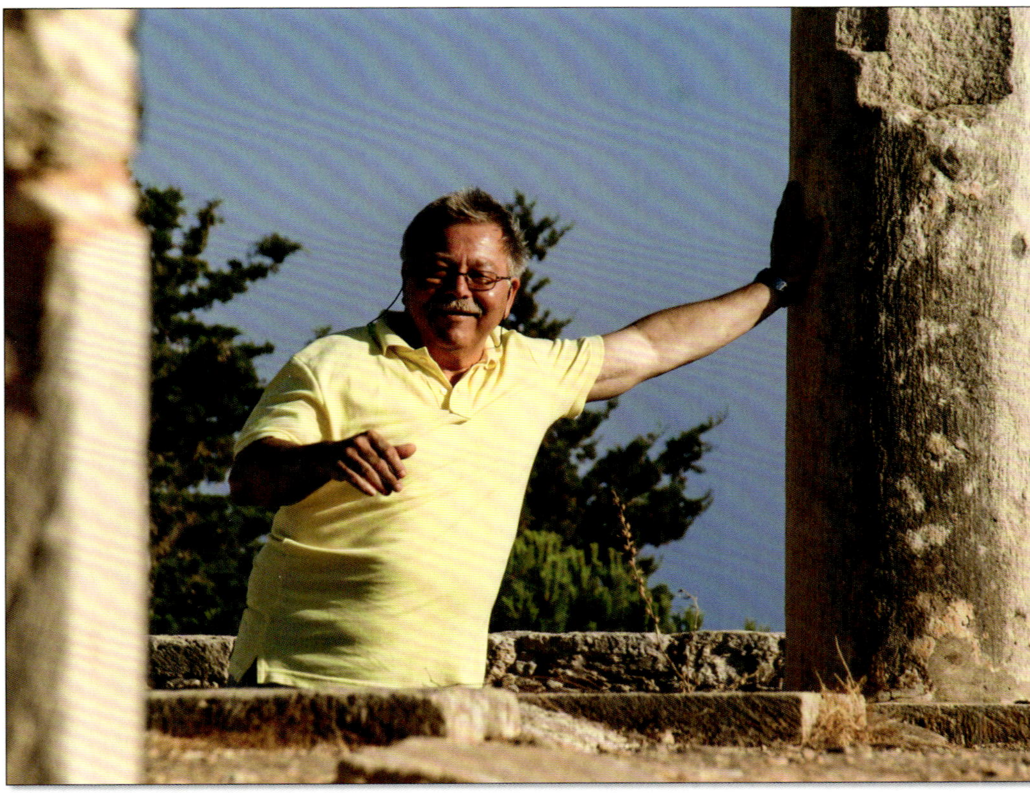

**Geschichte von Jahrtausenden – zum Greifen nah.**

# 9 Golf von Korinth

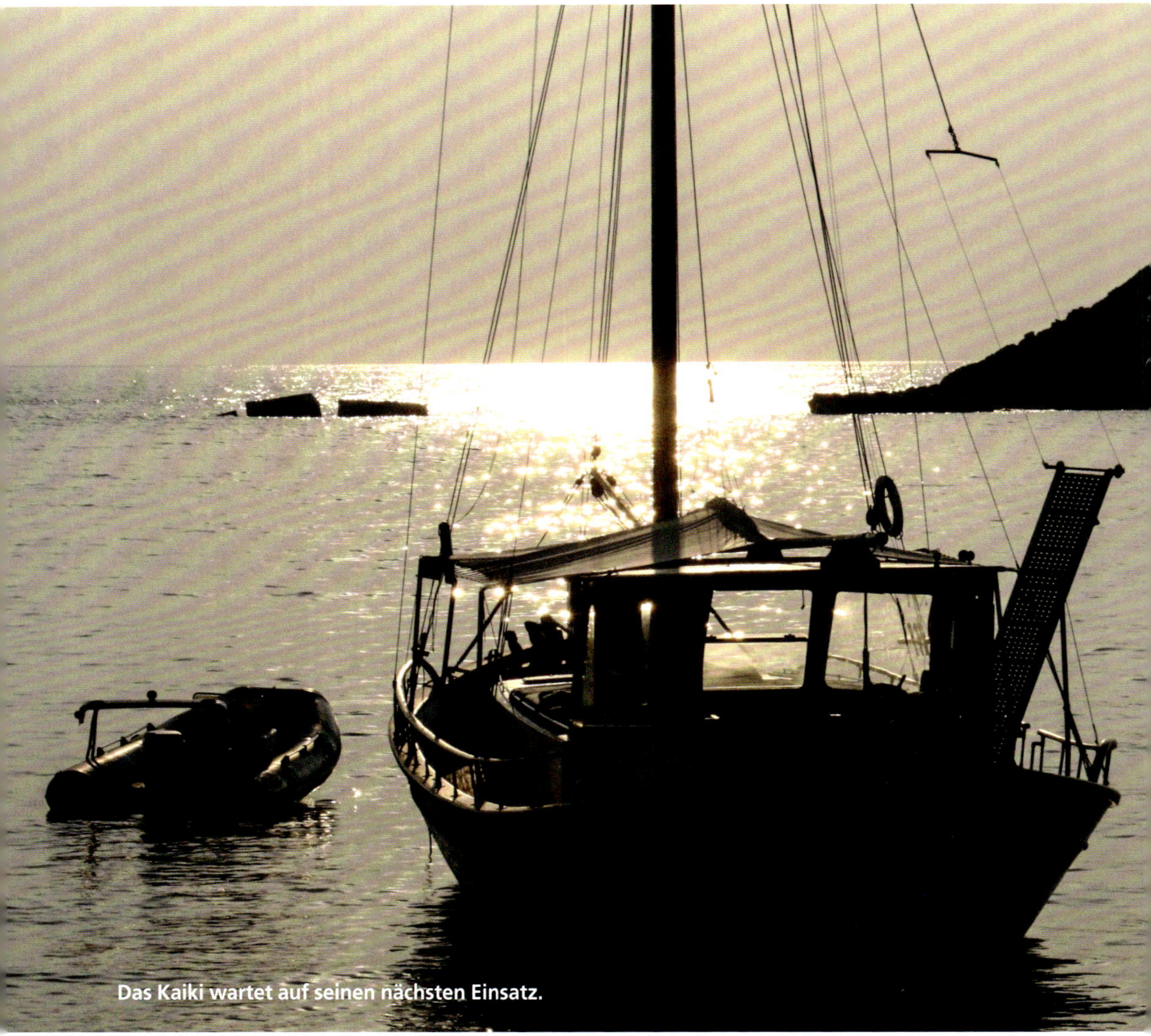

Das Kaiki wartet auf seinen nächsten Einsatz.

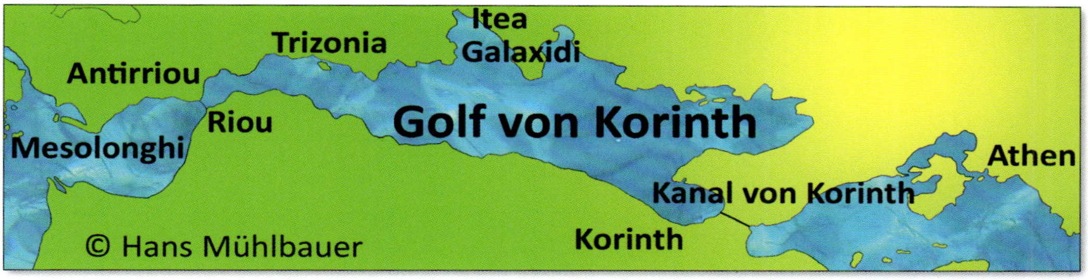


Ein von Charteryachten recht selten befahrenes, aber hochinteressantes Revier ist der Golf von Korinth. Yachten, die ins westliche oder östliche Mittelmeer wechseln wollen, benutzen diesen Seeweg, der durch den imposanten Kanal von Korinth führt und gegenüber der Umrundung des gesamten Peloponnes eine Einsparung von fast 200 Seemeilen bringt.

Die Bucht Limin Vouliagmeni, nur knapp sechs Seemeilen von der westlichen Einfahrt zum Kanal von Korinth entfernt, verspricht in der Seekarte eine Untiefen-freie, enge Einfahrt sowie absolut geschützte Ankerplätze im Innern, aber die Einfahrt wurde zugeschüttet und dieser herrliche Platz ist nicht mehr erreichbar.

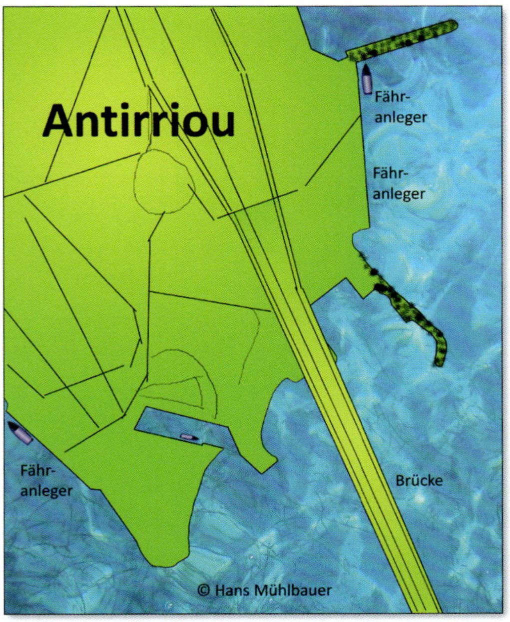


**Wissenswertes**

An der Südküste des Golfes von Korinth, also an den Ufern des Peloponnes, gibt es einige wenige, aber auch kleine Häfen. Sie sind nicht besonders sicher, meist voll belegt oder gar nicht besonders sehenswert. Entlang der Küste führen Autobahn und Bundesstraße durch viel und dicht bebautes Land mit Zweckarchitektur.

Die Nordufer sind bedeutend idyllischer und die Ortschaften aus altem Gebäudebestand gewachsen, weshalb ich auf Hafenbeschreibungen auf Peloponnes-Seite verzichte.

## Antirriou

38° 19,6'N, 21° 45,9'E

**Ansteuerung, Liegeplätze, Ausstattung**

Antirriou verfügt neben den Fähranlegern über ein geschütztes Hafenbecken, in dem die Fischer ihre Boote parken. Dort kann man einen guten Platz, allerdings fast unter der verkehrsreichen Brücke finden. Sonst gibt es lange und relativ ungeschützte Kais für die Fährschiffe. Dort kann man kurzzeitig längsseits gehen, wenn man den Schiffsbetrieb nicht stört oder es einen (mehr oder weniger zufällig vorbeikommenden) Griechen stört, dass eine Yacht da anlegt, wo er sie nicht haben will.

**Rund um den Hafen**

An der engsten Stelle zwischen Festland und Peloponnes, an der Grenze zwischen dem Golf von Patras und dem von Korinth, ist eine der größten Hängebrücken der Welt entstanden. Sie ist die zweitgrößte Schrägseilbrücke der Welt. Sie verbindet das griechische Festland mit dem Peloponnes beim Ort Riou.

Fähren verkehren immer noch zwischen den beiden Landmassen – davor muss sich der Segler gut freihalten.

**Sehenswertes und Besonderes**

Weit mehr als zwei Kilometer ist die Brücke lang. Sie steht auf seismisch labilem Boden und der Untergrund, in dem die Fundamente sitzen,

Anekdote: Manchmal stört eine Yacht einfach einen Griechen – die Story dazu:
Wie auch in anderen Häfen wiederholt erlebt, hat die Crew, meist bei widrigen Bedingungen, endlich festgemacht, Leinen, Fender, Anker und Springs sind alle an den richtigen Stellen und das »Einlaufbier« kommt gerade an Deck, dann, ja genau dann steht ein Grieche am Steg, nicht etwa früher.
Der Mann erklärt in kurzen und knappen Worten, dass man hier nicht liegen könne, denn in »thirty minutes« würde genau hier ein »big ship« ankommen und den Platz beanspruchen. Bei verzagtem Widerspruch von Seiten der Crew wird die Stimme des Rufers lauter und aggressiver, bis die eingeschüchterte Crew widerstrebend ablegt und genervt ein anderes Plätzchen sucht, wo das Spiel dann von Neuem beginnen kann ...
Was der Mann vergessen hat, war zu sagen, an welchem Tag das »big ship in thirty minutes« ankommen würde ... es ist noch niemals gekommen.
Ich habe inzwischen den Eindruck, dass uns immer zuerst aus der Distanz bei unserem Abmühen beim Anlegen zugeguckt wurde – helfen? Nein. Und erst dann, wenn wir fertig waren, dann kam der Mann, um uns zu scheuchen. Vielleicht ist das ein Sport?!
Meinte der Mann etwa »griechische thirty minutes« wenn »five minutes« auf griechisch schon eine knappe Stunde bedeuten?

Eines kann helfen: Wenn der Skipper seine »griechischen fünf Minuten« nimmt. Das heißt, dem Mann am Steg Widerworte zu geben – zu wiedersprechen, laut, mit kräftiger Stimme, die Selbstbewusstsein und Kampfbereitschaft erkennen lässt. In aller Regel wird dann das Machogetue des anderen versiegen und er sich, natürlich mit gebührenden Worten, kurz darauf trollen.
Sollte der Kontrahent dann noch mit der Polizei drohen, dann hole ich sofort mein Handy und erkläre ihm, dass dies eine gute Idee sei und ich sofort die Beamten herbeirufen werde – auch das hilft im Zweifelsfall.
Trotzdem bleibt immer der schale Nachgeschmack: »Was ist, wenn tatsächlich ein Schiff kommt?«
Mit diesen griechischen fünf Minuten konnte schon so mancher Zwist erledigt werden. Man(n) muss sich halt trauen und nicht klein beigeben, denn je kleiner der eine, desto größer wird der andere sich aufplustern.
Aber es ist nicht leicht und nur für kräftige Gemüter – und nur mal so am Rande gezeigt, was Fahrtenseglers Leid sein kann.

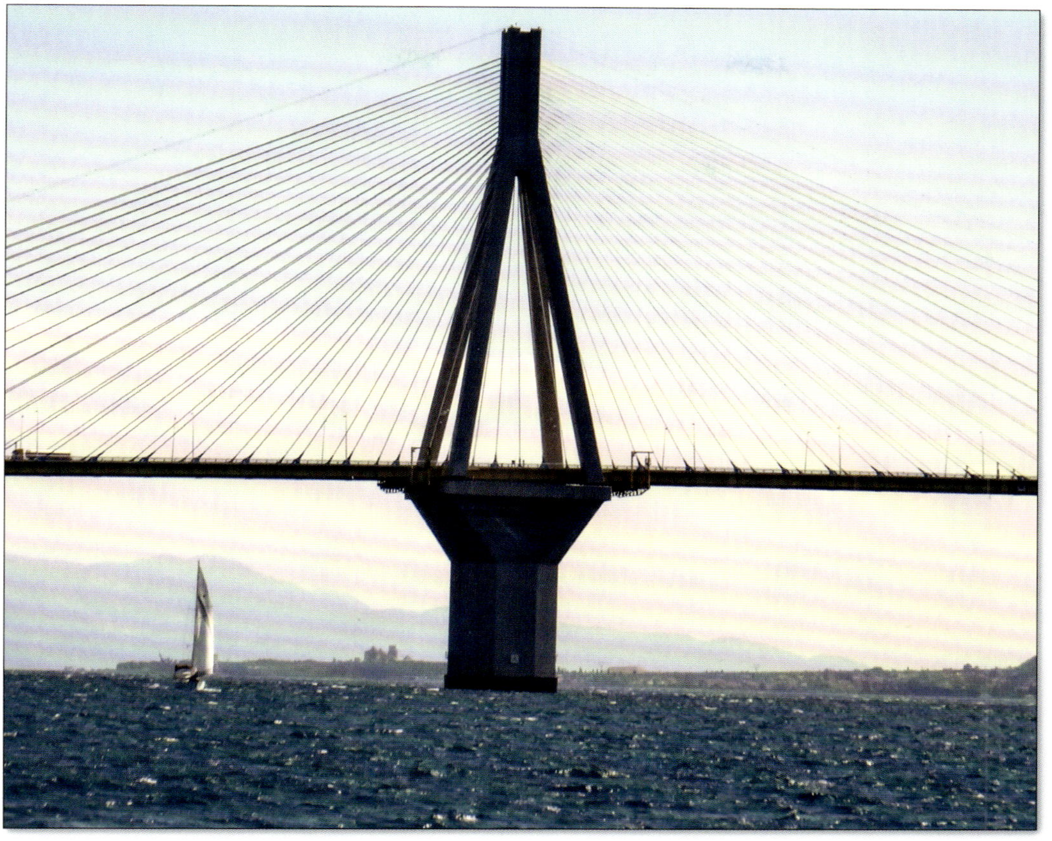

**Imposantes Bauwerk auf schwierigem Boden.**

ist ebenfalls nicht wirklich fest. Dies waren die großen Herausforderungen für die Architekten. Unter der Brücke können auch große Schiffe hindurchfahren – mit maximal 52 Meter Masthöhe. Sie stellt die einzige Verbindung von West-Griechenland zum West-Peloponnes und zur Hafenstadt Patras dar. Eine zweite Brückenverbindung zwischen den beiden Landmassen gibt es erst wieder im Osten des Golf von Korinth: Die Brücke über den Kanal von Korinth am nordöstlichen Ende des Peloponnes. Entsprechend wichtig sind beide Verbindungen für den Straßenverkehr.

Kosten für eine Überfahrt mit dem PKW: 12,90 € (2011) Radfahrer und Fußgänger queren umsonst.

## Trizonia

38° 22,0'N, 22° 5,0'E

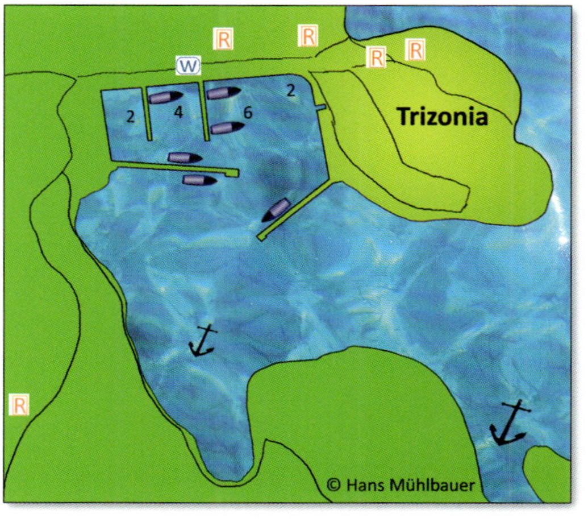

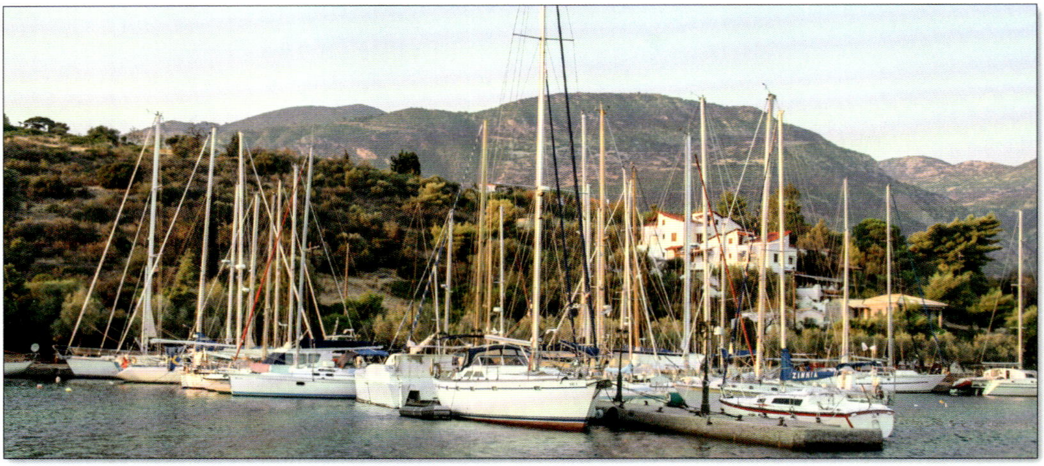

Treffpunkt und Dauerliegeplatz vieler Fahrtensegler.

**Ansteuerung, Liegeplätze, Ausstattung**

Trizonia ist eine kleine Insel im nordwestlichen Teil des Golf von Korinth. In seiner geschützten Bucht wurde schon vor Jahren mit dem Bau eines Yachthafens begonnen. Die Betonstege sind fertig, aber es gibt weder Strom noch Wasser auf den Stegen. Ein Schlauch kann von einem der nahen Privathäuser gelegt werden – auch eine Dusche gibt es dort.

Der Wellenbrecher und drei betonierte Stege mit Ringen und Pollern zum Festmachen sind bereits fertig. Wasser- und Stromanschlüsse sind vorbereitet, aber noch nicht angeschlossen. Die Wassertiefen betragen im gesamten Hafenbereich zwischen zwei und sechs Metern. Die Einfahrt erfolgt von Osten und ist problemlos.

Mancher Dauersegler nutzt diesen Ort, um hier geschützt und günstig zu überwintern.
Fahrtensegler, die von Ost nach West und umgekehrt durch den Kanal von Korinth fahren, freuen sich, dass es auf der kleinen Insel Trizonia eine gegen alle Winde geschützte Bucht mit guten Anlegemöglichkeiten gibt. Das verschlafene Eiland liegt nur eine halbe Seemeile vor der Nordküste des Golfs von Korinth.

Hier trifft sich ein buntes Seglervölkchen aus allen Teilen der Welt zum Zwischenstopp, sodass die Liegeplätze zwar gut besucht sind, aber immer noch ein Platz für Transityachten frei ist. Das naheliegende gleichnamige Dorf Trizonia mit seiner verschlafenen Promenade und den einfachen, aber sauberen Häusern verleitet einfach zum Verweilen.

**Rund um den Hafen**

In den Tavernen im Ort gibt es neben der landestypischen Küche hervorragenden fangfrischen Fisch vom Grill. Der urige Mini-Supermarkt ist prima sortiert.
Günstige Liegegebühren und eine recht gute Anbindung per Bus, der nach Athen und dann zum Athener Flughafen fährt, erlauben auch ein längeres Liegen. Eine kleine Fähre verkehrt zum Festland.

**Sehenswertes und Besonderes**

Nördlich des Hafens verspricht das Drymna Hotel Wechselstube, Postaufbewahrung, Telefon und Fax, Waschmaschine, Duschen und Stromanschluss für die in der Nähe vertäuten Boote (c/o Drymna Hotel, Nisos Trizonia, 33058, Greece, 0266-71204, -71304 – http://www.drymna.gr/ ).

## Galaxidi

38° 23,0'N, 22° 23,5'E

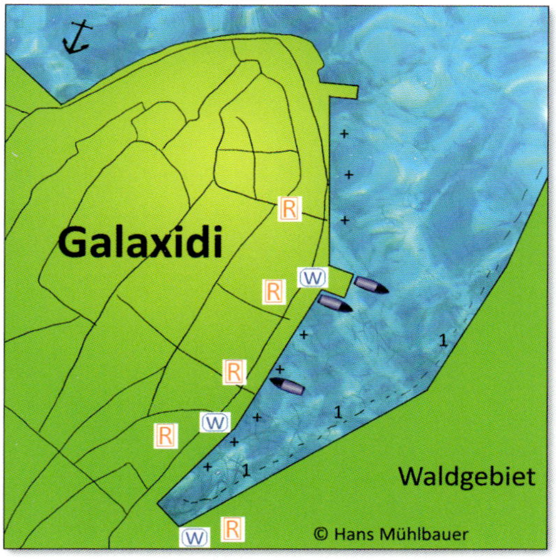


### Ansteuerung, Liegeplätze, Ausstattung

Vor der rundum geschützten Hafenbucht sind einige kleine Inselchen und Unterwasserklippen zu umschiffen, um dann mit südwestlichen Kursen in die Hafenbucht einlaufen zu können. Die Liegeplätze befinden sich am westlichen Ufer. Man legt, wie üblich im Mittelmeer, römisch-katholisch, also mit dem Buganker an. Der innere Teil der Bucht wird recht eng und ist auch mit kleinen Booten belegt.

Durch den engen schlauchförmigen Hafen macht sich der Tidenhub mit oft mehr als einem halben Meter bemerkbar. Man sollte also ein wenig »Luft« in den Leinen lassen.
In der nördlich angrenzenden Bucht kann man frei ankern, wenn die Plätze an der Hafenpromenade belegt sind.

### Rund um den Hafen

Der Hafenmeister in seinem Ein-Quadratmeter-»Großraumbüro« kassiert geringe Liegegebühren und vermittelt den Wassermann, der den Schlauch zur Yacht legt.
Im Ort gibt es eine ganze Reihe von hübschen Geschäften mit Kunsthandwerk – wer also Mitbringsel benötigt, ist hier gut beraten. Und natürlich kommt man in den nahen Tavernen auch kulinarisch auf seine Kosten.
Von hier fährt ein Bus nach Itea bzw. zum berühmten Orakel von Delphi hoch oben in den Bergen.

### Sehenswertes und Besonderes

Wer es etwas intimer, gelassener und kleiner möchte als im benachbarten Itea, ist im Ort Galaxidi gut aufgehoben.
Die herausgeputzten Häuser im Ort machen Galaxidi ein wenig »edler« als manch anderen Hafen.

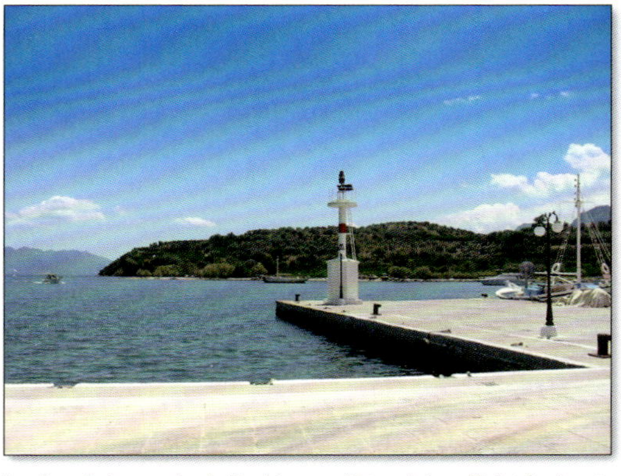

**In der Saison sind die Liegeplätze hier dicht belegt.**

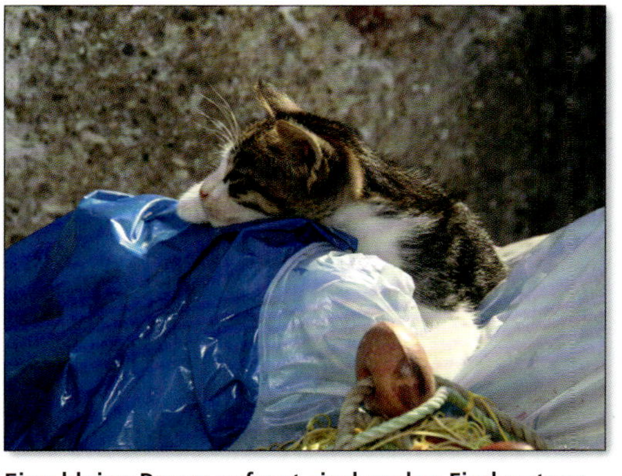

**Eine kleine Pause auf gut-riechenden Fischnetzen muss manchmal sein ...**

## Itea

38° 25,7'N, 22° 25,4'E

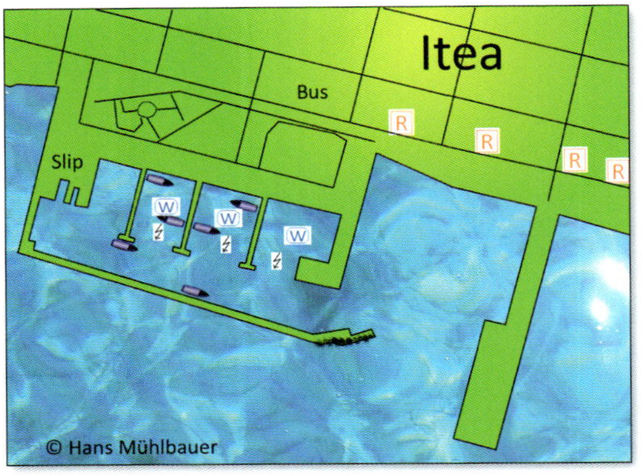


### Ansteuerung, Liegeplätze, Ausstattung

Die Stadt Itea liegt an der Nordspitze der großen Bucht von Krissaios. Bei der Ansteuerung sind die vielen Untiefen und Klippen im Westteil der weiten Bucht zu beachten. Eine der kleinen Inselchen, das knapp 11.000 Quadratmeter große kreisrunde St. Athanasios, steht für 1,6 Millionen Euro zum Verkauf. Wer also zugreifen möchte, der frage den Autor.

Die Marina in Itea wird sicherlich einen hohen Stellenwert bei den durchreisenden Yachties einnehmen. Die meisten der Yachten, die von West nach Ost und umgekehrt durch das Mittelmeer reisen und den Kanal von Korinth benutzen wollen, machen in Itea Station.

Im westlichen Teil des Hafens schützt eine neue Mole die Liegeplätze für die Yachten. Und da bietet der neue Yachthafen doch eine Menge: Sehr geschützte und sichere Liegeplätze an Betonstegen mit Wasser- und Stromanschluss, Toiletten und Duschen in den neu errichteten Marinagebäuden und die Bushaltestelle direkt vor dem Marina-Eingang.

Leider steht auch bei Windstille ein unangenehmer leichter Schwell im Hafenbecken, der das Boot immer wieder in die Festmacherleinen einrucken lässt und durch die resultierenden Knarz-Geräusche die Nachtruhe stört. Auch der nicht unerhebliche Tidenhub von bis zu einem halben Meter ist beim Vertäuen und beim Anbringen der Fender zu beachten.

### Rund um den Hafen

Im Ort und unter den Bäumen der Uferpromenade gibt es gute Tavernen. Eine Tankstelle, Supermarkt, eine klasse Konditorei und eine

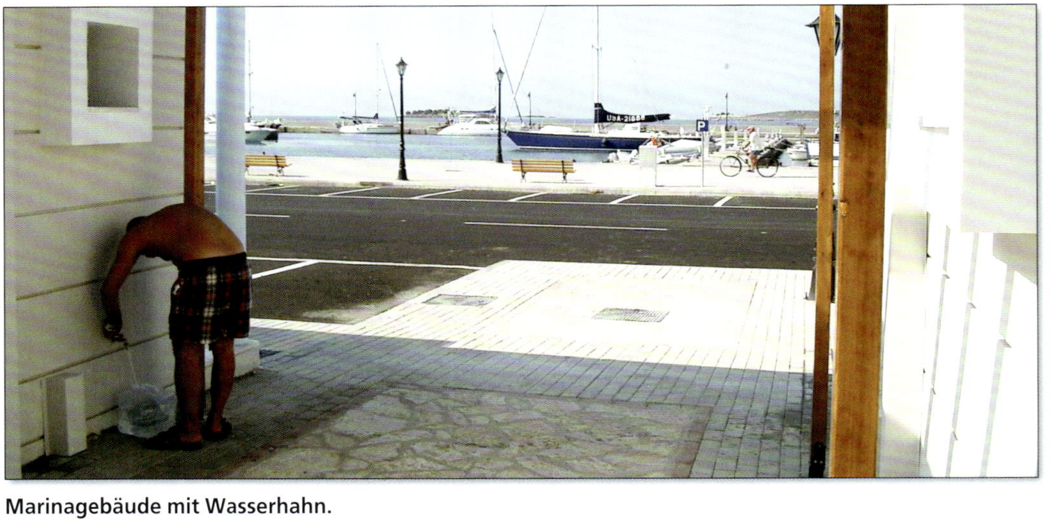

Marinagebäude mit Wasserhahn.

Bank befinden sich schräg gegenüber des Hafenbeckens.
Gleich neben dem Hafen liegt der Badestrand.

Itea lebt heute von seinen Bauxitvorkommen, die außerhalb der Stadt abgebaut und nordwestlich des Hafens auf Frachter verladen werden.

**Sehenswertes und Besonderes**

Die Marina ist auch für diejenigen Segler interessant, die ihre Yacht für längere Zeit abstellen wollen, denn von hier aus verkehren regelmäßige Linienbusse nach Athen. In nur etwa zwei Stunden Fahrzeit ist die Metropole erreicht und dann ist der internationale Flughafen nicht mehr weit.
In alter Zeit und auch heute war und ist Itea *der* Hafen für einen Ausflug zum Orakel von Delphi. Sogar Kreuzfahrtschiffe machen hier Station. Die antike Stätte von Delphi liegt hoch oben in den Bergen und ist nur 20 Busminuten vom Hafen entfernt. Die Bushaltestelle befindet sich in 100 Metern Fußweg vom Liegeplatz. Für Wegzehrung sorgt die ausgezeichnete Konditorei neben dem Ticketshop.
Mit Bus oder Taxi kommt man in die Berge hinauf nach Delphi, das seit vorchristlicher Zeit als der Nabel der Welt gilt und eine der herausragenden historischen Stätten in Griechenland ist. Von der Busstation geht es für kleines Geld hinauf in die Berge. Nicht nur die Ausgrabungen, sondern auch der herrliche Ausblick auf und über Gebirge und Küste belohnen die Mühe.
In Delphi erwartet ein riesiges Ausgrabungsfeld samt Tempelanlagen, Hausruinen, antikem Sportstadion und Museum die Besucher. Über den Berghang verteilt sind die Überreste dieser vergangenen Kultur zu bewundern. Dort ist nicht nur die landschaftlich wunderschön gelegene Ausgrabungsstätte zu besichtigen, sondern auch das modernisierte Museum mit vielen Zeugen aus antiken Zeiten.

Das Orakel von Delphi war eines der größten Heiligtümer der Antike und der »Mittelpunkt der Welt«. Über dem Eingang des Tempels von Delphi standen die bekannten Sinnsprüche »Erkenne dich selbst« und »Nichts im Übermaß«. Ursprünglich war das Orakel der Erdmutter Gaia gewidmet, die die hellseherische Schlange Python zur Welt brachte. Dieser Ort wurde später Delphi genannt.
Eine der Geliebten von Zeus, Leto, brachte die Zwillinge Artemis (Göttin der Jagd) und Phöbus

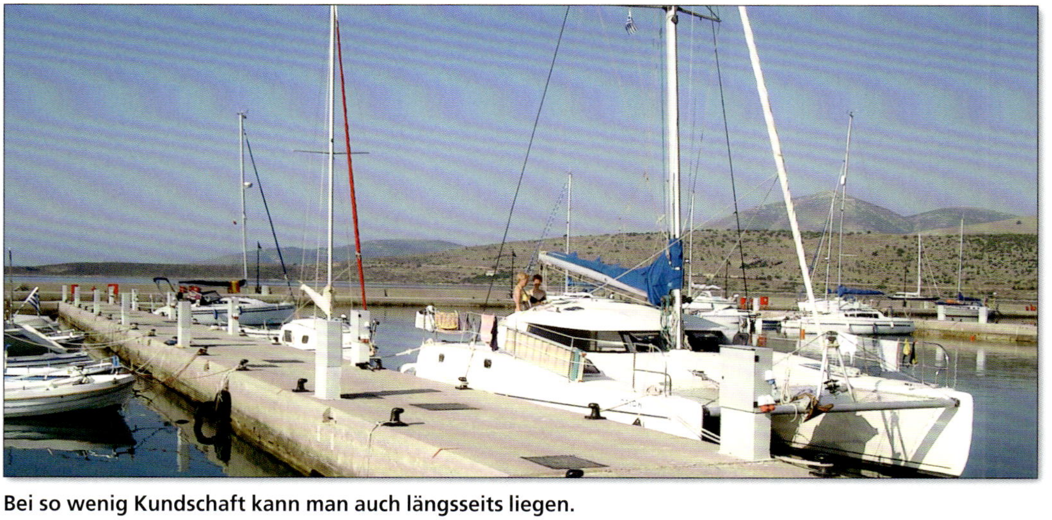

**Bei so wenig Kundschaft kann man auch längsseits liegen.**

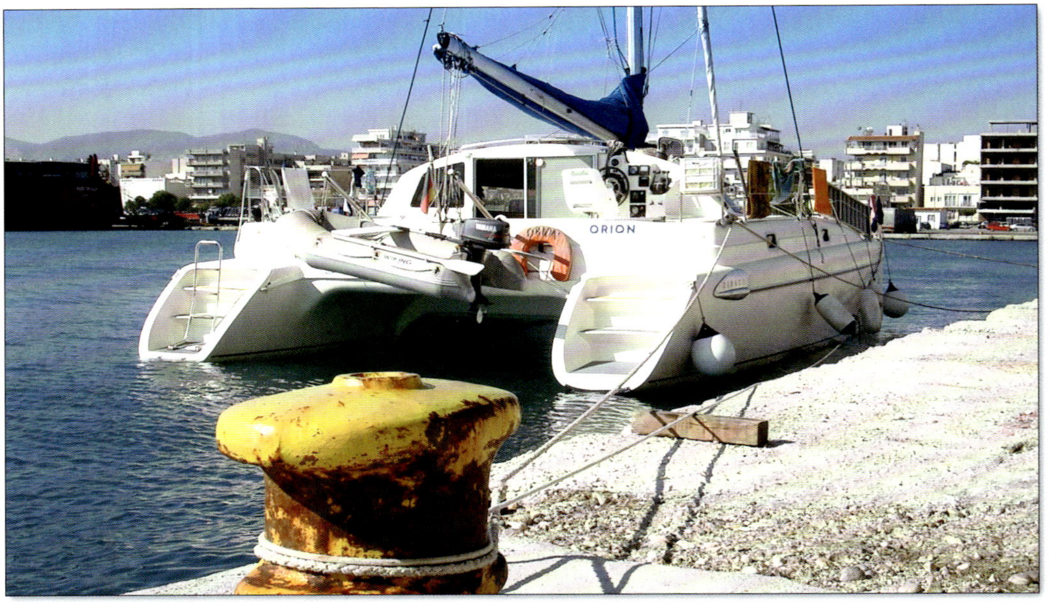


**Die sehr niedrige Kaimauer macht das Fender-Ausbringen schwierig.**

Auch die Südostküste des Peloponnes rüstet sich für die Yachties: Die Hafenanlagen von Nauplia wurde praktisch komplett erneuert. An den Betonkais gibt es eine Vielzahl von Anlegemöglichkeiten. Vereinzelt sind bereits Wasserhähne vorhanden. Vielleicht wird daraus in Zukunft mal eine richtige Marina. Es lohnt sich, den Ort zu besuchen, denn die Festungsanlagen der alten Stadt sind wirklich sehenswert.

Wer mit dem Mietwagen unterwegs ist zu den historischen Stätten des Peloponnes, kann eine große Runde drehen: Epidaurus, Mykene, dann nach Nauplia, zum historischen Korinth, dem interessanten und oberhalb der Neustadt gelegenen »Archeas Korinthos«, und schließlich wieder zum Boot zurück. In einer Tagestour lassen sich so mehrere tausend Jahre Geschichte erleben.

**Korinth** war bereits in der Antike eine einflussreiche Stadt. Sie besaß jeweils einen Hafen am Saronischen und am Korinthischen Golf. Von hier wurden Schiffe über den Diolkos transportiert oder umgeladen für die Fahrt um den Peloponnes. Kontrolliert wurde der Warenverkehr von der Festung Akrokorinth aus. Hier stand auch der Tempel der Aphrodite.
Im 6. Jh. v. Chr. wurde Korinth aber von Athen und Sparta überflügelt und 146 v. Chr. von der Römern zerstört.
Cäsar baute die Stadt später wieder auf. Der Apostel Paulus hat die Stadt 50/51 und 58 n. Chr. besucht und auf dem Marktplatz gepredigt. Der »Brief an die Römer« ist hier entstanden. Allerdings wurde das alte Korinth durch mehrere Erdbeben wieder zerstört.
Heute ist das Gelände archäologisch erschlossen und vermittelt einen Eindruck von der Größe und Bedeutung des alten Korinth.

Sisyphos, Sohn des Windgottes Äolos, baute und beherrschte die Stadt Korinth an der Landenge zwischen dem Festland und dem Peloponnes. Er stiftete auch die Isthmischen Spiele, die wichtigsten nach den Olympischen Spielen. Er verriet einst dem Vater der schönen Ägina, dem Flussgott Asopos, dass Zeus seine Tochter entführt hatte. Für diesen Verrat musste er in der Unterwelt einen Felsblock den Berg hinaufwälzen, der auf dem Gipfel immer wieder hinunterrollt – heute bekannt als Sisyphosarbeit.

In der Argonautensage landen Iason und Medea nach dem Raub des goldenen Vlieses aus Kolchis in Korinth.

**Epidauros** ist die bedeutendste antike Kultstätte für den Gott der Heilkunst Asklepios und gehört zum UNESCO-Weltkulturerbe.

Neben dem Apollontempel gelangte Epidauros bereits im 5. Jh. v. Chr. durch das Asklepios-Heiligtum zu Bedeutung und Reichtum.

Selbst nach vielen Überfällen und der Zerstörung durch Römer und Goten wurde vieles wieder aufgebaut. Erst mit der Entwicklung des Christentums verlor der Kult an Einfluss.

Eindruckvollstes Bauwerk ist heute wohl das große Amphitheater aus dem 4. Jh. v. Chr. mit seiner hervorragenden Akustik, in dem bis heute Vorführungen klassischer Stücke stattfinden.

Gut erhalten ist auch das Stadion als Austragungsort der Spiele, das Gästehaus für die Besucher und Kranken und der Tempel des Asklepios. Der imposante Eingang zum heiligen Bezirk wird durch zwei Säulenhallen, die Propyläen, eröffnet.

Asklepios oder Äskulap war in der griechischen Mythologie der Sohn Apollons und der Gott der Heilkunst.

Er soll ein hervorragender Arzt gewesen sein, in Epidaurus gewirkt haben und schon damals einen ganzheitlichen Ansatz in der Behandlung verfolgt haben: kultische Waschungen, Hypnose,

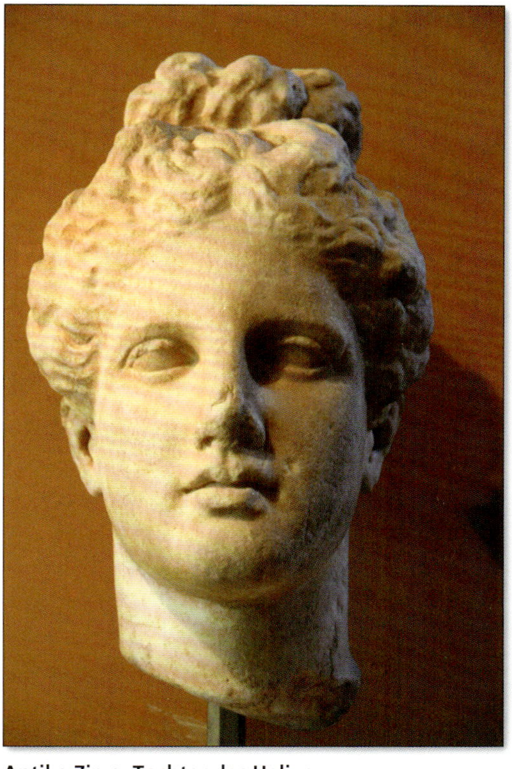

**Antike Zirze, Tochter des Helios.**

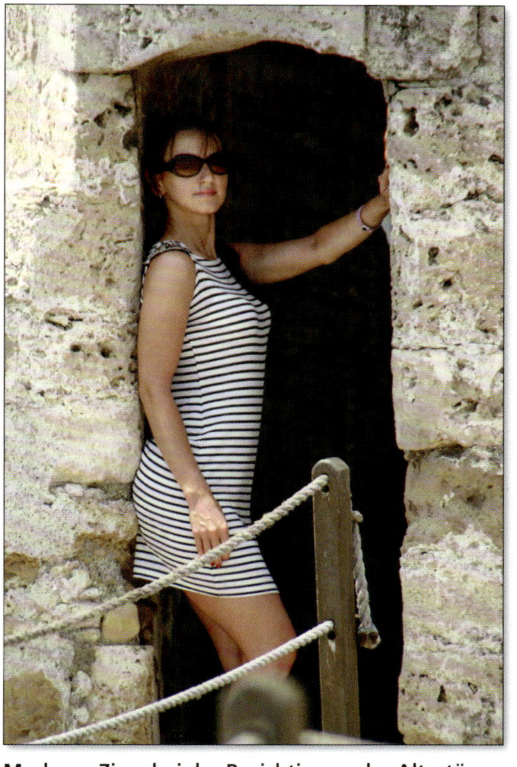

**Moderne Zirze bei der Besichtigung der Altertümer.**

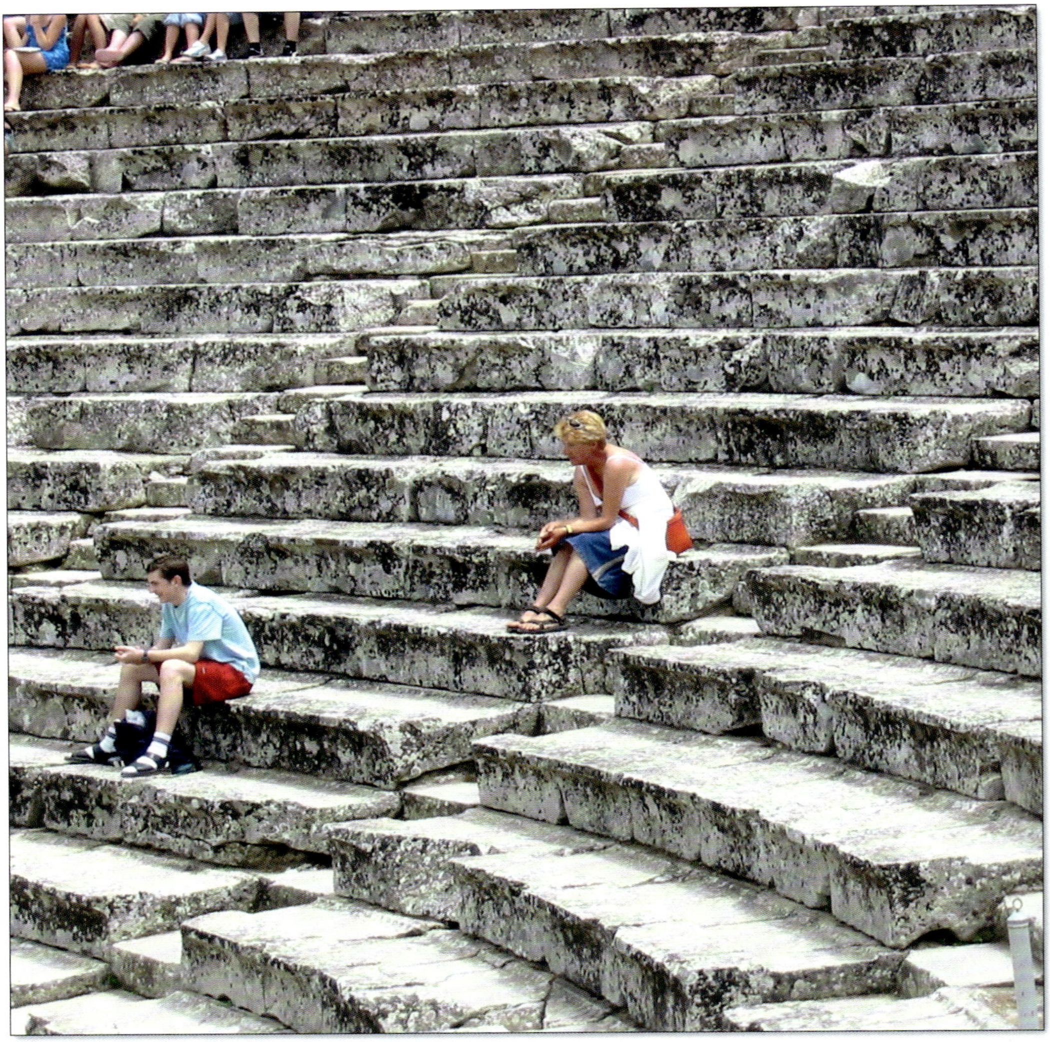

Bäderkuren, Entspannungspraktiken, Operationen und Medikamentenbehandlungen. Theaterbesuche als Stimulanz für den Geist gehörten ebenfalls zu seinem Programm. Er soll sogar Tote wieder aufgeweckt haben, was ihm allerdings den Zorn des Göttervaters Zeus einbrachte, der ihn daraufhin tötete. Sein Zeichen ist der mit einer Schlange umwundene Äskulapstab – bis heute das Symbol von Apotheken.

**Mykene** war schon im Altertum eine bedeutende Stadt und war namengebend für die mykenische Kultur. Heute gehört die Stadt zum UNESCO-Weltkulturerbe.

Gegründet wurde die Stadt ca. 1900 v. Chr. Ihre Kultur war stark vom minoischen Einfluss geprägt. Durch die strategisch und wirtschaftlich günstige Lage südlich von Korinth beherrschte die mykenische Kultur in den folgenden Jahrhunderten den gesamten Peloponnes sowie Kreta.

Die mächtige zyklopische Ringmauer um die Stadt herum hatte eine Länge von 900 Meter

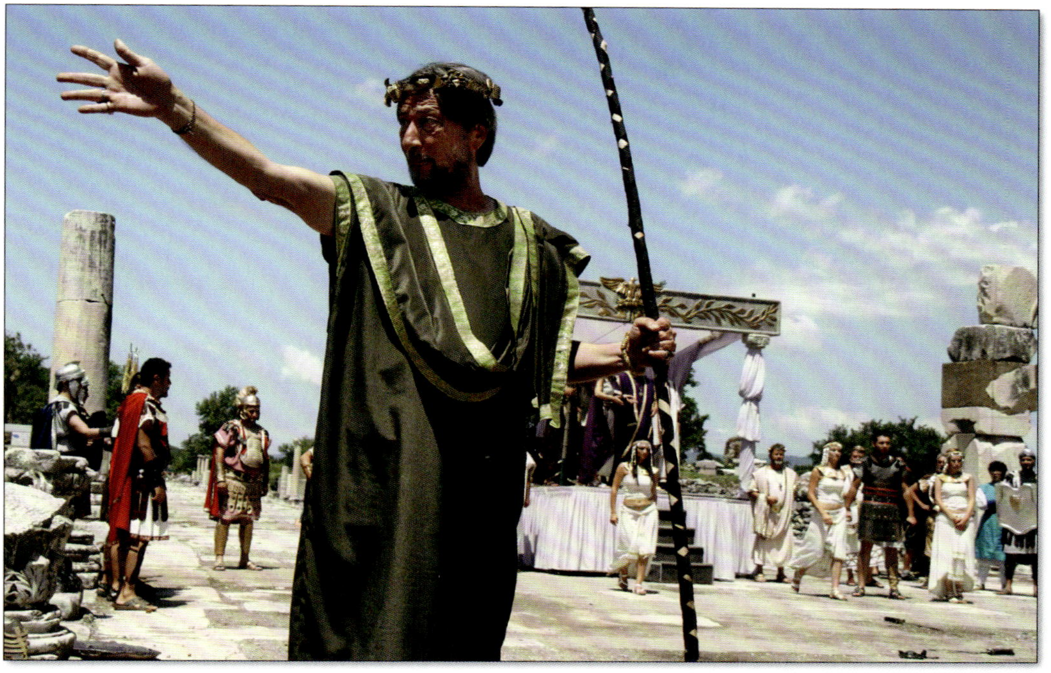

Klassische Stücke werden im Amphitheater aufgeführt.

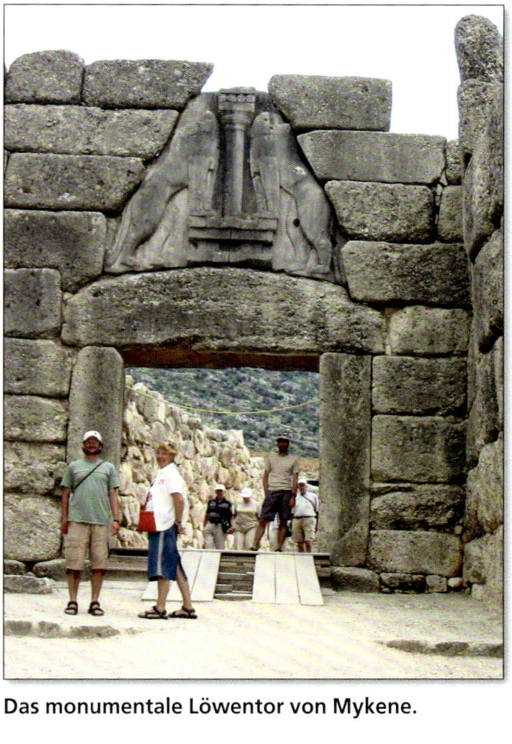

Das monumentale Löwentor von Mykene.

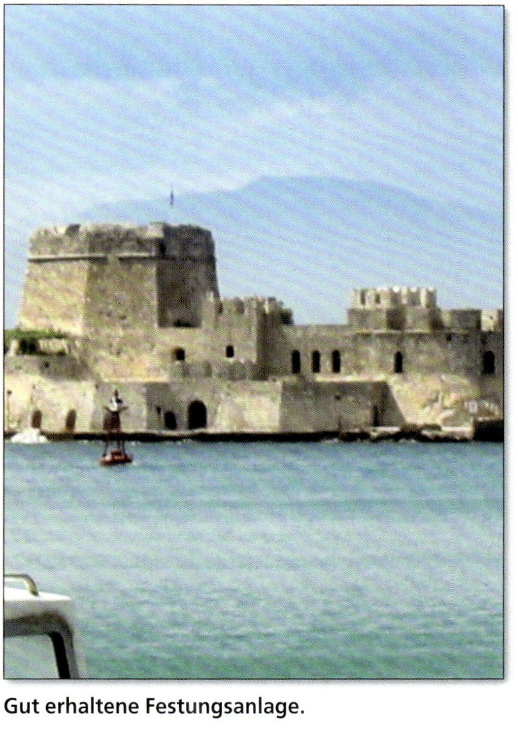

Gut erhaltene Festungsanlage.

und war bis zu sechs Meter dick. Vor der Mauer wurden viele reich ausgestatte Gräber gefunden. Die Herrschaft der Mykener endete erst ca. 1200 v. Chr. – damit ging auch die mykenische Palastkultur sowie die frühgriechische Schrift unter. 1700 wurde das wohl bekannteste Bauwerk freigelegt, das Löwentor aus dem 13. Jh. v. Chr. mit den ältesten Steinreliefs Europas. Weitere Ausgrabungen folgten im 19. Jh. durch Lord Elgin, Heinrich Schliemann und Wilhelm Dörpfeld.

**Nauplia** war im Mittelalter immer wieder zwischen Osmanen und Venezianern umkämpft, bis die griechischen Freiheitskämpfer die Stadt 1822 endgültig erobern konnten und sie Regierungssitz wurde. Nauplia war zwei Jahre lang Residenz des ersten griechischen Königs Otto I., des Sohnes von Ludwig I. von Bayern, bis Athen diese Rolle übernahm.
Diese wechselnde Vergangenheit spiegelt sich in der gut erhaltenen Altstadt unterhalb des Burgbergs Akronauplia wieder. Weitere Sehenswürdigkeiten sind die venezianische Palamidi-Festung (benannt nach dem griechischen Sagenhelden Palamedes) und die Festung auf der Insel Bourtzi vor der Hafeneinfahrt.

## Kanal von Korinth

Westliche Einfahrt: 37° 57,2'N, 22° 57,4'E
Östliche Einfahrt: 37° 54,9'N, 23° 0,7'E

Die Passage durch den Kanal von Korinth erspart nicht nur dem Yachtie einige hundert Seemeilen rund um den Peloponnes, sondern auch die Berufsschifffahrt nutzt diese Wasserstraße bei Mittelmeer-Passagen von West nach Ost und umgekehrt. 270 Seemeilen beträgt die Distanz von der Insel Ägina (südlich von Athen) nach Patras – um den ganzen Peloponnes herum. Lediglich 130 Meilen sind es bei der Fahrt durch den Kanal.
Jetzt gibt es eine neue Gebührenordnung, nach der die Kosten für die Kanalpassage berechnet werden. Teurer geworden ist es lediglich an Feiertagen und in der Hauptsaison, also in der Ferienzeit. Hier sind Erhöhungen von 20–30 Prozent zu verzeichnen. Im Gegensatz zur Großschifffahrt gibt es keine Aufschläge bei Durchfahrten an Wochenenden oder Sonntagen.

### Ansteuerung, Liegeplätze, Ausstattung

Der Kanal von Korinth kann Tag und Nacht passiert werden. Lediglich Dienstags ist er regelmäßig wegen Wartungsarbeiten gesperrt. Nachts wird der Kanal von Straßenlaternen beleuchtet.
Per Funk meldet man sich auf Kanal elf an. Bezahlt wird am östlichen Kanalausgang, also in Isthmia. Der komplette Kai wurde renoviert und neu betoniert. Für Yachten mit niedriger Bordwand stehen einige Abschnitte mit abgesenkter

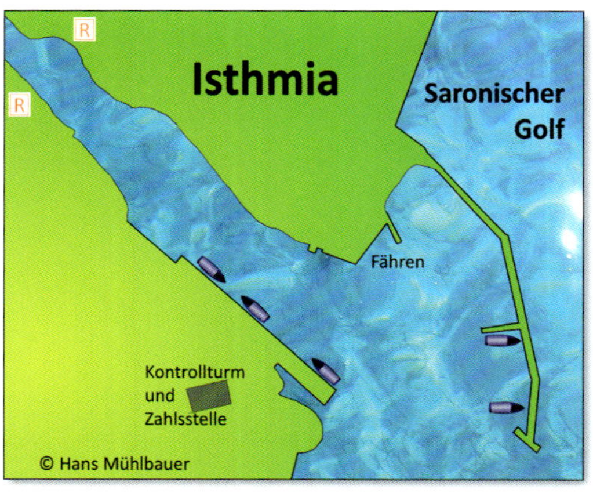


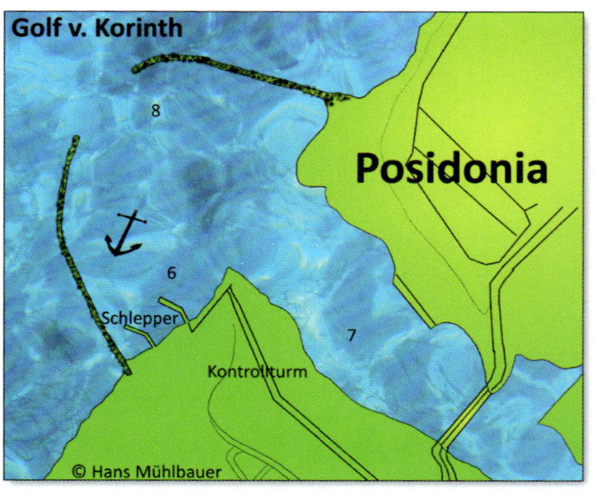

Kaimauer und Treppen zur Verfügung. Die gesamte Mauer ist mit Gummiprofilen gepolstert, sodass die Bordwand, auch wenn die Fender in der Eile vergessen wurden, außer schwarzen Streifen keinen Schaden nehmen kann.
Es sind jetzt auch genügend Poller zum Festmachen vorhanden. Und gut festmachen sollte man besonders bei Winden aus östlichen Richtungen, denn dann steht zusätzlich zum Wind auch eine unangenehme kurze Welle in der Kanaleinfahrt, die die Yachten am Kai heftig auf und ab tanzen lässt.
Die Abfertigung erfolgt freundlich und schnell. Im Erdgeschoss des »Towers« sitzt der nette Herr Dimitrios. Er prüft die Schiffspapiere – vor allem Länge, Breite, Tiefgang und Tonnage für die Berechnung der Passage. Er stellt die Rechnung aus und kassiert. Dann wartet man auf die Öffnung des Kanals für die Durchfahrt.

In der westlichen Einfahrt bei Posidonia kann im kleinen Vorhafen kurzzeitig geankert werden, um die Wartezeit zu überbrücken. Das Kanalpersonal gibt meist per Zuruf das Signal zum Losfahren.
Bei größeren Schiffen kommt der Zahlmeister per Lotsenboot an Bord. Bei den ganz großen Pötten wird ein Schlepper vorgespannt und das Schiff wird durch den engen Kanal gezogen.
Eine Zwölf-Meter-Segelyacht zahlt etwa 150 Euro für die Passage.

Knapp 100 Meter höher, so tief ist der Kanaleinschnitt an seiner tiefsten Stelle, queren eine Bahn- und eine Autobahnbrücke. Von oben hat man einen tollen Blick über dieses außergewöhnliche Bauwerk. Wagemutige stürzen sich von der Autobrücke an einem Bungee-Seil in die Tiefe.

Details über Kanal, Passage und Gebühren sind hier zu finden: http://www.aedik.gr/frontend/index.php.

**Rund um den Hafen**

An beiden Kanalenden queren niedrige Stahlbrücken den Kanal und sperren diesen gleichzeitig für Boote. Sie sind mit den Signalfarben Gelb und Schwarz bemalt. Die kompletten Fahrbahnen werden auf den Kanalgrund abgesenkt, wenn Schiffe passieren.
Einige Ausflugslokale an den Ufern sind immer gut besucht und die Tavernengäste winken den passierenden Yachten und Schiffen zu.

**Sehenswertes und Besonderes**

In der Antike mussten die Schiffe auf Schlitten über die Landzunge gezogen werden. Erst im 19. Jh. (1881–1893) wurde der Kanal von Korinth gegraben. Er ist 6346 Kilometer lang, und man musste sich bis zu 84 Meter tief durch Felsen arbeiten. Das erklärt, warum alle früheren Versuche in der Antike scheitern mussten – schon Nero hatte Pläne gemacht. Bei einer Wassertiefe von acht Metern und einer Breite von 24 Metern ist die Größe der Schiffe, die den Kanal benutzen können, begrenzt.
Der Apostel Paulus war auf seinen Reisen mehrfach in Korinth und versuchte hier, eine christliche Gemeinde aufzubauen, wovon seine beiden Korintherbriefe zeugen.

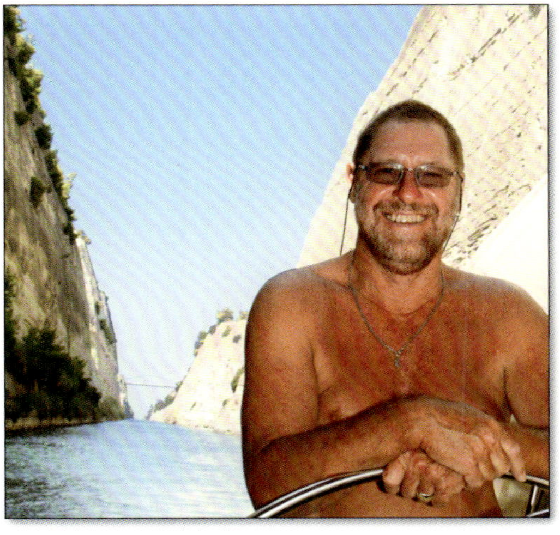

**Die Kanalpassage ist ein einmaliges Erlebnis.**

# 10 Kulinarisches

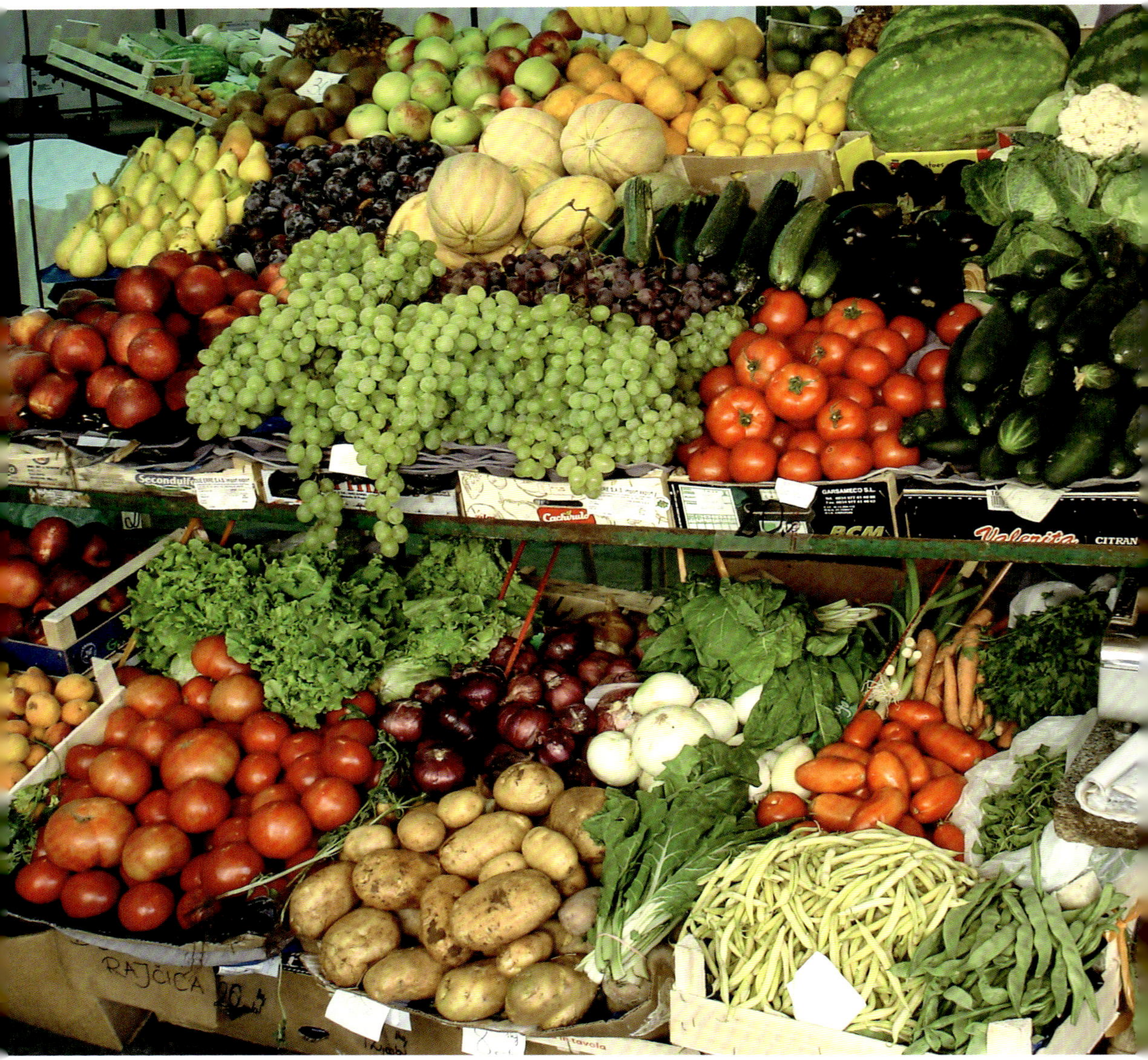

Essen und Trinken hält ja bekanntlich auch des Seglers Leib und Seele zusammen.
Und so ist es nicht falsch, an dieser Stelle auch einige der bekanntesten griechischen Gerichte aufzulisten und in aller Kürze zu erklären, was da überhaupt drin ist.

## Typische Speisen

**Tsatsiki**
Ein Joghurt-Dip, der als Vorspeise und Beilage gereicht wird. Aus geraspelten Salatgurken und mit viel Knoblauch.

**Tarama Salata**
Ein Dip aus pürierten Auberginen mit Olivenöl und weiteren Gewürzen.

**Griechischer Salat**
Gemischter Salat aus Tomaten und Gurken, angereichert mit Zwiebelringen, Oliven und einer Scheibe Feta-Käse obendrauf. Mit Salz, Essig und Öl wird abgeschmeckt – das steht in aller Regel schon am Tisch zum Würzen.

**Pastitsio**
Ein Nudelauflauf, der im Bräter vorbereitet und im Backrohr hergestellt wird. Auberginen, Hackfleisch und Gewürze werden zusammen mit den Nudeln schichtweise eingelegt und mit Bechamelsauce übergossen.

**Kleftiko**
Das war einst der Eintopf der Armen und der Hirten. In ein Stück Pergamentpapier – heute Alufolie – kommen Gemüse wie Karotten, Zwiebel, Kartoffeln, Knoblauch, etwas Feta-Käse und was sonst noch gerade bei der Hand ist, gemeinsam mit Schaf- oder Ziegenfleisch samt Gewürzen, sodass es jeweils eine Portion ergibt. Das Pergamentpapier wird um die Zutaten herum hochgezogen und oben zugebunden, sodass alles im eigenen Sud schmurgeln kann, wenn mit mehreren solcher Portionen eine Bratreine vollgemacht wird und ins Backrohr kommt. Serviert wird die ganze Portion im Pergamentpapier bzw. in Alufolie.

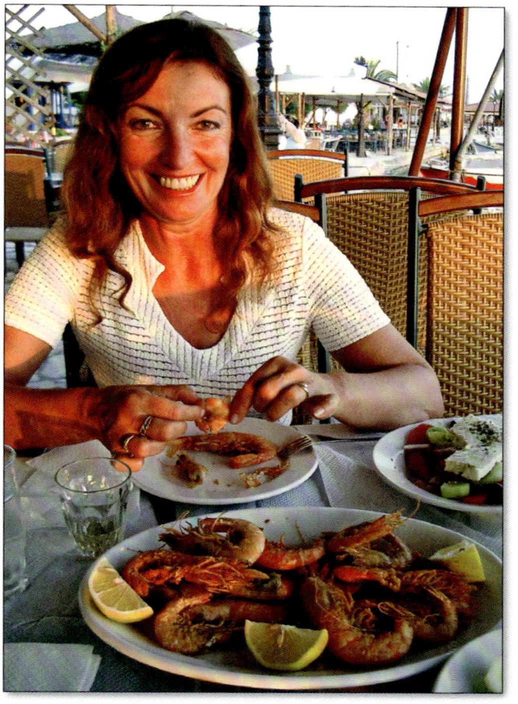

**Shrimps satt gibt es in Sagiada.**

**Moussaka**
Ein Auberginenauflauf aus dem Bräter. Mit Kartoffeln, Hackfleisch, Auberginen, Knoblauch und Gewürzen, die in den Bräter geschichtet und mit Bechamelsauce abgedeckt werden.

**Pastitsada**
Ein Rinderbraten, der mit Rotwein abgeschmeckt wird. Oft gibt es Reis dazu.

**Stifado**
Ein Schmorbraten, meist mit Kaninchenfleisch. In der Soße werden kleine Zwiebeln, Nelken, Lorbeerblätter etc. mitgeschmort, sodass die Soße fast ein wenig süßlich schmeckt.

**Souflaki**

Ein Grillspieß aus Schweinefleisch, der mit Thymian und Zitronensaft gewürzt wird. Meist bekommt man in den Touristenlokalen einen einzigen, etwa 20 Zentimeter langen Spieß mit 2–3 Zentimeter großen Fleischstücken drauf und Pommes sowie Beilagen dazu. Ursprünglich gab und gibt es Souflakispießchen aus Holz, an denen nur 6–7 kleine Fleischstückchen aufgespießt sind. Man bestellt sie stückweise.

**Meeresfrüchte**

Fisch, meist Brassen, »Seabreams«, Meeräschen und Meerbarben kommen als extra gezüchtete Portionsfische vom Grill auf den Tisch. Makrelen, Zackenbarsch und Drachenkopf werden vom Fischer gefangen. Sardinen, Sardellen (= Gavros) und andere kleine Fische werden einfach frittiert und auch wie Fritten gegessen.
Squid sind Babies vom Kalmar, dem Tintenfisch. Sie werden schon als ganz junge Tiere gefangen und in der Fritteuse gegart.
Kalamari sind dann die ausgewachsenen Tiere, die es ebenfalls frittiert, aber auch als Stifado in Sauce gibt – sehr lecker!
Miesmuscheln werden im Gemüsesud dampfgegart und manchmal auch als Vorspeise mit Käse überbacken.

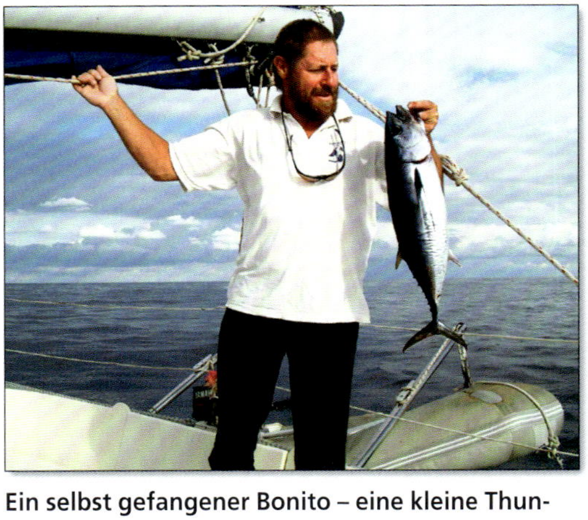

**Ein selbst gefangener Bonito – eine kleine Thunfischart.**

Und dann wären da noch Krustentiere wie Shrimps und Langusten, die es hin und wieder auf der Karte gibt. Manche sind tiefgefrorene Ware, aber manchmal, z. B. in Sagiada, da gibt's die Shrimps fangfrisch.

## Mediterrane Gewürze

Am besten schmeckt es, wenn der Smut frische Kräuter verwendet. In den Läden oder auf dem Markt kann man eine ganze Reihe frischer Sachen einkaufen. Am schönsten ist das Kochen mit selbst gesammelten Wildkräutern. Ganz frisch landen sie im Kochtopf und in der Salatschüssel. Je nach Region kann man verschiedenste Gewürzkräuter finden. Besonders in den Mittelmeerländern, die ja bei den Yachties sehr beliebt sind, gibt es Pflanzen, die wir zumindest in getrocknetem Zustand als Küchenkraut kennen.
In der Pantry steckt man die Stengel und Triebe in ein Glas mit Wasser, damit die Kräuter nicht gleich vertrocknen. Die Haltbarkeit verlängert sich erheblich, wenn man die Gewürzpflanzen von Zeit zu Zeit mit Wasser besprengt, denn viele Gewächse nehmen einen Großteil des benötigten Wassers über die Blätter auf.
Die folgende Auflistung von Küchenkräutern erhebt keinerlei Anspruch auf Vollständigkeit.

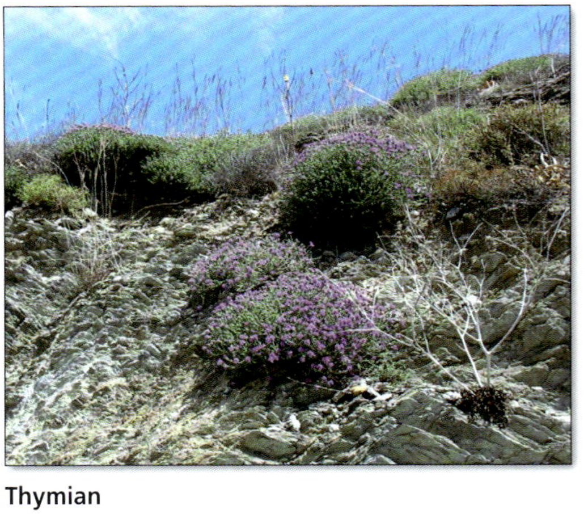

**Thymian**

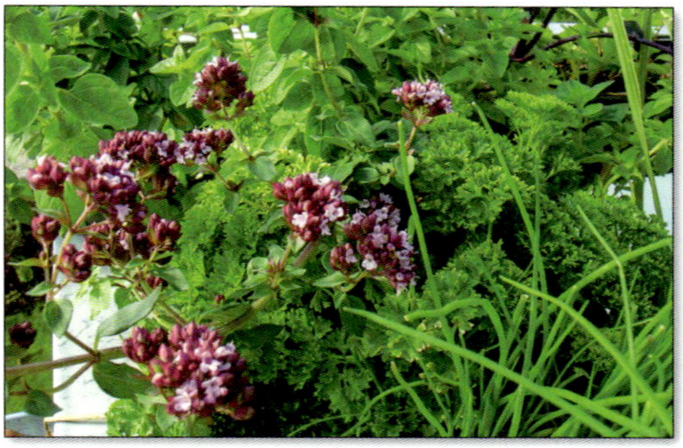

Blühende Gewürze eignen sich auch als Tischdekoration.

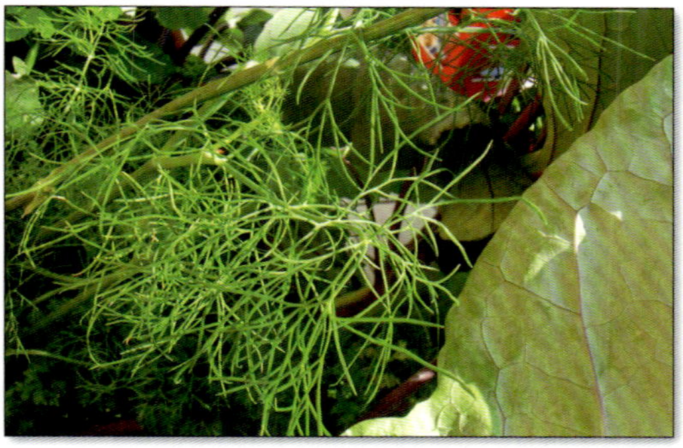

Dill

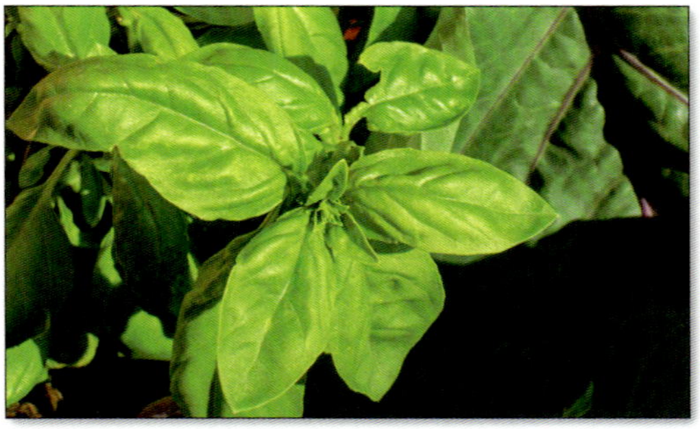

Basilikum

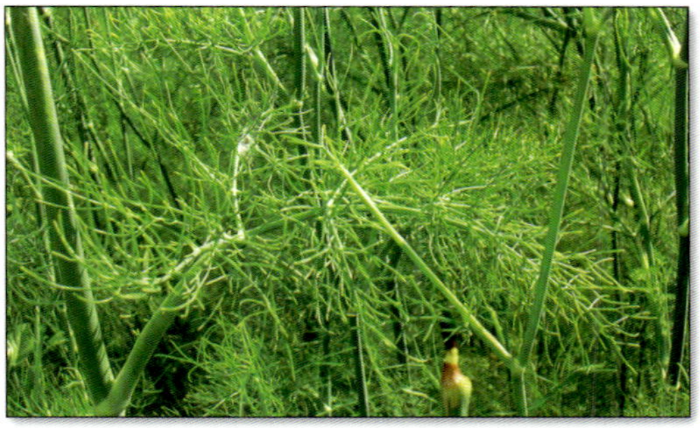

Fenchel

Sie ist so gewählt, wie die Gewürzkräuter meist zu bekommen sind, wie ich sie bei Gelegenheit selbst sammle und sie gerne in der Bordküche verwende.

**Basilikum** gibt es frisch in kleinen Töpfchen. Man zupft die saftigen Blätter einfach ab. In Griechenland werden im Frühling kleine Basilikum-Bäumchen angeboten, die aussehen wie ein Bonsaibaum. Sie halten bei guter Pflege eine ganze Saison und haben gleich mehrere Vorteile: Als Gewürz wird Basilikum in der Pantry verwendet – im Salon duftet die Pflanze herrlich, besonders, wenn man leicht drüber streicht, und als Tischschmuck veredelt sie die Tafel und sieht hübsch aus mit ihren kleinen Blüten. So ganz nebenbei hält der Geruch auch noch die Mücken fern. Basilikum ist also universal einsetzbar.

Tipp: All diese Küchenkräuter können gleichzeitig auch als Heilpflanzen genutzt werden! Einige Beispiele: Wenn jemand eine Erkältung hat, kann eine Inhalation aus Salzwasser und den zur Verfügung stehenden frischen Kräutern die Nase frei machen und das Leid lindern. Frisch gebrühter Tee schmeckt zwar vielleicht gewöhnungsbedürftig, kann aber aus den Wildkräutern z. B. bei Durchfall gebraut werden. Thymian wirkt schleim- und krampflösend, beruhigend und desinfizierend. Minze ist verdauungsfördernd, krampflösend und schmerzstillend bei Nervenschmerzen und Migräne. Oregano wirkt ähnlich wie Thymian.
Im Zweifelsfall aber bitte immer einen Arzt befragen!

# 11 Service – Tipps – Infos – Checklisten

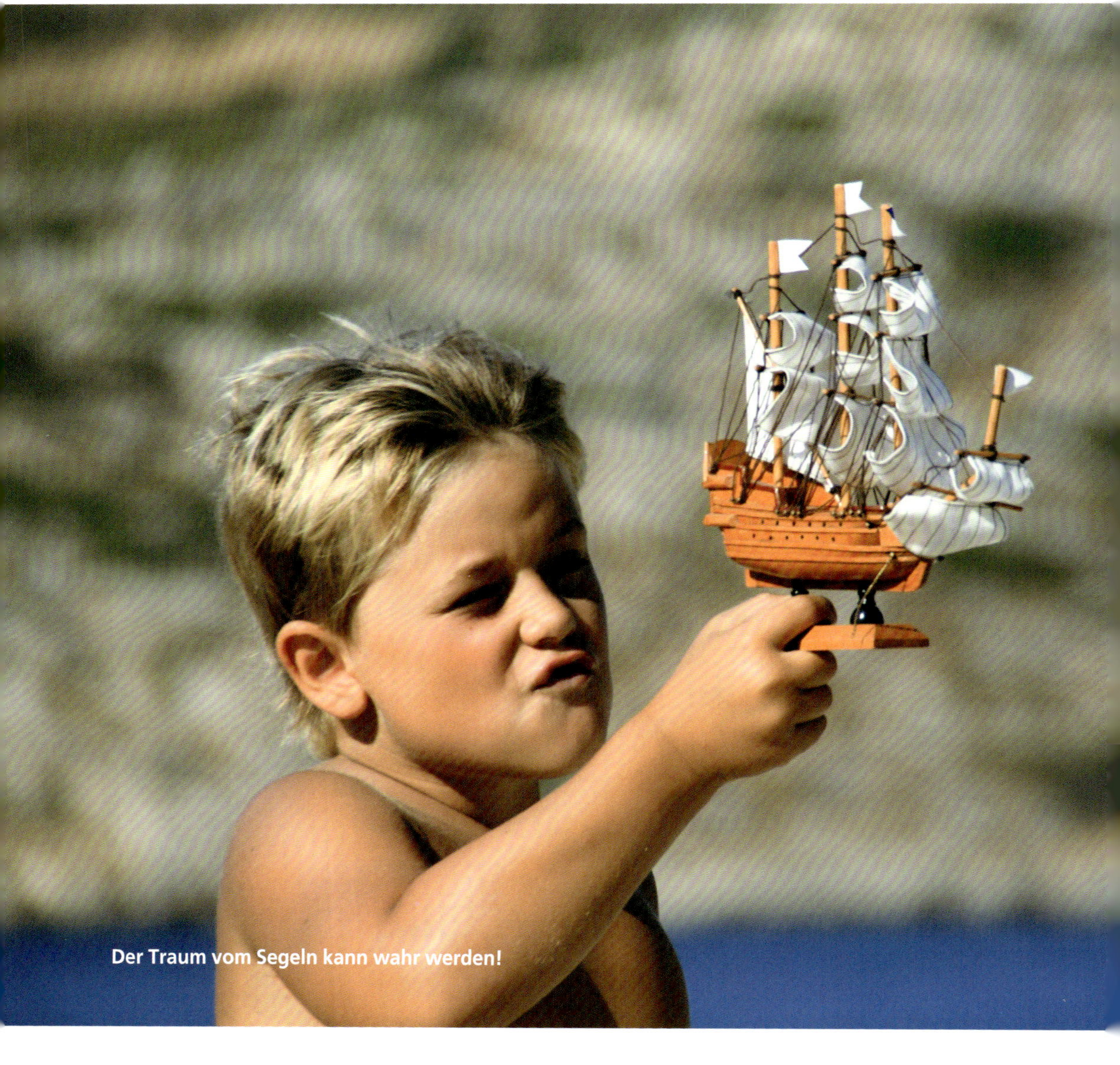

Der Traum vom Segeln kann wahr werden!

# Festgemacht im Mittelmeer – Anlegen »römisch-katholisch«

So mancher Segler und Motorbootfahrer aus deutschen Landen ist von der Anlegerei im Mittelmeer überrascht. Obwohl oder gerade weil so mancher Wassersportler auf langjährige Erfahrung auf Nord- und Ostsee oder auf Binnenrevieren zurückblicken kann, sind die Hafensitten im Mare Nostrum anders und wirken deshalb ungewöhnlich. In den heimischen/nördlichen Revieren fährt man vorwärts in die Box oder man legt sich längsseits und ins Päckchen – im Süden aber wird der Rückwärtsgang unentbehrlich bei den Manövern, und auch die Arbeit am und mit dem Anker gehört zum täglich Brot.

Erste Regel für das Anlegen: Rechtzeitig erkennen, wenn ein Manöver falsch zu laufen beginnt und sofort abbrechen und neu ansetzen! Viel zu oft wird versucht, das Anlegen mit Gewalt hinzubiegen, was dann allerdings das Gegenteil zur Folge hat: Die armen Crewmitglieder krallen sich verzweifelt an die Nachbaryacht und der Skipper treibt mit aufmunternden Worten seine Leute übers Deck, wenn er nicht gar sprach- und tatenlos das Vermeidliche geschehen lässt. Hafen-Kino gucken heißt die Beschäftigung, die beim kühlen Sundowner gern von den anderen Mannschaften, die schon drin sind, betrieben und mit schlauen Kommentaren versehen wird. Die Angst sich zu blamieren, verführt so manchen Skipper zu solcher Vorgehensweise, aber rechtzeitiges Abbrechen zeugt von Übersicht und überlegter Gelassenheit.

Zweite Regel für das Festmachen in mediterranen Häfen: Angelegt wird mit dem Heck zur Pier bzw. zum Land – »römisch-katholisch Anlegen« genannt. Diese Art des Liegens hat durchaus Vorteile: Das gesamte Ankergeschirr ist am Vorschiff in praktischer Weise angebracht – das Hantieren mit dem Heckanker ist mühsam und verkratzt oft genug das empfindliche Gelcoat am Heck. Vom Cockpit der Yacht aus kommt die Crew mit einer Gangway – auf Charteryachten in aller Regel ein simples, aber praktisches Holzbrett – bequem über das Heck an Land, ohne akrobatisch über den Bugkorb klettern zu müssen. Das Hafenleben kann aus dem Cockpit heraus mit einem Drink in der Hand verfolgt werden. Vom nicht-segelnden Fußvolk kann sich die Crew bewundern lassen, und beim Ablegen braucht der Skipper nur noch vorwärts vom Liegeplatz wegzufahren. Es gibt allerdings auch Nachteile: Die auf der Hafenmauer flanierenden Fußgänger können bis in den Niedergang hinunter und somit bis in den Salon gucken. Das Anlegemanöver selbst ist zudem bedeutend schwieriger zu fahren als wenn man nur vorwärts in eine Box muss.

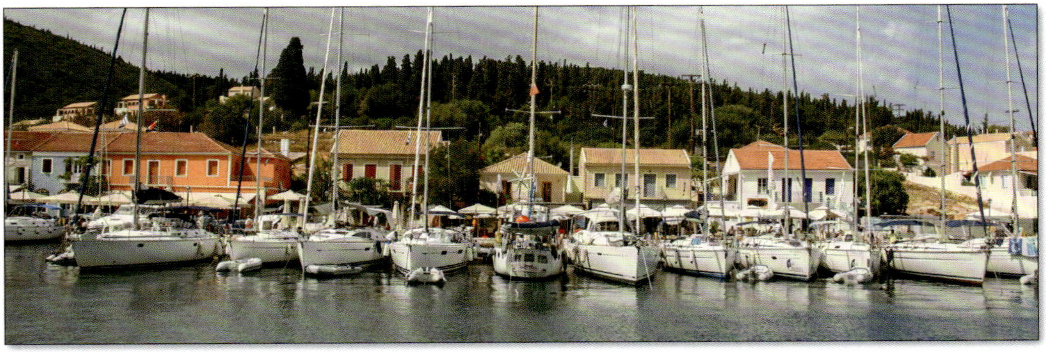

**Wer schräg beim Einparken anfährt, verursacht Kettensalat.**

Besonders bei kleiner Crew ist es praktisch, wenn die Achterleinen auf Slip belegt werden, denn beim Ablegen können sämtliche Leinen von Bord aus bedient werden, keiner braucht auf der Hafenmauer Palsteks und andere Knoten zu lösen und dann mit einem Weitsprung auf das sich entfernende Schiff zu hechten. Dabei werden beide Enden der Leine auf der Heckklampe mit Kopfschlägen belegt, denn übergeworfene oder gar durchgesteckte Palsteks lassen sich im Ernstfall nicht oder nicht schnell genug lösen und loswerfen. Mit Kopfschlägen klappt das auch bei Last.

Speziell auf italienischen Yachten ist oft zu sehen, dass die Achterleinen mit Ketten bestückt werden. Mit einem Schäkel, oder noch besser mit einem Karabiner können die Kettenstücke leicht um einen Poller oder in einen Ring gelegt und mit der Leine verbunden werden. Ein Schamfilen der Kette am Poller ist ausgeschlossen. Allerdings springen alle Passanten schnell und weit zur Seite, wenn solch ein schweres Geschoss, bestehend aus Leinenbündel und Kette, von der Crew zur Kaimauer geworfen wird.

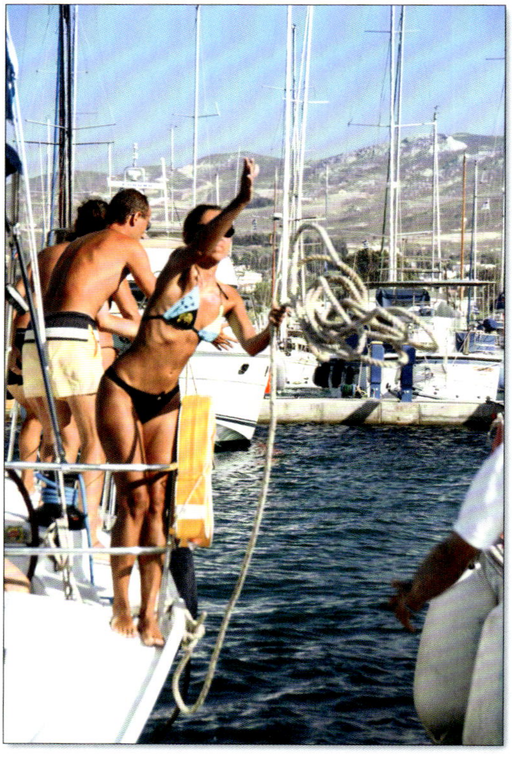

**Nur eine sauber aufgeschossene Leine fliegt ohne Verknoten bis zum Steg.**

Meist wird ein römisch-katholisches Anlegemanöver wie folgt gefahren:

Die Yacht läuft mit angeschlagenen Achterleinen und über der Bugrolle hängendem Anker in den Hafen ein. Bereits vorher wurden die Fender mit einem Webeleinstet an die Reling gebändselt – so tief, dass sie nicht über die Fußreling hinausragen. Ein möglichst dicker Fender am Heck schützt diesen empfindlichen Schiffsteil, falls der Bremsweg nicht reichen sollte. An jeder Seite sollte je ein Fender so weit hinten wie möglich angebracht werden, um Kollisionen mit einer Nachbaryacht beim Einparken zu vermeiden (beim Auto sitzt ja die Stoßstange auch nicht erst am Mittelholm).

Im rechten Winkel vor dem anvisierten Liegeplatz, und noch weit davon entfernt, dreht der Skipper den Bug von der Mauer weg und stoppt mit dem Rückwärtsgang auf. In behutsamer Rückwärtsfahrt manövriert er das Boot genau im 90-Grad-Winkel auf die Lücke zu. Der Radeffekt, der bei jeder Yacht anders ist, ist hierbei zu berücksichtigen.

In genügendem Abstand fällt der Anker. Dabei ist zu beachten, dass die Kette nicht über denen der Nachbarn zu liegen kommt – gefährlicher Ankersalat ist sonst vorprogrammiert. Dank elektrischer Ankerwinschen an Bord braucht mit

Tipp: Meines Wissens drehen einzig die Propeller an den Volvo-Maschinen linksherum (in Vorwärtsfahrt). Alle anderen Motoren sind rechtsdrehend. Ein kurzer Test vor dem ersten Auslaufen bringt Klarheit.

der Kette nicht geknausert zu werden. Je mehr davon gestreckt im Wasser liegt, desto mehr Haltekraft hat das Ankergeschirr. Aber Achtung: Eine Elektrowinsch braucht eine ganze Weile, um den Anker überhaupt zum Grund zu bringen: Der Antrieb schafft typischerweise etwa 0,3 Meter pro Sekunde – bei nur 5 Meter Wassertiefe dauert es also satte 15 Sekunden, bis das Eisen den Grund auch nur berührt. Wie weit die Yacht inzwischen auf die Kaimauer zugefahren ist, muss unbedingt mit berücksichtigt werden. Der Ankermann kann durch dosiertes Kettegeben den Bug der Yacht auch bei Seitenwind gerade halten und so den Rudergänger unterstützen. Er darf aber die Yacht nie ganz aufstoppen, denn dann ist sie manövrierunfähig!

Oft genug ist zu sehen, dass der Rudergänger das Schiff bis zum Stillstand abbremst, wenn das eigene Heck gerade erst auf Höhe des Buges der Nachbarn ist. Dann beginnt das »klassische Hangeln«. Mit Händen und Bootshaken krallt sich die Crew in und an Nachbars Reling und versucht verzweifelt, die Yacht zu halten. Die hinten hängenden Fender verhindern in dieser Situation Schlimmeres, allerdings werden oft genug die Relingstützen der Nachbarboote verbogen.

Besser geht es, wenn die Yacht langsam, aber beständig in die oft enge Lücke gefahren wird.

Tipp: Ich halte nichts vom Zuwerfen der Achterleinen an Passanten, die auf der Hafenmauer stehen. Zum einen ergibt eine schlecht aufgeschossene Leine beim Werfen blitzschnell eine Wuhling und klatscht weit vor ihrem Ziel ins Wasser, und zweitens waren die Landleute bei der Manöverbesprechung nicht dabei und wissen somit nicht genau, wie und wo sie mit den Tampen hin sollen.

Auf ein Handzeichen des Rudergängers stoppt der Ankermann (bei mir auch »Ankerman« oder »Kett-Woman« genannt) das Auslaufen der Kette, wenn das Heck knapp einen Meter vor der Mauer steht. Bleibt der Rückwärtsgang der Maschine mit Standgas eingekuppelt, wird auch das Schiff auf dieser stehen bleiben und die Achterleinen können von der Crew bequem nach draußen getragen werden.

Wenn alles geklappt hat, liegt das Ankergeschirr jetzt frei und nicht über den Ketten der Nachbarn, die darüber mitnichten erfreut wären: Für diese bedeutet es Stress und Arbeit beim Ablegen – und sollte starker Wind blasen, kann

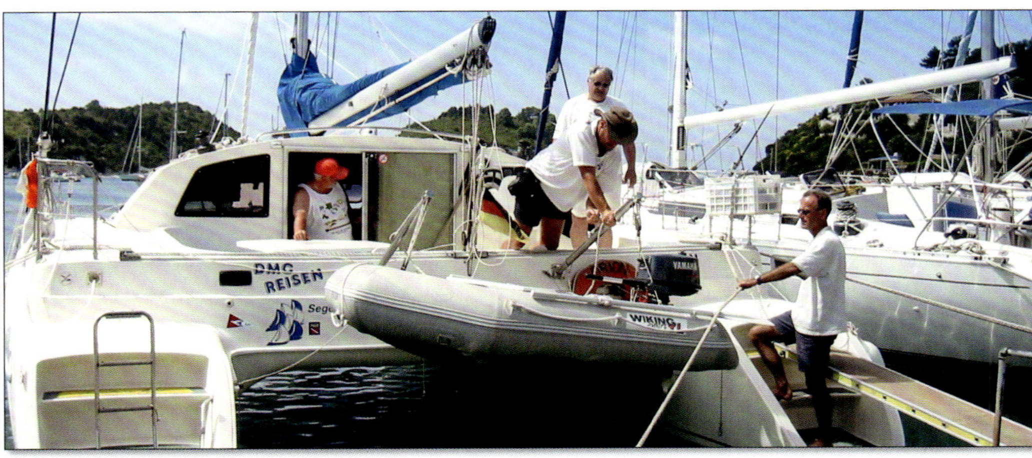


**Ein Katamaran liegt mit einer Spring stabiler an der Kaimauer.**

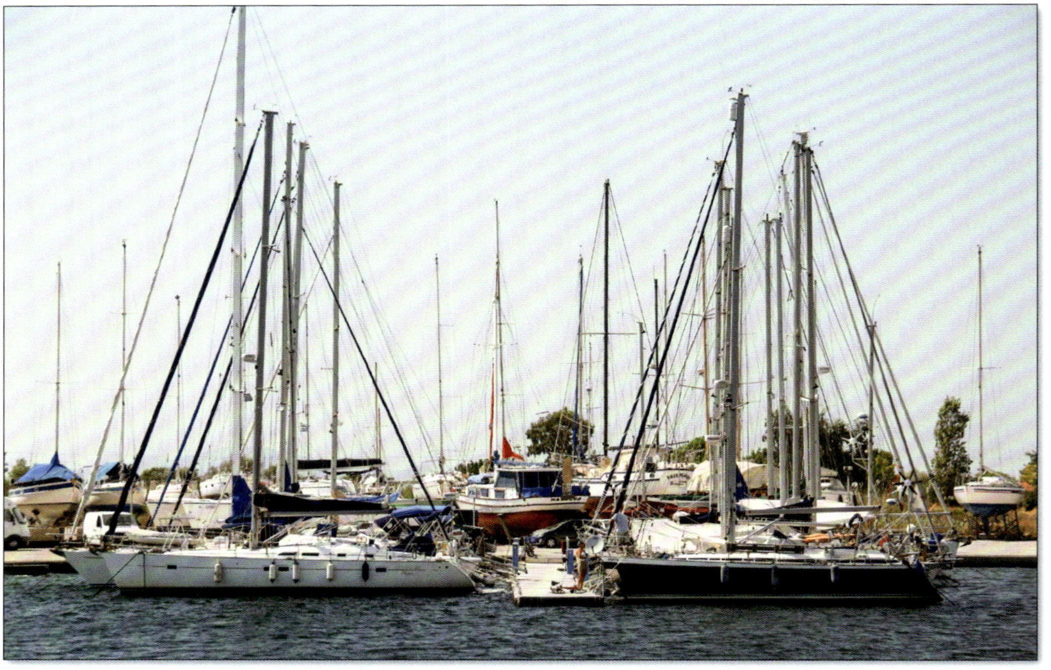

**Wenn man dann endlich festliegt, ist die Welt wieder in Ordnung.**

die Kettenverstrickung sogar zur bedrohlichen Situation eskalieren, wenn der Knoten nicht gelöst werden kann, die Yacht aber auf Drift geht. Jetzt können die längs der Bordwand verteilten Fender mittschiffs an die breiteste Stelle des Rumpfes gebändselt werden, um die Boote optimal zu schützen.

Der Fender, so weit wie möglich vorne auf der dem Wasser zugewandten Seite, dient als Stoßfänger, wenn eine weitere Yacht einläuft. Wenn der Anker zum Schluss noch auf guten Sitz geprüft wurde und die Gangway ausliegt, ist das römisch-katholische Anlegemanöver beendet. Jetzt sind lobende Worte vom Skipper und ein Einlaufschluck angebracht.

Tipp: Ein weiteres Fenderpaar hänge ich gerne weit vorne an den Bugbereich, denn die nächste einlaufende Yacht hat in aller Regel keine Fender an der Heckpartie.

Katamarane liegen wegen Ihrer ernormen Breite wie eine rechteckige Schuhschachtel im Hafen. Damit es sich nicht verkantet und eines der Hecks an die Mauer gedrückt wird, was besonders bei Seitenwind und durch Druck der Nachbaryachten leicht passieren kann, werden zusätzlich zu den Achterleinen noch ein bis zwei Springs über Kreuz ausgebracht. Dann bleibt auch ein Kat sicher am Platz fixiert liegen.

Info: Ein einfacher Kettenhaken entlastet die Ankerwinsch und die recht dünne Sorgleine verabschiedet sich mit lautem Knall, wenn der Druck z. B. durch Winddruck auf den Anker zu groß werden sollte. Das ist für die Crew ein Alarmzeichen, um nachzugucken, ob die Yacht noch sicher liegt.

Einige Variationen des Anlegens habe ich mir bei meinen Törns erarbeitet – besonders, wenn ich mit kleiner oder unerfahrener Crew oder gar Einhand unterwegs bin. In Lehrbüchern sind diese meine Methoden nicht zu finden. Bevor man solch ein Manöver bei Seitenwind oder sonstigen schlechten Bedingungen einsetzt, empfehle ich dringend ein »Trockentraining« bei ruhigem Wetter und genügend Raum zum Manövrieren! Nur auf wenigen Eigneryachten und schon gar nicht auf Charterschiffen gibt es eine vom Ruderstand zu betätigende Fernbedienung für die Ankerwinsch. Da muss man sich was einfallen lassen.

## »Römisch-katholisch« einparken als Einhandsegler

Besonders für Yachten geeignet, die auch rückwärts schön geradeaus laufen, ist das folgende Manöver.

Der Einhandsegler bringt seine Yacht wie üblich vor der Anlegelücke in langsame Rückwärtsfahrt. Dann belegt er das Ruder und begibt sich nach vorne zum Anker. Diesen fiert er ab und gibt behutsam Kette – so, dass das Schiff langsam und kontrolliert rückwärts fährt. Dadurch, dass die Kette immer recht straff geführt wird, bleibt der Rumpf auf Kurs, auch ohne Rudergänger! Im allerbesten Fall trifft der Skipper mittig in die Lücke. Etwa einen Meter vor der Kaimauer stoppt er die Kette – das Boot bleibt an der straffen Ankerkette stabil liegen, sodass der Einhänder bequem nach hinten gehen und die Achterleinen an Land bringen kann. Sind diese belegt, kuppelt er die Maschine aus und ist fertig. Zugegeben: Es bedarf einiger Übung und genauer Kenntnis über das Fahrverhalten seiner Yacht. Mit einem Kat funktioniert dieses Manöver ziemlich gut. Der Skipper sollte sich keine enge Lücke dafür aussuchen, sondern einen weiten Platz an der

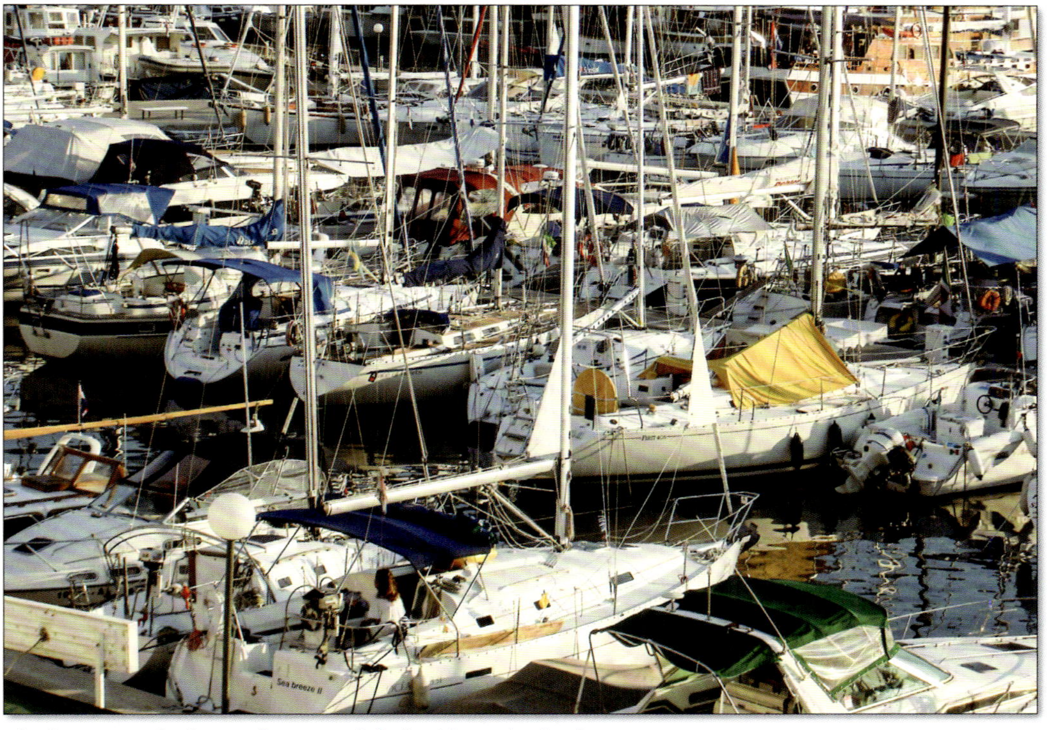

**Hier kommt auch eine große Crew einfach nicht mehr durch.**

Hafenmauer. Auf Katamaranen mit zwei Motoren ist die Stellung der Ruderblätter unwichtig, denn mit der Maschinendrehzahl wird die Richtung bestimmt. Bei Kielyachten wird man das Ruder wohl mittschiffs feststellen müssen. Zugegeben: Es sieht recht spektakulär aus, wenn die Yacht rückwärts auf die Hafenmauer zufährt, keiner am Ruder ist und der einzige Mann an Bord lässig vorne am Bug steht und mit dem fast unsichtbaren Fußschalter der Winsch das Boot zum Kai fahren lässt.

Wenn seine Yacht nicht so gut geradeaus läuft oder der Einhandsegler doch gerne am Ruderstand steht, gibt es eine Variante: Das Manöver beginnt so wie oben beschrieben, aber der Anker wird nicht mittels des Winschenmotors abgelassen, sondern die Kettenbremse an der Winsch wird gelöst, sodass das Eisen auf den Grund

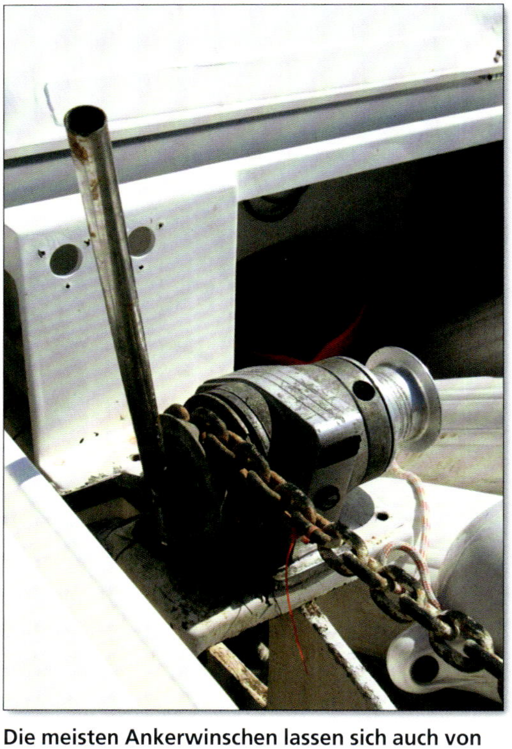

**Die meisten Ankerwinschen lassen sich auch von Hand bedienen.**

rauscht. Dann zieht der Skipper die Bremse mit der Hand leicht an – so, dass sie blockiert, wenn die eingekuppelte Schraube im Leerlauf dreht, sie aber Kette gibt, wenn mehr Schub gegeben wird. Auf diese Weise kann der Yachtie sein Boot inklusive der Ankerkette vom gewohnten Ruderstand bis zur Hafenmauer manövrieren. Da angekommen, lässt er die Schraube im Standgas rückwärts laufen, damit die Kette stramm bleibt. Nach Ausbringen der Achterleinen stoppt er die Maschine und die Yacht liegt. Es darf nicht vergessen werden, dass die Bremse der Ankerwinsch festgezogen werden muss.

Der Einhandskipper kann sich auch eine Fernauslösung für den Anker basteln:
Eine bis ins Cockpit reichende, dünne Leine wird mit einem Ende durch den Schäkel am Anker gezogen. Mit dem kurzen Ende und mit dem durchgesteckten Leinenstück wird ein halber Schlag auf Slip geknotet. Der Anker kommt wie sonst auch über die Bugrolle, damit er beim Manöver frei fallen kann. Das kurze Leinenende wird zum Beispiel an einer Bugklampe oder an der Fußreling belegt. An diesem Tampen hängt jetzt auch das gesamte Ankergewicht, denn die

Tipp: Auch beim Ablegen mit Seitenwind hilft die luvwärtige, auf Slip belegte Achterleine enorm: Die Leeleine und auch die Muring können weggenommen werden. Die Muringleine wird einfach ins Wasser geworfen und es wird gewartet, bis sie weit genug abgesunken ist – sie muss an Land noch belegt sein, denn sonst verschwindet sie auf Nimmerwiedersehen! Durch entsprechendes Gasgeben und Ruderlegen driftet die Yacht nicht ab, ja, man kann sie sogar nach Luv anstellen. Ist die Muring tief genug abgesunken, wird das eine Ende der auf Slip liegenden letzten Leine gelöst und das Boot fährt kontrolliert aus der Lücke.

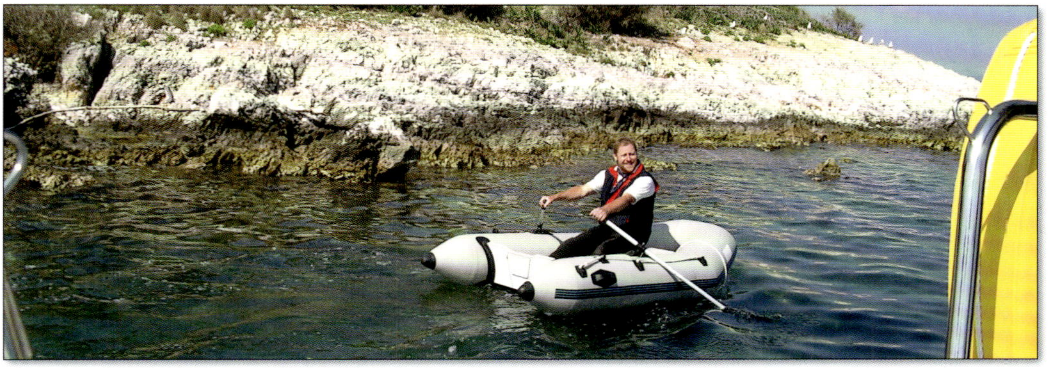

**Landleinen kann man mit dem Beiboot rausrudern – schneller ist Schwimmen.**

Kettenbremse der Winsch ist gelöst bzw. die Kette liegt frei zum Fallen. Ist der Zeitpunkt zum Fallenlassen des Ankers gekommen, zieht der Skipper am Ruderstand an der Sorgleine, der halbe Schlag auf Slip löst sich vom Anker, dieser kommt frei und das Eisen rauscht zum Grund.

In den Mittelmeer-Marinas liegen regelmäßig Muringleinen aus. Das sind Leinen, die statt eines Ankers am Grund vor den Liegeplätzen an schweren Gewichten befestigt sind und die statt des Ankers am Bug strammgezogen werden. Das zweite Ende dieser Murings ist am Steg angebunden, damit man es von da aus mit dem langen Bootshaken fischen kann. Und hier liegt auch die große Schwierigkeit dieses Manövers: Wenn die Yacht rückwärts bis nahe an den Steg herangefahren ist und aufstoppt, ist sie für einige Zeit manövrierunfähig und triebt so lange steuerlos im Wasser, bis die Achterleinen hinten und die Muring vorne belegt sind. Es hilft, wenn wenigstens die Luv-Achterleine ausgebracht und blitzartig an Land belegt wird. Dann kann der Rudergänger durch gefühlvolles Vorwärtsgas und entsprechendes Ruderlegen das Schiff konstant auf der Stelle halten. Das funktioniert fantastisch, muss allerdings geübt sein!

Es gibt noch eine weitere Spezialität beim Buchteln im Mittelmeer: Viele Ankerbuchten sind recht klein und die Wassertiefen sind recht groß. Wenn auch noch eine große Anzahl von Yachten zum Ankern in die Bucht drängt, wird es einfach zu voll. Im Mare Nostrum eingebürgert hat sich, dass die Schiffe mit Buganker und Landleinen festmachen. Und das geht so: Wie auch im Hafen fällt der Anker so weit wie möglich vor dem beabsichtigten Liegeplatz. Der Skipper fährt langsam rückwärts bis nahe an das Land. Bei weiterhin eingekuppelter Maschine hält das belegte Ankergeschirr das Boot auf der Stelle. Jetzt bringen ein oder zwei »Kampfschwimmer« zwei lange Achterleinen zum Ufer und knoten deren Enden an Felsen oder Bäumen fest. Auf diese Art passen viele Yachten in eine kleine Bucht.

Tipp: Die Schwimmer – im Mittelmeer herrschen meist Badetemperaturen – kommen besser vorwärts, wenn sie einen kleinen Palstek an das Leinenende knüpfen und sich diese Schlinge über die Schulter legen. Das Auge kann an Land dazu benutzt werden, um ein Stück vom langen Ende der Leine durchzuziehen und daraus eine sich zuziehende Schlinge zu machen – idealerweise um große Steine herum! Alternativ kann auch das Beiboot benutzt werden, aber das ist umständlicher und langwieriger.

# Der »Back-Lift« – Das Mann-wieder-an-Bord-Manöver

»Mann über Bord!« Beim schönsten Kaiserwetter kann das ebenso passieren wie bei hartem Sturm. In jedem Fall geschieht es ohne Vorwarnung. Blitzschnelles Überdenken der Situation und sofortiges Handeln sind angesagt.
Je nach Yacht, Crew, Wetterbedingungen und natürlich je nach Zustand des Havaristen kommen verschiedene Bergungsmöglichkeiten infrage. Der »Back-Lift« ist ein Manöver, das auch mit kleiner Crew gefahren werden kann.
Das Allerwichtigste beim MOB-Fall ist, den über Bord Gefallenen nicht aus den Augen zu verlieren! Nur zu schnell segelt die Yacht weit weg, bis das passende Manöver eingeleitet ist.

Dann kommt das Zweit-Wichtigste: Die MOB-Taste am GPS-Gerät drücken, um die genaue Position festzuhalten.
Als Drittes muss schließlich eine Verbindung zwischen Boot und Schwimmer hergestellt werden. Wenn der Havarist bei Bewusstsein ist oder nur mäßig verletzt, dann wird er eigenständig eine zugeworfene Leine fangen können und sich mit einem Palstek, den er in seiner Panik hoffentlich noch knüpfen kann, selbst sichern. Ist er dagegen ohne Bewusstsein, wird es schwierig.

**Wie es sonst gehen kann:**
In vielen Lehrbüchern werden Mann-über-Bord-Manöver beschrieben, bei denen versucht werden soll, die Yacht längsseits neben dem Havaristen zum Stehen zu bekommen. Ausdrücke wie »Nahezu-Aufschießer«, »Aufnehmen in Luv oder in Lee« und »Mann gefasst« sind Führer-

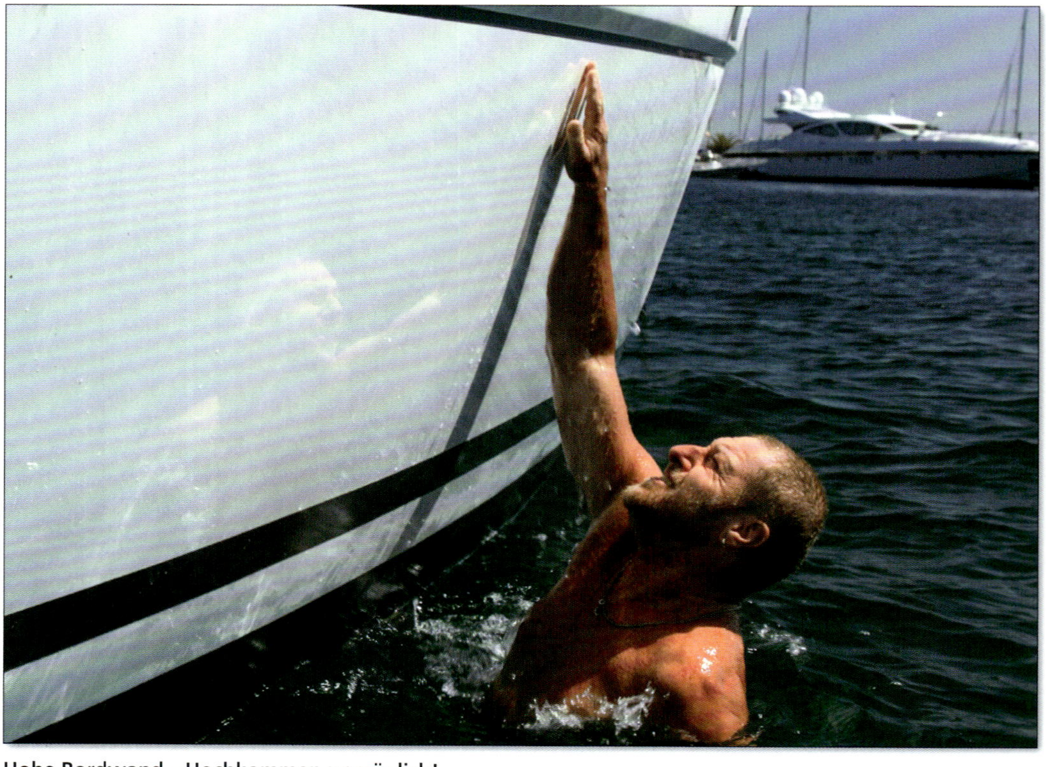

Hohe Bordwand – Hochkommen unmöglich!

schein-Absolventen sicherlich noch im Ohr. Gebräuchlich sind die Q-Wende und das Münchner Manöver, das auch Quick-Stopp genannt wird. Bei all diesen Manövern hat man stillschweigend einige Dinge vorausgesetzt: Es befinden sich noch mindestens zwei Crewmitglieder an Bord (Rudergänger und »Aufnehmer«) – das Manöver klappt (hoffentlich) beim ersten Mal – die Yacht verbleibt so lange neben dem Havaristen, dass der Vorschiffsmann diesen zumindest fassen und sichern kann.

In der Praxis aber sind oft nur zwei Personen, meist ein Paar, an Bord, das Annäherungsmanöver klappt nicht, die Yacht stoppt zu weit weg vom Havaristen und treibt sofort wieder ab. Es kann somit keine Verbindung hergestellt werden und das Manöver muss komplett wiederholt werden. Als zusätzliche Schwierigkeit kommt die hohe Bordwand hinzu, an der sich der Havarist nirgends festhalten kann. Der Retter muss immer mit einem Werkzeug, sprich mit Bootshaken oder Leine, versuchen zu arbeiten. Wie man sich leicht vorstellen kann, bleibt es spannend ...

Und ist dann glücklicherweise endlich eine Sicherungsverbindung hergestellt, stellt sich immer noch die Frage: Wie kommt der über Bord Gegangene zurück an Deck?

Der Zubehörhandel bietet eine Vielzahl unterschiedlicher Bergesysteme an: Rettungsnetze, Sprossensysteme, Bergeschlingen und -segel, Taljen und Winden, um auch einen schweren Mann mit vollgesogener nasser Kleidung heben zu können, Tuchsysteme, in die der Havarist einschwimmen kann etc. Auch hier besteht immer die Schwierigkeit, dass ein einzelnes Crewmitglied an Deck sicherlich nicht problemlos Boot und Bergung gleichzeitig bewerkstelligen kann.

**Der »Back-Lift« kann helfen:**

Hier nun eine neue Version des Mann-wieder-an-Bord-Manövers, das auch von einer einzigen Person angewandt werden kann: Der Back-Lift, ausprobiert unter diversen Bedingungen.

Hierbei wird der Havarist nicht längsseits der Bordwand, sondern einfach am Heck der Yacht aufgenommen! Die Yacht wird mit der Maschine rückwärts, also mit dem Heck voran und gegen den Wind, an die im Wasser befindliche Person herangefahren. Der Rudergänger sieht von seiner Position aus ganz genau, wohin und wie weit er rangieren muss, ohne dass ein weiterer Vorschiffsmann ihn einweist. Er braucht auch keine Angst zu haben, dass der Havarist bei einer Segelyacht mit den Beinen in die Schraube kommen könnte, denn ein ganzes Stück vor der Heckkante befindet sich das oft recht breite Ruderblatt, das den noch viel weiter vorn liegenden Propeller wirksam abdeckt – also, »no problem.«

Bei Motoryachten, die den Antrieb direkt am Heck haben, ist dagegen größte Vorsicht geboten! Wer behutsam und langsam an den Havaristen manövriert, kann sich mit Motorkraft sehr gefühlvoll herantasten und Abstand halten, was bei der Längsseitsmethode mangels direkter Sicht schier unmöglich ist.

Von der Badeplattform am Heck ist es für den Helfer nun leicht, den Schwimmer ohne Hilfsmittel direkt mit der Hand zu greifen, ihm eine Rettungsleine umzulegen, und ihn an Bord zu bekommen. Falls nötig, kann eine Leine, auch Groß- oder Fockschot, als Bergungsleine dienen. Man kann diese über eine Winsch legen und so auch eine schwere Person aus dem Wasser bekommen. Zugegeben, das ist vielleicht nicht die schonendste Möglichkeit zum Herausziehen des Havaristen, aber es ist immerhin eine Version, die schnell und von nur einer Person unternommen werden kann – ohne erst in Backskisten nach geeignetem Leinenmaterial und Rettungsmitteln zu fahnden. Eventuell kann diese Bergeleine noch über die Nock des Großbaumes geführt werden, sodass ein regelrechter Kranausleger entsteht und der Havarist fast senkrecht aus dem Wasser gehoben wird.

Gute Gründe, den Back-Lift einmal auszuprobieren:

- Er ist von einer einzigen Person an Bord anwendbar.
- Er ist besonders bei Motorfahrt einsetzbar.
- Sehr viele der modernen Yachten verfügen über eine große und niedrige Badeplattform am Heck, von der aus der Retter dem Schwimmer sogar die Hand reichen kann.
- Es sind keine Hilfsmittel wie Bootshaken etc. notwendig, um den Havaristen zu fassen.
- Eine Badeleiter wird wohl an jeder Yacht vorhanden sein, sodass ein noch aktiver Über-Bord-Gegangener aus eigener Kraft wieder auf das Schiff zurückkrabbeln kann.
- Bei leichten bis mittleren Winden können sogar die Segel in beliebiger Segelstellung gesetzt bleiben, denn moderne Yachten sind meist so stark motorisiert, dass sie ein Boot mitsamt Segeln bis zu einer bestimmten Windstärke sogar gegenan bewegen können.
- In dieser Position – Heck gegen den Wind – lässt sich eine Yacht problemlos auf der Stelle halten, was mit Bug im Wind nicht möglich ist.

Es gibt leider kein Allheilmittel, kein Standardmanöver, das immer funktioniert, um einen Über-Bord-Gegangenen wieder zurück an Deck zu

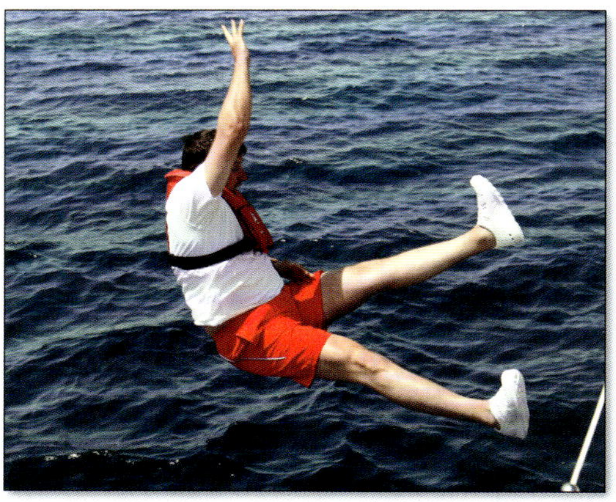

**Jetzt ist es passiert: Mann über Bord!**

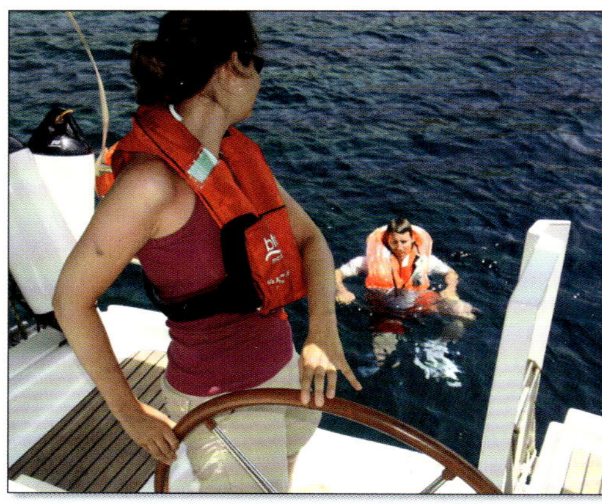

**Der Rudergänger rangiert rückwärts heran.**

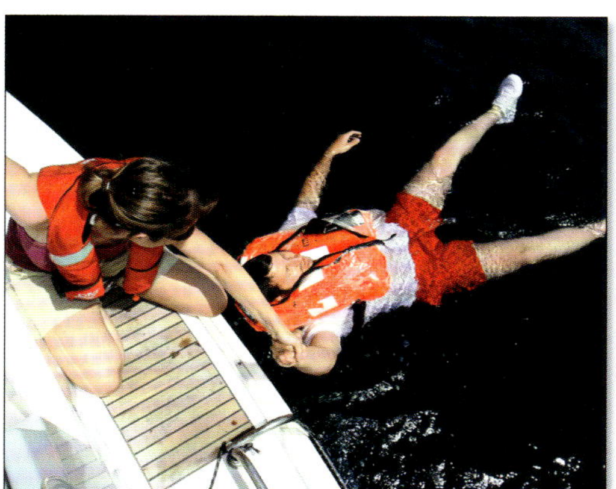

**Havarist ist gefasst!**

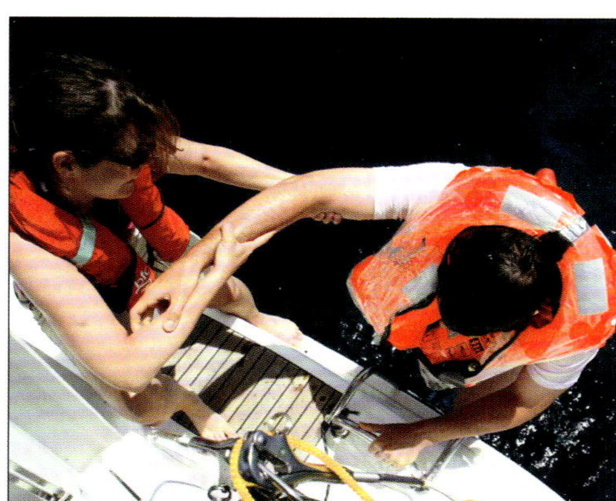

**Nun hilft man dem Havaristen an Bord.**

bekommen, aber das hier vorgestellte »Mann-wieder-an-Bord-Manöver«, der Back-Lift, individuell an Yacht, Crew und Situation angepasst, erscheint als eine auch für eine kleine Crew recht sichere und praktikable Methode, die in vielen Situationen einsetzbar ist.

Schließlich noch ein Gedanke zur Namensgebung: »Mann-über-Bord-Manöver« ... Verhält sich das analog zu Kopfschmerztabletten? Wer Schmerzen haben möchte, schluckt eine Pille? Fliegt also beim MOB-Manöver einer über Bord? Oder verspricht der Back-Lift, das Mann-wieder-an-Bord-Manöver, tatsächlich die Rettung? Hoffentlich!

## Vorsicht, Brandgefahr!

Alle Jahre wieder ... kommt es zu verheerenden Bränden! Ob da nun Grundstücksspekulanten zündeln, wie manchmal behauptet wird, ob eine Glasscheibe einer achtlos ins Gebüsch geworfenen Flasche als Brennglas agiert, ein romantisches Lagerfeuer am Strand Funken schlägt oder ob eine brennend weggeschnippte Zigarettenkippe der Auslöser für die Katastrophe ist: Wenn es brennt, dann gleich heftig! Bäume und Buschwerk sind im Sommer strohtrocken und der kleinste Funke genügt, um große Flächen im Nu abzufackeln.

Tipp: Achten Sie bitte darauf, was Sie mit offenem Feuer, mit Kippen etc. so anstellen! Flaschen werden auch nicht ins Gebüsch geworfen, sondern kommen in den Müll. Und so schön das Barbeque am Strand auch sein mag: Lassen Sie es bleiben!

Eine Feuerwehr wie von heimischen Gefilden gewohnt gibt es auf den Eilanden nicht – da müssen dann Löschflugzeuge her. Zwei davon sind in Korfu am Airport stationiert, aber sie sind meist nicht in der Lage, solche ausufernden Brandherde in schwer zugänglichen Gegenden wirkungsvoll zu bekämpfen. Übrig bleibt verbrannte Erde, die schnell noch mehr verkarstet.

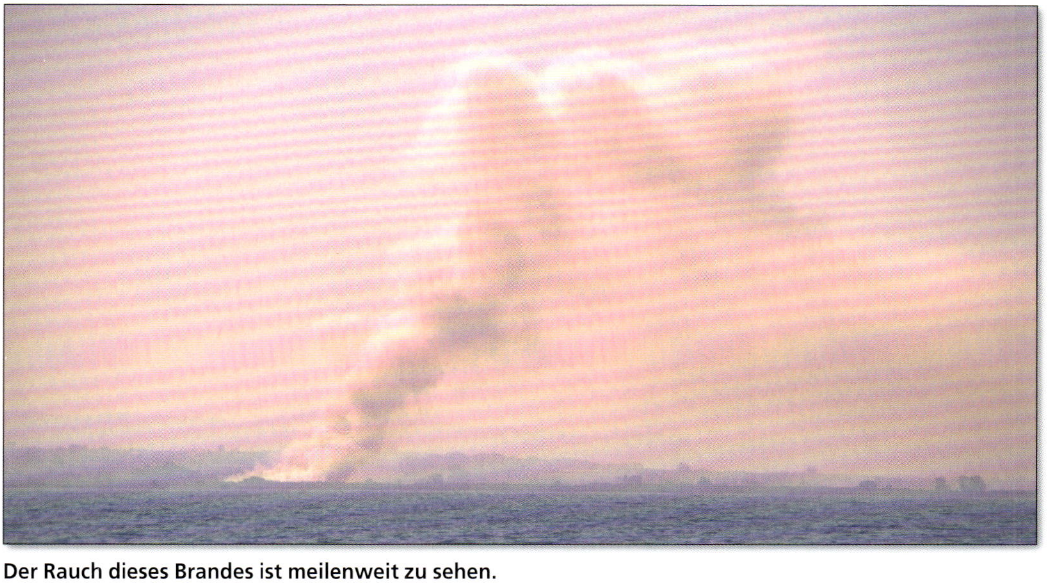

**Der Rauch dieses Brandes ist meilenweit zu sehen.**

# Quallen kommen vor

Auch Quallen sind Meerestiere – und es gibt die Glibbertiere auch im Mittelmeer sowie im Ionischen Meer.
Doch nicht jede Quallenart ist lebensgefährlich, die meisten davon machen sogar gar nichts. Die imposante Spiegeleiqualle, die 30–40 Zentimeter Durchmesser haben kann, ist völlig ungefährlich für den Menschen. Auch die zarte Ohrenqualle kann uns nicht gefährlich werden.

Wenn uns dagegen eine Feuerqualle, die etwa zehn Zentimeter Durchmesser hat, erwischt, dann brennt das Gift der explodierten Nesselkapseln heftig.
Die sehr gefährlichen Portugiesischen Galeeren kommen im Mittelmeer so gut wie nie vor.

Tipp: Hausmittel gegen Quallen
Manch argloser Schwimmer wird von den nesselnden Tentakeln erwischt werden. Wenn ein stechender und brennender Schmerz auf der Haut den Körper durchzuckt, ist es schon passiert: Man hat eine giftige Qualle berührt.
Zum Glück kommen im Mittelmeer keine Arten vor, deren Gift Lähmungen oder gar den Tod hervorrufen kann, aber immerhin zeigt das Nesselgift in Form von schmerzenden roten Quaddeln ordentlich Wirkung.
Dagegen hilft eine Säure. Essig oder Zitronensaft wird möglichst schnell nach dem Unfall auf die betroffenen Hautpartien geträufelt, aber ohne die Flüssigkeit einzureiben. Schon nach recht kurzer Zeit lässt der Schmerz nach und die wässrigen Quaddeln bilden sich zurück.
Übrigens: Essig ist auch gut gegen Insektenstiche!

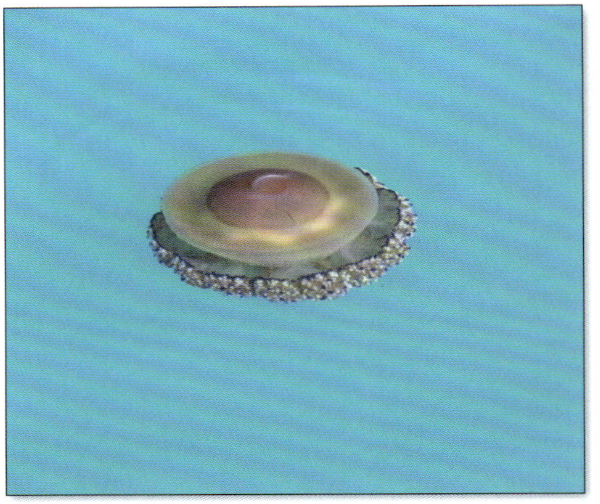

**Spiegeleiqualle – Cotylorhiza tuberculata**

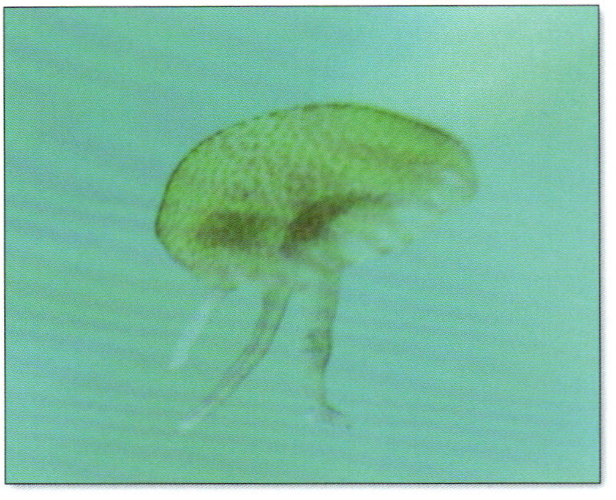

**Feuerqualle – Cyanea capillata**

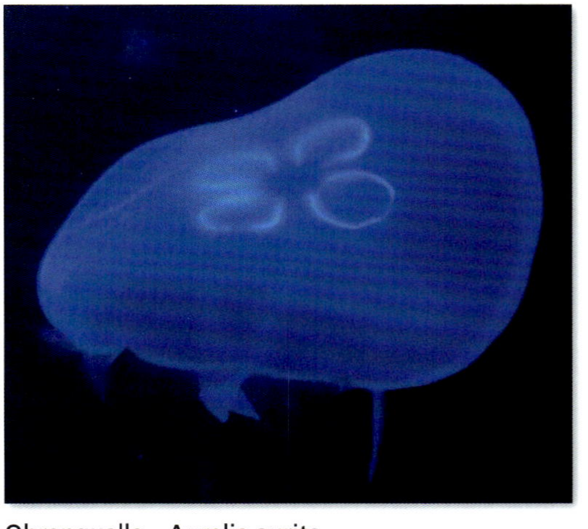

**Ohrenqualle – Aurelia aurita**

# Checklisten

Die folgenden Unterlagen sollen bei der Vorbereitung und Durchführung eines Törns hilfreich sein. Wer sie nicht hier aus dem Buch herauskopieren möchte, kann sie sich auch kostenfrei von unseren Webseiten herunterladen – die Links stehen bei jedem Dokument.

## GPS-Positionen der Häfen und Ankerplätze

Alle beschriebenen Häfen und Ankerplätze sind hier mit Längen- und Breitenangaben aufgelistet – 86 Positionsangaben sind es geworden.
Wer sie nicht abtippen möchte, kann sie als Excel-Tabelle downloaden:
http://www.dmcreisen.de/ionisches-meer.html.

| Alle Positionsangaben zeigen auf einen Wegepunkt, der einige hundert Meter vor der jeweiligen Zufahrt verweist, sodass ein GPS-Gerät mit diesen Angaben bis vor das Ziel navigieren kann. | | | | |
|---|---|---|---|---|
| Hafen/Bucht | Koordinaten | | | |
| **Nördliche Inseln** | | | | |
| **Korfu** | | | | |
| Marina Gouvia | 39° | 39,7'N | 19° | 51,4'E |
| Korfu Stadt Nord – Mandraki | 39° | 37,5'N | 19° | 55,6'E |
| Korfu Stadt Süd – Yachtclub | 39° | 37,3'N | 19° | 55,6'E |
| Benitsai | 39° | 32,8'N | 19° | 54,8'E |
| Petriti | 39° | 27,3'N | 20° | 20,4'E |
| Lefkimmi | 39° | 25,1'N | 20° | 6,1'E |
| Paleocastritsa | 39° | 40,3'N | 19° | 42,7'E |
| Kassiopi | 39° | 47,6'N | 19° | 55,4'E |
| Ormos Agni | 39° | 44,2'N | 19° | 55,9'E |
| Inselchen Ericousa | 39° | 52,5'N | 19° | 35,2'E |
| Inselchen Othonoi | 39° | 50,4'N | 19° | 24,3'E |
| Inselchen Mandraki | 39° | 46,8'N | 19° | 31,8'E |
| **Paxos und Antipaxos** | | | | |
| Lakka | 39° | 14,3'N | 20° | 8,1'E |

| Hafen/Bucht | Koordinaten | | | |
|---|---|---|---|---|
| Longos | 39° | 13,7'N | 20° | 9,9'E |
| Gaios – Südeinfahrt | 39° | 11,7'N | 20° | 11,4'E |
| Gaios – Nordeinfahrt | 39° | 12,1'N | 20° | 11,7'E |
| Mongonisi Bay | 39° | 11,3'N | 20° | 12,4'E |
| Antipaxos – vor den Badebuchten | 39° | 9,6'N | 20° | 13,8'E |
| **Nördliche Festlandsküste** | | | | |
| Sagiada | 39° | 36,8'N | 20° | 10,5'E |
| Ormos Valtou | 39° | 31,4'N | 20° | 8,9'E |
| Igoumenitsa | 39° | 30,2'N | 20° | 11,9'E |
| Platarias | 39° | 27,1'N | 20° | 16,2'E |
| Sivota | 39° | 24,5'N | 20° | 14,1'E |
| Parga – Hafen | 39° | 16,9'N | 20° | 23,9'E |

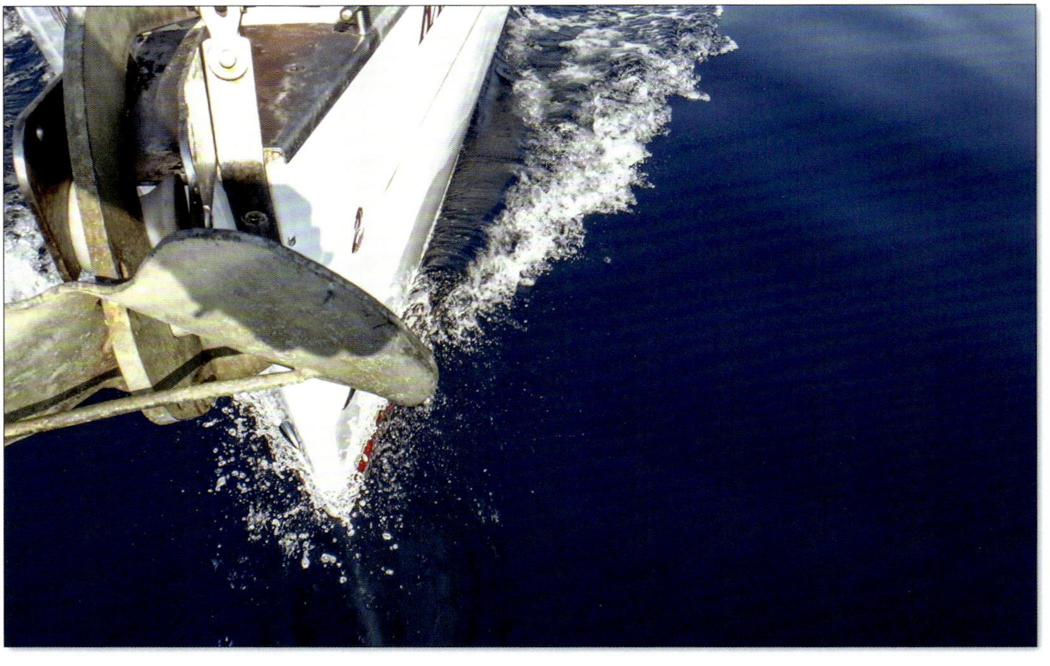

| Hafen/Bucht | Koordinaten | | | |
|---|---|---|---|---|
| Parga – Ormos Valtou | 39° | 16,9'N | 20° | 23,4'E |
| Ormos Phanari – Ammoudia | 39° | 14,2'N | 20° | 28,5'E |
| Two-Rock-Bay | 39° | 12,4'N | 20° | 29,5'E |
| Lygia | 39° | 9,0'N | 20° | 34,1'E |
| Prevesa – Beginn des Fahrwassers | 38° | 55,9'N | 20° | 43,6'E |
| Ambrakischer Golf – Zufahrtskanal | 38° | 57,8'N | 20° | 46,2'E |
| **Südliche Inseln** | | | | |
| **Lefkas** | | | | |
| Lefkas – südliche Kanalzufahrt | 38° | 47,6'N | 20° | 43,6'E |
| Lefkas – nördliche Kanalzufahrt | 38° | 50,9'N | 20° | 43,3'E |
| Lefkas – Stadthafen und Marina | 38° | 49,9'N | 20° | 42,7'E |
| Lygia | 38° | 47,3'N | 20° | 43,3'E |

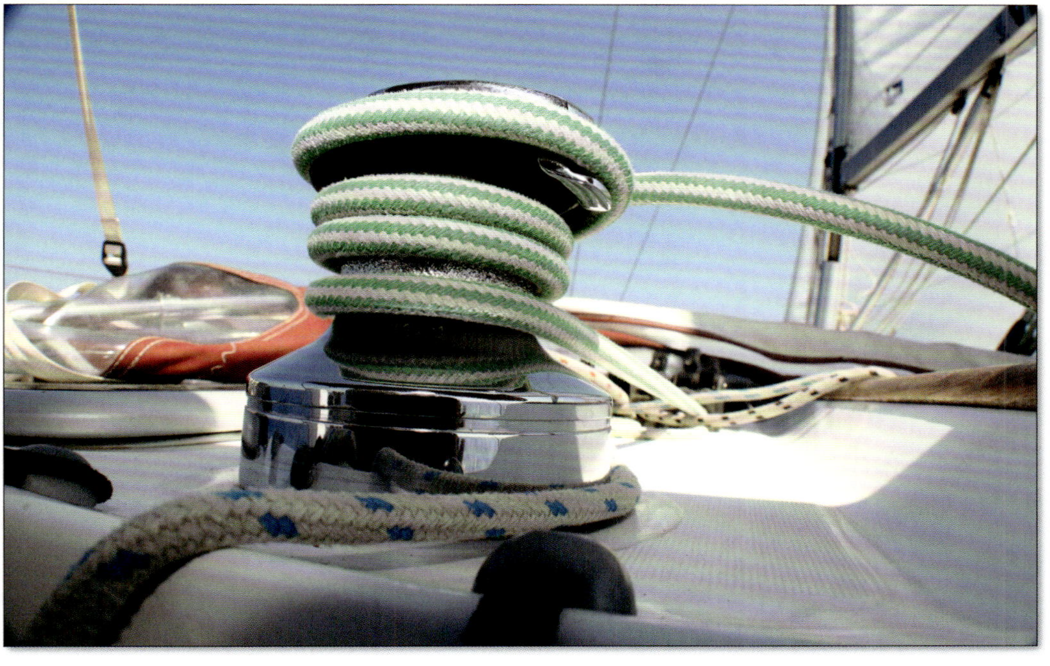

| Hafen/Bucht | Koordinaten | | | |
|---|---|---|---|---|
| Nikiana | 38° | 45,7'N | 20° | 43,4'E |
| Nidri – Stadtkai | 38° | 42,4'N | 20° | 42,7'E |
| Nidri – Tranquil Bay | 38° | 42,1'N | 20° | 42,8'E |
| Ormos Syvota | 38° | 36,8'N | 20° | 41,5'E |
| Vasiliki | 38° | 37,6'N | 20° | 36,1'E |
| **Meganision** | | | | |
| Spartohori | 38° | 39,9'N | 20° | 45,6'E |
| Vathi | 38° | 40,2'N | 20° | 46,5'E |
| Abelike Bay | 38° | 40,7'N | 20° | 47,2'E |
| **Ithaka** | | | | |
| Frikes | 38° | 27,8'N | 20° | 40,3'E |
| Kioni | 38° | 27,0'N | 20° | 42,0'E |
| Vathi | 38° | 22,7'N | 20° | 41,9'E |
| Ormos Sarakiniko | 38° | 21,9'N | 20° | 44,5'E |
| Ormos Pera Pigadi | 38° | 19,8'N | 20° | 45,0'E |
| Ormos Polis | 38° | 26,1'N | 20° | 38,1'E |
| **Kephalonia** | | | | |
| Phiscardo | 38° | 27,5'N | 20° | 35,0'E |
| Agios Euphimia | 38° | 18,1'N | 20° | 36,2'E |
| Sami | 38° | 15,3'N | 20° | 38,9'E |
| Antisami | 38° | 16,3'N | 20° | 41,0'E |
| Poros | 38° | 9,2'N | 20° | 46,9'E |
| Argostolion | 38° | 11,7'N | 20° | 29,0'E |

| Hafen/Bucht | Koordinaten | | | |
|---|---|---|---|---|
| Lixouri | 38° | 12,0'N | 20° | 26,8'E |
| Assos | 38° | 29,9'N | 20° | 32,4'E |
| **Atokos** | | | | |
| One House Bay | 38° | 29,1'N | 20° | 49,5'E |
| **Kalamos** | | | | |
| Limin Kalamos | 38° | 37,2'N | 20° | 56,3'E |
| Port Leone | 38° | 36,0'N | 20° | 53,7'E |
| **Kastos** | | | | |
| Limin Kastos | 38° | 34,1'N | 20° | 55,1'E |
| **Zakinthos** | | | | |
| Agios Nikolaos | 37° | 54,7'N | 20° | 42,9'E |

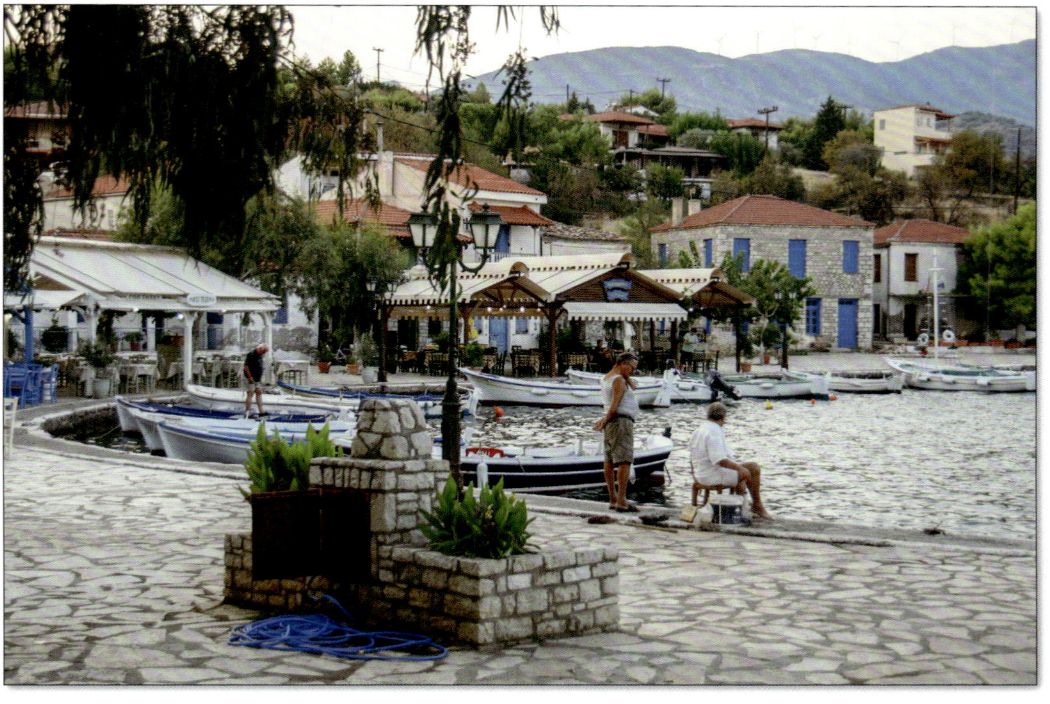

## Einkaufsliste

http://www.dmcreisen.de/media/files/Einkaufsliste.pdf

Sie ist einfach hilfreich, um im Supermarkt zielgerichtet einkaufen zu gehen und um nichts zu vergessen.

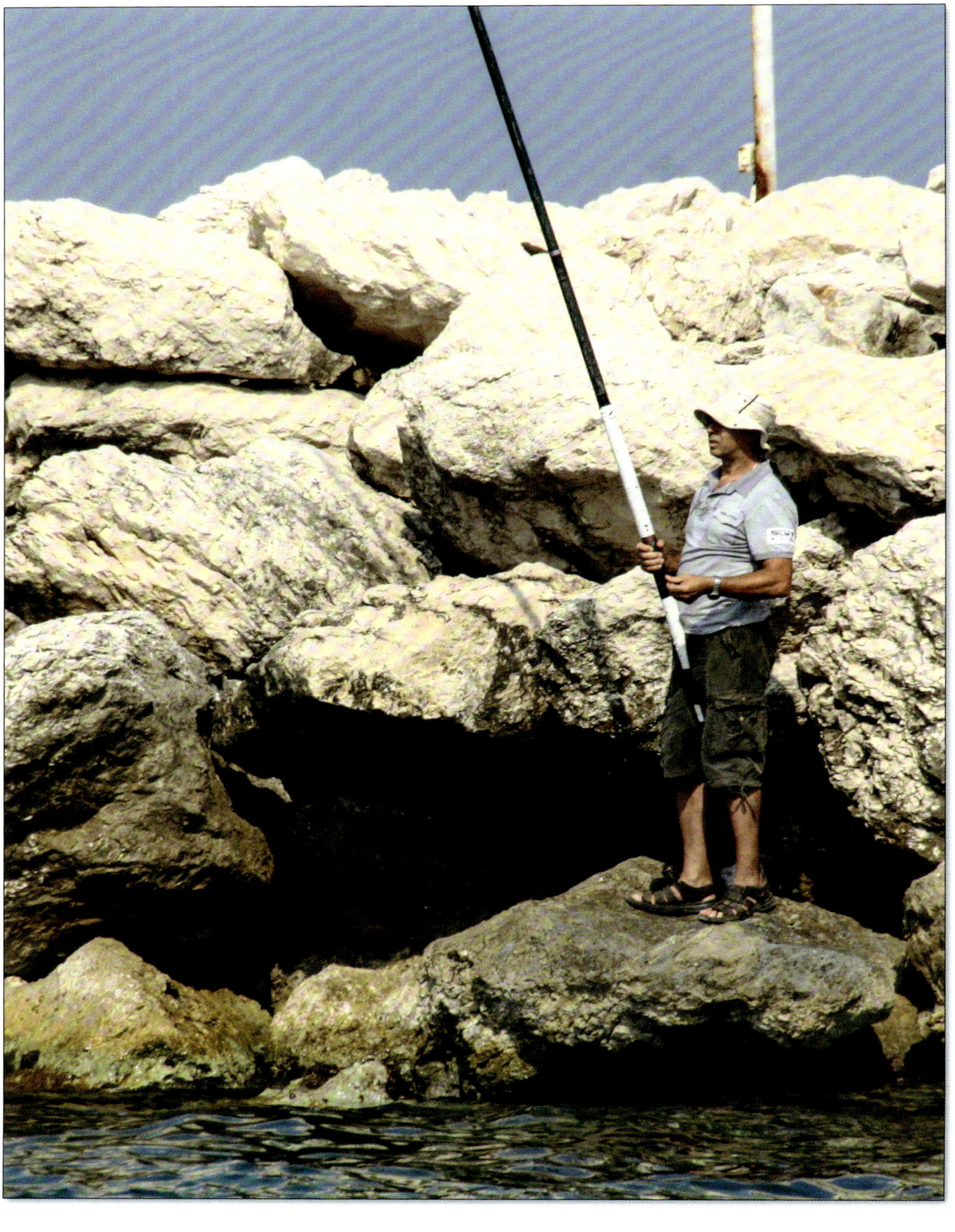

| Hafen/Bucht | Koordinaten | | | |
|---|---|---|---|---|
| Bucht am Akros Katastari | 37° | 53,2'N | 20° | 43,8'E |
| Katastari bei Alikes | 37° | 50,8'N | 20° | 46,6'E |
| Linim Zakinthos | 37° | 46,8'N | 20° | 54,4'E |
| Kolpos Lagana – Ormos Keri | 37° | 41,0'N | 20° | 51,1'E |
| Port Vromi | 37° | 49,0'N | 20° | 37,6'E |

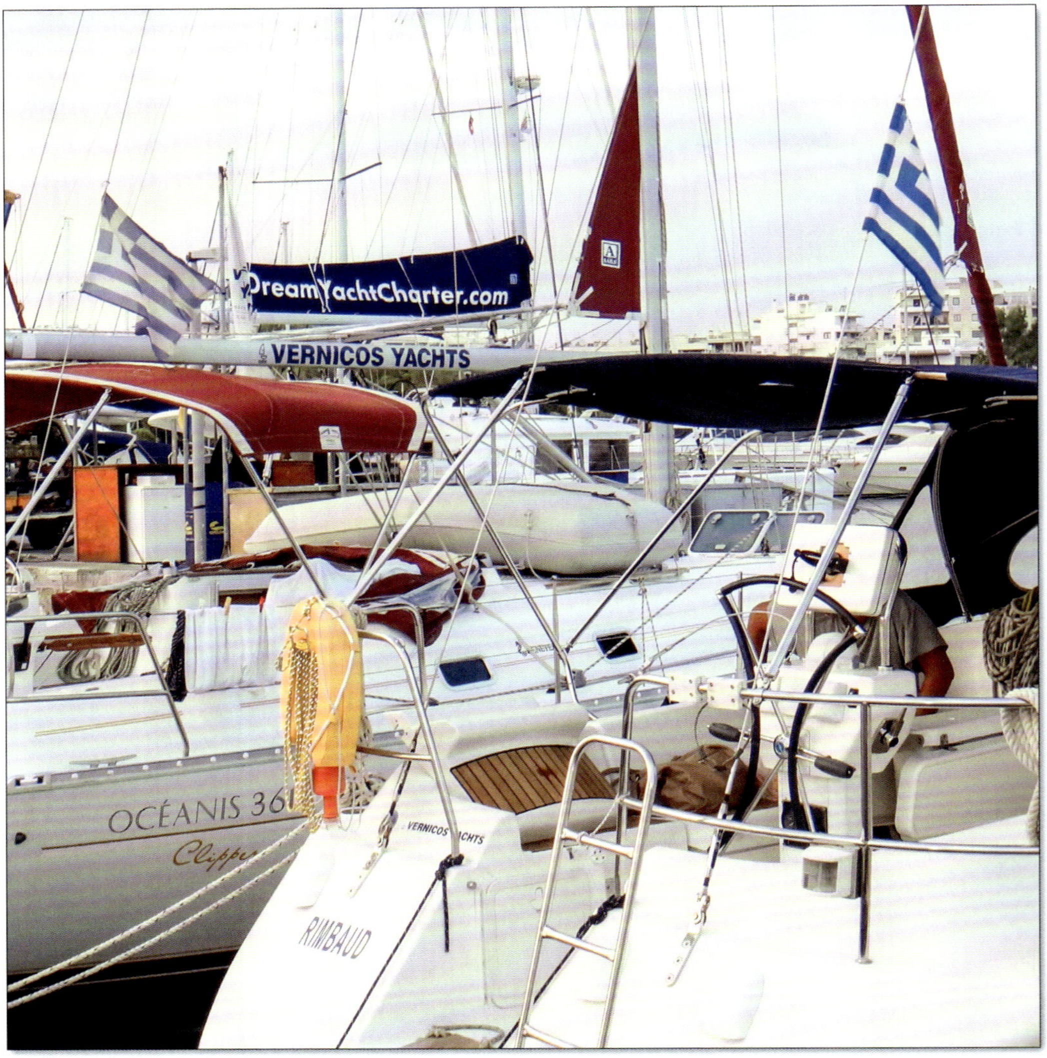

| Hafen/Bucht | Koordinaten | | | |
|---|---|---|---|---|
| Wreck Bay | 37° | 52,1'N | 20° | 37,2'E |
| Oxia | 38° | 18,4'N | 21° | 6,1'E |
| **Festlandsküste Südteil** | | | | |
| Palairos | 38° | 46,9'N | 20° | 52,4'E |
| Vounaki | 38° | 46,1'N | 20° | 52,5'E |
| Astakos | 38° | 31,1'N | 21° | 5,0'E |
| Agios Panteleimon | 38° | 29,5'N | 21° | 4,9'E |
| Limin Platygiati | 38° | 28,3'N | 21° | 5,3'E |
| Mesolonghi – Beginn des Fahrwassers | 38° | 19,0'N | 21° | 24,9'E |
| **Peloponnes Westküste** | | | | |
| Riou | 38° | 19,0'N | 21° | 46,8'E |
| Patras – nördlich des Wellenbrechers | 38° | 15,6'N | 21° | 44,1'E |
| Kyllini | 37° | 56,4'N | 21° | 9,5'E |
| Katakolon – Pirgos | 37° | 38,8'N | 21° | 19,8'E |
| Kalamata | 37° | 1,3'N | 22° | 6,2'E |
| **Golf von Korinth** | | | | |
| Antirrio | 38° | 19,6'N | 21° | 45,9'E |
| Trizonia | 38° | 22,0'N | 22° | 5,0'E |
| Galaxidi | 38° | 23,0'N | 22° | 23,5'E |
| Itea | 38° | 25,7'N | 22° | 25,4'E |
| Korinth | 37° | 56,5'N | 22° | 56,3'E |
| Kanal von Korinth – westliche Einfahrt | 37° | 57,2'N | 22° | 57,4'E |
| Kanal von Korinth – östliche Einfahrt | 37° | 54,9'N | 23° | 0,7'E |

## Reisegepäckliste

http://www.dmcreisen.de/media/files/Reisegepckliste-01.pdf

Wer sich schon zu Hause Gedanken darüber macht, was er zum Törn mitnehmen und während des Törns anziehen möchte, ist gut beraten. Als Gedankenstütze soll diese Reisegepäckliste fungieren. Aber natürlich muss der Faserpelz nicht beim Seychellentörn dabei sein und die Badesachen sind nicht so wichtig bei der Spitzbergentour.

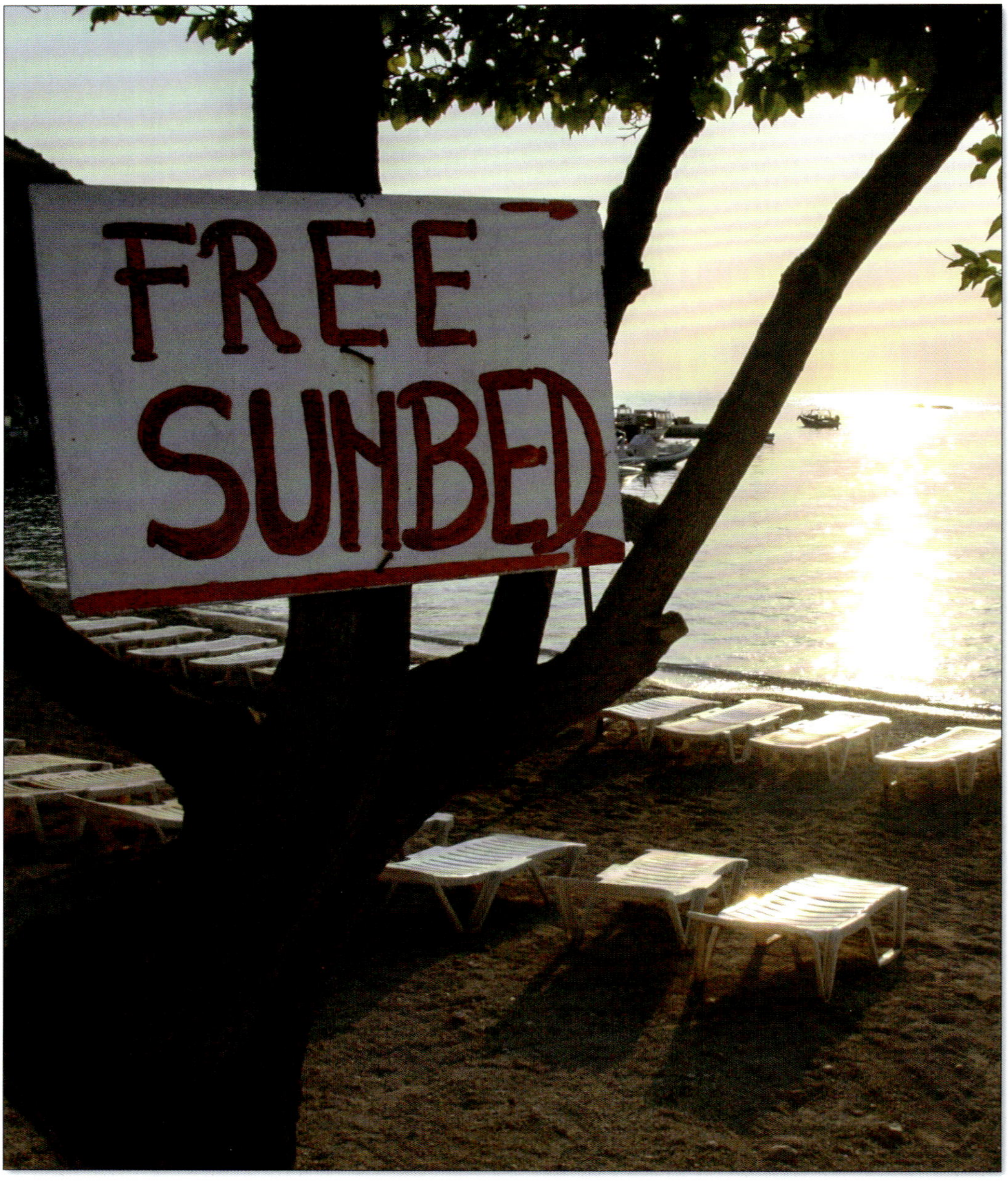

Segeln aktiv!

**DMC-Reisen Mühlbauer – Deutsche Flottillen – Mitsegeln – Charter**
**Maritime Incentives & Events – www.dmcreisen.com**
**+49(0) 89-90541453, fax -41155034**

# Reisegepäck

Diese Liste stellt lediglich eine Sammlung dar, nach der auch wir unsere Ausrüstung für einen Törn zusammenstellen.
Sie müssen davon natürlich nicht alles mitnehmen (z.B. in warmen Gefilden keine Skiunterwäsche), diese Aufstellung soll lediglich als Gedankenstütze dienen.

**Bettzeug**, bestehend aus Kopfkissen, Decke, Bettlaken, Bett- und Kissenbezug ist in der Regel an Bord, wobei wir persönlich uns gerne in unsere eigenen Sachen betten.
Tip: ein Spannbettuch verschiebt sich nicht so leicht.

Geld-Tip für nicht-EU-Länder: Umtauschen gleich nach der Ankunft am Flughafen, sonst in Wechselstuben oder Banken. Kurs i.r.R. günstiger als in Deutschland.

| | Gültiger Reisepaß | | Leichte Kleidung | | Schlafsack |
|---|---|---|---|---|---|
| | ggf. Personalausweis | | Badesachen | | Decke |
| | Visum + Impfpass | | T-Shirts | | Kopfkissen |
| | amtl. Sportbootschein | | Oberhemden/Blusen | | Bettbezug |
| | Segelscheine | | Unterwäsche | | Spannbettuch/Laken |
| | Seglerbuch | | Taschentücher | | Kissenbezug |
| | Funksprechzeugnis | | Hosen lang | | |
| | Charterunterlagen | | Hosen kurz | | Musicassetten |
| | Führerschein | | Röcke | | Sonnenbrille |
| | Bargeld | | Kleider | | Ersatzbrille |
| | Euroschecks | | warmer Pulli | | Reiselektüre |
| | Travellerschecks | | Sweat-Shirt | | |
| | Kreditkarten | | Socken | | pers. Medikamente |
| | Flugticket | | | | Wund-/Brandsalbe |
| | DMC-Reiseunterlagen | | | | Mittel gegen Seekrankheit |
| | | | Boots-(Turn-)schuhe | | Heftpflaster |
| | ggf. Logbuch | | Straßenschuhe | | Mückenmittel |
| | ggf. Navigationstools | | Badeschuhe | | Waschsachen |
| | Wecker | | ggf. Gummistiefel | | Kosmetika |
| | | | Ölzeug/Wetterkleidung | | after Sun |
| | Seesack, Reisetasche | | Segelhandschuhe | | |
| | **bitte keine Koffer!!!** | | ggf. Südwester | | **Sonnenmilch** |
| | | | Kopfbedeckung | | **keine Cremes oder Öl!!!** |
| | ggf. Musikinstrument | | | | |
| | Foto, Filmausrüstung | | | | |
| | Batterien | | Badetuch | | Lebensmittel-Spezialitäten |
| | Schnorchelequipment | | Handtücher | | Bohnenkaffee gemahlen |
| | Angelzeug | | Waschlappen | | Filtertüten |
| | Handy | | Geschirrtuch | | |
| | Ladegeräte 12V / 220V | | Spültuch | | |
| | Adapter | | | | |
| | Nähzeug | | | | |
| | | | | | |
| | | | | | |

### Einkaufsliste

http://www.dmcreisen.de/media/files/Einkaufsliste.pdf

Sie ist einfach hilfreich, um im Supermarkt zielgerichtet einkaufen zu gehen und um nichts zu vergessen.

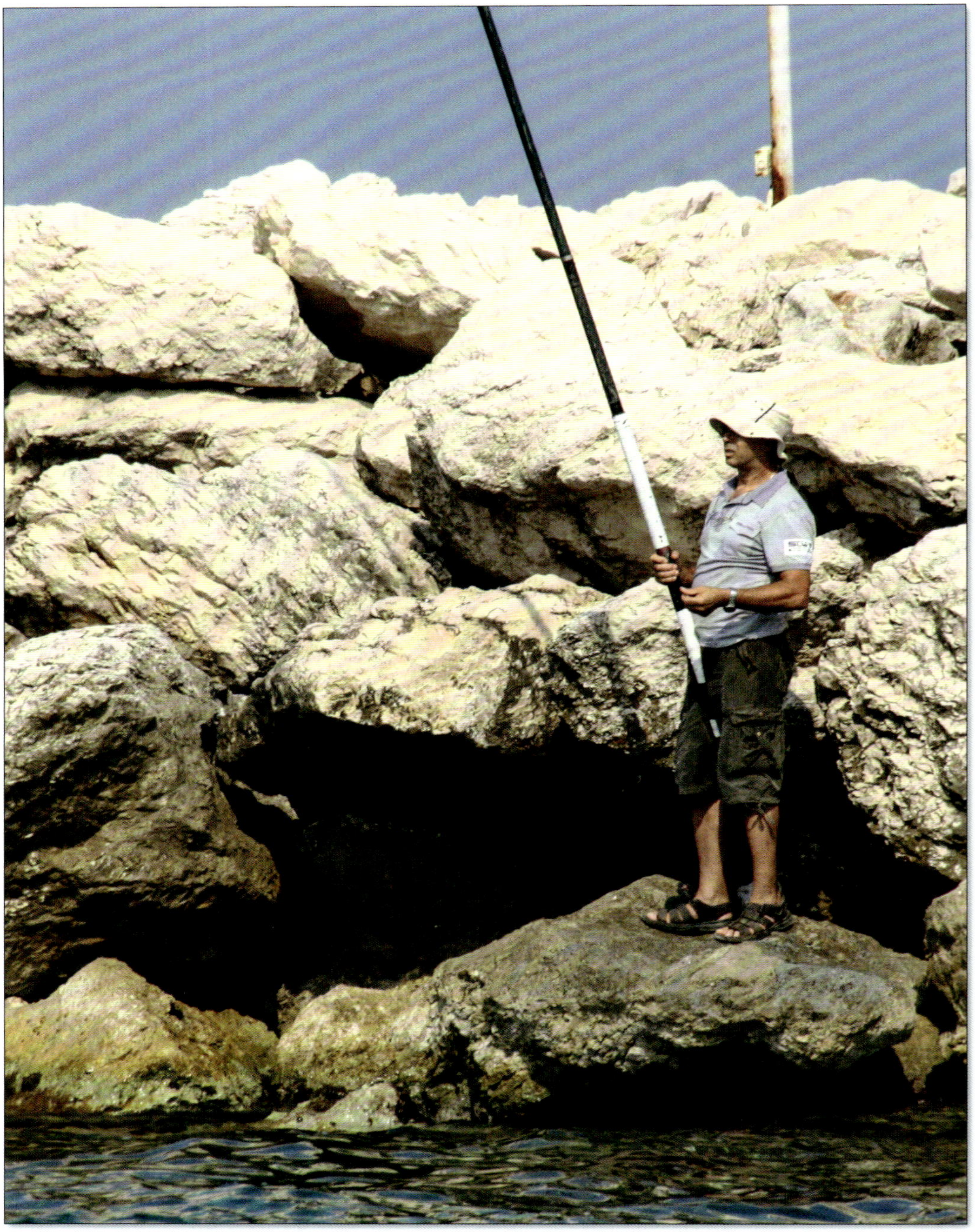

# Einkaufsliste

| Menge | | Artikel |
|---|---|---|
| | | Sodawasser |
| | | Mineralwasser |
| | | Rotwein |
| | | Weißwein |
| | | Bier |
| | | Säfte |
| | | Milch |
| | | Kaffee/Nescafe |
| | | Tee |
| | | Filtertüten |
| | | Brot |
| | | Butter |
| | | Käse |
| | | Wurst |
| | | Eier |
| | | Zucker |
| | | Salz |
| | | Essig |
| | | Öl |
| | | Gewürze |
| | | Joghurt |
| | | |
| | | Ketchup |
| | | Honig |
| | | Marmelade |
| | | Oliven |
| | | Senf |
| | | |
| | | |
| | | Nudeln |
| | | |
| | | |
| | | |

| Menge | | Artikel |
|---|---|---|
| | | Spülmittel |
| | | Putzlappen |
| | | Spüllappen |
| | | Toilettenpapier |
| | | Küchrolle |
| | | Alufolie |
| | | |
| | | |
| | | **Blockeis/Eiswürfel** |
| | | |
| | | |
| | | **Salate** |
| | | Gurken |
| | | Tomaten |
| | | Zwiebeln |
| | | Knoblauch |
| | | Zuchini |
| | | Paprika |
| | | |
| | | |
| | | **Obst** |
| | | Äpfel |
| | | Birnen |
| | | Trauben |
| | | Aprikosen |
| | | Pfirsiche |
| | | Bananen |
| | | |
| | | |
| | | |
| | | |
| | | |
| | | |

## Grundwortschatz Griechisch

Es ist angenehm und auch praktisch, wenn man sich im Reiseland wenigstens mit ein paar Brocken der jeweiligen Sprache verständigen kann. Nicht überall kann man voraussetzen, dass »Man spricht Deutsch« oder Englisch auch funktioniert. Da helfen einige wenige griechische Wörter schon, um ein Lächeln auf die Lippen der Einheimischen zu zaubern und deren helfende Freundlichkeit zu erhöhen.

http://www.dmcreisen.de/media/files/Grundwortschatz.xls

| Deutsch | Griechisch (Aussprache) | |
|---|---|---|
| Ankerplatz | araksovoli | |
| Apotheke | farmakion | |
| Apotheke | farmakio | |
| Auberginenauflauf | musakas | |
| Auto | aftokinito | |
| Backbord | aristera | |
| Bäcker | furnos | |
| Bank | trapesa | Betonung auf 1. a |
| Bauernsalat | salata choriatiki | |
| Benzin | venzini | |
| Berg | vuno, oros | |
| Bier | bira | |
| Bier | birra | |
| bitte | parakalo | |
| bitte (wenn man etwas gibt) | oriste | |
| Braten (Lammbraten) | psito (psito arni) | |
| Briefmarke | grammatossimo | |
| Brot | psomi | |
| Brot | psomi | |
| Bucht | ormos | |

| Bus | leoforio | |
|---|---|---|
| Butter | Vutiro | |
| danke | efkaristo | |
| die Rechnung | to logarjasmo | |
| Diesel | petreleo | |
| Dorf | chora | |
| dort | eki | Betonung auf i |
| Eier | avga | |
| ein Bier vom Faß | mia birra apo warelli | |
| ein Glas | ena potiri | |
| eine Flasche | ena bukali | |
| eine Packung Zigaretten | ena paketo zigara | |

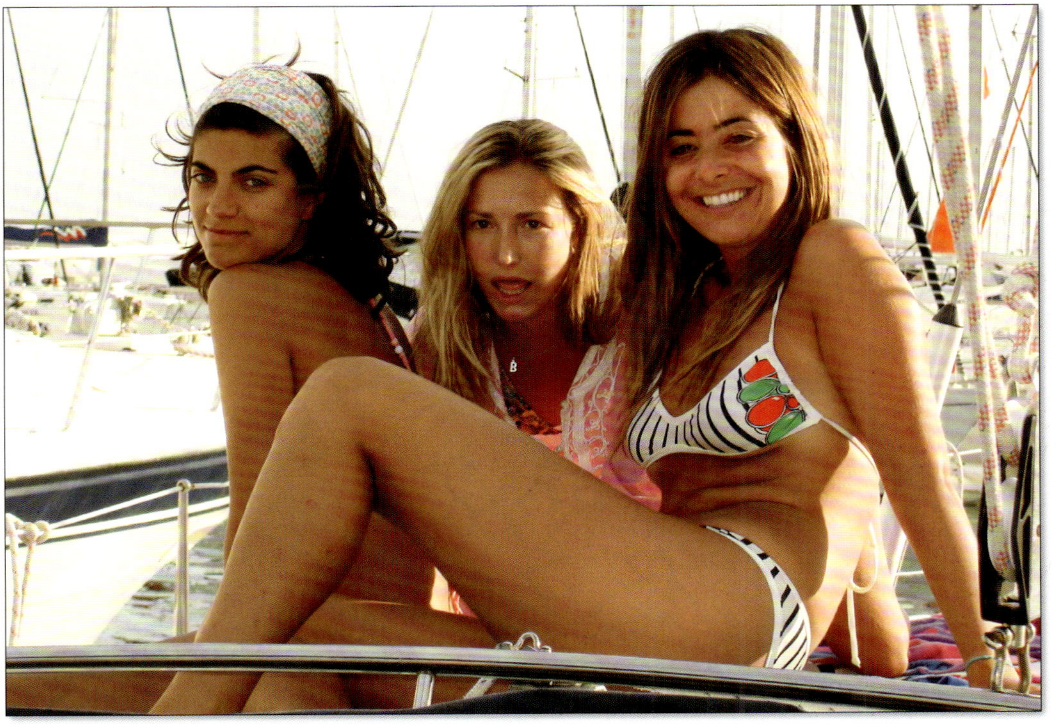

| | | |
|---|---|---|
| Eis | pagos | |
| Entschuldigung | signomi | |
| Essig | psidi | |
| Feuerzeug | anaptiras | |
| Fisch | psari | |
| Fleisch | kreas | |
| Fleischhauer | chassapiko, Kreopolion | |
| Fleischspieß | suflaki | |
| Gehacktes vom Grill | biftäki | |
| Gewitter | katäyis | |
| Groß | megalo | |
| gut/sehr gut | kala/poli kala | |
| gute Nacht | kali nichta | |

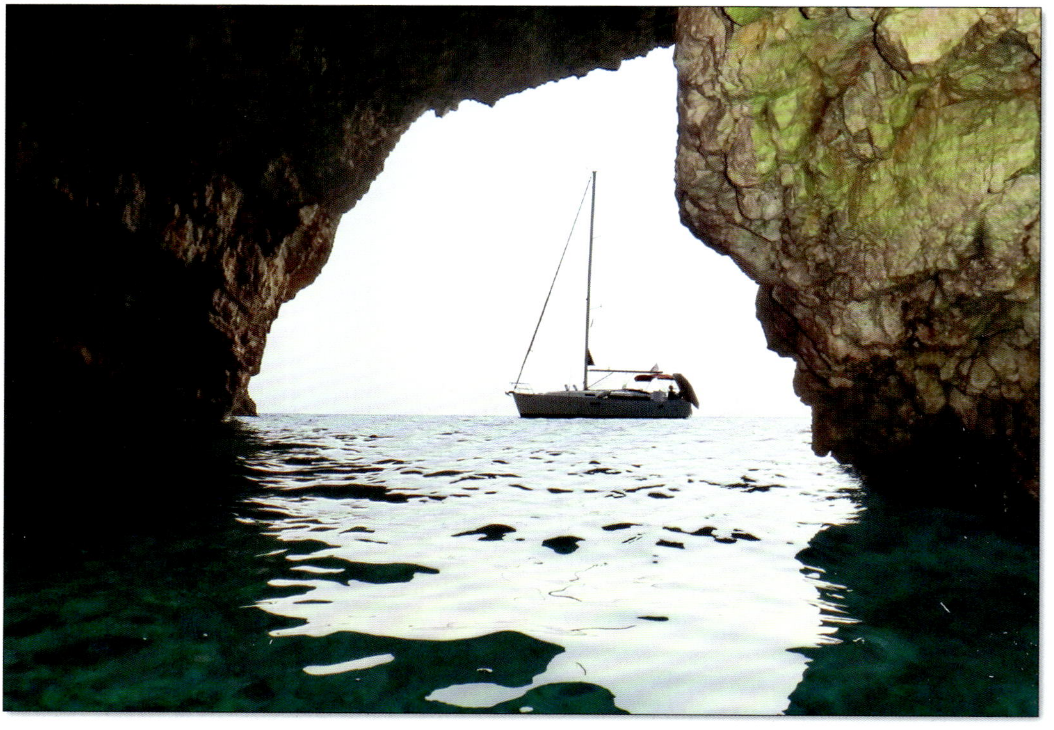

| | | |
|---|---|---|
| guten Appetit | kali orexi | |
| guten Nachmittag/Abend | kali spera | ab ca. 16:00 Uhr = kali spera |
| guten Tag | kali mera | |
| Hafen | limani, limin | |
| Hafen | limani | |
| Hafenpolizei | liminarchion | |
| Hallo/Grüß dich/Tschüß | jassu | |
| heute | simera | |
| Himmel | uranos | |
| Honigmelone | päponi | |
| Huhn | kotopulo | |
| Hummer | astakos | |
| ich heiße | onomasome | Betonung auf a |
| Insel | nisos, nisi(s) | |
| ja | nä | |
| Kap | akra, akrotiri(on), kavas | |
| Karoffeln | patates | |
| Käse | tiri | |
| Kiosk | periptero | |
| Klein | mikro | |
| Klippe | vrachos | |
| Küste, Strand | yalos | |
| Lamm | arnaki | |
| Leuchtfeuer | faros, fanari | |
| Limonade | lemonada | |
| links | aristära | |
| Margarine | margarini | |

| | | |
|---|---|---|
| Markt | pasari | |
| Markt | agora | Betonung auf 2. a |
| Marmelade | marmelada | |
| Mast | alburo | |
| Meer | thalassa | |
| Milch | gala | |
| Mole | limenovrachion | |
| morgen | awrio | |
| Motor | michani | |
| Museum | musio | weiches s |
| Nebel | omichli | |
| nein | ochi | Betonung auf o – wie bei oft |

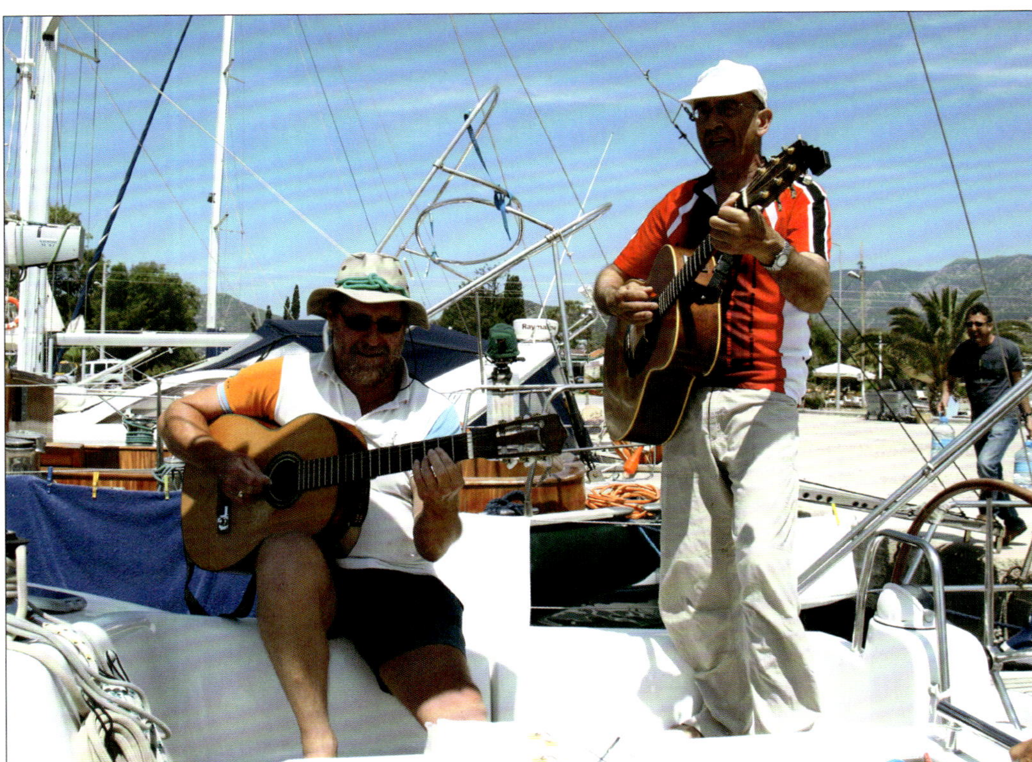

| | | |
|---|---|---|
| Norden | vorras, vorios | |
| Nudelauflauf | pastitio | |
| Nudeln | makaronia | |
| nur ein wenig | mono ligo | |
| Obst | fruta | |
| Öl | ladi | |
| Oliven | elyes | |
| Osten | anatoli, anatilikos | |
| Pfeffer | piperi | |
| Post | tachidromeo | |
| Postamt | tachidromion | |
| Postkarte | karta | |

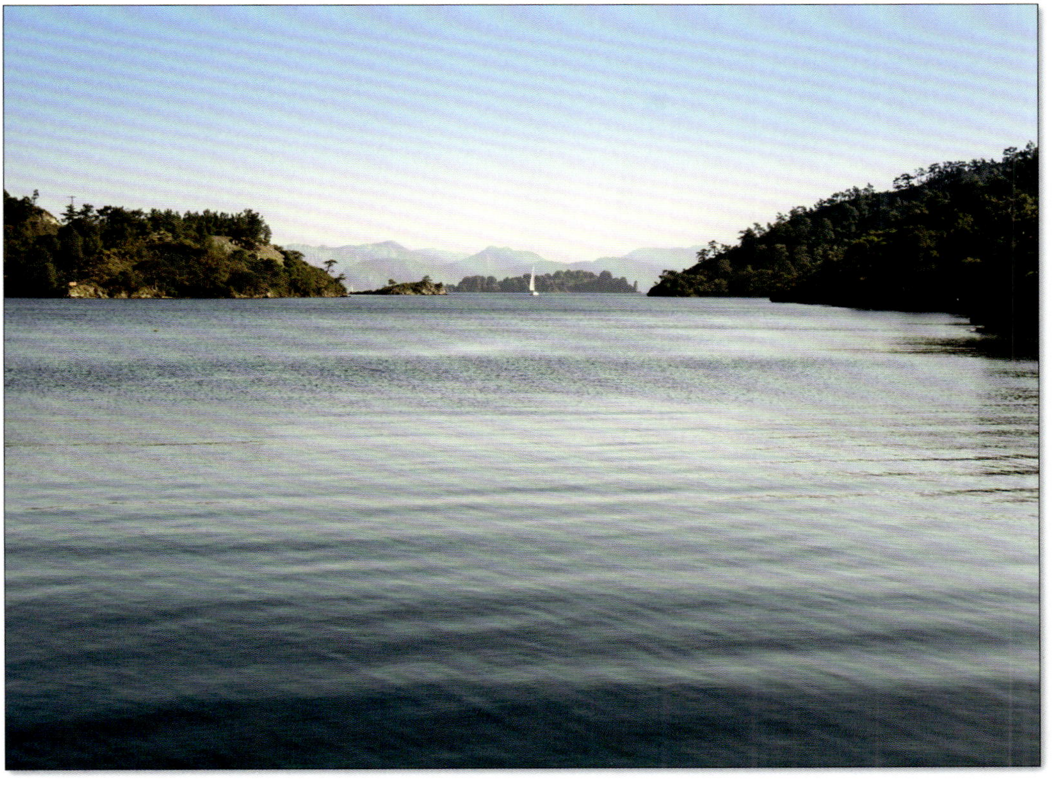

| Prost! | jamas | |
|---|---|---|
| rechts | däksija | |
| Regen | vrochi | |
| Reis | rizi | |
| Riff | iphalos | |
| Rotwein | kokkino krasi | |
| Ruder | timoni | |
| Salz | alati | |
| Schinken | zambon | |
| schön/sehr schön | orea / poli orea | |
| Schwein | chirino | |
| Segel | panni | |

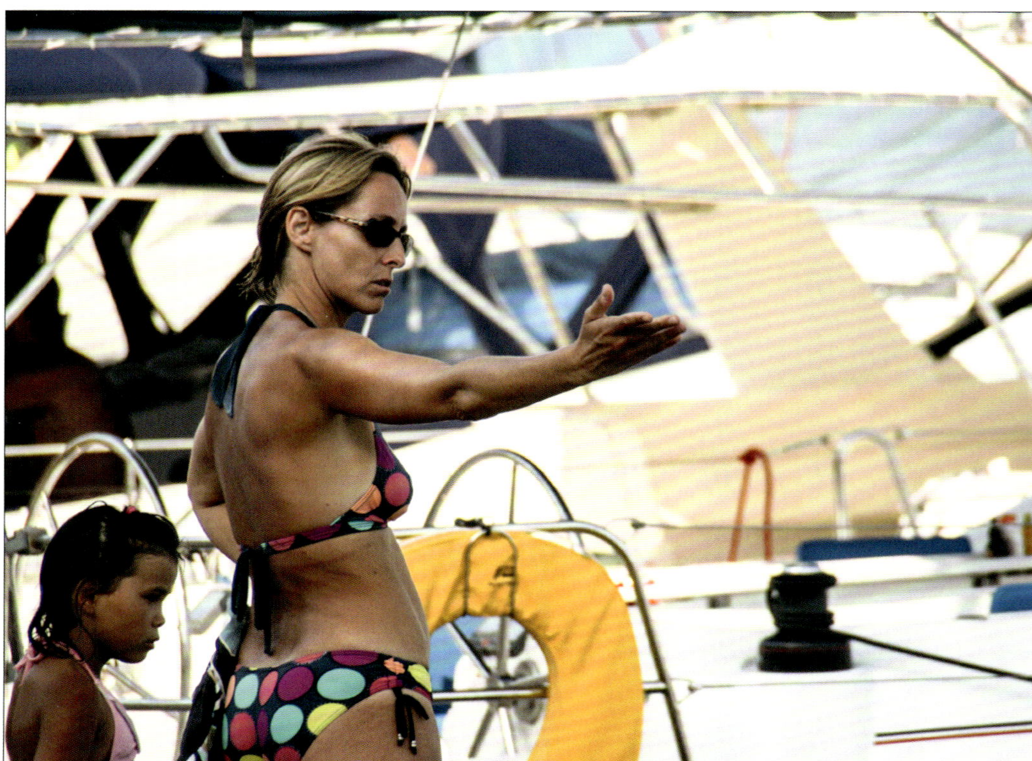

| | | |
|---|---|---|
| seicht, untief | richa | |
| seien Sie gegrüßt | cherete | |
| Senf | mustarda | |
| Sonne | ilios | |
| Stadt | polis | |
| Steuerbord | deksia | |
| Strand | paralia | |
| Sturm | furtuna | |
| Süden | notos, notios | |
| Suppe | supa | |
| Tauwerk | skini | |
| Tee | tsai | |

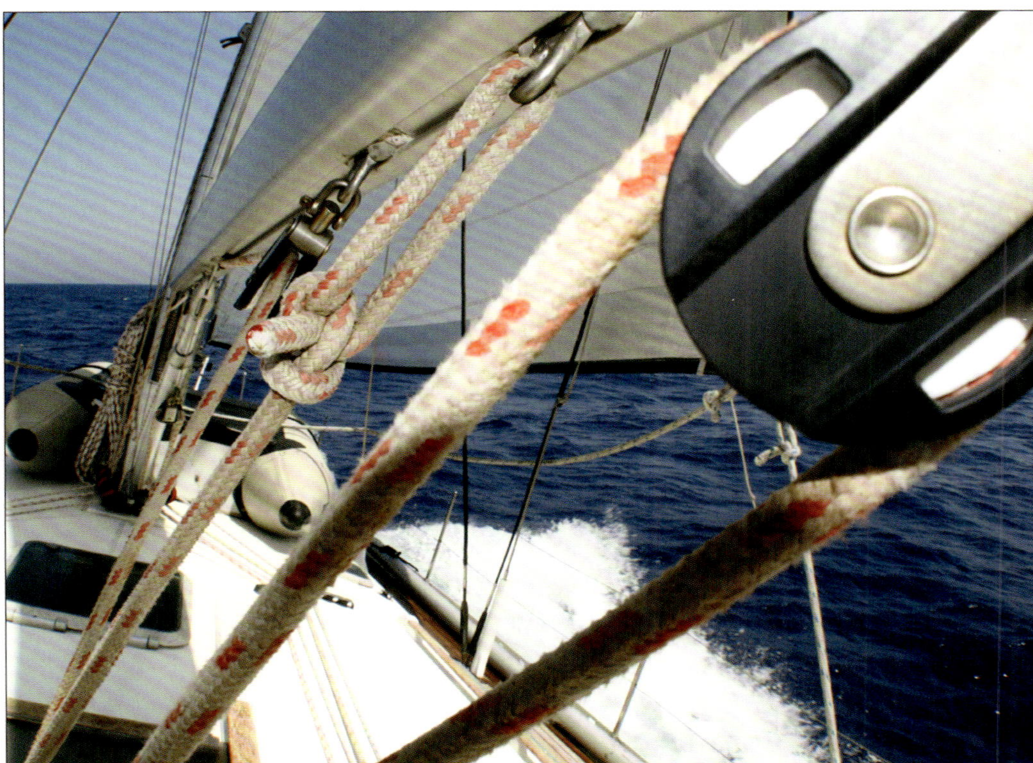

| | | |
|---|---|---|
| tief | vathis | |
| Tintenfisch | kalamaria | |
| Untiefe | richa, avathes | |
| vielleicht | issos | |
| Warum? | jati | Betonung auf i |
| Wasser | nero | Betonung auf o |
| Wassermelone | karpusi | |
| Wein | krasi | Betonung auf i |
| Weißwein | aspro krasi | |
| Westen | disis, ditikos | |
| Wetter | keros | |
| Wetterbericht | meteoroloyiko-deltio | |
| Wie geht es Dir? | ti kanis | |
| Wie geht es Euch? | ti kanete | |
| Wie viel kostet es? | posso kostisi | |
| Wind | anemos | |
| windstill | bonaza | |
| wo ist | pu ine | |
| Wo ist die Straße nach ...? | pu ine o dromos sto..... | |
| Yacht | kotero | |
| Zeitung | efimerisa | |
| Zollbehörde | telonion | |
| Zucker | zachari | |
| Zwiebeln | kremidia | |
| | | |
| eins | ena | |
| zwei | thio | th = wie beim englischen the |

| drei | tria | |
|---|---|---|
| vier | tessera | |
| fünf | pende | |
| sechs | exi | |
| sieben | epta | |
| acht | okto | |
| neun | enja | |
| zehn | deka | |
| zwanzig | ikosi | |
| fünfzig | peninda | |
| einhundert | ekaton | o wie bei Tonne |
| tausend | chielja | |

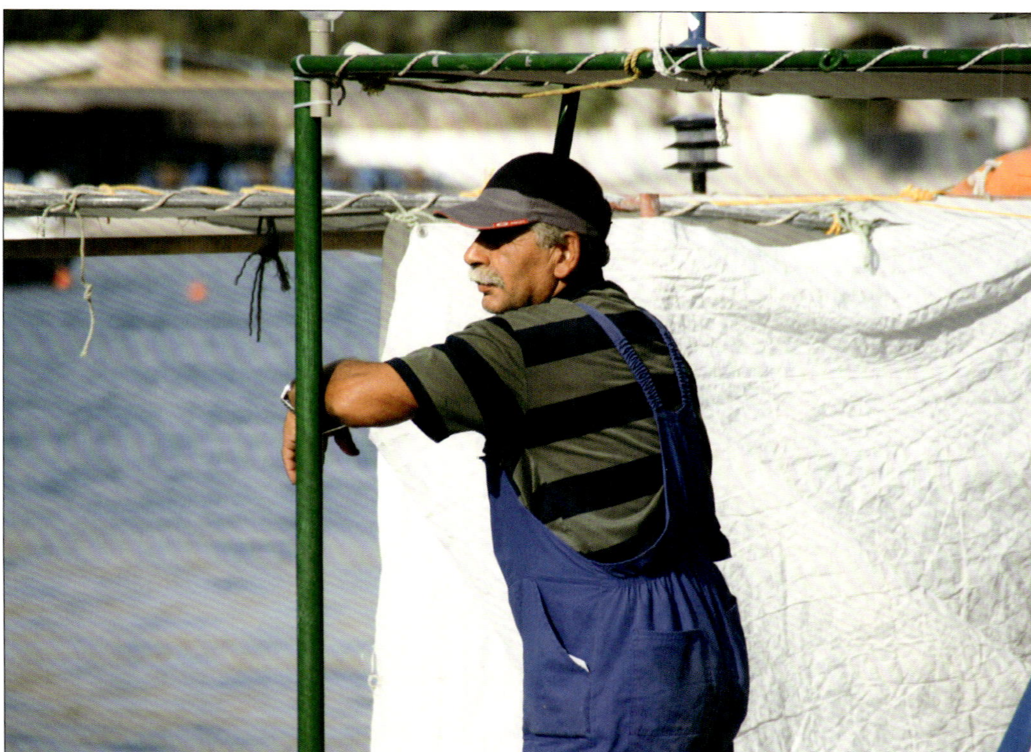

## Yachtausrüstungs-Checkliste

http://www.dmcreisen.de/media/files/Ausr-stungs-Checkliste.pdf

Jeder Charterkunde darf, ja MUSS zu Beginn seines Törns sein gebuchtes Boot auf Herz und Nieren untersuchen. Diese Checkliste ist dafür gedacht, abgleichen zu können, ob alles an Bord ist und auch funktioniert.

Eigner sind ebenfalls gut beraten, wenn sie ihre Yacht immer mal wieder durchchecken – und wenn sie Gäste an Bord haben, diesen auch die Aufbewahrungsorte und Funktionen des Equipments zu zeigen.

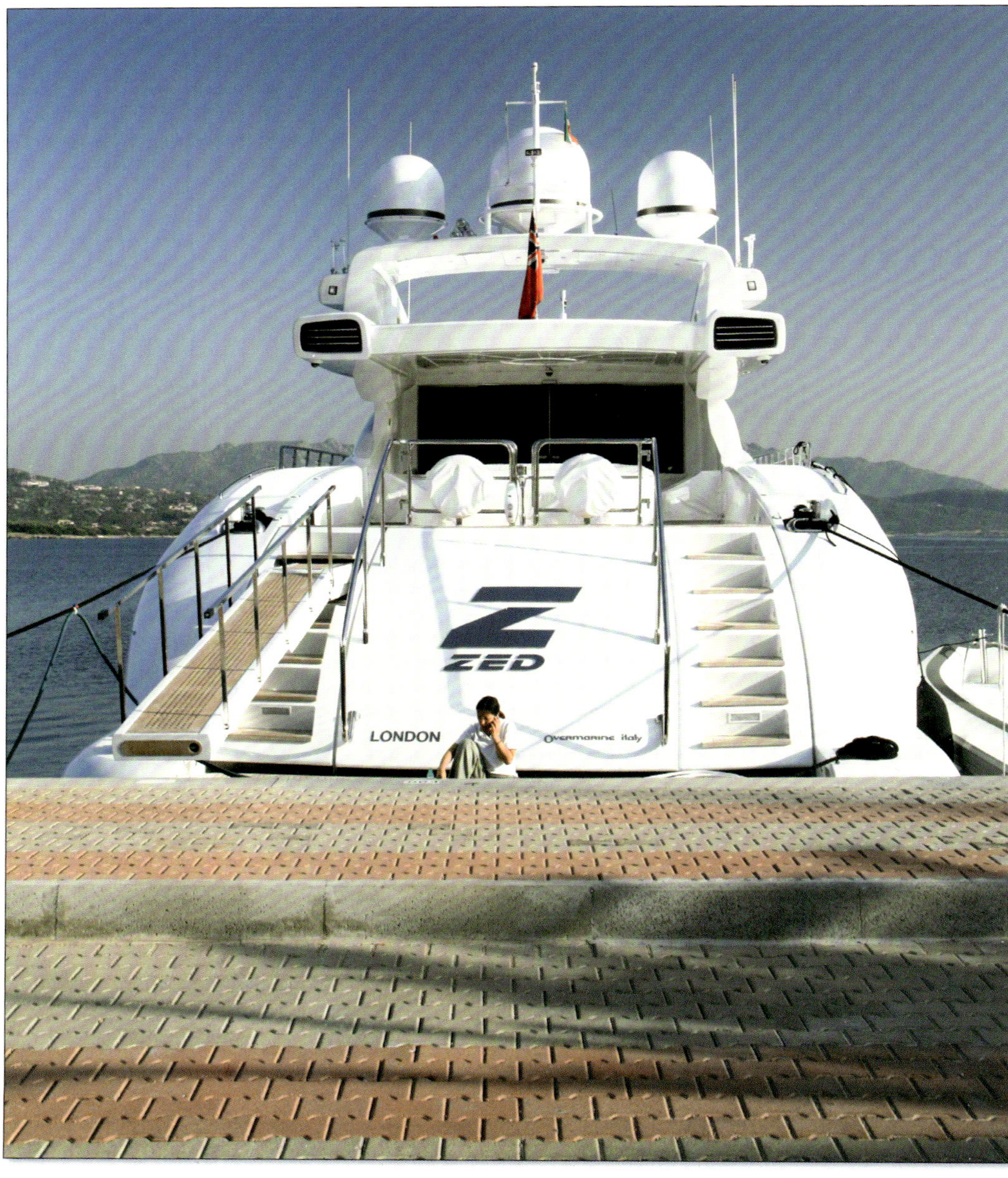

# Ausrüstungs-Checkliste

checklist.xls

| ☺ | 😐 | ☹ | | | | | | | |
|---|---|---|---|---|---|---|---|---|---|
| ☺ | | | > sehr gut - exellent | Yacht-Name: | | | | | |
| | 😐 | | > gut - good | Charter von/bis: | | | | | |
| | | ☹ | >schlecht - poor | Skipper: | ☺ | 😐 | ☹ | | |
| | | | Großsegel | Main Sail | | | | Seekarten | Sea charts |
| | | | Genua | Genoa | | | | Hafenhandbuch | Pilot book |
| | | | Fock 1 | No. 1 Jib | | | | Leuchtfeuerverzeichnis | List of lights |
| | | | Sturmfock | Storm Jib | | | | Schiffslogbuch | Log book |
| | | | Besansegel | Mizzen | | | | Bedienungsanleitungen | Instruction manuals |
| | | | Segelsäcke | Sail bags | | | | Schiffspapiere | Ship´s paper file |
| | | | Großbaumpersenning | Main sail cover | | | | Zirkel | Dividers |
| | | | Besanbaumpersenning | Mizzen sail cover | | | | Lineale/Dreiecke | Ruler/Triangle |
| | | | Blister | Blister | | | | Bleistift/Spitzer/Radierer | Pencil/sharpener/rubbe |
| | | | Spinnaker | Spinnacker | | | | | |
| | | | | | | | | Fernglas | Binoculars |
| | | | Fockschoten | Jib sheets | | | | Handpeilkompaß | Hand bearing Compas |
| | | | Spischoten | Spinnacker sheets | | | | Echolot | Echo sounder |
| | | | Spibaum | Spi boom | | | | Logge | Speedometer |
| | | | Fallen | Haljards | | | | UKW-Sprechfunk | VHF-transmitter |
| | | | Dirk | Topping lift | | | | Uhr | Clock |
| | | | Steuerkompaß | Main Compass | | | | Barometer | Barometer |
| | | | | | | | | Radio | Radio |
| | | | Hauptanker - Länge? | Main anchor | | | | | |
| | | | Zweitanker - Länge? | Second anchor | | | | Schnorchelausrüstung | Snorkeling gear |
| | | | Ankerwinsch | Windlass | | | | Rettungsinsel | Life raft |
| | | | Ankerwinschhebel | Windlass-handle | | | | Schwimmwesten | Life jackets |
| | | | Fender | Fenders | | | | Life-belts | Safety harnesses |
| | | | Festmacherleinen | Mooring ropes | | | | Notsignale | Distress signals |
| | | | sonst. Leinen | Additional ropes | | | | Nebelhorn | Portable fog horn |
| | | | Notpinne | Emergency tiller | | | | Feuerlöscher | Fire extinguishers |
| | | | Sonnensegel | Sun sail | | | | Petroleumlampe | Storm lamp |
| | | | Bootshaken | Hook | | | | Erste Hilfe-Kasten | First aid kit |
| | | | Schrubber | Deck brush | | | | Rettungskragen | Horseshoe buoy |
| | | | Pütz | Bucket | | | | | |
| | | | Wasserschlauch | Water hose | | | | Flaggen | Flags |
| | | | Wasserkanister | Water plastic can | | | | Taschenlampe | Flash light |
| | | | | | | | | Ankerball | Anchor ball |
| | | | Gangway | Gangway | | | | Bootsmannsstuhl | Bosuns chair |
| | | | Beiboot | Dinghy | | | | | |
| | | | Riemen | Oars | | | | Decken | Blankets |
| | | | Außenborder | Outboard-motor | | | | Bettwäsche | Bed sheets |
| | | | Benzinkanister | Petrol plastic can | | | | Kopfkissen | Pillows |
| | | | Blasebalg | Foot pump | | | | Kissenbezüge | Pillow cases |
| | | | Surfbrett | Windsurfer | | | | Handtücher | Towels |
| | | | Wassertrichter | Funnel for water | | | | Geschirrbürste | Tea cloths |
| | | | Dieseltrichter | Funnel for diesel | | | | Toilettenbürste | Toilet brush |
| | | | Dieselkanister | Diesel plastic can | | | | Aschenbecher | Ashtrays |
| | | | Winschkurbeln | Winch-handle | | | | | |
| | | | Hebel f. Bilgenpumpe | Bilge pump handle | | | | Thermoskanne | Thermos bottle |
| | | | man. Bilgenpumpe | Manuell bilge pump | | | | Wasserkessel | Kettle |
| | | | | | | | | Kaffeekanne | Coffee pot |
| | | | Motorkurbel | Engine crank | | | | Flache Teller | Dinner plates |
| | | | Motoröl | Engine oil | | | | Suppenteller | Soup plates |
| | | | | | | | | Gläser | Glasses |
| | | | Dieseltank voll? | Diesel tank full? | | | | Becher | Mugs |
| | | | Wassertank voll? | Water tank full? | | | | Besteck | cutlery |
| | | | | | | | | Brotmesser | Bread knife |
| | | | Silikon | Silicone | | | | Dosenöffner | Can opener |
| | | | Batteriewasser | Battery water | | | | Flaschenöffner | Bottle opener |
| | | | Motorölfilter | Oil filter | | | | Korkenzieher | Cork screw |
| | | | Treibstoffilter | Fuel filter | | | | Tassen | Cups |
| | | | Impeller | Impellor | | | | Töpfe | Casserols |
| | | | Keilriemen | Alternator belt | | | | Pfanne | Flying pan |
| | | | Ersatzsicherungen | Spare fuses | | | | Schneidebrett | Cutting board |
| | | | Werkzeuge | Tools | | | | Gasflasche | Gas bottle |
| | | | Bolzenschneider | Bolt cutter | | | | | |
| | | | Klebeband | Tape | | | | Gaskocher Funktion | Cooking stove |
| | | | Ersatzschäkel | Spare shackles | | | | Wasserpumpe el. | Electric Waterpump |
| | | | Schlauchboot-Reparaturset | Dinghy repair kit | | | | Wasserpumpe man. | Manual Waterpump |
| | | | | | | | | Kabinenbeleuchtung | Lights in Cabins |
| | | | | | | | | Positionslampen etc. | Positioning light etc. |

DMC-Reisen Mühlbauer · Deutsche Flottillen – Mitsegeln – Charter around the world
Muttenthalerstr. 12 · 81479 München · +49(0)89-90541453, fax -41155034 · info@dmcreisen.de · www.dmcreisen.com

## Crew-Einweisung

http://www.dmcreisen.de/crew-einweisung.html
Zu Beginn eines jeden Törns muss der Skipper – alleine schon aus versicherungstechnischen Gründen – eine Einweisung vornehmen. Nicht nur zur Sicherheit der Crew und zur Absicherung des Skippers ist die Sicherheitseinweisung ein Muss. Auch jede Airline handelt ihre Safety-Instructions schon vor dem Start ab.

Ferner werden der Crew auch die Funktion der Yacht, ihrer Ausrüstung sowie die grundlegenden Manövervorbereitungen erklärt – dies schafft Vorkenntnisse und dem Skipper Freiraum, wenn es dann zur Sache geht.

## Crewliste

http://www.dmcreisen.de/media/files/Crewliste.pdf
Sowohl für den Chartertörn als auch auf der Privatyacht. Die Crewliste wird beim Törnbeginn von den Hafenbehörden abgezeichnet und sie kann auch während des Törns immer mal wieder verlangt werden. Wichtig: Am Törnende müssen dieselben Crewmitglieder (noch) an Bord sein, wie auf der Crewliste vermerkt – andernfalls beginnt eine Suchaktion nach den Vermissten bzw. der Skipper wird zur Rechenschaft wegen der verloren gegangenen Segler gezogen ...

| | |
|---|---|
| Lifebelts und Schwimmwesten | Funktion? Wo? Zum Test anprobieren und auf Körpergröße einstellen. Wann anlegen? Wo einpicken? |
| Seeventile | Funktion? Wo? Wann öffnen/schließen? |
| Gasanlage | Absperrventile – Bedienung des Herdes? |
| Bord-Toilette | Funktion zeigen. Kein Papier ins WC! Keine Einleitung in Häfen! |
| Verbandskasten | Wo? |
| Feuerlöscher | Wo? |
| Funkgerät | Funktion? Seenotverkehr: Was muss gesagt werden? |
| Rettungsinsel | Funktion? Wo? Wie wird sie aufgeblasen? Wie besteigt man sie? Was mitnehmen? |
| Seenotsignalmittel | Funktion? Wo? Wann einsetzen? Auf Gefährlichkeit hinweisen |
| Notpinne | Funktion? Wo? |
| Lenzeinrichtungen | Wo? Funktion? |
| Mann-über-Bord-Manöver - Besser: Ein Mann-wieder-an-Bord-Manöver fahren ...<br>Hier steht, wie es geht: http://www.dmcreisen.de/skipper-tipps-langtexte.html#a2133 | Ausguck besetzen – Rettungsmittel nachwerfen – MOB-Taste drücken |
| Motor | Zündung ein/aus, Kühlwasser, Schaltung, Abstellen |
| Schalter | Kühlschrank nur bei laufendem Motor oder Landstrom ein! |
| Die »Grundausstattung« | Leinen, Fender, Wie und Wohin? |
| Ankerwinsch | Funktion? Vorsichtsmaßnahmen. Handzeichen zur Verständigung |
| Segel | Fallen, Klemmen, Schoten, Setzen und Bergen |
| Winschen | Bedienung, Winschkurbel einsetzen |
| Klampen | Belegen |

### Maritime Knoten

Auch der Skipper, der nicht so oft unterwegs ist, vergisst schon mal den einen oder anderen Knoten. Erst recht die Crewmitglieder, die vielleicht das erste Mal an Bord kommen, wissen noch gar nichts oder haben die Knoten seit dem letzten Törn schon wieder vergessen.
Hier ist eine kleine maritime Knotenkunde zu finden: http://www.dmcreisen.de/schnur-strick-und-maritime-knoten.html.

## Mitarbeit und Unterstützung

| | |
|---|---|
| Fotos: | Hans Mühlbauer<br>Gerlinde Neuhierl |
| Redaktionelle Mitarbeit: | Gerlinde Neuhierl |

Mein spezieller Dank gilt Gerlinde Neuhierl, die sich intensiv mit der Historie und mit der griechischen Mythologie auseinandergesetzt hat. Ihre Erkenntnisse und Textbeiträge, ihre Hafenpläne und auch eine ganze Reihe der Fotos finden sich in den entsprechenden Kapiteln im Buch.

Alle Karten und Hafenpläne stammen von G. Neuhierl und Hans Mühlbauer.

Mein großer Dank gilt ebenfalls den Herren Loic Bonnet und Herrn Efthimis Bibis, den Chefs zweier großer und weltweit agierender Charterunternehmen: Dream-Yacht-Charter und Vernicos-Yachts. Sie Sind inzwischen unter dem Dach von Dream-Yacht-Charter vereint. Beide haben uns bei den Recherchearbeiten und bei der Recherchereise maßgeblich unterstützt.
www.dreamyachtcharter.com
www.vernicos.gr

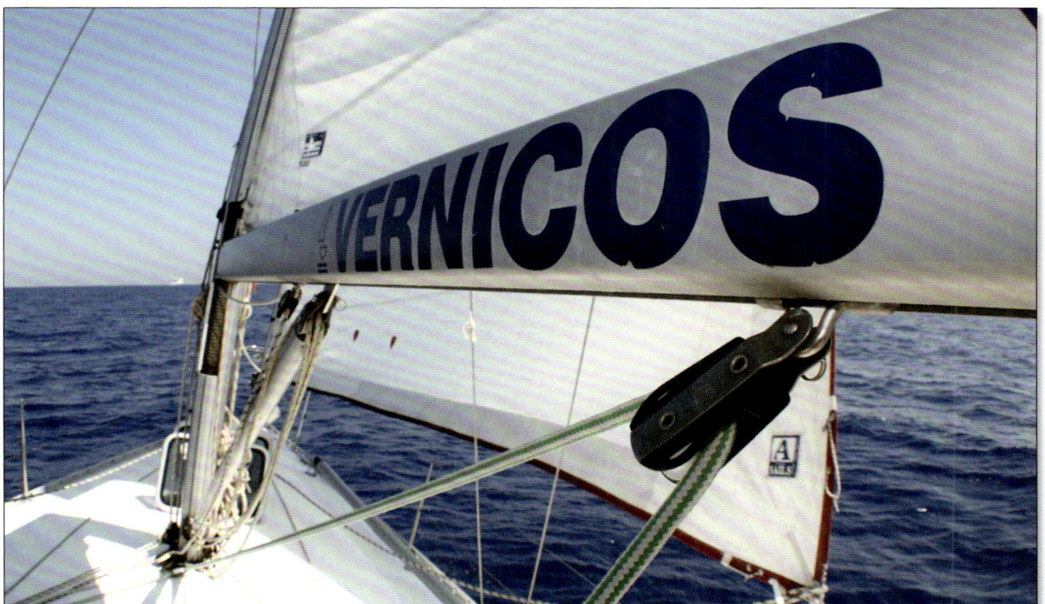


**Nur Segeln ist schöner ...!**

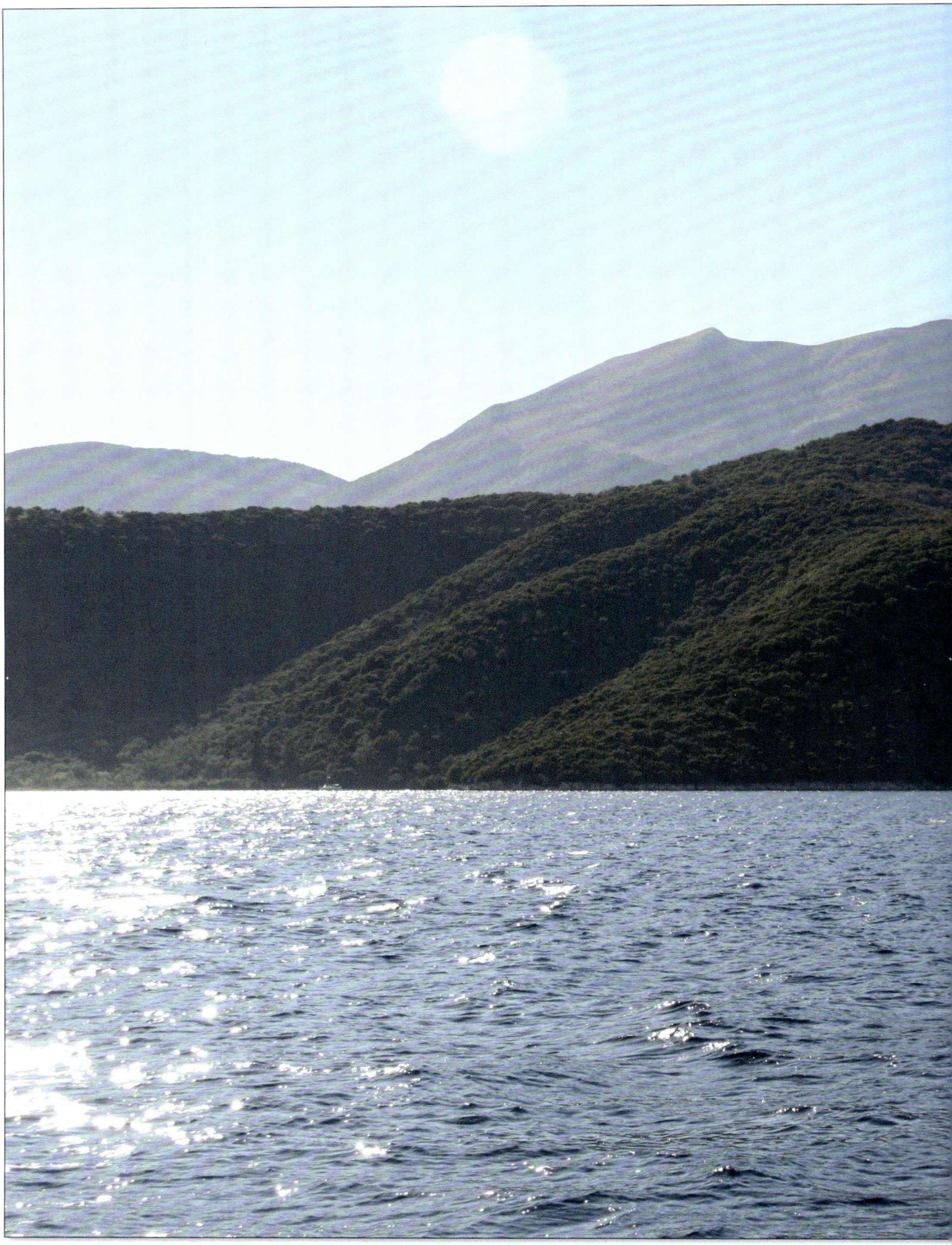

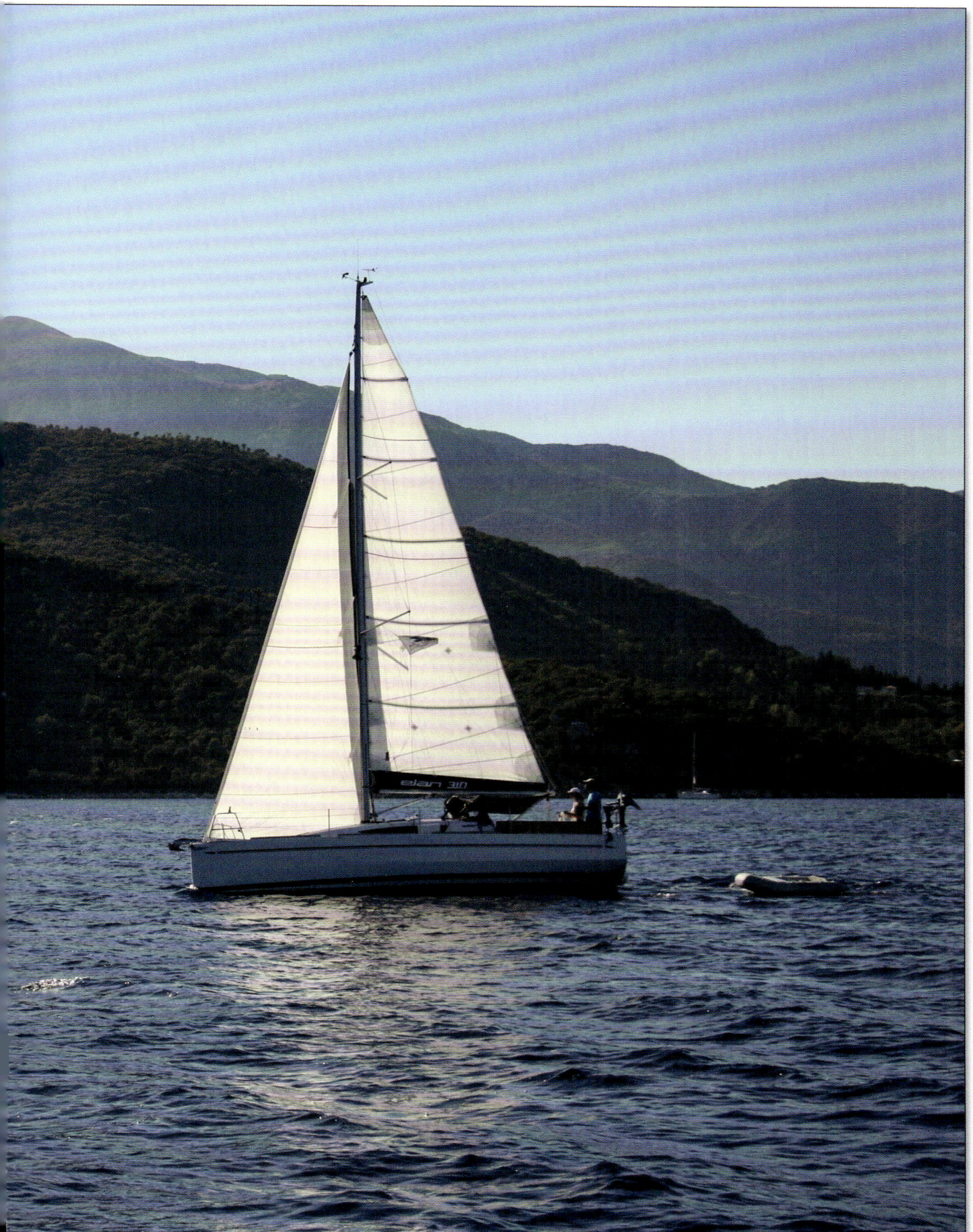

# Der Autor

Hans Mühlbauer hat in den mehr als drei Dekaden in Mittelmeer und Übersee auf diversen gecharterten und eigenen Yachten mehr als 100.000 Meilen als Skipper (mit SHS, LRC etc.), Reiseveranstalter und als Fahrtensegler gesammelt. Seine ersten Törns segelte er auf einem offenen Fünf-Meter-Trailerkatamaran, es folgte eine Yacht von Comar. Zehn Jahre lang war er an Bord seines Hochsee-Katamarans Orion unterwegs. Er kennt somit viele Reviere weltweit wie seine Westentasche. Hans Mühlbauer ist Gründer und Inhaber von DMC-Reisen, das seit knapp 30 Jahren Garant für Premium-Charteryachten, Segelreisen und Maritime Events in weltweiten Destinationen ist.

Der gelernte Elektromechaniker arbeitete nach seinem Studium der Elektrotechnik als Tonmeis-

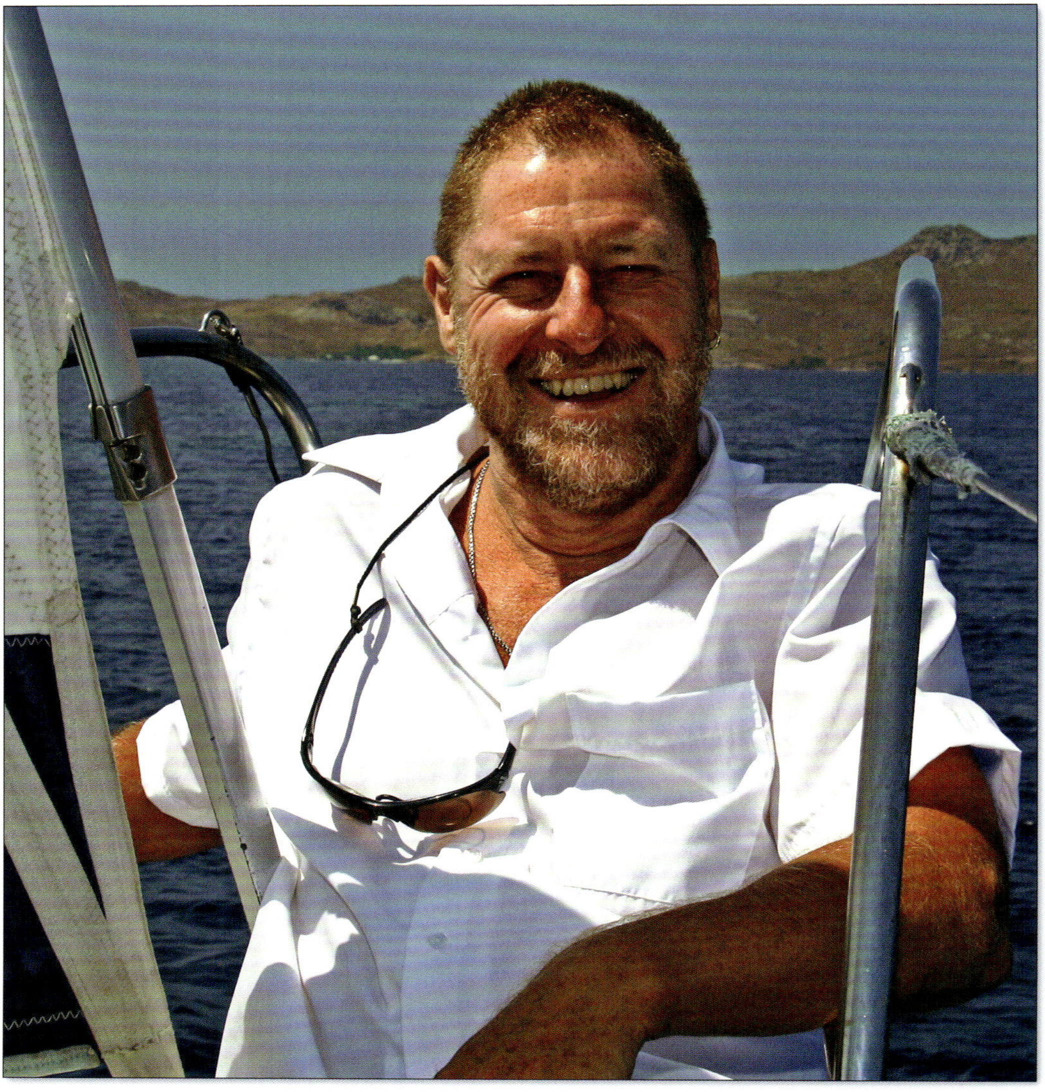

ter und Musikregisseur mit vielen bekannten Namen wie Drew Barrymore, Keanu Reeves, Klaus Doldinger, Michael Schanze u. v. m. Er war unter anderem verantwortlich für die Filmmusik von »Drombuschs«, »Tatort«, »Fahnder« und »Babes in Toyland«.

Später machte er sein Segel-Hobby zum Beruf: Als Agenturinhaber von DMC-Reisen berät er sowohl Charterkunden als auch Mitsegler über Reviere und Yachten. An seinen eigenen Discovery-Flottillentörns in ausgesuchten Destinationen können aktive Mitsegler/innen und Charterer teilnehmen. Gerne gibt er seine vielen Insiderinformationen in Form einer individuellen Törn- und Charterberatung weiter.
Maritime Incentives & Events organisiert er als Firmenveranstaltungen weltweit auf Booten, Yachten und Schiffen für kleine und große Gruppen und für jedes Budget.
Auf den Bühnen und Foren der Wassersportmessen ist er als Referent mit seinen multimedialen Vorträgen regelmäßig zu sehen und zu hören.
Als Absolvent der Deutschen Fachjournalistenschule DFJS, als Journalist, Autor, Filmemacher und Mitglied im Deutschen Journalisten-Verband erkundet er spannende internationale Reviere, publiziert sein inzwischen zehntes Buch, schreibt Fachartikel für Magazine und Zeitschriften wie »Palstek«, »Blauwasser«, »Bootshandel«, »Swissboat Yachting«, »Welt am Sonntag«, »Charter Horizonte« u. v. m. und produziert Videos auf DVD und für das Fernsehen.

Hans Mühlbauer arbeitet seit Jahren als Autor für Fachbücher, als Journalist für Zeitschriften und Magazine sowie als Filmemacher fürs Fernsehen. Er ist Inhaber der Firma DMC-Reisen Hans Mühlbauer in München, die sich mit Yachtcharter, Mitsegeln beim Programm »Segeln Aktiv!«, Flottillensegeln und mit Maritimen Incentives und Events in internationalen Revieren befasst. Mit seinem Katamaran Orion war er zehn Jahre unterwegs. Bei seinen Törns in Mittelmeer und Übersee segelte er auf verschiedensten Yachttypen. In seiner über 25-jährigen Seglerlaufbahn hat er mehr als 100.000 gesegelte Seemeilen angesammelt.
»Meer« über den Autor: http://www.dmcreisen.de/hans-muehlbauer.html
Direktkontakt: hans.muehlbauer@dmcreisen.de

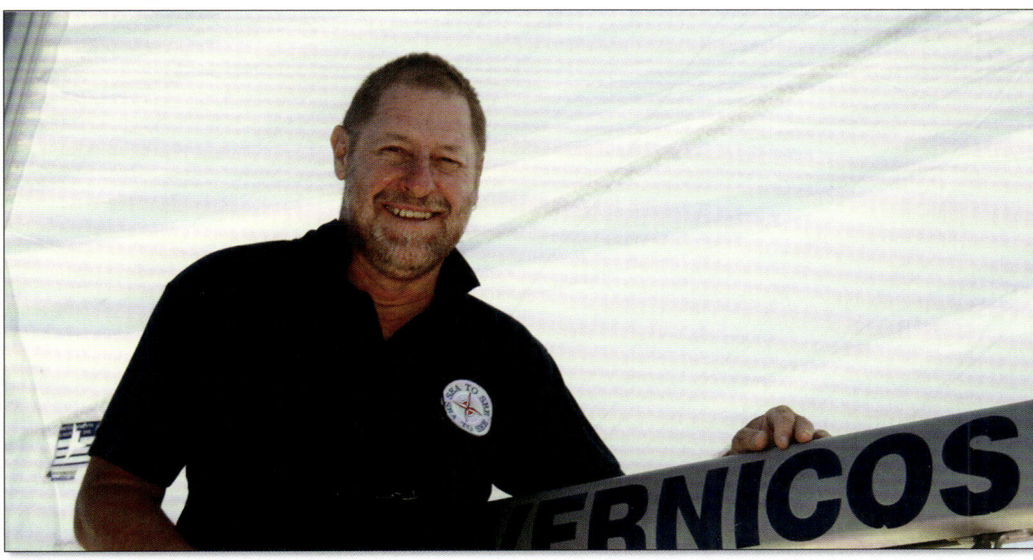